Hermenêutica Jurídica Heterorreflexiva
UMA TEORIA DIALÓGICA DO DIREITO

C289h   Carneiro, Wálber Araújo
        Hermenêutica jurídica heterorreflexiva: uma teoria dialógica do direito /
Wálber Araújo Carneiro. – Porto Alegre: Livraria do Advogado Editora, 2011.
        304 p.; 25 cm.
        ISBN 978-85-7348-721-3

        1. Hermenêutica. 2. Filosofia do Direito. 3. Teoria do Direito. I. Título.

                              CDU – 340.132

        Índices para catálogo sistemático:

Filosofia do Direito	340.12
Teoria do Direito	340.12
Hermenêutica	340.132

(Bibliotecária responsável: Marta Roberto, CRB-10/652)

Wálber Araujo Carneiro

Hermenêutica Jurídica Heterorreflexiva

UMA TEORIA DIALÓGICA DO DIREITO

Porto Alegre, 2011

© Wálber Araujo Carneiro, 2011

Capa, projeto gráfico e diagramação
Livraria do Advogado Editora

Revisão
Rosane Marques Borba

Direitos desta edição reservados por
Livraria do Advogado Editora Ltda.
Rua Riachuelo, 1338
90010-273 Porto Alegre RS
Fone/fax: 0800-51-7522
editora@livrariadoadvogado.com.br
www.doadvogado.com.br

Impresso no Brasil / Printed in Brazil

A J. J. Calmon de Passos, *em todas as memórias*.

Agradecimentos

Esta é uma obra de muitos.

Aos professores Adroaldo Leão, Manoel Jorge e Geraldo Sobral, por proporcionarem meus primeiros passos na vida acadêmica.

À Profa. Marília Muricy, pelas palavras que precisava ouvir no meu primeiro ano de graduação.

Ao CNPQ e à CAPES, pelo apoio a esta pesquisa.

Aos meus colegas de doutorado, pela companhia e aprendizado.

A Ronney, pela ajuda e compreensão nestes anos de ausência do escritório.

A José Luiz Bolzan, Leonel Severo Rocha e Albano Pêpe, pela riqueza dos debates nos seminários do PPGD da UNISINOS.

A Paulo Pimenta e Saulo Casali, por abrirem um portal hermenêutico que me transportou da Bahia ao Rio Grande do Sul.

Aos amigos Geovane Peixoto e Elmir Duclerc, pela troca de ideias e incentivo.

Aos meus alunos, pela compreensão e por tudo que aprendi com eles, especialmente aos meus monitores Daniel Oitaven, João Vitor Alves, Vitor Soliano e Frederico Costa.

À Profa. Cecília, pelo zelo e energia na revisão gramatical deste trabalho.

Aos professores Juan Antonio Garcia Amado e Alfonso de Julios-Campuzano, pelo apoio e acolhida na Espanha.

Ao Instituto Internacional de Sociologia Juridica de Oñati – IISJ, pelas pesquisas realizadas em seu acervo.

Ao Prof. Aroso Linhares, pela recepção em Coimbra e pelos diálogos decisivos a este trabalho.

Ao Prof. Luiz Rohden, pelas críticas e sugestões dirigidas a este trabalho.

Ao Prof. Ernildo Stein, por tudo que aprendi em suas aulas e em seus livros, bem como pelas críticas e sugestões feitas à tese.

A Lenio Streck, pelo zelo na orientação e apoio incondicional à pesquisa, e por tudo que aprendi desde o momento em que ele me apresentou à hermenêutica filosófica.

A Lori, pelo amor, incentivo, ajuda, compreensão e paciência, muita paciência.

Aos meus pais e irmãos, pelo apoio e incentivo.

A Bruno e a Tia Wilna, por esquentarem a fria Porto Alegre.

O meu muito obrigado!

"Então tá combinado, é quase nada
É tudo somente sexo e amizade
Não tem nenhum engano nem mistério
É tudo só brincadeira e verdade

Podemos ver o mundo juntos
Sermos dois e sermos muitos
Nos sabermos sós sem estarmos sós
Abrirmos a cabeça
Para que afinal floresça
O mais que humano em nós

Então tá tudo dito e é tão bonito
E eu acredito num claro futuro
de música, ternura e aventura
Pro equilibrista em cima do muro

Mas e se o amor pra nós chegar
De nós, de algum lugar
Com todo o seu tenebroso esplendor?

Mas e se o amor já está
se há muito tempo que chegou
E só nos enganou?

Então não fale nada, apague a estrada
Que seu caminhar já desenhou
Porque toda razão, toda palavra
Vale nada quando chega o amor"

Tá combinado – Caetano Veloso

Prefácio

Retomando uma conversa interrompida

Sempre que um percurso reflexivo exigente encontra com felicidade a sua *forma* discursiva – e esta se cumpre... fazendo-se esquecer (oferecendo-se aos seus possíveis leitores com a «naturalidade» e a inseparabilidade de uma dimensão constitutiva) –, torna-se muito difícil apor-lhe uma reconstituição (rememoração?) introdutória *exterior* – escrita por mãos alheias... e a beneficiar das possibilidades (paradoxalmente conformadoras) de um caminhar *na frente* – que não o fira (ou que não ameace feri-lo) como uma interpolação violenta: violência que pode ser relativamente inofensiva... – se o *prae-ambulare* em causa se submeter com alguma fidelidade à perspectiva do *leitor implícito* inventado pelo texto (apresentando-se-nos assim como uma realização-*facere*, inevitavelmente contida, das expectativas deste)... – mas que deixará de o ser (de resto sem soluções de continuidade controláveis)... logo que a indiferença ao percurso cumprido – ou pelo menos a incapacidade de estabelecer com ele uma primeira conversação *responsável* (capaz de valorizar a sua *voz* e as suas *diferenças*) – se impuser com força suficiente para perverter o equilíbrio *reflexão-forma* – o que pode por sua vez acontecer tanto com um encómio aproblemático, aparentemente inócuo, quanto com uma recriação abusiva, manifestamente espúria.

Se tais considerações vêm a propósito da dissertação que Wálber Araujo Carneiro nos propõe – a sua dissertação de doutoramento (aquela que o «dividiu» pendularmente pelos horizontes luminosos, cromaticamente contrastantes embora, da Bahia e do Rio Grande do Sul... mas que também o trouxe até Coimbra!) –, é decerto porque ter o gosto de a *prefaciar*... implica neste momento correr (conscientemente) todos estes riscos. Estamos de facto perante uma proposta com um núcleo gerador tematicamente forte, distribuído por duas faces ou etapas reflexivas transparentes – a primeira a invocar o regresso da *filosofia prática*, a segunda a defender a necessidade de «partir» desta filosofia para repensar o «sentido do direito»... – mas estamos também diante de um percurso reflexivo que, ao encontrar com felicidade a sua forma escrita (e ao absorvê-la integrantemente), conseguiu (consegue... em cada renovado acto de leitura!) submeter os *materiais* mobilizados a um crescimento orgânico transparente. Eu diria que é assim porque (espontânea ou conscientemente), Wálber Carneiro mobiliza os recursos formais disponíveis – os mais previsíveis decerto, aqueles que correspondem à sequência «introdução» / *desenvolvimento* / «conclusão» – como se estivesse a compor uma estrutura dinâmica *conclusa* (e a procurar a *unidade na pluralidade* que esta assegura): significa isto exigir da primeira [pp. 25-30] a brevidade concentracionária (mas também a inteligibilidade geradora) de uma *exposição* – capaz de apresentar todo o material temático relevante... sem nos poupar aos saltos e às tensões que o atingem (ou que desafiam a sua unidade); mas não significa menos responsabilizar a segunda [pp. 283-296] por uma *re-exposição* amplificante – uma *re-exposição* em vinte e três tempos... na qual reconhecemos a (habitual) re-memoração selectiva do caminho (plural) *já caminhado*... reconhecendo ainda que a identificação dos patamares de estabilização indispensáveis (capazes de «tratar» unitariamente aquela pluralidade) só se torna produtiva (ou mesmo «virtuosa») submetendo-nos aos desafios-seduções de uma analítica autorreflexiva (e com esta à necessidade, expressamente admitida, de «permitir novas circularidades») [p. 283]. Pedir isto à *introdução* e à *conclusão* é com efeito exigir que estas construam uma unidade dinâmica plausível. A unidade que resulta do enquadramento explicitante (constitutivamente explicitante) do percurso intermédio? Eu diria que sim. Mas então e numa palavra a unidade que (uma vez reconhecida!) nos autoriza a superar as delibidades estruturais relativas desse percurso (quando autossubsistentemente considerado) ... e a lê-lo ou a tratá-lo (nos seus quatro tempos) *por um lado* como um autêntico desenvolvimento *(Durch-führung), por outro lado* como um verdadeiro *work in progress*: é que não se trata apenas de depender geneticamente dos materiais-recursos da *exposição*, trata-se também de simultanea e incindivelmente precisar da «resolução antecipante» (da *vorlaufende Entschlossenheit*?) que só aquela *re-exposição* está em condições de lhe proporcionar...

Uma vez acentuados estes méritos, dir-se-ia que a atitude mais prudente seria a de pôr termo ao *prae-ambulare* projectado... *ficando por aqui*. Celebrando muito simplesmente a *felicitous performance* deste texto? Antes admitindo que nesta celebração se possa incluir já um conselho dirigido a um seu (hipotético) *leitor empírico*. Não decerto a um qualquer leitor (em qualquer circunstância). Mas a um leitor que esteja em boa medida interessado numa *pré-visão* fiel do que virá a ser a sua conversação responsável com esse texto (ou das expectativas que deverão associar-se a esta conversação); ou se se quiser – permitindo-se-me assim continuar a socorrer-me das categorias eloquentes da *estética da recepção!* –, a um *leitor empírico* que queira encontrar uma imagem prévia do seu *leitor implícito* (do leitor implícito que o texto virá a oferecer-lhe como seu interlocutor privilegiado)... e que, porventura mais do que isso, se preocupe em obter desta imagem uma orientação condutora. Sendo certo que o conselho em causa há-de ser previsivelmente aquele que o incita a procurar essa imagem modelar num certo contraponto reflexivo (um contraponto que possa ser tido heuristicamente em conta... antes de mergulhar no *desenvolvimento*). Ora que outro contraponto senão aquele que uma *introdução* e uma *conclusão* assim compreendidas e trabalhadas – levadas a sério na sua autossubsistência *dinâmica* (inscritas num *acouplage* reciprocamente estruturante de *exposição-reexposição*) – exemplarmente lhe proporcionam?

Se não me contento com esta remissão pouco habitual (ou com o sublinhado a traço grosso do seu itinerário)... e admito correr os riscos que comecei por reconhecer... é no entanto porque não consigo eu próprio resistir à minha condição de *leitor empírico*! A condição de alguém que, com um enriquecimento intelectual e humano indiscutível, pôde, numa etapa precisa (entre o Outono de 2007 e a Primavera de 2008), acompanhar o seu Autor e discutir com ele alguns dos passos mais relevantes deste seu percurso: sem o acompanhar em todas as suas entusiasmadas tomadas de posição – e contrapondo-lhe muitas vezes *outros* discursos e *outras* razões (ou estimulando-o a ter em atenção outros discursos e outras razões!)... – mas nem por isso menos descobrindo nele um interlocutor *pleno*!

Não podendo neste momento deixar de evocar estes diálogos (e os seus lugares de recíproca e «soberana» *hospitalidade*), posso dizer que o que se segue é apenas uma memória-esquisso (muito parcelar) das *conclusões-exigências* neles sustentadas por Wálber Carneiro... – ou pelo menos uma acentuação (mais uma vez a traço grosso) daquelas *conclusões-exigências* que, tendo sido elemento-motor de algumas dessa *conversation-pieces*, podemos agora reeencontrar nos argumentos do seu texto (ou às quais as formulações desse texto emprestam um considerável vigor e autonomia).

Uma memória que assim silencia (como deve!) a minha *voz* (que quando muito lhe confia os dois ou três *perticchini* de *comprimario* que os encadeamentos discursivos exigem!), na mesma medida em que, ao sublinhar aquelas *conclusões-exigências,* se permite a liberdade de uma reconstrução narrativa... para as distribuir por dois degraus: (A) um degrau de representações *principais*, imediatamente determináveis (capazes de «situar» os argumentos de Wálber Carneiro na teia dos seus interlocutores-guias e de reconhecer as exigências decisivas que o orientam, na sua superfície mais luminosa); (B) um degrau de representações «especificantes», assim mesmo conduzido por preocupações *de segundo grau* (e pelas perguntas que estas geram ou pelas hesitações que legitimam) – preocupações surpreendentes estas ... na medida em que as diríamos tranquilamente resolvidas (quando não excluídas) pelo material temático escolhido e pelas respostas que o articulam (ou pelas perspectivas que o conformam), preocupações nem por isso menos relevantes... e isto porque, persistindo como autênticos rios subterrâneos (muitas vezes suficientemente ruidosos), garantem ao «pensar em círculo» *da superfície* (e muito espcialmente à autorreflexão da re-exposição) o fôlego, se não a inquietação problemática, de que este(s) precisa(m)...

(A) Duas palavras nos bastam para sublinhar o *corpus* do discurso e as pressuposições que o dinamizam (ou as perspectivas-*visées* que o conformam). Todas elas como especificações do núcleo gerador que já conhecemos: aquele que invoca o *regresso* da «filosofia prática» [α]... invocando também a «necessidade de voltar a ver o direito a partir dela» [β] [p. 283]. Mas então especificações que se distribuem sem surpresa por estas duas faces... e que, mais do que isso, consagram estas faces como etapas reflexivas distintas («buscar» uma «filosofia prática» que possa ser assumida hoje como um «paradigma», «reencontrar o sentido do direito»). Que especificações?

(A') Desde logo aquela que – ao dominar sem hesitações a *primeira* etapa (ocupada, como sabemos, com uma compreensão global da *praxis* e do mundo prático) [α] – nos adverte de que não se trata *apenas* de (dever) frequentar o «common ground» aberto pela *Rehabilitierung der praktische Philosophie* – aquele que se cumpre assumindo a indissociabilidade da prática e do seu pensamento (e a mediação reflexivamente autónoma de um *mundo*-referente) iluminadas pelas possibilidades de um discurso *sujeito /sujeito* e pelo desafio de reinventar a *phronêsis-prudentia* [«por isso regressamos [...] ao modelo epistêmico de Aristóteles...» (p. 27)]. É que se trata já de frequentar este território – de procurar nele a «racionalidade moral prática» compossível com «sociedades de alta complexidade» [p. 96]... – *escolhendo interlocutores-guias privilegiados* (e exigindo que nos comprometamos com as intenções reflexivas que estes nos incitam a prosseguir): o que para Wálber Carneiro significa invocar o *linguistic turn* de Heidegger e de Gadamer... e conferir à *fenomenologia hermenêutica* (e ao *vollen Blick* da *interpretação existencial*) a inteligibilidade (se não mesmo a inevitabilidade-irreversibilidade) de um «paradigma» – um «paradigma» que «limite» (que «inviabilize» concepções oponentes) [pp. 26 e ss., 57 e ss., 186 e ss., 194, 200 e ss., 233 e ss., 284 e ss., 292] – ... antes de submeter a celebração da *diferença ontológica* e a *recuperação «virtuosa» do círculo* (levadas a sério como autênticos «teoremas da finitude») [pp. 68 e ss.] aos desafios *internos* (e às possibilidades de reescrita) que as estruturas do *jogo* e do *diálogo* desencadeiam [pp. 90 e ss.].

(A'') Depois também aquela que, ao reconhecer a «necessidade de pensar o direito», nesta «quadra da História» [p. 192], a partir da *viragem* linguística consagrada pela *fenomenologia hermenêutica* (e dos «limites existenciais» que esta impõe) [pp. 194, 233, 251], explora a «circunstância» (os factores da *crise*) desse direito mobilizando um diagnóstico preciso (indissociável da proposta de Lenio Streck). Um diagnóstico que, partindo confessadamente da experiência brasileira (e do contexto-condição de uma «modernidade tardia» em «sociedades periféricas ou semiperiféricas»), invoca como problemas decisivos o decisionismo judicial, as sobrevivências (metodicamente «remendadas») dos diversos positivismos (concentradas na alternativa *formalismo normativista / realismo*), o abismo entre os discursos dogmáticos e metadogmáticos (os primeiros presos à mobilização instrumental de um certo «senso comum teorético»)... mas também a ameaça do «método» (que «chega sempre tarde», muito especialmente nas suas pretensões teleológicas «a-paradigmáticas», justificadas pela herança da *Wertungsjurisprudenz*) [pp. 25 e ss., 57, 182 e ss., 189 e ss.].

(B) Duas palavras não menos breves permitem-nos identificar (seleccionar) três preocupações *de segundo grau* e as suas estimulantes correntes subterrâneas. Preocupações que poderemos começar por distribuir pela dissecção do *núcleo gerador*... – com as duas primeiras a privilegiarem os problemas do pensamento prático em geral [a] e a última a invocar a condição de um direito que se perdeu na «modernidade» (e mais ainda no «desvirtuamento da modernidade») [pp. 27, 28-29, 153 e ss.] – ... mas que nem por isso deixam de perturbar produtivamente esta dissecção.

(B') Assim acontece desde logo em relação à primeira das preocupações condutoras. O seu problema é, com efeito, *recto itinere*, o da reabilitação da *phronêsis-prudentia*. Ou mais rigorosamente, o de reconhecer que só estaremos em condições de corresponder aos desafios desta reabilitação (assumindo em pleno as possibilidades de um discurso prático)... se conseguirmos preservar (e se em boa medida formos também capazes de reinventar) uma relação lograda com as intenções da *episteme* e com os discursos que as convocam (discursos que apontam «para o ente, mostrando-o em novas perspectivas») [p. 28]. O modo como esta preocupação se manifesta traz-nos no entanto de imediato o problema do direito e do pensamento jurídico (e o estímulo irrenunciável da institucionalização prático-social que lhe corresponde) [«a crise que vivemos no direito [...] é, sobretudo, um problema *epistemológico*» (p. 25)]. Para Wálber Carneiro não se trata com efeito apenas de, naquele patamar de tematização global (e na sua mediação reflexiva), ir descobrindo (e valorizando) os «sinais» preciosos de uma tal relação *interdiscursiva* (e do *intertwining* que a fecunda) – o que significa por exemplo invocar a cumplicidade (inesperada) de Höffe para ler o livro VI da *Ética a Nicómaco* e reconhecer neste um «modelo epistêmico» (outro seria o resultado se o guia escolhido fosse logo Gadamer!) [pp. 31 e ss. («O modelo epistêmico de Aristóteles»), 283], o que significa sobretudo preocupar-se com a oportunidade-desafio de uma efectiva «epistemologização da hermenêutica» (e com as possibilidades que as propostas de Heidegger e de Gadamer, ao admitirem solidariedades logradas entre o *hermenêutico* e o *apofântico*, oferecem a este desafio) [p. 28 («não há uma incompatibilidade entre a matriz hermenutica e as metodologias científicas»), pp. 71 e ss. («A dupla estrutura da linguagem»), 85 e ss. («Modelos estruturais da experiência hermenêutica»), 99 e ss., 125 e ss., 185, 284 e ss., 309] –, trata-se também e muito especialmente de mobilizar todos estes «sinais» para repensar os desafios da *ciência do direito*... e exigir que esta (superando o pântano em que o discurso jurídico do nosso tempo a aprisionou) se relacione com a filosofia «num plano paradigmático» [p. 291] – o que só será possível sustentando uma circularidade luminosa entre ciência e filosofia («A ciência pressupõe a filosofia, e a filosofia pressupõe já estar no *lugar* do qual se está falando») [p. 174]... e então e assim admitindo que o problema do «ser» do direito (o «problema do *ser* daquilo que se manifesta como direito») [p. 28] possa ser assumido por um discurso hermenêutico *hetero-reflexivo* [pp. 173 e ss.].

(B'') Ora o mesmo se poderá reconhecer quanto à segunda das preocupações seleccionadas. Também ela a conduzir à *solução* da hermenêutica heterorreflexiva. Mas agora por outra via... e a acentuar uma outra dimensão. Poder-se-á dizer que se trata, com efeito, de permitir que o percurso reflexivo, preservando a sua fidelidade à filosofia hermenêutica (muito simplesmente identificada como *a* filosofia «paradigmática») [pp. 175 e ss.], se deixe simultaneamente atingir pela exigência de um pensamento integral e autossubsistente *problemático*... e então e assim também pelo desafio de uma filosofia prática que, oferecendo-se-nos como teia-contraponto e como dinâmica de *logoi*, possa não obstante continuar a orientar-nos (e a ferir-nos!) como resolução antecipante – uma filosofia prática que esteja em condições de acolher a *situação*-problema sem a diluir no processo reflexivo ou deliberativo (sem a domesticar como etapa-componente do seu *iter*) ... antes exigindo que esta (na sua novidade e irrepetibilidade) o atinja como *prius* metódico ou perspectiva-*visée* de uma *analítica plena* (de uma *analítica* que se quer e se diz *interpretação existencial*). Mais uma vez o caminho se torna impensável sem a interferência constitutiva da experiência do jurídico, por uma vez concentrada no desafio (exterior ao «paradigma») do «primado metodológico» do «caso-problema» [pp. 236 e ss.]. Uma defesa que deixa rastros-sinais «paradigmaticamente» assimiláveis? Podemos dizer que sim. Sendo certo no entanto que (em plena consonância com o horizonte reflexivo principal) o «filtro» de relevância escolhido por esta assimilação há-de dever menos à recriação tópico-retórica do mundo prático – apenas discretamente aflorada... nas exigências que a distinguem de outros universos argumentativos, pragmático-transcendentalmente concebidos [pp. 192 ss., 241 e ss.] – do que às estruturas gadamerianas do *jogo* e do *diálogo* (exploradas com a cumplicidade indispensável de Luiz Rohden)[«Compreender o direito levando em conta o primado metodológico do problema como jogo é, antes de tudo, estar aberto ao acontecer do ente...»

(p. 239)]. O que, segundo o nosso Autor, significa também e ainda corrigir a «circularidade viciosa» da proposta de Alexy: colocá-la como que «de cabeça para baixo» ou reinventá-la pelo «avesso», numa palavra, partir de um modelo simultânea e irredutivelmente *ontológico-compreensivo* e *problemático* (evitar os equívocos de um modelo «sistemático» e «empírico») [pp. 202 e ss., 233].

(B''') Quanto à terceira preocupação... esta cumpre-se assumindo desde o início o topos da *autonomia* do jurídico e a exigência de libertar este da aleatoridade contingente (da «domesticação») que a política (também a do *juiz político*) lhe impõe. Uma preocupação que – tornando-se indissociável daquela que exige que o jurídico limite a política (e desde logo «para o bem da política»!) [p. 296]... – persiste ao longo de todo o percurso [25 e ss., 150 e ss., 170-171, 194 e ss., 251 e ss., 252, 284, 291 e ss.]... mas que ganha particular intensidade (ou que pelo menos circunscreve a plurivocidade que começa por lhe estar aproblematicamente associada) [ver exemplarmente p. 179] nos diálogos que Wálber Carneiro procura estabelecer com o *jurisprudencialismo* de Castanheira Neves [pp. 241 e ss.] e com a *jurisprudence of principles* de Dworkin [pp. 263 e ss.]... mas também com a *metodonomologia* (de «matriz analógica») de Fernando Bronze (esta última especialmente relevante pela ponte que, numa determinada etapa da sua construção, lhe parece sustentar com a *Nova Hermenêutica*) [pp. 243 e ss, 249 e ss.]. Uma preocupação mais uma vez susceptível de uma assimilação que se possa dizer *fiel* ao paradigma? Wálber Carneiro entende que sim: num processo de recriação que o leva a ouvir muito selectivamente estas *vozes* (ao ponto de nem sempre reconhecermos os seus timbres específicos!)... e que culmina numa «reescrita» da dialéctica *sistema /problema* (agora enquanto circularidade pensada na «diferença ontológica») [p. 251]... e numa re-apresentação «metafórica» da tese da única resposta correcta (inteiramente compreendida a partir da «imersão linguística» e do acesso que esta nos garante a uma certa «dimensão moral-prática») [p. 252]. «Reescrita» aquela e «re-apresentação» esta que o conduzem inexoravelmente ao patamar de uma representação global do mundo prático e às exigências de uma «interpretação não relativista da hermenêutica filosófica»? Podemos admiti-lo. Sem esquecer no entanto que se trata também e assim de defender o projecto de uma «filosofia *no direito*»... e com este de exigir para a nossa circunstância uma resposta que passe pela oportunidade de construir-praticar uma *outra* «ciência do direito» [uma «ciência do direito» que possa ser concebida como uma «filosofia hermenêutica *no* direito» (p. 174)]. Uma acentuação que problematiza radicalmente a dissecção principal [α] / [β] («buscar» uma «filosofia prática» / «reencontrar o sentido do direito»)? Talvez não. Mas uma acentuação decerto que nos obriga a duvidar (pelo menos a duvidar!) da possibilidade de conceber tal distribuição como uma justaposição de compartimentos estanques – uma justaposição que de alguma forma pudesse prescindir da especificidade cultural e institucional do universo do direito (dos problemas de sentido e das exigências de institucionalização que o *mundo prático do direito* especificamente suscita) e contentar-se com a mediação, mais ou menos feliz (mais ou menos intelectualmente estimulante!) de uma teoria do direito puramente *assimiladora* (uma teoria do direito que se limitasse a projectar-«aplicar» os pressupostos, os códigos e as categorias de uma *filosofia prática* globalmente predeterminada)...

Uma acentuação que (*parafrasticamente* sublinhada) nos autoriza a pôr termo ao nosso *prae-amabulare*? Eu diria que sim. Para que o que se segue se cumpra, sem mediadores espúrios, entre Wálber Carneiro e os seus leitores. Bastando-me garantir a estes que estão reunidas todas as condições para uma conversação *responsável* (exemplarmente enriquecedora)... e que só têm assim que participar nela como interlocutores *plenos*! Como aquele interlocutor pleno que, mesmo quando discordávamos (sobretudo quando discordávamos!), eu descobri em Wálber Carneiro nos seus *tempos de Coimbra*... a cuja invenção, honestidade e transparência o seu texto faz de resto significativamente *justiça*!

Coimbra, março de 2010.

José Manuel Aroso Linhares
Professor Associado da Faculdade de
Direito da Universidade de Coimbra

Sumário

Apresentação – *Lenio Luiz Streck* 21

Introdução 25

1. Os descaminhos da filosofia e da ciência 31
   1.1. O modelo epistêmico de Aristóteles 31
      1.1.1. Filosofia primeira ou metafísica 32
      1.1.2. A ciência ou *episteme* 34
      1.1.3. A técnica ou arte 35
      1.1.4. A prudência 36
   1.2. A ciência moderna 39
      1.2.1. Contexto de formação 40
      1.2.2. A tradução filosófica de Descartes 41
   1.3. A técnica moderna 43
      1.3.1. A aliança entre ciência e técnica 43
      1.3.2. Heidegger e a essência da técnica 45
   1.4. A filosofia moderna e sua relação com a ciência 48
      1.4.1. O giro copernicano de Kant 49
      1.4.2. O esquecimento da filosofia na modernidade 53

2. Horizontes paradigmáticos da hermenêutica filosófica 57
   2.1. A filosofia hermenêutica de Heidegger 57
      2.1.1. O método fenomenológico 57
      2.1.2. A analítica existencial 64
      2.1.3. Diferença ontológica e circularidade hermenêutica 68
      2.1.4. A dupla estrutura da linguagem 71
   2.2. A hermenêutica filosófica de Gadamer 78
      2.2.1. O caminho até *Verdade e método* 78
      2.2.2. O projeto de *Verdade e método* 79
      2.2.3. Modelos estruturais da experiência hermenêutica 85
         2.2.3.1. O círculo hermenêutico 86
         2.2.3.2. O jogo 90
         2.2.3.3. O diálogo 92
      2.2.4. Universalidade e crítica 96
         2.2.4.1. O debate com Karl-Otto Apel 97
         2.2.4.2. O debate com Jürgen Habermas 99
            2.2.4.2.1. O diálogo concreto até a década de 1980 100
            2.2.4.2.2. Projeção do debate para o entorno de *Verdade e justificação* 109
   2.3. Verdade e diálogo na hermenêutica filosófica 117

  2.3.1. A proposição não é o lugar da verdade 117
  2.3.2. Verdade e o acontecimento do ser 121
  2.3.3. Verdade e não verdade 124
  2.3.4. Verdade e diálogo 125

3. A crítica hermenêutica do direito moderno 131
 3.1. O projeto de modernidade 131
 3.2. A tradição antropológica do jusnaturalismo moderno 132
  3.2.1. Os caminhos abertos por Hugo Grócio 134
  3.2.2. Os limites do direito positivo em Thomas Hobbes 135
  3.2.3. A eticização do jusracionalismo em Samuel Pufendorf 140
  3.2.4. Abrangência e limites do direito de propriedade em John Locke 143
  3.2.5. A semente da democracia no jusnaturalismo de Rousseau 145
  3.2.6. Universalidade e liberdade no jusnaturalismo formal de Kant 147
 3.3. O direito moderno como jusnaturalismo antropológico 153
 3.4. O desvirtuamento do projeto de modernidade 154
 3.5. A modernidade burguesa e o positivismo jurídico 158
 3.6. A resistência ao positivismo jurídico na modernidade 163
 3.7. Os desafios da contemporaneidade na reaproximação do direito com a racionalidade
   moral-prática 165

4. Hermenêutica jurídica heterorreflexiva 173
 4.1. Filosofia *no* direito 173
 4.2. O direito como padrão regulatório 177
 4.3. A normatividade do direito como especificidade de sua compreensão 182
 4.4. A crítica hermenêutica e a metodologia jurídica 186
  4.4.1. Metodologia clássica 186
  4.4.2. Hermenêutica constitucional 189
  4.4.3. Teorias procedimentais 192
   4.4.3.1. Teoria discursiva de Jürgen Habermas 194
   4.4.3.2. Teoria da argumentação de Klaus Günther 197
   4.4.3.3. Análise crítica 200
  4.4.4. Teoria dos princípios e da argumentação de Robert Alexy 202
   4.4.4.1. Modelo de regras e princípios 203
   4.4.4.2. Modelo argumentativo 211
   4.4.4.3. Análise crítica 221
 4.5. Parâmetros heterorreflexivos da hermenêutica jurídica 233
  4.5.1. O primado metodológico do problema 236
  4.5.2. A circularidade entre sistema e problema 241
   4.5.2.1. Da abordagem tradicional à descoberta do *problema* 241
   4.5.2.2. As propostas de A. Castanheira Neves e Fernando José Bronze 243
   4.5.2.3. Circularidade entre sistema e problema no paradigma hermenêutico . 251
    4.5.2.3.1. O jogo diológico contratextual em face do problema 252
    4.5.2.3.2. O jogo e o diálogo problemático em face do sistema 254
  4.5.3. A argumentação jurídica como *diálogo* 260
 4.6. De hércules a *Hermes* na busca de respostas corretas no direito 267
  4.6.1. O problema da resposta correta nas trilhas e para além de Hart e Dworkin 267
  4.6.2. A urbanização da província pela alegoria do juiz Hermes 273

Conclusão 281

Referências 295

Apresentação

Fazer teoria crítica é tarefa das mais difíceis. Mas, fazer teoria crítica em *terrae brasilis* é um desafio maior ainda. Com efeito, em um universo jurídico dominado por concepções estandartizadas, ainda presas às armadilhas do (velho) positivismo, parece estranho que, nesta quadra da história, tenhamos que, antes de tudo, elaborar uma crítica da crítica.

Se fôssemos começar uma crítica da crítica, o ponto inicial deveria versar sobre a má compreensão acerca do positivismo. Como isso se proliferou? Dou aqui algumas pistas: as teorias críticas do direito – me refiro àquelas sustentadas na analítica da linguagem (caso específico, por exemplo, da teoria da argumentação jurídica) – não conseguem fazer mais do que superar o positivismo primitivo (exegético), ultrapassando, entretanto, apenas no que tange ao problema "lei=direito", isto é, somente alcançar o "sucesso" de dizer que "o texto é diferente da norma" (na verdade, fazem-no a partir não de uma diferença, mas, sim, de uma cisão semântico-estrutural, cortando qualquer amarra de sentido entre texto e sentido do texto).

Para isso, valem-se da linguagem, especialmente calcados na primeira fase do *linguistic turn*, que conhecemos como o triunfo do neopositivismo lógico. Na especificidade do campo jurídico, a(lguma)s teorias analíticas (no campo jurídico) tomaram emprestado do próprio Kelsen o elemento superador do positivismo exegético, cuja perspectiva hermenêutica funcionava no plano semiótico da sintaxe, enfrentando um segundo nível, o da semântica, o que se observa ainda hoje em diversas concepções que se pretendem críticas, mormente naquilo que vem sendo denominado de "neoconstitucionalismo".

Que a lei não dá conta de tudo, Kelsen já havia percebido, só que, enquanto ele chegava a essa conclusão a partir da cisão entre ser e dever ser, com a divisão entre linguagem objeto e meta-linguagem, as teorias analíticas e seus correlatos chegam à mesma conclusão. Ocorre, entretanto, que essa "mesma conclusão" vem infectada com o vírus do sincretismo filosófico, uma vez que mixaram inadequadamente o nível da meta-linguagem com o da linguagem objeto, isto é, do plano da ciência do direito (pura) e do direito (eivado do solipsismo próprio da razão prática).

Explicando melhor: Kelsen apostou na discricionariedade do intérprete (no nível da aplicação do direito) como sendo uma fatalidade, exatamente para salvar a pureza metódica, que assim permanecia "a salvo" da subjetividade, da axiologia, da ideologia, etc. Ou seja, se Kelsen faz essa aposta nesse "nível", as diversas teorias (semânticas e pragmaticistas) apostam na discricionariedade a ser feita "diretamente" pelo intérprete/juiz. Mais ainda, se Kelsen teve o cuidado de construir o seu próprio objeto de conhecimento – e, por isso, é um autêntico positivista –, a teoria pós-kelseniana que não compreendeu a amplitude e profundidade do neopositivismo lógico acabaram por fazer essa mixagem dos dois níveis (meta-linguagem e linguagem-objeto). A partir dessa má-compreensão, os juristas pensaram que o juiz seria o sujeito pelo qual, no momento da aplicação do direito (em Kelsen, o juiz faz um ato de vontade e não de conhecimento), passa(ria) a fazer a "cura dos males do direito". O que em Kelsen era uma fatalidade (e não uma solução), para as correntes semanticistas passou a ser a salvação para as "insuficiências" ônticas do direito.

E de que modo as teorias analíticas pretendem controlar a "expansão linguística" provocada pela descoberta da cisão da norma do seu texto? A resposta é simples: pela metodologia. Algo como "racionalizar" o subjetivismo...! No fundo, um retorno à velha jurisprudência dos conceitos. Ou melhor, em tempos de jurisprudência dos valores, axiologismos, etc., nada melhor do que um retorno a uma certa racionalidade dedutivista. A diferença é que agora não se realiza mais uma pirâmide formal de conceitos para apurar o sentido do direito positivo; ao revés, utiliza-se o intérprete como "canal" através do qual os valores sociais invadem o direito, como se o sujeito que julga fosse o fiador de que as regras jurídicas não seriam aplicadas de um modo "excessivamente formalista" (*sic*). No Brasil é fácil perceber esse fenômeno, bastando, para tanto, um olhar sobre a discussão que a doutrina vem fazendo sobre "interpretação" e "aplicação", com a nítida aposta no protagonismo judicial (p.ex., sob o pálio da vulgata da "ponderação de valores"). Isso para dizer o mínimo.

Ocorre que, ao permanecerem no campo da semanticidade, os juristas que se inserem nesse contexto (na verdade, a maioria) são obrigados – sob pena de auto-destruição de seu discurso) – a admitir múltiplas respostas na hora da decisão. Nada mais do que evidente: se as palavras contém incertezas designativas/significativas, há que se admitir uma pluralidade de sentidos (no campo da semântica, é claro). *Só que isso denuncia a cisão entre interpretar e aplicar.* Observemos: o neopositivismo surgiu exatamente para construir uma linguagem artificial, com o fito de superar essa incerteza da linguagem natural com a qual era feita a ciência. Já as diversas teorias analíticas apenas comemoram tardiamente a descoberta dessas incertezas da linguagem, pensando que, se superassem o exegetismo assentado na justaposição entre texto-norma, já estariam em um segundo patamar... O resultado disso: todos conhecemos. Basta olhar para a verdadeira ode ao relativismo que é feita cotidianamente na doutrina e na jurisprudência. O juiz pode tudo; o intérprete é soberano...!

Por tudo isso, é possível dizer que, mormente no Brasil, as ditas "críticas" do direito merecem sobremodo fortes críticas, justamente em face dos problemas por elas causados. As posturas "críticas" dominantes ainda estão presas a essa contraposição entre o paradigma hermenêutico do positivismo legalista/sintático/exegético e o positivismo/normativista/semântico. O custo maior aparece no plano da operacionalidade do direito, onde a dogmática jurídica dominante, inserida no senso comum teórico pragmático-sincretista e sem maiores compromissos teóricos, continua a apostar na discricionariedade, como se esta fosse algo "crítico", esquecendo-se que foi esse – o positivismo normativista – que, calcado na discricionariedade, ultrapassou o positivismo primitivo.

Na verdade, a dogmática jurídica, compreendida nesse contexto, nada mais fez (ou faz) do que aquilo que Kelsen tão bem designou de política jurídica ou judiciária. Dogmática jurídica tem sido (e ainda é) uma aposta na velha vontade de poder, circunstância perceptível até mesmo em setores da assim denominada "crítica do direito" pós-Constituição de 1988.

O que deve ser dito é que, em um nível mais sofisticado, se triunfo da discricionariedade (que leva quase sempre à arbitrariedade de sentidos) se deve à permanência do paradigma da filosofia da consciência em termos de fundamento, assim como a uma analítica da linguagem – que desenvolve uma reflexão num nível semântico – do ponto de vista metodológico.

Portanto, na linha do que desenvolvi em outros textos (em especial em *Verdade e Consenso*), a discricionariedade está ligada ao problema da resposta, da decisão, embora, paradoxalmente, esta – a discricionariedade e suas variações que conduzem à arbitrariedade – sobrevivam exatamente por deixarem de lado a discussão acerca da decisão.

Pois é neste contexto que se insere a obra *Hermeneutica Jurídica Heterorreflexiva – Uma Teoria Dialógica do Direito* – de Wálber Araujo Carneiro, que tenho o prazer de apresentar à comunidade jurídica. A preocupação de Walber é com a decisão e com a construção das condições de possibilidade de alcançar respostas adequadas à Constituição.

Desde o início, a obra de Wálber faz essa "crítica da crítica". Revolvendo o chão linguístico que sustenta a tradição inautêntica da dogmática jurídica, o autor, calcado na hermenêutica filosófica, abre uma vasta clareira no inço que tomou conta da teoria do direito (principalmente em países periféricos com o Brasil). Para tanto, depois de convocar toda a sofisticação teórica advinda de autores como Gadamer, Heidegger, Dworkin, Castanheira Neves, para falar apenas destes, Wálber nos apresenta a sua visão acerca de que é possível alcançar respostas corretas. Isso será feito a partir daquilo que venho chamando de "filosofia no direito" – que Wálber trabalha magnificamente –, movimentando-se no espaço reflexivo proporcionado por essa filosofia (que não é capa de sentido e nem otimizadora do direito, sendo, sim, a sua condição de possibilidade).

Corretamente, Wálber vai dizer que a resposta correta é uma exigência democrática, ou seja, a legitimidade democrática do sistema e a segurança jurídica exigem compromisso com o acerto. Para tanto, propõe a alegoria do juiz Hermes, que é, ao modo do Hércules dworkiniano (embora as diferenças propostas pelo juiz de Wálber), uma metáfora.

A hermenêutica jurídica heterorreflexiva proposta neste denso livro de Walber vem cerrar fileiras com as demais facetas da hermenêutica filosófica, tendo em comum "questões inegociáveis" como o antirrelativismo e a antidiscricionariedade, e como pano de fundo a ancoragem em uma Constituição compromissória e dirigente, vetor de sentido que diferencia, *em ultima ratio*, o direito dos demais ramos do conhecimento.

Por todas essas razões, torna-se indispensável a leitura de *Hermenêutica Jurídica Heterorreflexiva*, que deverá fazer parte das pesquisas jurídicas de *terrae brasilis* a partir de agora.

> Da Dacha de São José do Herval, quase acima das nuvens, com o horizonte de densa cerração no inverno de 2010, para a primeira capital de *terrae brasilis* – Salvador da Bahia.

Lenio Luiz Streck
Professor titular da UNISINOS

Introdução

Há um abismo entre as manifestações dogmáticas do direito e os estudos filosóficos sobre os padrões de racionalidade que ele deveria assumir. De um lado, encontramos um rico debate metodológico e uma profunda reflexão sobre a racionalidade e verdade das formas jurídicas. Do outro, um discurso preso a um "senso comum teórico dos juristas" (Warat) alienado, que não possui identidade epistemológica e que se utiliza dos estudos filosóficos de modo alegórico, com o intuito único de levar a cabo as pretensões estratégicas dos atores sociais em conflito. Esse desencontro faz com que *qualquer coisa* possa ser sustentada no direito, diluindo-o no discurso político, esvaziando sua legitimidade e retirando-lhe a função regulatória decisiva em sociedades complexas. Essa é a realidade a partir da qual este livro se constrói, resultado das pesquisas de doutoramento na Universidade do Vale do Rio dos Sinos – UNISINOS sob a orientação do Prof. Lenio Streck.

A angústia provocada por esse abismo, que se manifesta nas pesquisas *stricto sensu*, nas grades curriculares dos cursos de graduação, na definição das áreas de interesse dos acadêmicos e em todas as esferas em que o direito se manifesta, levanta a questão sobre as condições de possibilidade de uma *ciência* do direito. Aqui, ainda estamos diante das velhas indagações kantianas sobre aquilo que podemos fazer e conhecer. Um *déjà vu* que nos remete ao cenário com o qual Kelsen se deparou no início do séc. XX, que se dividia entre tentativas frustradas de salvar o positivismo mitológico do séc. XIX e a fuga sociológica do positivismo realista. Hoje, encontramo-nos em uma situação semelhante, pois insistimos em consertar as teorias positivistas com "remendos" metodológicos e valorativos, sem refletir o problema de base. A crise que vivemos no direito e que se manifesta em outras áreas é, sobretudo, um problema *epistemológico*. Temos de enfrentá-lo no "olho do furacão", sob pena de continuarmos "correndo atrás do nosso próprio rabo".

Esse enfrentamento, por outro lado, também nos angustia, pois os défices de modernização vividos em sociedades periféricas e semiperiféricas exigem ações concretas do Estado e, como "o último dos moicanos", desloca-se para do Judiciário a tensão provocada pela crise. Imediatamente, somos tentados a pensar em um direito que ultrapasse o tempo da democracia e que se imponha substancialmente diante dos problemas sociais. De fato, não podemos pensar em um direito "feito às secas", para lembrar o modo como Cossio caracterizou a proposta de Kelsen, mas também não podemos ignorar a necessidade de pensar seus limites, algo fundamental para a sua própria sobrevivência. A domesticação do direito pela política faz com que esses sistemas se confundam e, com isso, o direito deixa de cumprir um papel decisivo na proteção e garantia de acesso ao debate público. O nosso desafio é pensar um direito que se equilibre entre o ceticismo descompromissado de matrizes formalistas e o compromisso irresponsável de um ativismo substancialista.

O que assistimos hoje é a *misancene* de um jogo que não pode ser jogado. Por um lado, a discricionariedade denunciada por Kelsen se faz presente como nunca, já que o espaço de sustentação política das decisões judiciais foi ampliado diante do fracasso dos outros poderes. Por outro lado, o discurso que legitima essa atuação ainda coincide com pretensões racionalistas inviáveis que marcam o "senso comum teórico" dominante. Essa combinação provoca efeitos nefastos na estrutura de um estado democrático, bem como cria uma força propulsora de divergências, levando--nos a uma crise sistêmica sem precedentes. Nesse sentido, embora reconheçamos a importância de estudos filosóficos com diferentes perspectivas – a exemplo das propostas que giram em torno de uma *teoria da justiça* – ainda é fundamental nos perguntarmos sobre o problema da *resposta correta* e, portanto, de uma *teoria da decisão*. Entretanto, a busca por uma *teoria dialógica do direito* edificada sobre as bases paradigmáticas de uma *filosofia hermenêutica* também deve ser capaz de fornecer conexões para outras perspectivas, onde a figura da decisão judicial não seja, por exemplo, o principal foco de análise.

Se a crise do direito é a crise da modernidade e se na base está o problema metodológico, temos, então, de "remover o chão" da epistemologia. E é isso que nos propusemos a fazer, valendo-nos do método fenomenológico-hermenêutico inaugurado por Martin Heidegger e continuado por Gadamer. O esquecimento do *ser* denunciado por Heidegger e o modo como ele empreendeu sua busca nos levará a uma odisseia pelos calabouços do discurso jurídico, na tentativa de encontrar os elos perdidos no desenvolvimento do direito moderno e a "causa mesma" do nosso problema. A *fenomenologia hermenêutica* não é, contudo, um método no sentido cartesiano, que edifica verdades a partir de sua aplicação. Ao contrário, é uma forma de fazer filosofia e, como poderemos ver ao longo do texto, isso só é possível colocando-a em movimento enquanto um *filosofar*.

A pesquisa que resultou nas teses aqui defendidas foi conduzida por esse movimento que se pergunta pelo *ser*. Heidegger nos oferece um desmembramento analítico desse movimento quando afirma que o seu método fenomenológico envolve uma *redução*, uma *construção* e uma *destruição*.[1] Embora influenciado pelo modelo fenomenológico de Husserl, a *redução fenomenológica* de Heidegger[2] não busca o *eu transcendental*, mas a nossa condição existencial. *Somos* porque compreendemos e compreendemos porque estamos lançados na *faticidade*. Iremos abordar o problema do método fenomenológico em um item específico, mas é importante advertir que a *redução fenomenológica* em Heidegger desloca o lugar da transcendência de nossa consciência para a *linguagem* e, consequentemente, para aquilo que construímos na presença do outro, marcando o rompimento da filosofia da consciência e abrindo as portas da intersubjetividade. Essa primeira dimensão do "método" heideggeriano reconduz o nosso olhar do ente para o *ser*, reduzindo-nos a oráculos de sua manifestação.

---
[1] HEIDEGGER, Martin. *Los problemas fundamentales de la fenomenología*, 2000.
[2] Idem. Ibidem, p. 47.

A *redução* é um aspecto negativo do "método" que visa a impedir que nos voltemos para o ente. Devemos nos voltar para o *ser mesmo*, para a *coisa mesma*. O *ser*, dirá Heidegger, não está tão facilmente acessível como o *ente*, exigindo uma projeção antecipada, isto é, uma *construção*.[3] Esta, por sua vez, está previamente condicionada pela nossa *historicidade* e *faticidade*. Desse modo, sempre restará a pergunta se a nossa experiência "ingênua e vulgar" nos proporciona a elaboração de um projeto que garanta o desvelamento do *ser* ou terá nos colocado em meio às aparências e manifestações. Por isso, pertence necessariamente à compreensão do *ser* uma "desconstrução produtiva", uma *Destruktion*, isto é, uma crítica dos conceitos tradicionais.[4] Esses três componentes fundamentais do método fenomenológico se pertencem mutuamente. A construção desse modo de filosofar é, necessariamente, uma *desconstrução* do que nos é transmitido, levada a cabo mediante um regresso à tradição na apropriação positiva de suas possibilidades.[5] Uma filosofia, dirá Stein, "não precisa renunciar ao controle crítico de seu modo de proceder e de seus resultados".[6]

Também o método fenomenológico heideggeriano terá caráter especulativo e totalizador; conduzido pela questão fundamental da Filosofia:

> A questão do ser coincidirá com o próprio movimento dessa questão, tanto ao servir para a explicitação do sentido do ser pela analítica existencial, como para o confronto sistemático-crítico com a história da metafísica ocidental, visando este a superação do pensamento da subjetividade e o desvelamento da história do ser.[7]

A aplicação do método fenomenológico à nossa pesquisa obedecerá a esse movimento. O que se projetou e permitiu o desenvolvimento das investigações foi a ideia de que o direito se perdeu na modernidade. Que nela nos distanciamos ainda mais do sentido do direito, o que já pressupõe uma *redução fenomenológica*. Por isso, regressamos à antiguidade clássica, especificamente ao modelo epistêmico de Aristóteles, com o intuito de observar o modo como o conhecimento do direito havia sido conduzido e, a partir dali, no momento exato em que começamos a diferenciar direito natural de direito positivo, refazer o caminho que nos leva à modernidade como alguém que busca em sua trilha algo que deixou cair.

Veremos logo no primeiro capítulo que o modelo epistêmico de Aristóteles, ainda que guiado pelas qualidades do *ente*, não concebia a lógica apodíctica como um método de conhecimento adequado para o estudo de objetos mutáveis, devendo ser estes concebidos na *práxis*. A lógica era formal porque o objeto e estrutura de suas sínteses eram imutáveis. O mundo exterior ao homem obedece a uma lógica própria, cabendo a nós apenas a descrição desses padrões. O direito, ao contrário, se constrói diuturnamente na comunidade mediante a interação de seus cidadãos. Movimentar-se em meio aos outros exige *prudência* e, mesmo admitindo uma *ciência política*, a aplicação de seus postulados exige adequações às situações concretas, na medida em que essa ciência pensa apenas o que normalmente ocorre. A *prudência* – para adequar aquilo que foi pensado a partir do que normalmente ocorre em

---

[3] HEIDEGGER, Martin. *Los problemas fundamentales de la fenomenología*, 2000, p. 47.
[4] Idem. Ibidem, p. 48.
[5] Idem. Ibidem, p. 49.
[6] STEIN, Ernildo. *A questão do método na filosofia*, 1983, p. 14.
[7] Idem. Ibidem, p. 21.

face daquilo que de fato ocorreu – só é adquirida no convívio com o outro e exige, portanto, vivência na *polis*, o que faz do direito uma filosofia prática. Ao lado da *prudência*, também observamos que a técnica para os gregos era uma *arte*, e não uma armação reprodutiva, a exemplo daquilo que iremos constatar quando da análise do mundo moderno. Nela eram mantidas as possibilidades criativas do artesão, estando a técnica à sua disposição e não ele à disposição da técnica. No mundo grego a técnica está a serviço do homem, e não o homem a serviço da técnica.

O cenário de crise aliado às perdas constatadas exige-nos um reencontro com o *ser* autêntico e originário daquilo que se manifesta *como* direito. Essa *construção* exige a apresentação do horizonte paradigmático da hermenêutica filosófica, o que faremos no segundo capítulo. Cumpriremos, aqui, o objetivo de apresentar as bases da *filosofia hermenêutica* de Heidegger e de seus dosbramentos na *hermenêutica filosófica* de Gadamer, ao mesmo tempo que vamos estabelecer os limites e possibilidades de uma *hermenêutica jurídica*. Sustentamos que, não obstante a leitura tradicional de seus trabalhos acabe por afastar Heidegger da *epistemologia* e Gadamer do *método*, não há uma incompatibilidade entre a matriz hermenêutica e as metodologias científicas – para usar uma expressão do próprio Gadamer –, mas uma incompatibilidade com a estrutura cognitiva sujeito-objeto da epistemologia tradicional e com a ideia de método no sentido de um procedimento que assegura e conquista o objeto do conhecimento, levando-nos à verdade. Daí, então, a tese central desenvolvida neste capítulo é a de que existe um espaço de "epistemologização" da hermenêutica, identificado com o processo reflexivo da interpretação que, por sua vez, também daria margem a possibilidades dialógicas ou *heterorreflexivas*. Com Luiz Rohden, encontraremos na *hermenêutica filosófica* de Gadamer modelos estruturais a partir dos quais podemos trabalhar uma *epistemologia heterorreflexiva*, especialmente localizada no *jogo* e no *diálogo*. A vigilância reflexiva retratada por Gadamer nos coloca alertas e, no *jogo* com o *ente* e com o *outro*, somos surpreendidos. Deixar que a coisa venha à fala através do *jogo* e do *diálogo* é decisivo para que possamos entrar corretamente no círculo.

Além das possibilidades de "epistemologização" do espaço reflexivo da hermenêutica, enfrentaremos, ainda no segundo capítulo, o problema da *dupla estrutura da linguagem* e da *verdade*. A linguagem em Heidegger, consoante o diagnóstico de Stein, possui uma "dobra", uma estrutura que se subdivide "como" *hermenêutica* e "como" *apofântica*. Quem sustenta as nossas compreensões é a dimensão *hermenêutica*, mas quem pode apontar para o ente mostrando-o em novas perspectivas e ampliando as possibilidades de alinhamento dos projetos compreensivos (consenso) é a *apofântica*. Dessa dobra, concluímos com Heidegger que a verdade não é uma propriedade do *logos apofântico*. Ao contrário do que imaginam os adeptos das teorias relacionais, o *logos* apenas aponta para aquilo que, de fato, pode ser verdadeiro. A verdade é uma qualidade do *ente* que, por sua vez, só se mostra em seu *ser*. Se todo "mostrar-se" é também um "esconder-se", a "essência da verdade" implica, necessariamente, desvelamento e velamento. Mas, se esse jogo de desvelar e velar pertence à "essência da verdade", a "verdade da essência" historial do homem nos revela na *Destruktion* de Heidegger uma busca pelo desvelamento; uma luta incessante pela vitória do desvelar. Isso nos permite dizer que, se queremos ter pretensões de racionalidade quanto ao direito, temos de buscá-las através do modo mais originário e desvelador.

Embalados pela *Destruktion* fenomenológica e pela necessidade de reencontrar o sentido do direito, veremos no terceiro capítulo que a técnica grega se desvirtua na modernidade, transformando-se em uma *armação* que sustentará a ciência moderna. Os padrões matemáticos passam a ser a inquestionável condição de possibilidade para ver o mundo, inclusive na sua dimensão política e cultural. O direito passa a ser visto a partir dessa *composição* e é edificado pelos jusnaturalistas como um constructo racional e abstrato. De qualquer sorte, também poderemos constatar que naquele pedaço do caminho apenas alguns seixos se perderam. Fora mantida na aurora da modernidade a ideia de que o direito deveria ser pensado a partir do homem e isso permitia, não obstante a dissimulação metodológica, pensar limites e justificações para o direito positivo. Veremos que o jusnaturalismo moderno constrói o direito a partir de uma antropologia racionalista que, bem ou mal, mantém o homem como ponto de partida. Mas, as impropriedades metodológicas levariam as concepções jusnaturalistas a resultados discricionários e a um ambiente de divergências. O capitalismo que encontrará suas possibilidades no período pós-revolucionário necessita de um modelo regulatório seguro e, neste contexto, o jusnaturalismo será visto como um entrave. Não obstante tenha sido decisivo para o discurso revolucionário, agora era hora de construir bases racionais seguras, tendo sido a dimensão antropológica justamente a parte que foi condenada. Neste momento, afastamo-nos ainda mais do *ser* direito, acreditando que o texto seria capaz de conter todas as possibilidades de sua aplicação e que o aplicador do direito poderia assumir uma função operativa.

Ali, estamos no ponto do caminho onde as manifestações dogmáticas encontram o núcleo duro de seu discurso legitimador: fatos como dados objetivos que são descritos por meio de provas; textos que possuem um núcleo de sentido clarividente; métodos que conseguem desvendar eventuais ambiguidades do texto e sistemas compostos por normas ou conceitos que permitem um movimento puramente lógico por suas estruturas. Desde então, o "sentido comum teórico" vai incorporando, paulatinamente, alternativas metodológicas de modo acrítico, sem preocupações paradigmáticas e performáticas. Paralelamente, porém distante, caminham a filosofia e a evolução de suas reflexões metodológicas. Rumamos em uma humanização de mundo que constrói alternativas para a captação dos produtos histórico-culturais. Essas possibilidades foram, inclusive, captadas por diversas propostas epistemológicas ao longo do séc. XX, mas as consequências no outro caminho, bastante difusas. O "senso comum teórico" não assimila como seria possível pensar o direito como conduta e não como norma; admite que há um valor e um fato para além da norma, mas ignora completamente como esses elementos podem interagir em uma complementariedade dialética. As propostas culturalistas ou são adicionadas a uma base inconsistente ou sequer são reconhecidas.

Em tempos de *neoconstitucionalismo* vivemos um problema semelhante. As bases metódicas da jurisprudência de valores alemã é importada como um conjunto unitário de métodos que ganham espaço em uma nova modalidade de saber jurídico, aquele voltado para os concursos públicos. O foco agora são os princípios constitucionais e a sua força normativa, base necessária para um ativismo judicial preocupante. Os princípios que viriam salvar a razão prática são imediatamente tragados para o plano tecnológico e passam a ser manipulados de um modo muito distante até mesmo das teorias que admitem essa manipulação. O resultado é um direito liquefeito em horizontes estratégicos, dominado por interesses de grupo, mas que agora encontra um discurso legitimador. Vivemos em meio à discricionariedade denunciada por Kelsen, só que agora sustentada por um discurso racional encobertador.

Seremos, neste momento, lançados no quarto capítulo. O objetivo é, à luz dos limites e possibilidades explicitados no segundo capítulo e da desconstrução retratada no terceiro, edificar uma teoria (hermenêutica) do direito que responda às demandas da nossa sociedade contemporânea e, ao mesmo tempo, viabilize uma relação produtiva e emancipatória com a política. Uma teoria que explore o amálgama agregador da dimensão *hermenêutica* da linguagem (onde as coisas são compreendidas) e que, ao mesmo tempo, densifique esse plano através de consensos catalizados pela dimensão *apofântica* (onde as coisas compreendidas são ditas). Essa teoria, como qualquer outra, não poderá deixar de ser filosófica, pois não podemos contornar o incontornável. Não será, entretanto, uma filosofia *do* direito, que pressupõe estarmos do lado de fora do nosso objeto, como meros expectadores de algo previamente dado. Essa hermenêutica será, necessariamente, uma filosofia *no* direito que, sob a forma de uma hermenêutica jurídica, movimenta-se no espaço reflexivo dessa filosofia, valendo-se desse mesmo espaço para *ouvir, falar* e *jogar* com o outro. Esse diálogo faz com que esse espaço ultrapasse a quebra do solipsismo na dimensão hermenêutica e explore, na dimensão apofântica, recursos voltados para o desvelamento dos entes, transformamando-a em uma hermenêutica *heterorreflexiva*. É *reflexiva* porque se movimenta especularmente no *sentido* que já acessamos, quebrando com o distanciamento falacioso e mitológico entre o sujeito e o objeto. É *hetero* porque não só permite como também exige a diferença trazida pelo outro, a diferente perspectiva sobre o *ente*, a marca de uma filosofia da *alteridade*.

1. Os descaminhos da filosofia e da ciência

A relação entre *filosofia* e *ciência* não é um problema novo, ainda que a análise do desenvolvimento histórico dessa relação não revele uma linha evolutiva, mas "rupturas epistemológicas"[8] que sugerem cenários diversificados. Neste capítulo, tentaremos mostrar como a filosofia e a ciência se inter-relacionaram, em que momento se percebeu a diferenciação funcional que separa essas duas formas de conhecimento e o modo como a modernidade resumiu a filosofia a uma "teoria da ciência". Primeiramente, analisaremos como o modelo epistêmico de Aristóteles enxergava a relação entre as diferentes formas de conhecimento para, em seguida, demonstrar como a revolução científica do séc. XVII rompe com esse modelo pressupondo a superioridade da ciência e de seu método. Por fim, apontar os caminhos possíveis para a relação entre filosofia e ciência, o que ainda será aprofundado no momento em que o modelo hermenêutico for proposto.

1.1. O MODELO EPISTÊMICO DE ARISTÓTELES

A questão do conhecimento sempre foi uma preocupação para o homem, sendo considerado pelos gregos o seu elemento distintivo.[9] Antes limitado a determinados fenômenos naturais, surge na Grécia Antiga um novo modo de ver o conhecimento, uma perspectiva que lhe confere uma razão de ser em si mesma, ou seja, o conhecimento dos filósofos ou daqueles que "amam a sabedoria". Nasce a filosofia e com ela as bases de uma teoria do conhecimento, primeiramente revelada por Platão e, posteriormente, desenvolvida por Aristóteles em um sistema tão complexo que pode ser considerada como uma espécie de "portal epistemológico" para a modernidade. Se "a mais segura caracterização genérica da tradição filosófica europeia é que ela consiste numa série de notas de rodapé a Platão",[10] será Aristóteles o "sábio de Estagira cuja cabeça sustenta ainda hoje o ocidente". Se for possível considerar que a modernidade rompe com o modelo medieval e, consequentemente, com a Escolástica, o fato de esta levar em conta uma releitura dos clássicos da antiguidade – especialmente Aristóteles – não implica uma total ruptura com o mundo clássico. O caráter antropológico da alvorada do pensamento moderno, do mesmo modo que

---

[8] BACHELARD, Gaston. *A filosofia do não*, 1974.
[9] GADAMER, Hans-Georg. *A razão na época da ciência*, 1983, p. 59.
[10] WHITEHEAD, Alfred North apud BOLZANI FILHO, Roberto. *Introdução à República*, 2006, p. VII.

não rompe de imediato com a ideia de Deus, por outro não consegue se desenvolver ignorando os modelos e as categorias da Filosofia clássica. Essa pseudorruptura é, portanto, uma das causas dos desencontros da modernidade, na medida em que tomou como originais construções que, no fundo, eram o resultado de uma tradição grega que poderia ser reencontrada na sua autenticidade, caso não estivesse desde já dominada por uma *armação*.

Sistematizar o pensamento de Aristóteles ou, pelo menos, sua teoria do conhecimento, implica um reducionismo duvidoso, mas necessário em razão do limitado espectro dessa abordagem. O ponto de partida seria, então, a constatação de que há em Aristóteles "uma sequência gradual de capacidades epistêmicas" que "parte de um saber simplesmente primeiro, a percepção singular, e tem o ápice num saber simplesmente superior, a filosofia, entendida como conhecimento dos primeiros princípios".[11] Essa escala estaria dividida em cinco níveis. No primeiro, estaria a *percepção* do singular; no segundo, o registro das percepções na *memória*; no terceiro, o enriquecimento das percepções por meio da experiência das relações de *causa* e *efeito*; no quarto, a explicação para as relações de *causa* e *efeito*, alcançando-se o conhecimento de um *universal*, do *conceito* e dos *motivos* de uma coisa; por fim, em um último nível, chega-se ao conhecimento dos *primeiros princípios*.[12] Os dois primeiros níveis são comuns a qualquer animal, sendo característicos do homem os demais níveis.

Dentre os diferentes níveis epistêmicos da escala aristotélica, encontraremos no terceiro nível (das *percepções* por experiência) a *phronêsis* ou prudência. O quarto nível congrega a *techné* e a *episteme*,[13] e o quinto, a *filosofia primeira*, chamada de Metafísica, aquela que possibilita o estudo do *ser*.[14] Essa estrutura é a quintessência da teoria do conhecimento aristotélico, que se projeta para a modernidade e que, relida à luz de uma "desconstrução produtiva",[15] será determinante para a releitura do direito moderno.

1.1.1. Filosofia primeira ou metafísica

Aristóteles difere a *filosofia primeira* de outras ciências em razão de ser ela responsável pelo saber das primeiras razões e dos primeiros princípios,[16] o que não

---

[11] HÖFFE, Otfried. *Aristóteles*, 2008, p. 44-45.

[12] Idem. Ibidem, p. 45.

[13] Referindo-se às diferenças entre a "ciência" política e ciências que lidam com o imutável, afirma Aristóteles que "é igualmente implausível aceitar conclusões meramente prováveis de um matemático e exigir demonstrações rigorosas de um orador". ARISTÓTELES. *Ética a Nicômaco*, 2007, p. 39.

[14] Na *Ética a Nicômaco*, Aristóteles divide suas categorias de conhecimento entre arte (*technê*), ciência (*episteme*), prudência ou sabedoria prática (*phronêsis*), filosofia ou saber fiolosófico e entendimento. Idem. Ibidem, 2007, p. 180.

[15] Heidegger propõe uma releitura do pensamento aristotélico no âmbito da retomada do ser, movimento por ele denominado *destruktion*. Cf. STEIN, Ernildo. *Diferença e metafísica*, 2000, p. 142-152.

[16] "A filosofia primeira na verdade não tem por objeto as realidades que são objeto das ciências particulares, por isso não sabe o que fazer com sua definição. Ela tem por objeto, diz Aristóteles, o ser enquanto ser, isto é o ser em sua totalidade, e é dele, e somente dele, que ela procura os princípios, ou seja, o "que é", pelo que é ao percebê-los mediante o noûs, isto a constitui, por assim dizer, a partir de dentro, fazendo-a ser não simples ciência, mas verdadeira sabedoria." BERTI, Enrico. *As razões de Aristóteles*, 2002, p. 17.

retira a importância das outras ciências e, até mesmo, de outros saberes não científicos (primeiro, segundo e terceiro níveis epistêmicos). Para Höffe, isso demonstra que "ainda que o saber mais elevado dirija-se a algo universal e mostre nisso uma superioridade, resta aos níveis inferiores um valor próprio", monstrando que Aristóteles possuía um interesse pela riqueza do singular, pesquisada apenas empiricamente.[17] A *filosofia primeira* estará, portanto, relacionada a uma atitude meramente teórica e contemplativa, muito embora, essa afirmação tenha recebido uma interpretação equivocada, sendo necessário revisar o que se tornou opinião pública no mundo ocidental: "ócio e filosofia coexistem, sendo o primeiro condição de possibilidade da segunda".[18] A questão está associada, em verdade, a uma relação entre o saber filosófico e as artes (*techné*), na medida em que o primeiro não está associado a uma utilidade específica, enquanto que as demais "aliviam as necessidades da vida".[19] Partindo de quatro passagens da Metafísica, Stein contextualiza o problema da origem da filosofia em Aristóteles em quatro questões: primeiro, ela é uma ciência "que brota de determinadas condições"; segundo, a filosofia se aproxima das outras ciências porque todas elas "tem um modo de proceder, um caminho",[20] ou seja, "um método", sendo que a *filosofia primeira* se dirige "apenas ao conhecimento enquanto tal"; terceiro, esclarece que Aristóteles concebe a "tranquilidade" como condição de surgimento da filosofia, mas acrescenta que esse estado se dá apenas em "instantes fugazes"; por último e em quarto lugar, põe a filosofia que brota em breves momentos como um "privilégio de Deus", muito embora seja uma ciência que convém ao homem.[21]

As condições necessárias ao saber filosófico em Aristóteles não estão associadas, portanto, à conotação de "tranquilidade" e "admiração" como sinônimos de "descomprometimento", mas a um desligar-se da cotidianidade que nos aliena. Com Platão, Stein nos mostra que a "admiração" aristotélica é um *pathos*, que arrebata o homem espontaneamente, surpreendendo-o de maneira "súbita e avassaladora".[22] Isso nos remete a uma rara possibilidade de "brincar de Deus", na tentativa – sempre frustada – de romper a nossa finitude. Mas, paradoxalmente, é essa busca momentânea pela infinitude que, ao cessar, coloca-nos diante da nossa irremediável condição finita: "a abertura, a experiência radical de ser-no-mundo, é sempre conquista súbita".[23] A filosofia, portanto, são tentativas frustradas pela busca do infinito, mas que nos leva, necessariamente, ao limite da nossa finitude, tornando-se necessária enquanto "caminho" e fundamental para a busca de uma reflexão bloqueada no co-

---

[17] HÖFFE, Otfried. *Aristóteles*, 2008, p. 47.

[18] STEIN, Ernildo. *Uma breve introdução à filosofia*, 2002, p. 119.

[19] "Aquele que é mais exato e mais capaz de ensinar as causas é mais sábio, em todas as áreas do conhecimento. E quanto às ciências, igualmente, aquilo que é desejável por si mesmo e com vistas apenas ao conhecimento é mais próprio da sabedoria do que aquilo que é desejável com vistas aos seus resultados [...]". ARISTÓTELES. *Metafísica*, 2002, livro 1, cap. 2, 982a.10.

[20] Neste sentido, Machado Neto afirma que "por isso a resposta à pergunta – 'que é filosofia?', tem de ser procurada no próprio curso da história da filosofia, nas sucessivas e, por vezes, aparentemente contraditórias respostas que nos têm dado os inúmeros filósofos de todas as épocas, o que, ao invés de ser uma evasão e um recuo, é um autentico filosofar como pergunta e busca [...]". MACHADO NETO, A. L. *Filosofia da filosofia*, 1958, p. 12.

[21] STEIN, Ernildo. *Uma breve introdução à filosofia*, 2002, p. 123-125.

[22] Idem. Ibidem, p. 128.

[23] Idem. Ibidem, p. 131.

tidiano, onde sempre estamos em meio a instrumentos e alienados na *manualidade*. Por isso será a filosofia o saber que nos leva ao "ser" e à "verdade".

> E todavia, sem dúvida, é melhor, necessário mesmo, para a salvação do desvelamento (da verdade), afastar até o que nos é familiar; pois, para isso somos filósofos. Ambas as coisas residem em nosso coração – e, contudo, tarefa sagrada é darmos o lugar de honra ao desvelamento, à verdade.[24]

Contudo, o "olhar para a aproveitabilidade permanece possível", na medida em que se configura dentro de cada nível "o saber como autofinalidade e o saber 'a serviço de'".[25] Essa diferença se manifesta na dicotomia entre a *episteme*, saber que comporta uma autofinalidade, e a *techné*, um saber *poiético*. Ambas, somadas à *prudência*, serão as três formas de se chegar à verdade[26] a serem abordadas a seguir.

1.1.2. A ciência ou *episteme*

O termo *episteme* (ἐπιστήμη) surge em Aristóteles em diferentes contextos, podendo designar a *ciência primeira* (*zetouméne episteme*) ou, até mesmo, formas de *techné*.[27] Tratamos neste momento da *episteme* em sentido estrito, que não possui a primazia da filosofia, nem se refere ao conhecimento poiético da *techné*, mas de um conhecimento apodíctico.[28] Assim, mostra-se como *episteme* um conhecimento demonstrativo voltado para a "apreensão da determinação causal" da relação entre objetos "não perecíveis".[29] Ao contrário da *filosofia* ou *ciência primeira*, a *episteme*, na condição de um conhecimento "simples", está associada, necessariamente, à demonstração[30] e, com isso, leva em conta o caráter verdadeiro das premissas inferidas.[31] A demonstração, chamada de *silogismo científico*, "tem lugar quando as premissas são 'verdadeiras, primeiras, imediatas, mais conhecidas, anteriores e causas da conclusão'"[32] e formam, ao lado do sujeito e do objeto, a estrutura triádica do conhecimento científico,[33] assumida até hoje pela epistemologia tradicional através de seus principais elementos: sujeito, objeto e método.

O conhecimento científico, portanto, é a qualidade mediante a qual demonstramos, acrescentada das qualificações complementares presentes na nossa definição

---

[24] ARISTÓTELES. *Apud* STEIN, Ernildo. *Uma breve introdução à filosofia*, 2002.

[25] HÖFFE, Otfried. *Aristóteles*, 2008, p. 49.

[26] ARISTÓTELES. *Ética a Nicômaco*, 2007, p. 180.

[27] Cf. PEREIRA, Oswaldo Porchat. *Ciência e dialética em Aristóteles*, 2001, p. 52-53.

[28] "No caso da apodíctica, [...] o conhecimento da causa e a necessidade são asseguradas pela demonstração (*apódeixis*), por isso chamada por Aristóteles de 'silogismo científico'". BERTI, Enrico. *As razões de Aristóteles*, 2002, p. 5.

[29] Cf. PEREIRA, Oswaldo Porchat. *Ciência e dialética em Aristóteles*, 2001, p. 36.

[30] "Nós, contudo, sustentamos que nem todo conhecimento é de natureza deomonstrativa. O conhecimento das premissas imediatas não é demonstrativo. E é evidente que assim se deva ser, já que é necessário conhecer as premissas anteriores com base nas quais a demonstração progride e, se o retrocesso finda com as premissas imediatas, têm estas que ser indemonstráveis. Esta é a nossa doutrina a esse respeito. Na verdade, não só sustentamos ser possível o conhecimento científico, como também que há um específico primeiro princípio do conhecimento graças ao qual reconhecemos as definições". ARISTÓTELES. *Analíticos posteriores*, 2005, p. 257.

[31] Idem. Ibidem, p. 258.

[32] BERTI, Enrico. *As razões de Aristóteles*, 2002, p. 5.

[33] ARISTÓTELES. *Analíticos posteriores*, 2005, p. 271.

dele dos *Analíticos*, a saber, que um indivíduo humano conhece uma coisa cientificamente quando detém uma convicção a que chegou de uma certa maneira e quando os primeiros princípios em que se apoia essa convicção lhe são conhecidos com certeza, pois a menos que ele esteja mais certo de seus primeiros princípios do que da conclusão deles extraída limitar-se-á a possuir o conhecimento em pauta acidentalmente. Que essa seja nossa definição de conhecimento científico.[34]

Destaca-se como *episteme* a matemática, com a aritmética e a geometria, seguida pela física, óptica, mecânica, harmônica e astronomia.[35] Tal qual a *filosofia primeira* (metafísica), trata-se (a *episteme*) de um saber teórico que se justifica por si mesmo, não estando inserido dentro de um modelo utilitarista como o da ciência moderna. A expressão "ciências empíricas" soaria aos ouvidos de Aristóteles como algo contraditório.[36]

1.1.3. A técnica ou arte

O modo como vê a *filosofia primeira* e a *episteme* não nos permite concluir que Aristóteles não tenha concebido uma forma de saber aplicativo, ainda que distante dos parâmetros modernos. Neste sentido, também fora do campo de designação da *philosophia* e da *episteme*, na medida em que já se voltava para a "classe de coisas variáveis",[37] encontraremos a *techné*, que era um saber voltado para a produção/aplicação, isto é, "saber daquilo sobre cuja base é possível fabricar algo".[38] A medicina, por exemplo, hoje elevada à condição de ciência especializada, era considerada, ao lado das atividades do carpinteiro, do ferreiro, do pintor ou do ourives, uma *técnica* ou *arte*.

> [...] uma arte é o mesmo que uma qualidade racional concernente ao criar (fabricar) que envolve um processo verdadeiro de raciocínio. Toda arte se ocupa em trazer alguma coisa à existência, e dedicar-se a uma arte significa estudar como trazer ao existir uma coisa que é possível existir ou não, a causa eficiente da qual estando no criador e não na coisa criada, pois a arte não se ocupa com coisas que existem ou passam a existir (vêm a ser) necessariamente ou pela natureza, uma vez que essas coisas possuem suas causas eficientes em si mesmas.

Com isso Aristóteles reafirma a diferença entre fazer e criar, na medida em que a arte é concernente ao "criar", e não ao "fazer".[39] Como afirma Heidegger, a técnica para os gregos não está relacionada, apenas, à "palavra do fazer na habili-

---

[34] ARISTÓTELES. *Ética a Nicômaco*, 2007, p. 181.

[35] Cf. HÖFFE, Otfried. *Aristóteles*, 2008, p. 46. Além de Aristóteles, outros filósofos tiveram preocupações que se aproximavam muito do que hoje se entende por "ciência". A matemática de Pitágoras e a elaboração de seu teorema colocam a geometria no campo de estudos teóricos, diferente do que ocorria com os egípcios. Pitágoras foi quem primeiro observou a relação entre catetos e a hipotenusa em triângulos retângulos, identificando que "o quadrado da hipotenusa é igual a soma dos quadrados dos catetos". Na matemática, também se destacaram Tales de Mileto (séc. VI a.C.) e Euclides (séc. III a.C), de Alexandria. Na mecânica, verifica-se a matriz de uma relação fundamental para o "desenvolvimento" da ciência moderna, tendo sido Arquimedes (séc. III a.C.) quem, ainda na antiguidade, concebe uma ciência voltada para aplicações tecnológicas, fato comprovado a partir de muitos dos seus inventos, como, por exemplo, a "catapulta".

[36] GADAMER, Hans-Georg. *A razão na época da ciência*, 1983, p. 12.

[37] ARISTÓTELES. *Ética a Nicômaco*, 2007, p. 181.

[38] GADAMER, Hans-Georg. *A razão na época da ciência*, 1983, p. 12-13.

[39] ARISTÓTELES. *Ética a Nicômaco*, 2007, p. 182.

dade artesanal, mas também do fazer na grande arte e das belas-artes", o que torna a produção algo *poético*,[40] diferenciando-se significativamente da técnica moderna onde a tônica é o fazer a partir de uma reprodução não criativa.

1.1.4. A prudência

Embora em Aristóteles o saber puro estivesse relacionado com uma atividade teórica, ele não ignora a importância da "sabedoria prática",[41] *prudência (phronêsis)*, aqui incluída a chamada *filosofia prática* (ou *ciência política*).[42] O homem prudente, segundo Aristóteles, tem como característica a capacidade de "bem deliberar sobre o que é bom e proveitoso para si mesmo, não num ramo em particular, mas o que é vantajoso ou útil como recurso para o bem-estar geral".[43]

> [...] a prudência (sabedoria prática) não é o mesmo que conhecimento científico, como tampouco pode ser o mesmo que arte. Não é conhecimento científico porque assuntos relacionados à conduta admitem mutação; e não pode ser arte porque o criar e o fazer são genericamente diferentes, posto que o criar visa a um fim que é distinto do ato de criar, enquanto no fazer o fim não pode ser outro senão o próprio ato, ou seja, fazer bem é em si mesmo o fim. Insiste-se, portanto, que a prudência é uma qualidade racional de consecução da verdade, que concerne à ação relativamente a coisas que são boas e más aos seres humanos.[44]

Embora distintos, a *phronêsis* não afasta a *episteme* ou a *techné*, seja porque possuem funções diferenciadas, seja porque se encontram articuladas. O homem prudente será eficiente na "deliberação em geral",[45] enquanto que a *episteme* – que se volta apenas para o imutável – e a *techné* são saberes especializados. A opinião de um médico – que hoje seria considerada científica – sobre a possibilidade de cura de uma doença mediante um tratamento de risco não seria suficiente para que o sujeito decida sobre conveniência do tratamento.[46] De igual modo, a decisão política

---

[40] HEIDEGGER, Martin. *A questão da técnica*, 2007, p. 17.

[41] "Em oposição ao modelo dominante da cobrança epistêmica, segundo o qual o nível de saber inferior a cada vez é ultrapassado ou compreendido ('inclusão') pelo nível de saber superior, com frequência até mesmo explicado como relativamente não-verdadeiro ('superação'), Aristóteles defende um modelo de crescimento epistêmico". HÖFFE, Otfried. *Aristóteles*, 2008, p. 45.

[42] Enrico Berti dá nota da distinção entre a filosofia prática ou ciência política e a *phronesis*. A primeira, "não obstante a intenção prática", seria uma "virtude da razão teorética pelo fato de ser sempre uma ciência", além de ter "como objeto realidades cujos princípios são, pelo menos, geralmente" válidos. A *phronesis*, ao contrário, é a "mais elevada virtude da parte calculadora da alma racional, isto é, da razão prática", tendo por objeto realidades "que não são nem 'sempre' nem 'geralmente'". BERTI, Enrico. *As razões de Aristóteles*, 2002, p. 145-146. Optamos por trabalhar a *phronesis* e a filosofia prática na totalidade do saber prático, em razão do fato de o objetivo deste trabalho não estar voltado para a identificação do objeto de ambas, mas justamente para a vocação prática, além de facilitar a análise cruzada com o modelo de Gadamer. Cremos ter sido uma opção "prudente". Sobre a distinção e interfaces entre *prudência* e *ciência política*, ver também ENGLEMANN, Wilson. *Direito natural, ética e hermenêutica*, 2007, p. 39-43.

[43] ARISTÓTELES. *Ética a Nicômaco*, 2007, p. 182.

[44] Idem. Ibidem, p. 183.

[45] idem. Ibidem, p. 182.

[46] Dirá Gadamer que "não podemos empurrar tudo para a *phronesis* no sentido da racionalidade orientada por fins. A doutrina da *phronesis* encontra-se na *Ética*, a *ética* é a doutrina do *ethos*, o *ethos* é uma *hexis* e *hexis* é a postura que resiste às *pathe*." GADAMER, Hans-Georg. *Razão e filosofia prática*, 2007, p. 64.

sobre o bem de todos não pode ser determinada pelos saberes especializados, muito embora eles possam integrar essa decisão. Segundo Aristóteles, a deliberação sobre o bem necessita tanto do saber teórico especializado, como do *saber prático*, sendo que, a depender da matéria, um saber se mostra mais determinante que outro.[47] Em sendo assim, essa articulação necessita de uma "faculdade superior controladora",[48] papel que será reservado à forma de saber que se encontra acima dos saberes especializados e da *prudência*, ou seja, à "filosofia primeira".[49] Essa articulação será fundamental para a reflexão sobre a tecnocracia moderna.

A *prudência* "não se limita a ser uma qualidade racional",[50] na medida em que ela não se exaure na dimensão reflexiva. O homem, diante da necessidade de deliberação sobre aquilo que ele "deve fazer", não está sujeito a "cair no esquecimento", o que faz de uma falha prudencial algo muito diferente de um mero lapso de memória.[51] Ainda que essa resposta envolva um *cálculo*,[52] a *prudência* "implica o conhecimento de fatos particulares, o que somente a experiência pode propiciar"[53] e, em sendo assim, do mesmo modo que esse saber não pode ser adquirido por meio de um ensino sistemático, ela também não pode ser "esquecida". A *práxis* "já pressupõe a educação, isto é, exercício e formação madura dos modos de comportamento".[54] Com isso, Aristóteles conclui que, "embora os jovens possam ser mestres em geometria, matemática e ramos similares do conhecimento, não há como considerar que um jovem seja prudente" ou, até mesmo, um filósofo, já que tais saberes são "produto dos anos".[55] Gadamer ressalta que o "conceito aristotélico de *práxis* adquire também um acento específico, na medida em que é aplicado ao *status* do cidadão livre na *polis*. Ali se dá *práxis* humana no sentido mais eminente da palavra" que é "caracterizada pela *prohairesis* do *bios*".[56] Neste sentido, a *prudência* significa "antecipação e escolha prévia", assim, ao contrário dos animais que também têm *bios* e que buscam uma "melhor realização da vida" em sua *práxis*, "saber preferir um ao outro e escolher conscientemente entre as possibilidades é a única e especial característica que distingue o homem".[57]

---

[47] ARISTÓTELES. *Ética a Nicômaco*, 2007, p. 188.
[48] Idem. Ibidem, 2007, p. 188.
[49] "Não é apenas o etos que o define – ele também é *logos*, ou seja: ele também é seu saber e pensar. De acordo com as duas direções – de acordo com a direção das mais elevadas universalidades e com a direção das últimas concreções, Aristóteles deu a última palavra ao *nous*". GADAMER, Hans-Georg. *Cidadãos de dois mundos*, 2007, p. 35.
[50] ARISTÓTELES. *Ética a Nicômaco*, 2007, p. 184.
[51] Idem. Ibidem, 2007, p. 184.
[52] Idem. Ibidem, 2007, p. 187. Não é possível confundir a expressão aqui empregada como "cálculo" na tradução consultada com a noção moderna de "cálculo". A prudência exige "discernimento", isto é, julgamento; exige "ponderação" ou "consideração". Idem. Ibidem, p. 193. Enrico Berti chama a atenção para o fato de a filosofia prática em Aristóteles ser tudo "menos 'neutra', 'calculadora', nas relações com a realidade (humana), mas, ao contrário, julga o valor desta última, avalia o que nela é bom e o que é mau, a fim de melhorá-la. Ao faze-lo, no entanto, não renuncia a conhecer a verdade, isto é, a ser ciência, a verificar não apenas como estão as coisas, mas também quais são suas causas." BERTI, Enrico. *As razões de Aristóteles*, 2002, p. 118.
[53] ARISTÓTELES. *Ética a Nicômaco*, 2007, p. 189.
[54] GADAMER, Hans-Georg. *Cidadãos de dois mundos*, 2007, p. 28.
[55] ARISTÓTELES. *Ética a Nicômaco*, 2007, p. 189.
[56] GADAMER, Hans-Georg. *A razão na época da ciência*, 1983, p. 59.
[57] Idem. Ibidem, p. 59.

Desse modo, se na *episteme* encontraremos um silogismo de demonstrações apodícticas, na *prudência* iremos nos deparar com um procedimento *diaporético*.[58] As premissas, que no silogismo científico assumem uma forma descritiva[59] diante de um objeto não contingente, assumirão na ação prudente a condição de *endoxa*, que não se confunde com a opinião, mas que serve para colocá-las em discussão frente ao objeto contingente ou problemático.[60] Até porque, não será necessário levar em conta todas as opiniões sobre um assunto,[61] mas uma parte indispensável que será convertida em *endoxa* e representará todo o conjunto. Em *Tópicos*, Aristóteles chamará esse silogismo de *dialético*, vendo-o como "aquele no qual se raciocina a partir de opiniões de aceitação geral".[62]

> Um problema dialético é um objeto de estudo que leva ou ao escolher e evitar, ou à verdade e o conhecimento, quer por si mesmo, quer como um auxílio para a solução de algum outro problema desse tipo. Seu assunto é algo sobre o que ou a maioria dos homens não tem opinião num ou noutro sentido, ou defendem uma opinião contrária à dos sábios, ou a destes contraria a da maioria dos homens, ou sobre a qual membros de cada uma destas duas classes discordam entre si.[63]

Desse modo, constatamos que o sentido de *práxis* em Aristóteles difere da ideia de *aplicação prática* imposta à ciência moderna a partir do momento em que foi transformada em força produtiva. Se, por um lado, a cisão grega entre *teoria* e *práxis* impediu a superioridade de uma determinada forma de saber, por outro, não significa ausência de reflexão sobre as questões práticas. Para Gadamer, "na essência da ciência grega [...] reside a proveniência da prática e o desenvolvimento em direção daquilo que também denominamos com uma expressão grega *teoria*".[64] Desde a cisão platônica "entre a ordem ideal pura e o mundo obscuro e complexo dos sentidos", o horizonte em que se situam a palavra e o conceito de *práxis* não é primariamente definido como oposição ou aplicação da teoria.[65] O sentido de aplicação nos gregos está muito além do moderno, na medida em que não é apenas uma teoria que é aplicada "na prática". Em verdade, para os gregos – ao menos para Aristóteles – há uma teoria interna à *práxis* e uma *práxis* interna à *teoria*,[66] o que implica uma sólida fusão orgânica, acompanhada pela articulação externa que a *filosofia primeira* proporciona a todos os saberes (*theoria*, *phronêsis* e *poieses*). As grandes dicotomias da modernidade – que são facilmente percebidas no direito – são um reflexo acrítico do dualismo platônico que pode ser superado por uma reconstrução do pensamento aristotélico.

É, portanto, por esse "caminho" que devemos refletir o sentido de *práxis* entre os gregos e compreender as razões que nos levam a afirmar a necessidade de retomar

---

[58] BERTI, Enrico. *As razões de Aristóteles*, 2002, p. 128.
[59] ARISTÓTELES. *Analíticos anteriores*, 2005, p. 129.
[60] Idem. Ibidem, p. 135-136.
[61] BERTI, Enrico. *As razões de Aristóteles*, 2002, p. 130.
[62] ARISTÓTELES. *Tópicos*, 2005, p. 348.
[63] Idem. Ibidem, 2005, p. 359.
[64] GADAMER, Hans-Georg. *Sobre a originalidade da ciência*, 2007, p. 15.
[65] Idem. *A Razão na época da ciência*, 1983, p. 59.
[66] "A teoria é, ela mesma, uma práxis". Idem. Ibidem, p. 58.

o direito a partir de uma *filosofia prática*. Esse "caminho" passa pela identificação do lugar onde nos perdemos,[67] razão pela qual trataremos a seguir das questões relacionadas à ciência moderna. A crise paradigmática da ciência moderna exige essa identificação e qualquer alternativa que pretenda salvar a racionalidade deve investigá-la e levá-la adiante.

1.2. A CIÊNCIA MODERNA

O modelo epistêmico aristotélico que construía em torno da *filosofia primeira* um esquema orgânico entre *theoria*, *poiesis* e *práxis* é abandonado na modernidade. Ainda que Aristóteles tivesse servido de base para a escolástica e fosse fortemente revisitado no renascimento,[68] a filosofia moderna assume a pretensão apodíctica das demonstrações matemáticas, os saberes especializados das ciências se isolam de outros e, em seguida, alia-se a uma técnica re-produtiva que coloca o homem à sua disposição.[69]

Surge na modernidade um "novo conceito de ciência e de método, primeiramente desenvolvido por Galileu, em âmbito parcial, e fundamentado filosoficamente por Descartes".[70] A ciência moderna nasce com a destruição da ideia de cosmos e universo finito profetizada por Bacon e realizada por Galileu,[71] tendo ainda Copérnico exercido um papel importante já no séc. XVI.[72] Mas, esse movimento ainda terá que passar pela tradução filosófica de Descartes (1637)[73] e por um desenvolvimento ulterior que vai até os *Princípios matemáticos de filosofia natural*, de Isaac Newton (1687).[74]

---

[67] "*El problema que surge en Hobbes, que los fisiócratas tomaron en consideración, que los escoceses intentaron solucionar; el problema que al final se remonta a la desventaja, anotada por Vico, de los estudios modernos frente a los antiguos: haber adquirido el carácter estricto de la teoría sólo al precio de perder el acceso a la praxis, este problema de una mediación teóricamente satisfactoria entre teoría y praxis, exige evidentemente una revisión de la filosofía social científica desde el punto de vista específico bajo el que la doctrina clásica de la política podía entenderse como la sabia conducción de la praxis.*" HABERMAS, Jürgen. *Teoría y praxis*, 2000, p. 84.

[68] JAPIASSU, Hilton. *Como nasceu a ciência moderna*, 2007, p. 15.

[69] HEIDEGGER, Martin. *A questão da técnica*, 2007.

[70] GADAMER, Hans-Georg. *A razão na época da ciência*, 1983, p. 13.

[71] JAPIASSU, Hilton. *Como nasceu a ciência moderna*, 2007, p. 112.

[72] Idem. Ibidem, 2007, p. 10.

[73] DESCARTES, René. *Discurso do método*, 1996. Antes, já havia escrito em 1628 as Regras para a orientação do espírito, somente publicadas em 1701. DESCARTES, René. *Regras para a orientação do espírito,* 2007. Contudo, a obra que melhor retrata a tradução filosófica da ciência moderna são as "Meditações metafísicas", voltada, ao contrário do discurso do método, para um auditório de filósofos. Cf. DESCARTES, René. *Meditações metafísicas*, 2005.

[74] Para Boaventura, a nova racionalidade científica é um modelo totalitário de conhecimento porque nega a racionalidade das construções que não obedecem a seus princípios metodológicos, característica percebida na "teoria heliocentrica do movimento dos planetas de Copérnico, nas leis de Galileu sobre a queda dos corpos, na grande síntese da ordem cósmica de Newton e finalmente na consciência filosófica que lhe conferem Bacon e sobretudo Descartes". SANTOS, Boaventura de Sousa. *Um discurso sobre as ciências*, 2002, p. 11.

1.2.1. Contexto de formação

A formação da ciência moderna não é espontânea, tendo sido determinantes o contexto e os fatos que antecederam a formação desse movimento. A passagem da Idade Média para a Idade Moderna é marcada pelo humanismo renascentista que, muito embora fosse um movimento que retomasse fundamentos da antiguidade clássica – o que fica notório nas artes – criava um universo para eclosão de uma nova racionalidade, dissociada dos padrões teológicos dominantes na Idade Média. A descoberta do novo mundo não apenas demandava um saber mais produtivo, como também acenava para uma transcendência que, durante muito tempo, tinha sido usurpada do homem e resumida na figura de Deus. O desenvolvimento de centros urbanos, por exemplo, exigia soluções para o controle de pragas, a exemplo da que ocorreu em Londres em 1655 e que matou aproximadamente setenta mil pessoas.[75] "A consciência pública se volta para a ciência com um novo tom de expectativa"[76] e é nesse contexto que se forma um grupo de cientistas-filósofos, que não apenas "experimentavam" e "calculavam" o seu objeto, como também sustentavam o modelo de racionalidade e verdade de seus postulados. Alguns mais cientistas, como Galileu; outros mais filósofos, como Descartes.[77]

A ciência moderna pretende "eliminar, ao final, todos os imprevistos da vida da sociedade, ao submeter todos os âmbitos da vida, ao controle científico".[78] Segundo Boaventura de Sousa Santos, "quando o desejável era impossível foi entregue a Deus; quando o desejável se tornou possível foi entregue à ciência"[79] e, em razão disso, ela abandona os "cálculos esotéricos dos seus cultores para se transformar no fermento de uma transformação técnica e social sem precedentes na história da humanidade".[80] A matemática passa a fornecer à ciência moderna não só o instrumento de análise, como também a lógica da investigação, fazendo do rigor científico sinônimo de quantificação e redução de complexidade.[81] Tais pretensões se convertem nas características que marcam esse movimento, tais como a secularização, a subjetividade do sujeito do conhecimento, a transformação da *práxis* em *teoria aplicada* e a pretensão de neutralidade,[82] que já podiam ser percebidas na mecânica de Galileu e na filosofia de Descartes.

Para Gadamer, com a mecânica de Galileu e a difusão de seus processos em todo o campo da experiência, nasceu uma ideia de ciência que se separou dos fundamentos da *filosofia primeira* e de seu substancialismo, encontrando na matemática e na ideia de método a relação entre a abstração e a verificação através do "medir,

---

[75] A biografia de Newton, por exemplo, é marcada pela peste de 1655 em Londres, ocasião em que Cambridge teve que ser fechada e em que ele se recolhe na fazenda de sua mãe para um período denominado por seus biógrafos como "os anos adimiráveis". Cf. GLEICK, James. *Isaac Newton*, 2004.
[76] GADAMER, Hans-Georg. *A razão na época da ciência*, 1983.
[77] Sobre o contexto de formação da ciência moderna, vide de Hilton Japiassu "Como nasceu a ciência moderna". HILTON. *Como nasceu a ciência moderna*, 2007, p. 15-21.
[78] GADAMER, Hans-Georg. *A razão na época da ciência*, 1983, p. 84.
[79] SANTOS, Boaventura de Sousa. *O social e o político na transição pós-moderna*, 2003, p. 106.
[80] Idem. *Um discurso sobre as ciências*, 2002, p. 7.
[81] Idem. Ibidem, p. 15.
[82] JAPIASSU, Hilton. *Como nasceu a ciência moderna*, 2007, p. 13-15.

pesar e contar".[83] Neste momento, a ciência se converte num "conhecimento de contextos domináveis através da investigação isolada" e, a partir daí, a aplicação prática de seus postulados passa a abarcar a sua própria essência.[84] Galileu, recusando todo argumento de autoridade, "conduz uma luta apaixonada contra todas as formas de dogmatismo",[85] defende a linguagem matemática como aquela que foi usada por Deus para "escrever" sua grande obra, dando, portanto, "o passo decisivo para a substituição da concepção de Cosmos, unidade fechada de uma ordem hierárquica, pela do Universo, conjunto aberto ligado pela unidade de suas leis".[86] Na verdade, a Deus é reservado o papel fundamental da criação e ao homem todo o resto, inclusive o de ler seus "escritos" e de provar a sua "existência", tendo esta última tarefa sido reservada fundamentalmente a Descartes.

1.2.2. A tradução filosófica de Descartes

Descartes é tido como o grande tradutor filosófico dessa nova ciência, muito embora também estivesse preocupado com questões científicas propriamente ditas.[87] Seu objetivo era fundar um modelo de conhecimento científico que partisse de abstrações, superando "as correntes mágicas", o "campo do senso comum", "as qualidades sensíveis" e a "experiência imediata".[88] Para tanto, esse francês nascido em La Haye, cidade que hoje leva o seu nome, nega a possibilidade de uma *filosofia primeira* pautada na fé servir de fundamento para o conhecimento científico, muito embora não negue a necessidade de encontrar na filosofia o fundamento para as construções científicas. A filosofia em Descartes deverá proporcionar a segurança quanto aos pontos de partida do conhecimento científico, condição que poderá ser satisfeita com a transformação do conhecimento filosófico em uma espécie de "matemática universal", isto é, de uma "ciência onde tudo é obtido a partir dos princípios básicos mais simples, por meio de rígidas deduções".[89] Descartes promove, portanto, "uma verdadeira secularização da reflexão filosófica",[90] estando o método no centro dessa revolução como o elemento "necessário para a busca da verdade".[91]

Na busca de seu ponto de partida, Descartes se depara com a necessidade de pensar aquilo que seria inexoravelmente verdade e que fosse traduzido por um postulado em relação ao qual tivéssemos certeza. Essa reflexão já o coloca na situação cognitiva necessária para a articulação de qualquer pensamento, isto é, a *dúvida*

---

[83] GADAMER, Hans-Georg. *A razão na época da ciência*, 1983, p. 92.
[84] Idem. Ibidem, p. 42.
[85] SANTOS, Boaventura de Sousa. *Um discurso sobre as ciências*, 2002, p. 12.
[86] JAPIASSU, Hilton. *Como nasceu a ciência moderna*, 2007, p. 19.
[87] Descartes desenvolve trabalhos científicos em diversas áreas, tendo sido o Discurso do método uma obra voltada para introduzir futuros leitores na sua grande obra científica, o "Mundo". Por força da condenação de Galileu, retarda a publicação de o "Mundo", fato que só ocorreria em 1664, quase trinta anos após a publicação do "Discurso".
[88] JAPIASSU, Hilton. *Como nasceu a ciência moderna*, 2007, p. 100.
[89] STÖRIG, Hans Joachim. *História geral da filosofia*, 2008, p. 271.
[90] JAPIASSU, Hilton. *Como nasceu a ciência moderna*, 2007, p. 104.
[91] DESCARTES, René. *Regras para a orientação do espírito*, 2007, p. 19.

como sendo a suspensão provisória do juízo.[92] Da *dúvida*, conclui sobre a única certeza possível: o *cogito*.

> [...] considerando que todos os pensamentos que temos quando acordados também nos podem ocorrer quando dormimos, sem que nenhum seja então verdadeiro, resolvi fingir que todas as coisas que haviam entrado no meu espírito não eram mais verdadeiras que as ilusões de meus sonhos. Mas logo depois atentei que, enquanto queria pensar assim que tudo era falso, era necessariamente preciso que eu, que o pensava, fosse alguma coisa. E, notando que esta verdade – penso logo existo – era tão firme e tão certa que todas as mais extravagantes suposições dos cépticos não eram capazes de abalar, julguei que podia admiti-la sem escrúpulo como o primeiro princípio da filosofia que buscava.[93]

Com o *cogito*, Descartes não apenas confere aos homens a condição de "ser racional", possibilitando a todos a "faculdade de produzir raciocínios, vale dizer, encadear ideias e discernir o verdadeiro do falso",[94] como também deduz a existência de Deus.[95] Sobre a razão, ele inicia seu *Discurso* declarando que "o bom senso é a coisa mais bem distribuída do mundo, pois cada um pensa estar tão bem provido dele, que mesmo aqueles mais difíceis de se satisfazerem com qualquer outra coisa não costumam desejar mais bom senso do que têm",[96] concluindo que "a diversidade de nossas opiniões não decorre de uns serem mais razoáveis que os outros, mas somente de que conduzimos nossos pensamentos por diversas vias, e não consideramos as mesmas coisas".[97]

Desse modo, seguindo o mesmo caminho e considerando as mesmas coisas, sempre chegaríamos ao mesmo lugar. Com isso, Descartes funda o conceito de método que marcará a ciência moderna, um modelo constitutivo[98] que servirá de contraponto para aqueles que irão, mais tarde, negar a possibilidade de aplicação desses métodos constitutivos.[99] Nas *Regras para a orientação do espírito* descreve o método como aquilo que "consiste na ordem e na organização dos objetos sobre os quais se deve fazer incidir a penetração da inteligência para descobrir alguma verdade", ao tempo em que no *Discurso* confessa que nele está contido "tudo o que dá certeza às regras da matemática".[100] Desse modo, ser um "cartesiano" não é simplesmente utilizar modelos silogísticos, até porque Aristóteles já havia descrito

---

[92] DESCARTES, René. *O dicurso do método*, 2003, p. 37.

[93] Idem. Ibidem, p. 38.

[94] JAPIASSU, Hilton. *Como nasceu a ciência moderna*, 2007, p. 100.

[95] DESCARTES, René. *O dicurso do método*, 2003, p. 39-40. "Por certo, se julguei depois que se podia duvidar dessas coisas, não foi por outra razão senão porque me vinha ao espírito que talvez algum Deus tivesse podido me dar uma natureza tal que eu me enganasse mesmo no tocante às coisas que me parecem mais manifestas". DESCARTES, René. *Meditações metafísicas*, 2005, p. 59.

[96] Idem. *O dicurso do método*, 2003, p. 5.

[97] Idem. Ibidem, p. 5.

[98] Em síntese, Descartes formula quatro regras para a construção do conhecimento verdadeiro: a) só tomar como verdadeiro o que nos aparece como evidente e conduzir nossas ideias com ordem, começando pelas mais simples e fáceis; b) a regra da análise e decomposição dos problemas; c) a da ordem e d) a da enumeração dos problemas. Cf. JAPIASSU, Hilton. *Como nasceu a ciência moderna*, 2007, p. 101. Em Regras para a orientação do espírito, Descartes dilui seus postulados em vinte e uma regras. DESCARTES, René. *Regras para a orientação do espírito*, 2007.

[99] Cf. GADAMER, Hans-Georg. *Verdade e método I*, 2003.

[100] DESCARTES, René. *O dicurso do método*, 2003, p. 25-26. Cf. GADAMER, Hans-Georg. *Sobre a originalidade da ciência*, 2007, p. 12.

o modo como opera o raciocínio dedutivo, mas principalmente acreditar que a verdade está diretamente associada a um caminho universal previamente determinado para se chegar a ela.

A postura racionalista de Descartes, não obstante tenha sido decisiva à filosofia moderna, enfrentará alguma resistência na caminhada para sua afirmação, principalmente por ignorar o papel da experiência, fundamental para o desenvolvimento ulterior da ciência.[101] Por outro lado, Machado Neto nos conta que o "caminho encontrado por Bacon para a tão audaciosa aventura de libertar a filosofia da tutela teológica, foi, porém, um caminho que a reduziu à pura experiência empírica, confundindo-a, pois, com a ciência positiva".[102] Assim, a aposta de Bacon – que seguia um caminho totalmente oposto ao de Descartes, considerando a ordem das coisas, e não da razão – acaba frustrada, na medida em que ele não percebeu que "a experiência não dispensa a teoria prévia, o pensamento dedutivo ou até mesmo a especulação, mas força qualquer deles a não dispensarem, enquanto instância de confirmação última, a observação dos fatos".[103] De qualquer modo, o debate entre os seguidores de Descartes e os de Bacon instaura uma cisão no pensamento da modernidade barroca, gerando a clássica divisão entre os racionalistas franceses e os empiristas ingleses, opostos que somente irão se reaproximar com a tentativa conciliadora de Kant.

1.3. A TÉCNICA MODERNA

1.3.1. A aliança entre ciência e técnica

A ciência moderna ingressa em uma "nova aventura, cujo instrumento pedagógico é anunciado por Descartes ao formular o projeto de se instituir escolas profissionais onde ensinariam 'mestres hábeis em matemática e física' capazes de responder a todas as questões dos artesãos e de os levarem a novas descobertas".[104] A ruptura da ciência com o modelo contemplativo grego a impulsiona para investigações funcionais, e faz com que ela deixe de ser a "soma do saber e daquilo que é digno de ser sabido" e se torne "um caminho para avançar e penetrar num âmbito não investigado",[105] onde a busca do conhecimento estará atrelada a uma aplicação e, consequentemente, comprometida com os interesses que giram em torno dos fins propostos. Neste momento, nasce uma nova forma de *práxis*, distante da ação do homem na *polis* e ligada ao comprometimento da ciência com o domínio e transformação da natureza. Dirá Descartes:

> Pois elas [noções gerais sobre física] me mostraram que é possível chegar a conhecimentos muito úteis à vida, e que, ao invés dessa filosofia especulativa ensinada nas escolas, pode-se encontrar uma filosofia prática, mediante a qual, conhecendo a força e as ações do fogo, da água, do ar, dos astros, dos céus e de todos os outros corpos que nos rodeiam, tão distinta-

---

[101] Cf. JAPIASSU, Hilton. *Como nasceu a ciência moderna*, 2007, p. 103.
[102] MACHADO NETO, A. L. *Filosofia da filosofia*, 1958, p. 33.
[103] SANTOS, Boaventura de Sousa. *Um discurso sobre as ciências*, 2002, p. 13.
[104] JAPIASSU, Hilton. *Como nasceu a ciência moderna*, 2007, p. 122.
[105] GADAMER, Hans-Georg. *A razão na época da ciência*, 1983, p. 41.

mente como conhecemos os diversos ofícios de nossos artesãos, poderíamos empregá-las do mesmo modo em todos os usos a que são adequadas e assim nos tornarmos como que senhores e pensadores da natureza.[106]

A nova *práxis* moderna representa a aliança entre ciência e técnica, ou seja, a decadência da *práxis* grega na técnica moderna,[107] perdendo a autonomia criativa presente nos gregos e se colocando em oposição à *theoria*.[108] Se para Aristóteles técnica era pro-dução, na modernidade ela não passará de uma re-produção, na medida em que a criatividade foi duplamente solapada, seja na decisão imediatamente anterior ao momento em que a ciência dita o que vai ser reproduzido, seja em uma alienação primária decorrente da própria incapacidade da ciência moderna pensar a criatividade, ficando esta camuflada por uma *pseudo* objetividade decorrente de um método que nasce no *cogito*. Uma vez encoberta sobre o mito da objetividade, a criatividade no mundo moderno acaba se transformando em arbitrariedade.

Quanto à questão da técnica moderna, formam-se duas linhas de análise fundamentais para a sua reflexão, uma mais superficial desenvolvida pela Escola de Frankfurt e outra mais profunda desenvolvida por Heidegger. Na primeira linha, a crítica de Marcuse a Weber denunciada por Habermas demonstra que o conceito de razão técnica é talvez o mesmo de ideologia, já que a técnica se projeta naquilo que uma sociedade e os interesses nela dominantes pretendem fazer com os homens e com as coisas.[109] Essa foi a condição de possibilidade para que a ciência moderna, aliada com uma técnica não menos moderna, se transformasse em força produtiva. A aliança, contudo, ainda que profetizada no séc. XVII, somente será completada ao longo do séc. XIX com a consolidação do sistema capitalista.

> La ciencia moderna asume en este contexto una función peculiar. A diferencia de las ciencias filosóficas de viejo cuño, las ciencias experimentales modernas vienen desarrollándose desde los días de Galileo en un marco metodológico de referencia que refleja el punto de vista trascendental de la posible disposición técnica. Las ciencias modernas generan por ello un saber, que por su forma (no por su intención subjetiva) es un saber técnicamente utilizable, si bien, en general, las oportunidades de aplicación sólo se dieron posteriormente. Hasta fines del siglo XIX no se registra una interdependencia de ciencia y técnica. Hasta entonces la ciencia moderna no contribuyó a la aceleración del desarrollo técnico y, por tanto, tampoco a la presión racionalizadora que se ejerce desde abajo. [...] Desde fines del siglo XIX se impone cada vez con más fuerza la otra tendencia evolutiva que caracteriza al capitalismo tardío: la de la cientificación de la técnica.[110]

Mas a técnica pode ser concebida por uma outra perspectiva, que não a coloca no plano secundário diante da ciência, mas como a "essência" que a determina e que a possibilita. A essa visão corresponde à análise de Heidegger.

---

[106] DESCARTES, René. *O dicurso do método*, 2003, p. 69.
[107] GADAMER, Hans-Georg. *A razão na época da ciência*, 1983, p. 45.
[108] Idem. Ibidem, p. 41.
[109] "[...] *el concepto de razón técnica es quizá él mismo ideología*", uma vez que na técnica "*se proyecta lo que una sociedad y los intereses en ella dominantes tienen el propósito de hacer con los hombres y con las cosas*". HABERMAS, Jürgem. *Ciencia y técnica como "ideología"*, 1999, p. 55.
[110] HABERMAS, Jürgem. *Ciencia y técnica como "ideología"*, 1999, p. 79-80 e 86.

1.3.2. Heidegger e a essência da técnica

Na análise feita por Heidegger, a técnica assumirá uma face que está para além de sua condição instrumental. Stein[111] aponta que o autor toma a "questão da técnica" por um longo caminho em torno do *mundo*, que se inicia nas reflexões já presentes em *Ser e tempo*[112] sobre a *instrumentalidade*, seguida daquelas desenvolvidas em *A origem da obra de arte*, sobre a *utensilidade*, e no ensaio *A coisa*,[113] sobre a *coisalidade*. Ao final, Heidegger é levado a se perguntar sobre qual é, verdadeiramente, o "ser" da técnica, o que será feito em *A questão da técnica*.[114] Nesse texto, Heidegger oferece uma análise de sucessivas questões ligadas à técnica, na tentativa de demonstrar que a "essência da técnica não é nada técnico".[115] No primeiro momento, chama a atenção para as visões que se têm da técnica, seja ela como "meio para um fim", seja ela como uma "atividade humana", e conclui que as duas se complementam, razão pela qual é possível falar em uma definição instrumental e antropológica[116] que seria válida, inclusive, para a técnica moderna.[117] Mas Heidegger insiste que essa resposta não é satisfatória para chegarmos à *essência* da técnica, sendo ainda necessário "procurar o verdadeiro através e por dentro do correto".[118] Neste momento, busca uma releitura das noções de *causa* em Aristóteles,[119] para mostrar que "tudo que a posteridade procurou entre os gregos com a concepção e com o título de 'causalidade' nada tem a ver com a eficiência e a causa de um fazer".[120] Valendo-se do exemplo do "cálice de prata" como um "utensílio sacrificial", Heidegger afirma que suas *causas* material e formal (prata e formato de cálice) não são responsáveis por sua condição como tal, mas, sobretudo, por um terceiro modo. "Trata-se daquilo que o define, de maneira prévia e antecipada, pondo o cálice na esfera do sagrado e da libação". Dirá Heidegger, porém, que, com este fim, "o utensílio não termina ou deixa de ser, mas começa a ser o que será depois de pronto".[121]

Desse modo, Heidegger demonstra que a técnica dos gregos não envolve uma causa, mas, como visto anteriormente, uma arte que deve ser cumprida com respon-

---

[111] STEIN, Ernildo. *Introdução ao pensamento de Martin Heidegger*, 2002, p. 157-159.
[112] Ver no § 15º a análise sobre a instrumentalidade. HEIDEGGER, Martin. *Ser e tempo*, 2005, p. 108-114.
[113] HEIDEGGER, Martin. *A coisa*, 2007, p. 143-160.
[114] "Questionar a técnica significa, portanto, perguntar o que ela é". HEIDEGGER, Martin. *A questão da técnica*, 2007, p. 11.
[115] Idem. Ibidem, p. 11.
[116] Idem. Ibidem, p. 12.
[117] "Permanece, portanto, correto: também a técnica moderna é meio para um fim". Idem. Ibidem, p. 12.
[118] HEIDEGGER, Martin. A questão da técnica, 2007, p. 13.
[119] "A filosofia ensina há séculos que existem quatro causas: 1) a *causa materialis*, o material, a matéria de que se faz um cálice de prata; 2) a *causa formalis*, a forma, a figura em que se insere o material; 3) a *causa finalis*, o fim, por exemplo, o oculto do sacrifício que determina a forma e a matéria do cálice usado; 4) a *causa efficiens*, o ourives que produz o efeito, o cálice realizado, pronto." HEIDEGGER, Martin. *A questão da técnica*, 2007, p. 13.
[120] HEIDEGGER, Martin. A questão da técnica, 2007, p. 14.
[121] Idem. Ibidem, p. 14. Heidegger questiona a tradução da palavra grega τέλος (telos), já que "responde pelo que, na matéria e no perfil, também responde pleo utensílio sacrificial".

sabilidade. A causalidade se insere em uma dimensão criadora e, enquanto tal, é "um trazer para o desvelamento"[122] pela pro-dução.

> A pro-dução conduz do encobrimento para o desencobrimento. Só se dá no sentido próprio de uma pro-dução, enquanto e na medida em que alguma coisa encoberta chega ao des-encobrir-se. Este chegar repousa e oscila no processo que chamamos de desencobrimento. Para tal, os gregos possuíam a palavra ἀλήθεια. Os romanos traduziram por *veritas*. Nós dizemos "verdade" e a entendemos geralmente como o correto de uma representação.[123]

Mas, se a técnica dos gregos pode ser vista como uma pro-dução desveladora, o mesmo não se aplica à técnica moderna.[124] Qual seria então a essência da técnica moderna? Para esta pergunta, o filósofo não se contenta apenas com a constatação de que se trata de uma técnica aliada à ciência moderna, indo a fundo e constatando que, diferentemente da técnica grega, a técnica moderna "é uma exploração que impõe à natureza a pretensão de fornecer energia, capaz de, como tal, ser beneficiada e armazenada"[125]. A técnica moderna coloca a natureza à *dis-posição* em um processamento que já vem "pré-dis-posto a promover uma outra coisa, a saber, o máximo de rendimento possível com o mínimo do gasto"[126]. Ao armazenar a energia da natureza, a técnica se coloca em uma situação privilegiada, colocando o próprio homem à sua *dis-posição*[127], já que a *pro-dução* pode, nestas condições, tornar-se meramente uma *re-pro-dução*. A essa "força de reunião daquele por que põe, ou seja, que desafia o homem a des-encobrir o real no modo da disposição, como dis-ponibilidade", Heidegger denominará de *com-posição*[128]. A caracterização essencial da técnica moderna reside, portanto, na sua *com-posição* como um "novo princípio de existência, no correlato esquecimento de sua condição humana, na progressiva maquinação dos entes em geral, em um evento radical e misterioso, que termina por prescrever ao existente uma forma de vida ordenada, uniforme, calculável e automática".[129]

O homem, uma vez imerso na *com-posição*, ao fazer ciência já estará sob os domínios da essência dessa técnica, razão pela qual Heidegger não irá considerar a técnica moderna como uma simples aplicação das ciências naturais.[130] Ao optar por uma determinada investigação e, portanto, antes mesmo de construir máquinas para viabilizar a aplicação prática das descobertas sobre a natureza, o homem já está à disposição da técnica, pois essa opção já é consequência direta de sua *dis-posição*. Em razão disso, o surgimento da técnica enquanto manifestação instrumental não coincide cronologicamente com os efeitos da *essência* da técnica.

> A técnica moderna precisa utilizar as ciências exatas da natureza porque sua essência repousa na com-posição. Assim, nasce a aparência enganosa de que a técnica moderna se reduz à aplicação das ciências naturais. Esta aparência apenas se deixa manter enquanto não se

---

[122] STEIN, Ernildo. *Introdução ao pensamento de Martin Heidegger*, 2002, p. 161.
[123] HEIDEGGER, Martin. *A questão da técnica*, 2007, p. 16.
[124] Idem. Ibidem. p. 18.
[125] Idem. Ibidem. p. 19.
[126] Idem. Ibidem. p. 19.
[127] Idem. Ibidem. p. 21-22.
[128] O termo alemão *Gestell* surge normalmente em espanhol como "*armazón*", sendo encontrado também em traduções para o português como "armação". Cf. RÜDIGER, Franciso. *Martin Heidegger e a questão da técnica*, 2006, p. 145.
[129] RÜDIGER, Franciso. *Martin Heidegger e a questão da técnica*, 2006, p. 45.
[130] HEIDEGGER, Martin. *A questão da técnica*, 2007, p. 24.

questionar, de modo suficiente, nem a proveniência da ciência moderna e nem a essência da técnica moderna.[131]

Heidegger, portanto, não nega a relação da ciência com a técnica, nem mesmo a dimensão instrumental que possibilita uma ciência operativa, apenas chama a atenção para as limitações dessa análise, sustentando que essa aliança é resultado de um domínio anterior, da *com-posição* decorrente da *dis-posição*, ou seja, daquilo que é a *essência* da técnica. Ele também não vê a técnica como algo demoníaco, na medida em que o *perigo* não se encontra nas máquinas, mas na *com-posição* e no "mistério de sua essência".[132] Portanto, o homem se encontra exposto ao *perigo* presente no destino que rege a *com-posição*, entre a possibilidade de seguir fora do comando – e "tirar daí todos seus parâmetros e todas as suas medidas" – e a possibilidade de se empenhar "num modo cada vez mais originário, pela essência do que se des-encobre e (pelo) seu desencobrimento, com a finalidade de assumir, como sua própria essência, a pertença ao desencobrimento".[133] Assim, é no perigo e na consciência de sua existência, que nasce a possibilidade de salvação. A salvação envolve a retomada do domínio e a desmontagem da *com-posição*, cujo primeiro passo é ter em mente o perigo para, em seguida, retomar a técnica em sua matriz originária, onde sua essência coloca as coisas à disposição de um homem que cria com a técnica e, com ela, *produz* arte.

A crise contemporânea da ciência está diretamente relacionada ao destino do homem guiado pela técnica moderna.[134] "Se não podemos mais pensar e viver sem ela, talvez dela morreremos",[135] isto porque, ao decidirmos "colher os frutos" das suas conquistas tecnológicas, colocamo-nos à sua *disposição*, sem a possibilidade de uma retomada imediata do comando. O projeto prévio que no mundo grego estava no comando do artesão como um artista e no político como um homem prudente, agora se encontra nas mãos da técnica moderna e não está mais restrito aos esquemas de domínio da natureza, mas alastrado por todos os setores, inclusive na administração pública. Como afirma Gadamer, "só o século XX é determinado através da técnica de uma maneira nova, na medida em que lentamente se processa a passagem do poder técnico do domínio das forças naturais para a vida social".[136] A técnica que colocou o homem à disposição da bomba atômica no final da primeira metade do século é a mesma técnica que coloca os pacientes do Sistema Integrado de Saúde – SUS à disposição do orçamento. É a mesma "lógica", o mesmo movimento, a mesma *com-posição*.[137]

---

[131] HEIDEGGER, Martin. *A questão da técnica*, 2007, p. 26.

[132] Idem. Ibidem, p. 30. O caráter não demoníaco da técnica será determinante para as reflexões que faremos sobre a regra jurídica.

[133] Idem. Ibidem, p. 28-29.

[134] Sobre a crise da ciência moderna, vide: SANTOS, Boaventura de Sousa. *Um discurso sobre as ciências*, 2002.

[135] JAPIASSU, Hilton. *Como nasceu a ciência moderna*, 2007, p. 119. Cf. GADAMER, Hans-Georg. *Sobre a originalidade da ciência*, 2007, p. 12-13.

[136] GADAMER, Hans-Georg. *A razão na época da ciência*, 1983, p. 43.

[137] "Os especialistas são realmente uma figura imprescindível para o domínio técnico dos processos. Ocupa o lugar do artesão. Porém este especialista deve substituir também a experiência prática e social. Esta é a expectativa que a sociedade deposita nele e que não pode realizar, com honesta convicção e auto-avaliação sóbria e metódica". GADAMER, Hans-Georg. *A razão na época da ciência*, 1983, p. 44.

A tecnocracia é o governo da técnica e é, de fato, impessoal. Mas, na verdade, não é o tipo de impessoalidade em que acreditamos, isto é, sinônimo de ausência de interesses particulares e de designação do bem geral, mas sim a impessoalidade como ausência de pessoas no comando. A ética e a política aristotélica, que se moviam na *práxis*, são substituídas por um modelo onde o homem não passa de uma estrutura do sistema, o que nos permite fazer uma associação entre a "essência da técnica moderna" denunciada por Heidegger com o modelo de sistemas autopoiéticos descritos por Luhmann.[138] Tudo isso "conduz à decadência da práxis na técnica e, não por culpa dos especialistas, à decadência na desrazão social".[139] Mas, ao contrário da ênfase descritiva empregada por Luhmann – que não se preocupa com a "salvação" – com Heidegger, Gadamer e Ortega y Gasset, acreditamos que a técnica há de sucumbir pela sua falta de "fantasia", ainda que tenhamos de chegar muito próximos ao perigo extremo para que isso ocorra. Em sendo assim, teremos de verificar o modo como a filosofia se comporta na modernidade diante da ciência, em um caminho que nos levará à fenomenologia de Heidegger e à hermenêutica filosófica de Gadamer.

1.4. A FILOSOFIA MODERNA E SUA RELAÇÃO COM A CIÊNCIA

Os cientistas do séc. XVII eram, em geral, também filósofos e teólogos. Voltavam seus estudos para um saber especializado na tentativa de descobrir ou comprovar as causas de determinados fenômenos, mas também se preocupavam com o modelo de racionalidade desse saber e de sua relação com Deus. Descartes é, certamente, o maior exemplo dessa múltipla função, muito embora, como vimos, sua contribuição tenha sido efetivamente decisiva no campo filosófico. Funda-se com ele um novo modelo de filosofia, que se apresentava a partir de grandes sistemas filosóficos cuja tarefa e caracterização eram "reunir o incociliável, ou seja, ordenar o isolado da investigação do particular, no todo da experiência de mundo".[140] Ao lado de Descartes nessa empreitada estavam Spinoza e Leibniz, cujos trabalhos possuem traços comuns: "o ideal matemático do conhecimento, a tentativa de encontrar para a filosofia um método do conhecimento universalmente válido e seguro, o predomínio da razão, e, por último, o empenho por criar um sistema filosófico equilibrado, baseado em poucos conceitos básicos seguros".[141] O método passa a ser a preocupação fundamental da filosofia, que não estará pautada na *práxis*, mas no próprio método, gerando uma circularidade viciosa.[142] De todo modo, a ideia era cindir definitivamente o problema metafísico do problema do conhecimento, fazendo deste o único problema que interessava. No positivismo científico do séc. XIX

---

[138] LUHMANN, Niklas. *El derecho de la sociedad*, 2002.
[139] GADAMER, Hans-Georg. *A razão na época da ciência*, 1983, p. 45.
[140] Idem. Ibidem, p. 93.
[141] STÖRIG, Hans Joachim. *História geral da filosofia*, 2008, p. 269.
[142] Sobre a tentativa de provar a existência de Deus, Descartes é questionado: "como provar Deus sem aquela regra da verdade? Alguns viram aí um círculo. O pensamento dirige-se a Deus e demonstra-o, mas para tanto é obrigado a pressupor a validade de uma regra que só seria inteiramente válida após a certeza da existência e bondade de Deus, justo o que se deveria provar". SANTIAGO, Homero. *Introdução às meditações metafísicas*, 2005, p. XXII.

esse problema assume um fundamentalismo desmedido,[143] mas em Kant "torna-se o problema crítico".[144]

1.4.1. O giro copernicano de Kant

Kant busca uma nova fundamentação para a metafísica, já que ela se vê em meio a diversas concepções dogmáticas, o que acaba gerando tendências céticas em relação à possibilidade de construção de uma *filosofia primeira*. Kant toma os racionalistas como dogmáticos e despóticos porque impõem ao homem determinadas suposições básicas sem análise prévia da razão, a exemplo de teses como a natureza simples e imortal da alma ou de que o mundo possui um começo e de que Deus existe.[145] Assim, a fundamentação matemática da metafísica que parte de Descartes, amadurece com Leibniz e atinge em Wolff a perfeição racionalista, acabará encontrando no ceticismo empirista de David Hume um contraponto necessário.[146] É, portanto, em meio à tensão entre as mais variadas manifestações de metafísicas dogmáticas, bem como ao consequente ceticismo empirista, que Immanuel Kant se encontra ao conceber a sua *filosofia crítica*.[147] Em Kant, *crítica* não significa desconstrução ou desaprovação de um determinado modelo, mas "a solução do problema da possibilidade ou impossibilidade de uma metafísica em geral e a determinação tanto das suas fontes como da sua extensão e limites", bem como os princípios que asseguram o seu modelo.[148] *Crítica* em Kant é, portanto, sinônimo de "perscrutação, exame, determinação dos limites"[149] do nosso conhecimento; "um convite à razão para de novo empreender a mais difícil das suas tarefas, a do conhecimento de si mesma e da constituição de um tribunal que lhe assegure as pretensões legítimas" e, em contrapartida, "possa condenar-lhe todas as presunções infundadas", tudo isso, "não por decisão arbitrária, mas em nome das suas leis eternas e imutáveis".[150]

---

[143] "A doutrina positivista, cujo fundador foi A. Comte (1798-1857), teve profunda influência na ciência posterior. Ela é constantemente retomada sob novas formas. Pode ser expressa, de um ponto de vista filosófico, pela confiança excessiva que a sociedade industrial depositou na ciência experimental. Embora pretenda negar toda filosofia, ela elabora uma verdadeira filosofia da ciência, cujos princípios poderão ser resumidos nas seguintes afirmações: a) as únicas verdades a que podemos e devemos nos referir são os enunciados das ciências experimentais: trata-se de verdades claras, unívocas e imutáveis; b) todo e qualquer outro tipo de juízo deve ser abandonado como sendo teológico ou filosófico; c) a função das ciências experimentais não é a de *explicar* os fenômenos, mas a de *prevê-los*, e de prevê-los para *dominá-los*; o que importa não é saber o "porquê", mas o "como" das ciências; d) o aparecimento da ciência esboçaria, para a humanidade, um mundo inteiramente novo, possibilitando-o viver na "ordem" e no "progresso". Portanto, para Comte, o papel da filosofia ficaria reduzido a uma função de síntese vulgarizadora e de pregação moral. Todavia, não tardou a serem mostradas as insuficiências filosóficas do positivismo." JAPIASSU, Hilton. *Introdução ao pensamento epistemológico*, 1992. p. 66-67.

[144] STEIN, Ernildo. *Uma breve introdução à filosofia*, 2002, p. 148.

[145] HÖFFE, Otfried. *Immanuel Kant*, 2005, p. 35.

[146] MORUJÃO, Alexandre Fradique. Prefácio da tradução portuguesa da *Crítica da Razão Pura*, 2001.

[147] Kant chama a atenção para o modo como Locke se coloca nesse contexto: "Modernamente, houve um momento em que parecia irem terminar todas essas disputas, graças a uma certa fisiologia do entendimento humano – do célebre Locke – e a ser decidida inteiramente a legitimidade dessas pretensões". KANT, Immanuel. *Crítica da razão pura*, 2006, p. 16. Mas foi David Hume o filósofo cujo ceticismo despertou Kant do "sono dogmático". HÖFFE, Otfried. *Immanuel Kant*, 2005, p. 17 e 36.

[148] KANT, Immanuel. *Crítica da razão pura*, 2006, p. 17.

[149] STÖRIG, Hans Joachim. *História Geral da Filosofia*, 2008, p. 339.

[150] KANT, Immanuel. *Crítica da razão pura*, 2006, p. 17.

Mas, como seria possível fugir da arbitrariedade dogmática da metafísica racionalista, que tomava como verdades pontos de partida já decorrentes da experiência e, ao mesmo tempo, não cair no ceticismo empirista? A resposta para essa questão passa por aquilo que ficou eternizado como "revolução copernicana na filosofia". Kant transfere para o sujeito transcendental o papel regulador do conhecimento, a partir da possibilidade de um conhecimento *a priori* dos objetos.[151] Com isso, "os objetos do conhecimento objetivo não aparecem por si mesmos", devendo ser "trazidos à luz pelo sujeito (transcendental)".[152] O sistema kantiano ainda se encontra estruturado no modelo cognitivo sujeito-objeto e, em razão disso, ao tentar quebrar o que ele chama de metafísica dogmática e despótica[153] acaba inaugurando uma outra forma de metafísica, estabelecida a partir das representações de um sujeito solipsista. Segundo Gadamer, por mais que Kant rejeitasse como "metafísica dogmática" a síntese leibniziana e o ideal de um conhecimento, seu trabalho não deixava de "entender-se a si mesmo dentro do horizonte de questões da metafísica".[154] Com Kant, a filosofia não vai mais começar como uma metafísica que vê na *coisa* um sentido imanente, assumindo uma nova feição que pode ser retratada como uma "metafísica científica".[155]

A *Crítica da razão pura* é, pois, o primeiro passo dessa empreitada.[156] Nela, Kant distingue as etapas do processo cognitivo a partir da sensibilidade, entendimento e razão.[157] Na primeira, temos o contato imediato com o objeto sensível, já que somos dotados da "capacidade de receber representações";[158] na segunda, encontramos a "faculdade dos conhecimentos",[159] possibilitada em "funções do juízo"[160] denominadas de categorias, que são "conceitos *a priori*" de determinados objetos;[161] por último, valemo-nos das "ideias transcendentais", onde "se manifesta determinada coerência e determinada unidade e que, por meio delas, a razão pura constitui em sistema todos os seus conhecimentos".[162] Com isso, Kant constata que os conhecimentos podem ser validados *a posteriori* ou *a priori*, consoante o cará-

---

[151] O próprio Kant explica a analogia com Copérnico, na medida em que este "não podendo prosseguir na explicação dos movimentos celestes enquanto admitia que toda a multidão de estrelas se movia em torno do espectador, tentou, objetivando melhor resultado, fazer antes girar o espectador e deixar os astros imóveis". KANT, Immanuel. *Crítica da razão pura*, 2006, p. 28-29.
[152] HÖFFE, Otfried. *Immanuel Kant*, 2005, p. 45.
[153] KANT, Immanuel. *Crítica da razão pura*, 2006, p. 16.
[154] GADAMER, Hans-Georg. *A razão na época da ciência*, 1983, p. 94.
[155] HÖFFE, Otfried. *Immanuel Kant*, 2005, p. XX.
[156] A biografia de Kant mostra uma fase anterior à fase crítica, comumente chamada de "fase pré-crítica", com obras como a dissertação para ingresso na cátedra de lógica e metafísica na Universidade de Königsberg intitulada "Da forma e princípios do mundo sensível e do inteligível" (1770).
[157] "Nosso conhecimento global começa pelos sentidos, passa ao entendimento e termina na razão". KANT, Immanuel. *Crítica da razão pura*, 2006, p. 270.
[158] KANT, Immanuel. *Crítica da razão pura*, 2006, p. 65.
[159] Idem. Ibidem, p. 127.
[160] Idem. Ibidem.
[161] Idem. Ibidem, p. 158. Para Kant, "a categoria não tem outro uso para o conhecimento das coisas que não seja sua aplicação aos objetos da experiência", mas isso não significa que tais categorias decorram da experiência, sendo conceitos *a priori*. Idem. Ibidem, p. 136.
[162] Idem. Ibidem, p. 291-292.

ter determinante ou não da experiência,[163] sendo que os juízos que deles podemos construir como resultado do conhecimento podem ser *analíticos* ou *sintéticos*.[164] Os *juízos analíticos* são tautológicos e, com isso, não dependem de uma validação *a posteriori*. Designam qualidades inerentes ao próprio objeto do conhecimento, tornando a adjetivação um reforço explicativo de uma característica a ele já inerente, a exemplo do juízo "todo corpo é extenso".[165] Os *juízos analíticos* não necessitam ser validados *a posteriori*, na medida em que a experiência, tão somente, reafirmaria o que já teria sido constatado em face do objeto de análise. Os *juízos sintéticos*, por sua vez, são aqueles cuja adjetivação representa uma adição de sentido ao objeto, normalmente validados a partir da experiência. Portanto, se é dito que a área de uma determinada praça localizada no centro de Salvador é maior que a área ocupada por um campo de futebol, tal característica somente poderá ser comprovada mediante a verificação empírica da área da praça e da área do campo. Não é possível dizer *a priori* se tal juízo é ou não verdadeiro. Mas, a questão que se coloca e que torna a *Crítica da razão pura* intrigante é aquela que diz respeito aos juízos sintéticos *a priori*.[166] Seria possível ir além das qualidades inerentes a um dado objeto e, consequentemente, ultrapassar as experiências já vivenciadas com ele para afirmar algo que poderia ser validado de modo *a priori*? Na resposta a esta questão se encontra, por um lado, as condições de possibilidade para a transcendência do sujeito e, por outro, a nossa finitude.

A *Crítica da razão pura* sustentará que é possível formular *juízos sintéticos a priori*, e o primeiro exemplo que ela nos traz provém da matemática, já que seria possível afirmar que 5 + 7 = 12, sem qualquer experiência prévia.[167] Neste caso, não poderíamos admitir, segundo Kant, que no conceito de 12 já estivesse presente a soma destes outros dois números e que no conceito da soma de 5 + 7, embora já estivesse presente a adição, não estaria o seu resultado.[168] Com isso a proposição aritmética será sempre *sintética*.[169] A matemática surge para Kant como uma possibilidade de construção de juízos sintéticos *a priori*, devendo a metafísica assumir o mesmo caminho: o caminho seguro das ciências. A partir daí Kant se perguntará sobre a possibilidade de uma metafísica pura, ou seja, de como é possível e quais os limites do estabelecimento de *juízos sintéticos a priori*. Dividida em duas grandes partes, analisará na *estética transcendental* os princípios da sensibilidade ou da intuição *a priori*, enquanto na *lógica transcendental* abordará o "pensar também

---

[163] "Ao menos, uma questão há, pois, que carece de estudo mais atento e que não se resolve à primeira vista, senão vejamos: se poderá haver um conhecimento tal, independente da experiência e de todas as impressões dos sentidos. Denomina-se *a priori* esse conhecimento e distingue-se do empírico, cuja origem é *a posteriori*, ou seja, na experiência." KANT, Immanuel. *Crítica da razão pura*, 2006, p. 44.

[164] "Em todos os juízos em que for pensada a relação entre um sujeito e um predicado – considerando apenas os juízos afirmativos, porque depois é fácil a aplicação aos negativos –, é possível de dois modos esta relação. Ou o predicado B pertence ao sujeito A como algo que está contido implicitamente nesse conceito A, ou B está totalmente fora do conceito A, conquanto em ligação com ele. Analítico ao juízo, é como chamo no primeiro caso. No segundo, denomino sintético." Idem. Ibidem, p. 49.

[165] Idem. Ibidem, p. 50.

[166] "Pois que o verdadeiro problema da razão pura está contido na pergunta: como são possíveis os juízos sintéticos *a priori*?" KANT, Immanuel. *Crítica da razão pura*, 2006, p. 55.

[167] Idem. Ibidem, p. 53.

[168] Idem. Ibidem, p. 53-54.

[169] Idem. Ibidem, p. 53.

para os conteúdos, colocando, assim, ao lado da lógica formal uma lógica material, embora válida *a priori*".[170]

Mas o projeto kantiano vai muito além da primeira crítica, embora seja essa a principal obra, contendo elementos imprescindíveis à compreensão de todos os seus desdobramentos. Do mesmo modo que ele se deixou levar pela indagação "que posso conhecer?", Kant conclui que, além do conhecimento, o ser racional se confronta com duas outras indagações, uma sobre os dilemas práticos – "que devo fazer?" – e outra relativa ao problema religioso e histórico – "que me é permitido esperar?". Para a questão moral-prática, Kant desenvolve sua segunda *crítica*, intitulada *Crítica da razão prática* (1788), enquanto que para a questão histórica não desenvolve um pensamento sistemático. Neste caso, os textos que podem ser considerados mais importantes são "*Ideia de uma história universal de um ponto de vista cosmopolita* (1784), *Presumível início da história humana* (1786) e *Disputa das faculdades* (1798)".[171] A questão da religião também não recebe um tratamento sistemático, embora receba abordagens na *Crítica da razão prática* e em *A religião dentro dos limites da simples razão* (1793).

Mas, quem torna absoluta essa tríade desconsidera a importante "tarefa mediadora da *Crítica da faculdade do juízo*", voltada para a mediação entre o mundo natural e o mundo moral, concebendo-a "como elo intermediário entre entendimento e a razão".[172] Neste sentido, Stein chama a atenção para uma quarta indagação – "que é o homem?" – que representaria o ponto de partida para a constituição de uma antropologia filosófica como uma filosofia primeira, muito embora advirta que essa filosofia jamais poderia se constituir no sistema kantiano.[173] Kant coloca as principais indagações filosóficas que moverão a filosofia contemporânea até então e que, ao mesmo tempo, proporcionarão uma releitura de toda a filosofia pré-kantiana.

> O que temos que guardar, com plena lucidez, é o fato de que as transformações da filosofia prepararam o advento da ontologia da finitude, ainda que o próprio pensamento moderno não tenha sido capaz de conscientizar sobre as conseqüências de sua própria postura. Esta consciência abriu-se plenamente no século vinte. Diríamos até que ela constitui a raiz oculta de todo o florescimento da filosofia, em nosso século.
>
> Foi o gênio de Kant que deu o passo decisivo da filosofia moderna. Numa clara explicação do que vinha seminalmente carregado pelos precursores da modernidade, o filósofo descerrou os horizontes para a meditação da questão da finitude. Não apenas o formalismo dos escolásticos de seu tempo, mas os novos desafios da ciência levaram Kant a rever a tradição ontoteológica, abrindo caminho para uma ontologia da finitude.[174]

---

[170] HÖFFE, Otfried. *Immanuel Kant*, 2005, p. 81.
[171] Idem. Ibidem, p. 270-271.
[172] Idem. Ibidem, p. 293. Milovic estrutura as críticas kantianas em quatro, valendo-se do modo como o objeto das mesmas se relacionam entre si: "Se a *Primeira crítica* discutiu a relação entre natureza e liberdade, se a *Segunda crítica* determinou a liberdade em relação ao sujeito mesmo e Terceira crítica colocou a questão da mediação entre liberdade e natureza, então uma possível Quarta crítica – exposta por Kant no livro Metafísica dos costumes – tenta responder à questão da possibilidade de determinação da liberdade em relação aos outros – e não apenas em relação ao indivíduo isoladamente". MILOVIC, Miroslav. *Kant. Dicionário de filosofia do direito*, 2006, p. 500.
[173] STEIN, Ernildo. *Uma breve introdução à filosofia*, 2002, p. 151. Essa afirmação também foi feita no seu curso "Um universo singular da Filosofia: um autor examina a sua obra", oferecido na PUC-RS.
[174] Idem. Ibidem, p. 149.

É, portanto, dentro desse horizonte que a relação entre ciência e filosofia assumirá em Kant um modelo verticalizado, onde a filosofia tem o papel de determinar o lugar da ciência e de referendar a racionalidade de seus postulados. Por outro lado, a filosofia que se assume como "julgadora" é justamente aquela que pretende se impor dentro dos limites seguros da ciência. Kant é, paradoxalmente, o ponto onde deságua as pretensões científicas da filosofia e, ao mesmo tempo, o ponto de partida para a retomada de uma filosofia deslocada dessa domesticação. Kant não só radicaliza a compreensão cartesiana da modernidade, como compreende a filosofia para além de uma teoria do conhecimento, na medida em que, partindo do sujeito, abre as portas para uma autorreflexão sem precedentes na filosofia.[175] Com os gregos, Kant retoma a tradição metafísica, introduz o elemento autorreflexivo e, com isso, vai além da tradição cartesiana de uma filosofia como teoria do conhecimento, na medida em que não entende possível pensar tudo a partir da questão teórica, o que resta comprovado em sua doutrina sobre a moral e o direito.[176]

O "giro copernicano" de Kant na filosofia traria frutos dos quais, como ainda veremos, decorrem as linhas fundamentais para o caminho que estamos percorrendo, uma fundada por Hegel,[177] renovador da dialética platônica e partidário das origens gregas da tradição filosófica e científica, e outra com a fenomenologia de Heidegger.[178] Kant é um divisor de águas e, a partir dele, estaremos com ele, contra ele, mas jamais sem ele.

1.4.2. O esquecimento da filosofia na modernidade

O debate entre racionalistas e empiristas tinha reduzido a importância da filosofia no cenário do conhecimento. Bacon subordinou a filosofia às ciências positivas, enquanto Descartes fez justamente o contrário, considerando a filosofia como "uma árvore cujas raízes são a metafísica, o tronco é a física e os ramos que saem deste tronco são todas as outras ciências".[179] De qualquer forma, como aponta Machado Neto, "Descartes chegava, assim, por caminhos opostos aos de Bacon, às mesmas consequências baconianas, identificando filosofia e ciência. Apenas o acento recai, aqui, na filosofia, enquanto o empirista Bacon fazia-o incidir sobre a ciência".[180]

O séc. XVIII, no entanto, assistiria a um movimento que abriria novas possibilidades na relação entre ciência e filosofia, que passa pelo empirismo de Locke – que já concebia a filosofia como análise crítica do entendimento – e pelo ceticismo de Hume, que acaba despertando Kant do sono dogmático.[181] Mas, a impressão que fica é que o gênio de Kant não poderia ter sido bem compreendido naquela época. Ele

---

[175] Cf. MILOVIC, Miroslav. Kant. *Dicionário de filosofia do direito*, 2006, p. 498-499.
[176] Cf Idem. Ibidem, p. 500.
[177] HEGEL, G. W. F. *Fenomenologia do espírito*, 2007.
[178] "Na obra do filósofo, existem duas clivagens, de certa maneira antagônicas, porém, complementares. Uma delas foi explorada por Hegel e a outra, por Heidegger". STEIN, Ernildo. *Uma breve introdução à filosofia*, 2002, p. 163.
[179] DESCARTES, René *apud* SANTIAGO, Homero. *Prefácio das Meditações Metafísicas*, 2005, p. XIII. O trecho se encontra em uma carta de Descartes a um dos tradutores da obra. Cf. MACHADO NETO, A. L. *Filosofia da filosofia*, 1958, p. 36.
[180] MACHADO NETO, A. L. *Filosofia da filosofia*, 1958, p. 36.
[181] Cf. Idem. Ibidem, p. 36-37.

morreu em 1804, coincidentemente no ano em que o *code civil* napoleônico entrava em vigor e, com ele, a total domesticação de uma racionalidade moral prática. O longo séc. XIX veria o florescer de uma concepção cientificista ainda mais radical, que não busca a cientificidade da filosofia, mas a presunçosa "filosoficidade" da ciência. Uma concepção que busca na ciência a sua autossuficiência e que reduz a filosofia a um glossário semântico comum a todas as áreas especializadas. O positivismo do séc. XIX de Comte e o sociologismo de Durkheim se contrapõem ao idealismo e não apenas sufoca as possibilidades de uma filosofia "ao velho estilo" – ou ao não tão novo estilo kantiano – como eleva a grau máximo a domesticação das ciências humanas pelas ciências naturais, já parcialmente afetadas desde Hobbes e Bacon.[182] A epistemologia se transforma, completamente, em um produto autorreflexivo[183] e condena a filosofia a um percurso isolado em busca de sua reafirmação.

Mas, se no perigo extremo é onde estaremos mais perto da salvação, o séc. XIX sorrateiramente apontará outros caminhos. Por um lado, os próprios cientistas começam em seu processo autorreflexivo a indagar sobre as possibilidades de um modelo epistemológico único, questão colocada em pauta por Dilthey.[184] "desde a primeiríssima germinação de seus esforços intelectuais, lá por 1860, até suas últimas anotações", ao colocar "todo o trabalho de sua vida sob o 'Leitmotiv' de uma crítica da razão histórica, cuja tarefa seria a de legitimar gnosiologicamente o nível científico das ciências do espírito".[185] Por outro, com Hegel,[186] ainda que essa busca esteja diretamente influenciada pela necessária justificação metodológica, contém ingredientes decisivos na retomada de um estatuto autônomo para a filosofia. Há, como aponta Ernildo Stein, um caminho para a "humanização da noção de mundo", decisivo para alternativas trabalhadas no séc. XX e cada vez mais revisitadas no séc. XXI. Por este caminho da humanização, teremos de ultrapassar Hegel até o movimento fenomenológico inaugurado por Husserl[187] e, em seguida, com Heidegger.[188] Teremos de chegar muito próximo ao perigo total, à possibilidade de uma hecatombe nuclear global para perceber que a ciência precisa ser repensada de outro plano.

No direito, as repercussões desse movimento são dispersas e tímidas. O *senso comum teórico* dos juristas, denunciado por Luís Alberto Warat, é dominado pelo paradigma tecnológico, sedimentando a crença de que tudo pode ser pensado isoladamente em um sistema que vai dos princípios constitucionais às normas individuais e concretas. O problema do fundamento do direito ainda é deixado de lado ou, quando

---

[182] SANTOS, Boaventura de Sousa. *Um discurso sobre as ciências*, 2002, p. 18. "É do racionalismo científico que irão reclamar os Enciclopedistas. Também é dele que irão reclamar Fourier (em sua análise social), Kant, Hegel, Marx e Engels. Todos tentam extrair das ciências naturais a confiança de que precisam para atacar e resolver os problemas do homem e da sociedade". JAPIASSU, Hilton. *Como nasceu a ciência moderna*, 2007, p. 121. De todo modo, adverte Boaventura de Sousa Santos que "ainda com alguns prenúncios no século XVIII, é só no século XIX que [o modelo de racionalidade que preside à ciência moderna a partir da revolução científica do século XVI] se estende para as ciências sociais emergentes". SANTOS, Boaventura de Sousa. *Um discurso sobre as ciências*, 2002, p. 10.

[183] PÊPE, Albano Marcos Bastos. *Genealogia da crítica jurídica*, 2007, p. 25.

[184] DILTHEY, Wilhelm. *Introducción a las ciencias del espíritu*, 1949.

[185] GRONDIN, Jean. *Introdução à hermenêutica filosófica*, 2003, p. 146.

[186] HEGEL, G. W. F. *Fenomenologia do espírito*, 2007.

[187] HUSSERL, Edmund. *Meditações cartesianas*, 2001. Idem. *Idéias para uma fenomenologia pura e para uma filosofia fenomenológica*, 2006.

[188] HEIDEGGER, Martin. *Ser e tempo*, 2005.

abordado, não passa de uma outra camada metafísica que encobre novamente o seu sentido. Mesmo em estudos mais avançados, percebemos a preocupação de cindir filosofia e ciência, como se aquela fosse sinônimo de insegurança e subjetividade, e esta a marca da objetividade e da verdade. Desenvolve-se uma dogmática analítica sem que se tenha a menor consciência dos seus limites e acredita-se que poderemos, a partir de conceitos e classificações, dar respostas a questões jurídicas. Pretensões de racionalidade sobre questões jurídicas são opostas sem que se tenha a menor consciência sobre o paradigma que as sustenta ou, até mesmo, sob a crença de que é possível manipular o conhecimento jurídico de modo aparadigmático. Discursos autodenominados revolucionários assumem um discurso filosófico desencontrado e, quase sempre, caem nas armadilhas da metafísica. Por outro lado, os conservadores recusam a incursão filosófica e acreditam estar efetuando proposições imunes à filosofia. O estudo e abordagens do direito são desde o séc. XIX o resultado de uma evolução isolada, onde o direito passa a ser visto como um mundo que pode ser pensado à parte, não se adaptando, consequentemente, às revoluções filosóficas surgidas no séc. XX, especialmente àquela diretamente ligada ao giro linguístico.

Nas trilhas desse giro, antes de expor o direito moderno à desconstrução hermenêutica e edificar a proposta heterorreflexiva, abordaremos, no próximo capítulo, as bases paradigmáticas do pensamento hermenêutico de cariz filosófico, sobre a qual a teoria aqui proposta se edifica. Um modelo paradigmático que, conforme será visto, abre espaço para uma relação circular entre filosofia e ciência, permitindo, a um só tempo, o resgate da filosofia prática dos gregos e do senso crítico da finitude kantiana.

2. Horizontes paradigmáticos da hermenêutica filosófica

Caminhando em direção ao giro linguístico e a um modelo dialógico adequado aos desafios da contemporaneidade, especialmente em sociedades periféricas, apresentaremos, a partir de então, a *fenomenologia hermenêutica* proposta por Heidegger e desdobrada no pensamento de Gadamer, com o fito de, ao final, não só estabelecer as bases paradigmáticas da hermenêutica jurídica heterorreflexiva a ser proposta, mas, também, permitir uma desconstrução produtiva do direito moderno a ser levada a cabo no próximo capítulo.

2.1. A FILOSOFIA HERMENÊUTICA DE HEIDEGGER

2.1.1. O método fenomenológico

O caminho da fenomenologia até Heidegger não corresponde à totalidade do caminho de Heidegger até a fenomenologia.[1] Um dos filósofos mais importantes do séc. XX, a complexidade e inovação de suas propostas resultam da convergência e da tensão com diversas matrizes e pensadores, ainda que tenha sido significativo o papel da fenomenologia de Edmund Husserl.

Para Stein, "a germinação da pergunta" heideggeriana se dá em um clima espiritual "marcado, de um lado, pelo despertar do neokantismo e, de outro, pelo surto do pensamento neo-aristotélico e da neo-escolástica", muito embora o que lentamente tomaria vulto fosse "a corrente subterrânea" radicada em Kierkegaard e em Nietzsche, que suscitaram movimentos defensivos.[2] Heidegger, ainda na sua juventude, teve na obra *Do significado múltiplo do ente segundo Aristóteles*, de Franz Brentano, o primeiro grande impacto causado pela abordagem aristotélica quanto

---

[1] No *curriculum vitae* apresentado na ocasião do seu doutorado, fez a seguinte apresentação: "Nasci eu, Martin Heidegger, em Messkirch (Baden) a 26 de setembro de 1889, como filho do sacristão e tanoeiro Friedrich Heidegger e sua esposa Johanna, nascida Kempf, ambos de confissão católica. Freqüentei a escola primária municipal de minha terra natal: de 1903 a 1906, o ginásio de Constança; desde a segunda superior, o Bertholdsgymnasium em Freiburg im Breisgau. Depois de alcançado o estado de madureza (1909), estudei em Freiburg im Breisgau até o exame do doutorado. Nos primeiros semestres assisti as aulas de teologia e filosofia, desde 1911 sobretudo filosofia, matemática e ciências naturais, no último semestre também história." *Apud* STEIN, Ernildo. *Introdução ao pensamento de Martin Heidegger*, 2002, p. 9.

[2] Idem. Ibidem, p. 19.

ao problema do *ser*. A Kierkegaard, deve-se o uso da palavra *faticidade* no sentido enfático do conceito de existência;[3] a Nietzsche, a noção de *vida*; a Brentano, o seu primeiro grande impacto com o pensamento do *ser* em Aristóteles[4] e, ainda, a Wilhelm Dilthey, o problema da *historicidade*.[5]

> Por otro lado, Husserl representaba sin duda un desafío para Heidegger. Como discípulo del famoso matemático Weierstrass, Husserl había partido de la filosofía de la aritmética, y a causa de la crítica a la que Frege había sometido este enfoque, se había convertido en lógico y crítico del "psicologismo".[6]

Ainda que não seja possível reduzir o pensamento de Heidegger à tradição fenomenológica, ele próprio considera a *fenomenologia* o método de sua filosofia, o que torna o pensamento de Husserl uma "equação" para a qual Heidegger trará novos sinais, incógnitas e variáveis. Somente se considerarmos essas transformações é que se torna possível dizer que "o fator determinante de seu pensamento foi o seu encontro com a fenomenologia".[7]

> Foi a descoberta da fenomenologia que desencadeou os novos recursos que o conduziram às regiões distantes de um pensamento que se afirmava em confronto com toda a tradição filosófica ocidental. [...] Analisar sua posição dentro do movimento fenomenológico é, portanto, destacá-lo como um pensador que ultrapassou a situação concreta da corrente fenomenológica que o recebera.[8]

Husserl, com quem Heidegger estudou em Freiburg por quase uma década, é tido como o "pai" da fenomenologia. Não foi ele o primeiro a se valer das expressões *fenômeno* e *fenomenologia*, mas sim o primeiro a chamar atenção para a possibilidade e necessidade de constituição de uma "ciência dos fenômenos". Diversas ciências se ocupam com *fenômenos*, mas isso não faz delas uma *fenomenologia*, já que esta se volta para o fenômeno na sua forma *pura*.[9] Com a *fenomenologia*, Husserl inaugura uma nova forma de orientação cognitiva que, diferentemente da orientação natural das ciências empíricas, será por ele chamada de *orientação fenomenológica*.[10] Essa nova forma de orientação será viabilizada através de um conceito central no pensamento de Husserl, denominado de *redução fenomenológica*, que poderemos considerar como sendo o seu método por excelência.

> Desenvolveremos então um método de "reduções fenomenológicas", em conformidade com o qual poderemos remover as barreiras cognitivas inerentes à essência de todo modo natural de investigação, diversificando a direção unilateral própria ao olhar até obtermos o livre horizonte dos fenômenos "transcendentalmente" purificados e, com ele, o campo da fenomenologia em nosso sentido próprio.[11]

---

[3] GADAMER, Hans-Georg. *Los caminos de Heidegger*, 2003, p. 257.
[4] STEIN, Ernildo. *Introdução ao pensamento de Martin Heidegger*, 2002, p. 20.
[5] Idem. Ibidem, p. 21.
[6] GADAMER, Hans-Georg. *Los caminos de Heidegger*, 2003, p. 256.
[7] STEIN, Ernildo. *Compreensão e finitude*, 2001, p. 135.
[8] Idem. Ibidem, p. 135.
[9] HUSSERL, Edmund. *Ideias para uma fenomenologia pura e para uma filosofia fenomenológica*, 2006.
[10] Idem. Ibidem, p. 27.
[11] Idem. Ibidem, p. 27.

Husserl pretendia, ao mesmo tempo, fugir tanto das armadilhas proporcionadas pelo ceticismo das ciências empíricas,[12] quanto das obscuridades idealistas.[13] Considerando a possibilidade de pensar o *fenômeno* como processos mentais independentes, concebeu-o como um objeto próprio de estudo. Essa possibilidade só foi possível porque Husserl via tais processos como *intencionais*, permitindo à consciência uma *projeção fenomenológica* que não assumiria correspondência necessária com a realidade que estava diante do sujeito. Essa característica foi por ele denominada de *intencionalidade da consciência*, isto é, "uma peculiaridade da essência da esfera de vividos em geral".[14]

A *redução fenomenológica* ou *epoche* (εποyη) *fenomenológica* exige a suspensão do juízo sobre a existência espaço-temporal, onde "colocamos fora de ação a tese geral inerente à essência da orientação natural, colocamos entre parênteses tudo o que é por ela abrangido no aspecto ôntico: isto é, todo este mundo natural que está constantemente 'para nós aí'".[15] Em face desta suspensão, restará a consciência como o *resíduo fenomenológico*,[16] uma região própria que se tornará o campo de investigação dessa ciência chamada *fenomenologia*. Assim, somente por meio da *redução fenomenológica* será possível ter acesso à consciência *pura* e, consequentemente, fazer uma *fenomenologia pura*. Mas é preciso notar que, embora tenham sido estes os elementos centrais da construção fenomenológica de Husserl que desembocaram nas demais vertentes fenomenológicas, Gadamer chama atenção para um Husserl tardio resultante da confrontação provocada por *Ser e tempo*, o que explicaria o desenvolvimento do conceito de *mundo da vida*, importante elemento na construção de *Verdade e método*.[17]

A partir de Husserl, a *fenomenologia* segue diversas vertentes. Conforme aponta Ernildo Stein,[18] são cinco as principais correntes do pensamento fenomenológico que se desenvolvem a partir dele: a *fenomenologia descritiva*; a *fenomenologia transcendental*; a *fenomenologia psicológico-descritiva*; a *fenomenologia dos valores*; e, finalmente, a *fenomenologia hermenêutica*, onde estariam situados o pensamento e obra de Martin Heidegger e Hans-Georg Gadamer.

Dirá Heidegger que "a expressão 'fenomenologia' diz, antes de tudo, um conceito de método".[19] Em *Ser e tempo* ele se volta para a descrição desse *método*, ini-

---

[12] "Basta perguntar ao empirista qual é a fonte de validez de suas teses gerais, para que ele se enrede em notório contra-senso". HUSSERL, Edmund. *Ideias para uma fenomenologia pura e para uma filosofia fenomenológica*, 2006, p. 63.

[13] "A falta de clareza também reina, sem dúvida, no lado oposto. Aceita-se, é verdade, um pensar puro, um 'pensar apriorista' e, com isso, rejeita-se a tese empirista, mas não se chega reflexivamente à consciência clara de que há algo como uma intuição pura, enquanto espécie de doação na qual as essências são dadas como objetos [...]". Idem. Ibidem, p. 65.

[14] Idem. Ibidem, p. 189.

[15] Idem. Ibidem, p. 81.

[16] Idem. Ibidem, p. 84.

[17] Cf. GADAMER, Hans-Georg. *Verdade e método I*, 2003, p. 326-341. Esse Husserl tardio pode ser percebido em seu último escrito, *A crise das ciências européias e a fenomenologia transcendental*, redigido entre os anos de 1935 e 1936.

[18] STEIN, Ernildo. *Compreensão e finitude*, 2001, p. 140.

[19] HEIDEGGER, Martin. *Ser e tempo*, 2005, p. 57. Idem. *Los problemas fundamentales de la fenomenología*, 2000, p. 27.

ciando pelo aspecto etimológico, caminho pertencente ao processo de "destruição" do problema do *ser*. Dirá, então, que *fenomenologia* representa a união entre os termos *fenômeno* e *logos*,[20] que passam a ser objeto de sua análise. "A expressão grega φαινομενον, a que remonta o termo *fenômeno*, deriva do verbo φαινεσθαι. φαινεσθαι significa: mostrar-se e, por isso, φαινομενον diz o que se mostra, o que se revela. [...] Deve-se *manter*, portanto, como significado da expressão 'fenômeno' o que se revela, *o que se mostra em si mesmo*".[21] Na verdade, a dimensão semântica do termo *fenomenologia* acabou servindo como um ponto em comum entre as diversas correntes fenomenológicas, razão pela qual Stein irá afirmar que "as tendências, concepções, especializações, que formam diversos grupos, se uniam sob a palavra de ordem do movimento fenomenológico: 'As coisas em si mesmas'".[22]

Heidegger passa, então, a distinguir *fenômeno* de algumas formas similares visando a evitar imprecisões terminológicas e a conservar o sentido positivo e originário de fenômeno. Nesse sentido, "distinguimos fenômeno de aparecer, parecer e aparência, entendidos como uma modificação privativa de fenômeno".[23] O *parecer* é uma maneira de se mostrar como aquilo que ele não é, que, por sua vez, difere de *manifestação*. Esta, por sua vez, "enquanto manifestação de alguma coisa não diz um mostrar-se a si mesmo, mas um anunciar-se de algo que não se mostra. *Manifestar-se é um não mostrar-se*". [24]

Portanto, o "não" da "aparência" a retira da cadeia de ocultamento formada pelo *fenômeno* e pela *manifestação*. Nessa cadeia, é importante esclarecer que "fenômenos nunca são manifestações, toda manifestação é que depende de um fenômeno".[25] Por isso o alerta: "essa multiplicidade confusa dos 'fenômenos' que se apresenta nas palavras fenômeno, aparência, aparecer, parecer, manifestação, mera manifestação, só pode deixar de nos confundir quando se tiver compreendido, desde o princípio, o conceito de fenômeno: o que se mostra em si mesmo".[26]

Mas Heidegger ainda chama atenção para outro uso do sentido de fenômeno. Se em seu conceito, enquanto aquilo que "se mostra em si mesmo", fica indeterminado qual o ente que é tido como *fenômeno* e se não se decide se o que se mostra é um ente ou o seu caráter ontológico, então temos conquistado o sentido puramente formal de conceito de *fenômeno*. Esse conceito formal pode ser aplicado e, então,

---

[20] HEIDEGGER, Martin. *Ser e tempo*, 2005, p. 57.
[21] Idem. Ibidem, p. 58.
[22] STEIN, Ernildo. *Compreensão e finitude*, 2001, p. 138.
[23] HEIDEGGER, Martin. *Ser e tempo*, 2005, p. 58-59.
[24] "No entanto, este 'não' de forma alguma pode ser confundido com o não privativo, que determina a estrutura do aparecer, parecer e aparência. O que não se mostra desta maneira, como o que se manifesta, também nunca poderá aparecer e parecer. Todas as indicações, apresentações, sintomas e símbolos possuem a estrutura formal básica da manifestação, embora sejam diferentes entre si. Apesar de 'manifestação' não ser nunca um mostrar-se no sentido de fenômeno, qualquer manifestação só é possível *com base no mostrar-se* de alguma coisa. Mas este mostrar-se que também torna possível a manifestação não é a própria manifestação. Pois manifestar-se é anunciar-se mediante algo que se mostra. Assim, quando se diz que com a palavra "manifestação" indicamos algo em que alguma coisa se manifesta sem que seja em si mesmo uma manifestação, o conceito de fenômeno não definido, mas pressuposto." Idem. Ibidem, p. 59.
[25] Idem. Ibidem, p. 59.
[26] Idem. Ibidem, p. 61.

surge o conceito *vulgar* e o conceito *fenomenológico* de fenômeno.[27] Desse modo, temos, em síntese: a) *fenômeno* na sua acepção vulgar, b) *fenômeno* em seu sentido fenomenológico, c) *aparências* e d) *manifestações* (ou *fenômenos índice*).[28]

Uma vez esclarecido o conceito de fenômeno, Heidegger se dirige ao de *logos*. Neste ponto se vale novamente de sua força destrutiva para questionar a utilização da palavra *logos* pela filosofia, identificando seu uso como discurso, termo que também tem o seu significado encoberto. Isso faz com que *logos* seja traduzido, indiscriminadamente, como *razão, juízo, conceito, definição, fundamento, relação* e *proporção*.[29] Em seguida, tangencia a reformulação teórica sobre a questão da *verdade* – que será retomada no § 44 de *Ser e tempo* –, afirmando que *logos,* enquanto discurso, daria margem a uma concepção de *verdade* como "concordância" com a realidade.[30] A colocação da *verdade* no *logos*, ou seja, no *juízo*, teria como pano de fundo uma leitura equivocada do pensamento aristotélico e a deturpação do sentido grego de *verdade*,[31] questão que será melhor analisada ao final deste capítulo.

Depurados, destruídos e reconstruídos os conceitos de *fenômeno* e *logos*, Heidegger passa ao seu conceito de fenomenologia: "deixar e fazer ver por si mesmo aquilo que se mostra, tal como se mostra a partir de si mesmo".[32] Esclarece também que fenomenologia "nem evoca o objeto de suas pesquisas, nem caracteriza o seu conteúdo quididativo", referindo-se, exclusivamente, "ao modo como se demonstra e se trata o que nesta ciência deve ser tratado".[33] A ciência dos *fenômenos* significa "apreender os objetos de tal maneira que se deve tratar de tudo que está em discussão, numa de-monstração e procedimentos diretos",[34] ou seja, em torno da *coisa mesma*. Desse modo, a fenomenologia se mostra como um *método* que exige a confrontação com a *coisa mesma*, obrigando o sujeito a discernir o *fenômeno* de suas aparências e manifestações. O sentido de *logos* deve ser estabelecido a partir da "própria coisa' que deve ser descrita, ou seja, só poderá ser determinado cientificamente segundo o modo em que os fenômenos vêm ao encontro".[35] Nossa opção pelo *método fenomenológico* e, consequentemente, pela busca do direito na *coisa mesma* trará repercussões decisivas quanto ao papel do *texto* e do *problema* concreto a ser analisado.

Heidegger concluirá dizendo que a ontologia só é possível como *fenomenologia*, já que esta é a via de acesso e o modo de verificação para se determinar o que deve constituir o objeto daquela.[36]

---

[27] HEIDEGGER, Martin. *Ser e tempo*, 2005, p. 61. A tradução brasileira de *Ser e tempo* deste parágrafo da página 61 é relativamente confusa. Esta explicação pode ser melhor extraída a partir da tradução de Stein. STEIN, Ernildo. *Compreensão e finitude*, 2001, p. 165.

[28] A expressão fenômeno índice é utilizada por Ernildo Stein para retratar as manifestações. Idem. Ibidem, p. 164.

[29] HEIDEGGER, Martin. *Ser e tempo*, 2005, p. 62.

[30] Idem. Ibidem, p. 63.

[31] Idem. Ibidem, p. 64. Ao final deste capítulo, retornaremos ao problema da verdade.

[32] Idem. Ibidem, p. 65.

[33] Idem. Ibidem, p. 65.

[34] Idem. Ibidem, p. 65.

[35] Idem. Ibidem, p. 65.

[36] Idem. Ibidem, p. 66.

> O conceito fenomenológico de fenômeno propõe, como o que se mostra, o ser dos entes, o seu sentido, suas modificações e derivados. Pois, o mostrar-se não é um mostrar-se qualquer e, muito menos, uma manifestação. O ser dos entes nunca pode ser uma coisa "atrás" da qual esteja outra coisa "que não se manifesta".
> "Atrás" dos fenômenos da fenomenologia não há absolutamente nada, o que acontece é que aquilo que deve tornar-se fenômeno pode-se velar. A fenomenologia é necessária justamente porque, de início e na maioria das vezes, os fenômenos não se dão. O conceito oposto de "fenômeno" é o conceito de encobrimento.[37]

São diversos os modos de encobrimento dos fenômenos, já que ele pode nunca ter sido descoberto, pode estar *entulhado* (esquecido) ou pode estar parcialmente encoberto, quando estará "de fora" apenas a *aparência*.[38] A *fenomenologia* é o mecanismo "formal" para que o *fenômeno* no sentido *fenomenológico* se dê, ainda que, para isso, seja necessário que o *fenômeno* no sentido vulgar se mostre. Na verdade, o sentido fenomenológico de *fenômeno* está relacionado ao *ser*, enquanto o sentido vulgar se relaciona com o *ente*. Já que não há *ser* sem *ente*, não haverá *fenômeno* no sentido *fenomenológico* sem *fenômeno* no sentido *vulgar*. Daqui pode-se extrair um dos principais teoremas do pensamento heideggeriano: a diferença ontológica entre *ser* e *ente*.[39] Somente na diferença ontológica é possível pensar em uma ontologia que não recaia nas falácias da metafísica.

Não obstante a influência de Husserl, é possível perceber diferenças significativas entre as formas de *fenomenologia*.[40] Referindo-se à ultrapassagem do pensamento de Heidegger em relação ao de Husserl, Stein identifica como um elemento central a essa ruptura o paradoxo presente na tentativa de "conciliação entre as intenções descritivas das *Investigações* e as intenções transcendentais das ideias".[41]

> O núcleo da diferença entre Husserl e Heidegger consiste naquilo que perpassa Ser e Tempo, como objeção latente contra Husserl, quando Heidegger, repetida vezes, se refere, rejeitando, ao "observador imparcial", ao puro ver teórico, a partir do qual, segundo Husserl, se revelariam as estruturas da subjetividade, que possibilitam a posse do mundo e a experiência, e se revelaria o próprio sentido do ser. Para Heidegger, não é o observador imparcial, mas a realização, o exercício da própria existência concreta que já sempre revela o mundo e as possibilidades da experiência e o próprio ser".[42]

A redução fenomenológica que Husserl propõe não nos leva ao *ser*, mas a uma ideia transcendental que mantém o sujeito nas trilhas da filosofia da consciência. Heidegger irá em busca do *ser*, de um *ser* esquecido no ente, voltando a fenomenologia para a vida concreta. De fato, a *intencionalidade da consciência* de Husserl permite a Heidegger pensar na possibilidade da projeção do sujeito diante e para além da coisa, mas ele assume essa projeção como um acontecer possibilitado e limitado pela nossa condição de *ser-no-mundo*, um mundo compartilhado intersubjetivamente. Conquanto, em Husserl esse lançar-se ora assume a forma decorrente dessa vivência – onde o desligamento com o objeto (*ente*, no sentido heideggeriano)

---

[37] EIDEGGER, Martin. *Ser e tempo*, 2005, p. 66.

[38] Idem. Ibidem, p. 67.

[39] Cf. STEIN, Ernildo. *Diferença e metafísica*, 2000, p. 101.

[40] Cf. GUNTER, Figal. Martin Heidegger, 2005. AZÚA, Javier Bengoa Ruiz de. *De Heidegger a Habermas*, 1997.

[41] STEIN, Ernildo. *Compreensão e finitude*, 2001, p. 137.

[42] Idem. *Introdução ao pensamento de Martin Heidegger*, 2002, p. 53-54.

não se dá por completo, na medida em que ainda nos encontraríamos sob uma orientação natural[43] – ora a forma pura, onde a *redução fenomenológica* permitiria que se chegasse à *coisa mesma*, totalmente dissociada dos objetos e constituída como "essência pura".[44]

Em Heidegger, a *suspensão do juízo* não será possível, pois sempre estaremos em um pensar "enraizado na lógica do círculo hermenêutico e da diferença".[45] Suspender o juízo para chegar à *ideia* de uma coisa não será algo possível para o *Dasein*, que é, necessariamente, resultado de sua historicidade. A *ideia* em Husserl – que assume a condição de *resíduo fenomenológico* e se alça à condição de *essência* – é o *ser* em Heidegger, sendo este, necessariamente, o *ser* de um *ente*. Não há em Heidegger *ser* sem *ente*, nem tampouco *ente* sem *ser* – salvo aqueles *entes* que ainda não foram descobertos e que, portanto, ainda não existem para nós. Assim, esse *lançar-se* ou *projetar-se* é em Heidegger o resultado de uma antecipação de sentido da compreensão do *Dasein* diante de uma parte do fenômeno.[46] Husserl já dizia que os objetos se colocam diante de nós por determinadas perspectivas, e nós, intencionalmente, reconstruímos a totalidade desse objeto em forma de fenômeno. Em Heidegger, essa reconstrução não é *intencional* no sentido de "deliberadamente buscada", e sim uma antecipação de sentido provocada pela *faticidade* do *ser-no-mundo*. Uma inevitável e inexorável antecipação que produz a circularidade na diferença, como será visto logo a seguir.

Mas, se não é a *intencionalidade* no sentido forte o que possibilitará esse "projetar-se", a resposta em Heidegger para esse fenômeno assume uma nova explicação e revela outra diferença significativa. O que se antecipa não está no sujeito – na consciência – mas sim na *linguagem* à qual o sujeito tem acesso; uma *linguagem* que é a "morada do ser" e, como tal, condição de possibilidade para a compreensão. A *fenomenologia* em Heidegger é um método que busca o "acesso" a essa *linguagem* que se projeta como o "*ser* mesmo", muito embora ele saiba que esse acesso só pode ocorrer na diferença ontológica, ou seja, no jogo entre a manifestação do *ente* e o desvelamento fenomenológico do *ser*. O *ser* é incontornável e, ao mesmo tempo, inacessível,[47] isto é, por estarmos sempre nele, não podemos contorná-lo, nem tampouco acessá-lo aonde já nos encontramos. Com o método *fenomenológico*, Heidegger pretende eliminar dois grandes erros da metafísica: a entificação do *ser*, isto é, a colocação do *ser* no *ente* e, ao mesmo tempo, o erro decorrente das *aparências* e das *manifestações*. Essa procura o mantém na tradição fenomenológica da busca pela *coisa mesma* e, ao mesmo tempo, projeta um segundo *giro copernicano* na filosofia moderna, comumente descrito como *giro linguístico*.

---

[43] HUSSERL, Edmund. *Idéias para uma fenomenologia pura e para uma filosofia fenomenológica*, 2006, p. 74.
[44] Idem. Ibidem, p. 89.
[45] STEIN, Ernildo. *Pensar é pensar a diferença*: filosofia e conhecimento empírico, 2002, p. 52-53.
[46] "*Por ser dada en la existencia, la premanifestidad es eyectada-proyectante (geworfen-entwerfend). [...] Si no se tiente en cuenta lo expuesto, se reduce el pensamiento de Heidegger a una nueva forma de filosofía del sujeto y se pierde de vista que en ella se platea cuestión totalmente distinta ala de la auto-conciencia.*" AZÚA, Javier Bengoa Ruiz de. De Heidegger a Habermas, 1997, p. 46.
[47] "Guardar o incontornável como o inacessível, esta é a experiência da essencial limitação das ciências. Reconhecer o limite enquanto limite, está é a autêntica limitação". STEIN, Ernildo. *Diferença e metafísica*, 2000, p. 92.

Heidegger dirá que a *fenomenologia* é, "como método, apenas uma sucessão de passos em direção ao ser como tal e a elaboração de suas estruturas".[48] Mas isso não representa um retorno ao modo de pensar da *filosofia da consciência*, ainda que o situe dentre aqueles que pensem em um método para a filosofia. É justamente o direcionamento ao sentido do *ser* que faz da *fenomenologia* heideggeriana uma *fenomenologia hermenêutica*. A *fenomenologia* não constrói sentidos para o *ente*, apenas potencializa o acontecer daquilo que já pode se mostrar. Essa constatação exige que nos voltemos para esse ente privilegiado que compreende o *ser* e que, por isso, deve ser o primeiro a ser analisado. Essa autocompreensão é a analítica da nossa existência, que comporta o *método fenomenológico* no "desvelamento das estruturas existenciais do que se opõem e se distinguem das estruturas categoriais das coisas intramundanas".[49] Para o direito, a *fenomenologia hermenêutica* representa não só a possibilidade de enfrentar a sua dimensão substancial, como também a de perquirir sobre as condições de validade de acesso a esse sentido. Aqui se abre a possibilidade de coordenar em uma única matriz teórica as equações *substancialistas* e *procedimentalistas*,[50] sem, com isso, quebrar a integridade paradigmática.

2.1.2. A analítica existencial

A *analítica existencial* é *fenomenologia hermenêutica*. Ela é a autocompreensão que desvela o *ser* desse *ente* privilegiado que todos nós somos, caracterizado por essa capacidade de compreender o *ser* dos demais *entes*. Esse acesso privilegiado ao *ser* não é um atributo de um sujeito individualizado, mas do *Dasein*, o que afasta tal inclinação antropológica de leituras autoritárias que pretendessem restringir esse privilégio a indivíduos dotados de determinadas características. Os postulados construídos a partir dessa autocompreensão também não são *juízos analíticos* no sentido kantiano, pois estes decorrem de uma percepção direta da coisa, enquanto que em Heidegger a analítica já está previamente determinada pela temporalidade. "O questionamento do ser já nos deve estar, de alguma maneira, disponível",[51] ainda que de maneira vaga e condicionada por teorias tradicionais e opiniões sobre o *ser* que se mostrem como dominantes.[52]

Para Heidegger, o *ser* dos *entes* não é, em si mesmo, um tipo especial de *ente*.[53] Desse modo, "enquanto questionado, o ser exige, portanto, um modo próprio de demonstração que se distingue essencialmente da descoberta de um ente".[54] Esse modo de demonstração "exige a explicação da maneira de visualizar o *ser*, de compreender e apreender conceitualmente o sentido, a preparação da possibilidade de uma escolha correta do ente exemplar, elaboração do modo genuíno de acesso a esse ente"[55] e, como todas essas ações são modos de *ser* de um determinado *ente*, passa este a ser o

---

[48] HEIDEGGER, Martin apud STEIN, Ernildo. *Seis estudos sobre "Ser e tempo"*, 2005, p. 48.
[49] STEIN, Ernildo. *Introdução ao pensamento de Martin Heidegger*, 2002, p. 60.
[50] Sobre o debate entre procedimentalistas e substancialistas, vide STRECK, Lenio. *Jurisdição constitucional e hermenêutica*, 2004, p. 147-196.
[51] HEIDEGGER, Martin. *Ser e tempo*, 2005, p. 31.
[52] Idem. Ibidem, p. 31.
[53] Idem. Ibidem, p. 32.
[54] Idem. Ibidem, p. 32.
[55] Idem. Ibidem, p. 33.

ponto de partida para a abordagem da questão, levando a cabo a intuição kantiana de que a pergunta pelo homem seria prévia a todas as outras questões das "críticas".[56] Optar por esse ente privilegiado é para Heidegger a forma correta de entrar na circularidade onde a pergunta pelo *ser* já exige, de alguma forma, uma reposta.

Heidegger estava preocupado não apenas em demonstrar que a questão do *ser* deve ser vista a partir do *Dasein*, mas também em depurar analiticamente essa primazia. Seria ela decorrente de três fatores: um *ontológico*, um *ôntico* e um *ôntico-ontológico*. O *primado ontológico* diz respeito ao problema do fundamento que, na tradição positivista, é resolvido com o estabelecimento (arbitrário) de pontos de partida como solução ao *trilema de Münchausen*. Contrapondo-se à ideia de um *fundamento último*, dirá que o "questionamento ontológico é mais originário do que as pesquisas ônticas das ciências positivas",[57] exigindo o deslocamento do problema para a correta investigação ontológica. Como dirá Stein, "a pergunta pelo ser determina a condição apriórica da possibilidade das ciências e todas as ontologias que precedem as ciências ônticas e as fundam"[58] o que, de certo modo, aproximará Heidegger da tradição crítica fundada por Kant. Antes de compreender, é necessário se perguntar como compreendemos, uma pergunta que nos levará à nossa autocompreensão, marca do *primado ontológico*. No direito é comum se discutir o caráter *zetético* ou *dogmático* de uma determinada pretensão cognitiva, como se as pretensões dogmáticas não dependessem de elaborações críticas, ou como se estas não pressupusessem aquilo que Tércio Sampaio chamou de *evidências*.[59] O *primado ontológico* permite uma revisão no problema do fundamento na medida em que a questão se desloca para a forma de *ser* do *Dasein* e impõe um *fundamento sem fundo*. É esta a razão pela qual Heidegger afirma que a filosofia não pode ser analisada através do critério científico/acientífico, pois ela não é nem uma coisa, nem outra. Ela é uma forma de *ser* do *Dasein* viabilizada por seu *primado ontológico*, razão pela qual não podemos nela ser introduzidos, restando-nos, apenas, colocá-la em curso.[60]

A questão do *ser* não se resume, contudo, ao problema científico. O *Dasein*, muito embora tenha na ciência uma de suas formas de *ser*, vai muito além e distante dela. Desse modo, a questão do *ser* assume uma acepção ainda mais originária, que está relacionada, como vimos, à necessidade de se enfrentar a questão a partir desse *ente* privilegiado. Além disso, até mesmo as investigações que não envolvam o *Dasein* como *questionado*, fundam-se e encontram motivação na sua própria estrutura ôntica.[61] Por isso, o *Dasein* é um "ente determinado em seu ser pela sua existência"; "é condição ôntica do ser-aí compreender o ser", fazendo da sua condição *ôntica* uma condição *ontológica*, fato que caracteriza o *primado ôntico* (do *Dasein*) face à questão do *ser*. Se a circularidade é, por um lado, uma relação entre *ser* e *ser*, por outro, ela só é desencadeada por um *ente*. O primado *ôntico* do Dasein caracteriza a primazia desse *ente*, pondo-o como ponto de partida para a *circularidade primeira*.

---

[56] HEIDEGGER, Martin. *Los problemas fundamentales de la fenomenología*, 2000, p. 33.
[57] Idem. *Ser e tempo*, 2005, p. 37.
[58] STEIN, Ernildo. *Introdução ao pensamento de Martin Heidegger*, 2002, p. 63.
[59] FERRAZ JÚNIOR, Tércio Sampaio. *Introdução ao estudo do direito*, 2003, p. 43.
[60] HEIDEGGER, Martin. *Introdução à filosofia*, 2008, p. 1-70.
[61] Idem. *Ser e tempo*, 2005, p. 40.

Dos primados *ôntico* e *ontológico* desencadeia-se toda e qualquer possibilidade de estudo do *ser* dos demais *entes*. Portanto, o terceiro primado da questão do *ser* está relacionado à condição de possibilidade de qualquer ontologia: o primado *ôntico-ontológico*. Assim, não é possível efetuar qualquer interrogação que envolva o problema ontológico – e todas as interrogações irão envolvê-lo – que não se preocupe com tais elementos primordiais da questão do *ser*. Em outras palavras, nenhum tipo de especulação ontológica pode passar a largo da *analítica existencial*, sob pena de se constituir artificialmente sobre pontos de partida dogmáticos. Os primados exigem, portanto, que qualquer método ou que qualquer investigação ontológica atenda às condições de possibilidade de um *ente* que tem no compreender sua forma de *ser*, sem o qual nada acontece e é conhecido.

Por força dos primados apresentados, uma analítica do *Dasein* constitui o primeiro desafio no questionamento da questão do *ser*.[62] Esse desafio deve ser enfrentado, segundo Heidegger, com preocupações positivas e negativas. Negativamente, não deve ser aplicada à analítica qualquer ideia de *ser*, por mais óbvia que pareça, nem se devem impor categorias delineadas por tais ideias.[63] Ao contrário, as modalidades de acesso e interpretação devem ser escolhidas de modo que esse *ente* possa mostrar-se *em si mesmo* e *por si mesmo*. Elas têm de mostrar o *Dasein* em sua *cotidianidade mediana*, tal como ela é antes de tudo e na maioria das vezes. Da *cotidianidade* não se devem extrair estruturas ocasionais e acidentais, mas sim estruturas essenciais.[64]

A analítica do *Dasein*, caso se desloque do modo de ser cotidiano desse *ente* que todos nós somos, deixará de ser uma analítica existencial e representará a supressão de uma etapa primordial. Ou seja, estaria se recaindo em uma artificialidade dogmática típica das ciências que não dialogam com sua base paradigmática e que se edificam sobre fundamentos metafísicos. Analisar o *Dasein* na sua *cotidianidade* é condição para o enfrentamento da questão do *ser* a partir de suas estruturas primordiais. Neste ponto, Heidegger esclarece que essa analítica não pretende fundar uma ontologia completa do *Dasein*, mas "uma ontologia que se deverá edificar caso uma antropologia 'filosófica' se deva apoiar em bases filosóficas suficientes".[65] O aceno de Heidegger para uma antropologia filosófica teve proveitosos desdobramentos, a exemplo da antropologia filosófica proposta por Ernildo Stein.[66]

A *analítica existencial* do *Dasein* visa, portanto, "ao desvelamento das estruturas do ser-aí, estruturas existenciais que se opõem e distinguem das estruturas categoriais intramundanas".[67] O primeiro passo concreto dessa analítica é revelar

---

[62] HEIDEGGER, Martin. *Ser e tempo*, 2005, p. 44.
[63] Idem. Ibidem, p. 44.
[64] Idem. Ibidem, p. 44.
[65] Idem. Ibidem, p. 44.
[66] STEIN, Ernildo. *Exercícios de fenomenologia*, 2204, p 217-233. "É claro que a Filosofia da existência não possui nem a pretensão nem o tipo de amplitude da Antropologia Filosófica. Ela constitui um recorte novo na problematização do conhecimento. Uma outra questão é perguntarmos se desde aí podemos desenhar uma nova visão da Antropologia Filosófica, um novo horizonte, um novo ponto de partida, pois não é uma contribuição tão grande trazer para a Antropologia um conjunto de características que se aproximam das constantes antropológicas e que poderiam ser ampliadas na direção de um verdadeiro campo novo da Antropologia." STEIN, Ernildo. *Antropologia Filosófica*, 2009, p. 91.
[67] STEIN, Ernildo. *Introdução ao pensamento de Martin Heidegger*, 2002, p. 60.

que o "horizonte para uma interpretação de sentido do ser em geral mostra que o sentido do ser do ente, denominado ser-aí, é a temporalidade".[68] A *temporalidade* será, portanto, o fio condutor da *analítica existencial* heideggeriana, na medida em que é ela o sentido do *Dasein*.[69] "O tempo é o ponto de partida do qual a pre-sença sempre compreende e interpreta implicitamente o ser".[70] Logo, "ser é tempo". Mas Heidegger não trabalhará com a noção clássica de tempo, afinal, sua "destruição" exigirá uma reformulação que passa por uma *"explicação originária do tempo enquanto horizonte da compreensão do ser a partir da temporalidade, como ser da pre-sença, que se perfaz no movimento de compreensão do ser"*.[71]

A *temporalidade* será vista como o sentido da tríplice estrutura denominada por Heidegger como *cuidado (Sorge)*. Somos, dessa forma, uma síntese de passado, presente e futuro. No passado somos a *faticidade* de um *ente* que está aí desde já e sempre *em um mundo*[72] que nos abriga. Mas aqui vale o alerta de Heidegger quanto à impossibilidade de pensarmos esse "em" como algo que denota o estar "dentro de [...]".[73] Estar *em um mundo* quer dizer estar *num mundo*; manter com esse mundo uma relação recíproca com os outros que estão dentro desse mesmo espaço.[74] Embora a reflexão sobre a linguagem em *Ser e tempo* ainda esteja encoberta, é possível dizer que estar em um mundo é estar *em um mundo* de linguagem, que é construído pela interação recíproca com o outro nesse diálogo que nós desde já e sempre somos. Se estamos *num mundo* é porque fomos conduzidos por um trilho que só pôde nos trazer até esse mundo porque ele não foi interrompido, porque seguiu seu curso.

No presente, somos a *decaída* em um *mundo dos entes*. Estamos em meio às coisas, aos utensílios que utilizamos cotidianamente. O significado desses instrumentos é a referência de sentido de que nos valemos no cotidiano. Não nos perguntamos pelo *ser* desses *entes* em sua totalidade, mas apenas sobre essa forma especial de *ser* que é a instrumentalidade. Vivemos alienados em nossas atividades do dia a dia e não refletimos sobre as mudanças no *mundo*. Na *mundanidade* do mundo dos entes deixamos de perceber que o *tempo* já passou e que o sentido das coisas já é outro.

> O falatório, a curiosidade e a ambiguidade caracterizam o modo em que a pre-sença realiza cotidianamente o seu "pré", a abertura do ser-no-mundo. Como determinações existenciais, essas características não são algo simplesmente dado na pre-sença, constituindo também o seu ser. Nelas e em sua conexão ontológica, desentranha-se um modo fundamental de ser da cotidianidade que denominamos com o termo de-cadência da presença.[75]

O discurso aliena na medida em que não nos perguntamos por aquilo que se esconde por trás dele, mas tão somente por aquilo que ele mostra, servindo como um instrumento que manipula, inclusive, aqueles que dele se valem. No direito, o discurso do politicamente correto mostra algo verdadeiro, mas encobre uma estru-

---

[68] STEIN, Ernildo. *Introdução ao pensamento de Martin Heidegger*, 2002, p. 63.
[69] HEIDEGGER, Martin. *Ser e tempo*, 2005, p. 45.
[70] Idem. Ibidem, p. 45.
[71] Idem. Ibidem, p. 45.
[72] Idem. Ibidem, p. 90.
[73] Idem. Ibidem, p. 91.
[74] Idem. Ibidem, p. 91.
[75] Idem. Ibidem, p. 236.

tura analógica de sentido e, com isso, pode se transformar em opressão. As regras otimizam uma equação principiológica sustentada em um pano de fundo ontológico que nos ultrapassa à medida que nós continuamos a utilizá-las como um modelo *standard* ainda válido, o mesmo acontecendo com os conceitos doutrinários e com a jurispudência.

No futuro, somos *existência* e nos colocamos diante de nós mesmos. Perceber a minha *existência* implica perceber a *existência* do outro. Essa abertura nos retira da alienação da cotidianidade e nos lança em um projeto. O projeto é o que se antecipa na compreensão e, ao mesmo tempo, é também o que nos limita. Estamos, portanto, limitados por um futuro que já somos. A angústia é condição de possibilidade para que sejamos lançados e ela se dá, justamente, pelo fato de termos ficado estagnados em alguma das estações pelas quais passava o trilho que nos trouxe do passado. No presente, perdemos constantemente o "bonde da história", sendo o futuro esse projeto que nos lança trilho acima para que possamos retomar a nossa existência.

"Estas três dimensões são reveladas no sentimento de situação (faticidade), na compreensão (existência) e no discurso (articulação). Esta tríplice estrutura se desvela no 'humor', como tonalidade existencial, um estado de ânimo de sentido ontológico".[76] No presente, nos angustiamos com um futuro que já se deu. Na compreensão, somos necessariamente levados a esse futuro que já *existe* e que só pôde se projetar porque estamos desde e sempre inseridos em um mundo de sentido. O futuro projetado é, por sua vez, articulado em discursos que caem no mundo dos utensílios e, de imediato, nos aliena no presente. A nossa forma de ser-no-mundo é, portanto, marcada pelo entrelaçamento da estrutura triádica da temporalidade, que marca a nossa finitude no "caminho inevitável para a morte".

2.1.3. Diferença ontológica e circularidade hermenêutica

A diferença ontológica e o círculo hermenêutico são os teoremas da finitude que "sustentam a teoria heideggeriana da realidade e do conhecimento, isto é a teoria da fundamentação do conhecimento".[77] Para Stein, estes dois pilares da filosofia hermenêutica marcam um novo modo de fundação e um novo modo de dar-se de todo e qualquer *ente*. "A diferença ontológica constitui o *como* (*wie*) tudo é acessível, vem ao encontro, mas ela mesma é inacessível ao pensamento objetificador".[78] A diferença não pode ser entificada, sob pena de se estar negando a própria diferença, já que a transformação do *ser* em objeto o transforma em um *ente*. O encobrimento do *ser* pela tradição metafísica decorre, em última análise, de sua entificação, ou seja, da não percepção da *diferença ontológica*.

Falar da *diferença ontológica* é falar da diferença entre *ente* e *ser*. A tradição metafísica abordava esses dois níveis em uma unidade entificada, ou seja, como "objetos a serem conhecidos". A introdução de um ente privilegiado, o *Dasein*, abre novas possibilidades para a problematização do *ser*. "O ser não se dá isolado como objeto a ser conhecido; mas ele faz parte da condição essencial do ser humano".[79] Isso não significa que Heidegger tenha criado um "terceiro nível", mas que o *ser*

---

[76] STEIN, Ernildo. *Introdução ao pensamento de Martin Heidegger*, 2002, p. 68.
[77] Idem. *Diferença e metafísica*, 2000, p. 104.
[78] Idem. Ibidem, p. 101.
[79] Idem. Ibidem, p. 103.

encontrava o seu devido lugar, ou seja, uma vez retirado da condição de objeto, era alçado à condição de *linguagem* que acontece fenomenologicamente no *Dasein*. "O ser é, pela compreensão, a possibilidade de acesso ao ente: sem compreensão não há ente".[80] A concepção heideggeriana rompe com a tradicional entificação do *ser* que o mantinha *encoberto*.

Quanto ao segundo teorema, é importante lembrar que ideia de *círculo hermenêutico* não surge no pensamento heideggeriano, já que "a regra hermenêutica, segundo a qual devemos compreender o todo a partir do singular e o singular a partir do todo, provém da retórica antiga e foi transferido pela hermenêutica moderna da arte de falar para a arte de compreender".[81] Na hermenêutica romântica, a exploração da ideia de circularidade na interpretação se deve, especialmente, a Friedrich Schleiermacher, diretamente influenciado por Ast e Schlegel.[82]

> A idéia do "Círculo Hermenêutico", como ela será chamada mais tarde, obtém talvez sua primeira e ao mesmo tempo universal característica: "A lei básica de toda compreensão e conhecimento é a de encontrar, no particular, o espírito do todo e entender o particular através do todo." Nesta "lei básica", a hermenêutica posterior irá encontrar antes um problema universal, questionado, de que modo o todo pode ser obtido a partir do particular e se o pressentimento de um todo não irá antes prejudicar a concepção do particular.[83]

Contudo, em Heidegger a circularidade hermenêutica não apenas congrega a relação entre particular e todo, como acaba justificando essa relação. "*Compreender é o ser existencial do próprio poder-ser da presença de tal maneira que, em si mesmo, esse ser abre e mostra a quantas anda seu próprio ser*".[84] A compreensão é para Heidegger, portanto, um *existencial* e, como tal, ocupa lugar de destaque em sua analítica. A compreensão é o modo de *ser* do *Dasein* que, ao compreender, compreende a si mesmo. Mas, quais as implicações da circularidade hermenêutica em Heidegger? Dizer apenas que o modo de ser do *Dasein* se dá em uma relação circular não é suficiente, já que o método fenomenológico exige muito mais que isso.

"Já no início de Ser e tempo Heidegger nota a presença de um círculo no ponto de partida".[85] Como é possível que a busca pelo sentido do ser deva ser precedida por uma explicitação de um modo especial de ser (*Dasein*)? Heidegger responderá que o "ente pode vir a ser determinado em seu ser sem que, para isso, seja necessário dispor de um conceito explícito sobre o sentido do ser. Não fosse assim, não poderia ter havido até hoje nenhum conhecimento ontológico, cujo fato não pode ser negado".[86] Essa conclusão confere à compreensão um caráter *existencial*, ou seja, sempre compreendemos; estamos condenados à compreensão. Desse modo, a estrutura analítica desse modelo compreensivo não é capaz de constituir sentido, mas, apenas, demonstrar como ele se dá, quais as suas possibilidades e seus desvios. Somente aqui, na diferença e na percepção da circularidade, é que podemos perceber que o método fenomenológico-hermenêutico não pode ser comparado aos métodos da filosofia da

---

[80] STEIN, Ernildo. *Diferença e metafísica*, p. 103.
[81] GADAMER, Hans-Georg. *Verdade e método II*, 2002, p. 72.
[82] Idem. Ibidem, p. 72-73.
[83] GRONDIN, Jean. *Introdução à hermenêutica filosófica*, 1999, p. 120.
[84] HEIDEGGER, Martin. *Ser e tempo*, 2005, p. 200.
[85] STEIN, Ernildo. *Compreensão e finitude*, 2001, p. 245.
[86] HEIDEGGER, Martin. *Ser e tempo*, 2005, p.33.

consciência de tradição cartesiana, na medida em que estes propõem fora da circularidade "regras de orientação do espírito"[87] que constituam um determinado sentido. O nosso modo de ser-no-mundo é a compreensão, cabendo a analítica mostrar como ela ocorre e à fenomenologia potencializá-la, ou seja, permitir que ela possa se dar em sua plenitude, não se deixando levar por aparências e por encobrimentos.

A circularidade nos impõe a conclusão de que, ao nos depararmos com o *ente*, já possuímos a compreensão desse *ente*, ou seja, a compreensão que ele proporciona é aquela que já carregamos. "O sentido faz parte da própria estrutura prévia da compreensão, portanto, da estrutura do ser-aí, enquanto aquela é seu existencial".[88] Isso quer dizer que só compreendemos porque já temos a compreensão, logo, a compreensão que se dá como fenômeno no sentido fenomenológico e a sua condição *existencial* formam um círculo: o círculo hermenêutico. Esse é o modo através do qual a analítica heideggeriana explicará a relação entre *particular* e *todo*, já percebida pela retórica grega e pela hermenêutica romântica, embora sustentada em outras bases. Contudo, a relação entre parte e todo não se dá entre o objeto e o sujeito, em uma relação dialética, mas, pressupondo a diferença ontológica, entre um *ser* que se projeta como o todo e um novo *ser* que acontece com uma parte que se mostra posteriormente, viabilizando novos projetos. Só compreendemos a parte porque já a pressupomos em um projeto de sentido totalizante. A circularidade da hermenêutica romântica representa um fragmento cotidiano da nossa forma de ser-no-mundo, analisada por Heidegger em uma dimensão ontológica e, por isso, mais profunda.

Na circularidade, Heidegger fará a distinção entre compreensão e interpretação, decisiva para as possibilidades *heterorreflexivas* que sustentaremos adiante.

> Na compreensão, a pre-sença projeta seu ser para possibilidades. Esse ser para possibilidades, constitutivo da compreensão, é um poder-ser que repercute sobre a pre-sença as possibilidades enquanto aberturas. O projetar da compreensão possui a possibilidade própria de se elaborar em formas. Chamamos de interpretação essa elaboração. Nela, a compreensão se apropria do que compreende. Na interpretação a compreensão se torna ela mesma e não outra coisa. A interpretação se funda existencialmente na compreensão e não vice-versa. Interpretar não é tomar conhecimento do que compreendeu, mas elaborar as possibilidades projetadas na compreensão.[89]

A compreensão é concebida por Heidegger como uma antecipação, ou seja, um projeto de todo. A interpretação, por sua vez, representa a verificação das partes desse projeto que já estavam pressupostas. Esse projeto de todo, na medida em que é um antecipar-se, pode se mostrar falho diante de um novo elemento fenomenal que se mostre. É nesse sentido que Gadamer sustenta a possibilidade de revisão do projeto compreensivo.

> Quem quiser compreender um texto deverá sempre realizar um projeto. Ele projeta de antemão um sentido do todo, tão logo se mostre um primeiro sentido no texto. Esse primeiro sentido somente se mostra porque lemos o texto já sempre com certas expectativas, na perspectiva de um determinado sentido. A compreensão daquilo que está no texto consiste na elaboração

---

[87] Cf. DESCARTES, René. *Regras para a orientação do espírito*, 2007.
[88] STEIN, Ernildo. *Compreensão e finitude*, 2001, p. 247.
[89] HEIDEGGER, Martin. *Ser e tempo*, 2005, p. 204.

desse projeto prévio, que sofre uma constante revisão à medida que aprofunda e amplia o sentido do texto.[90]

E completa, resumindo o pensamento heideggeriano sobre o tema:

[...] o processo descrito por Heidegger de que cada revisão do projeto prévio pode lançar-se um outro projeto de sentido; que projetos conflitantes podem posicionar-se lado a lado na elaboração, até que se confirme de modo mais unívoco a unidade de sentido; que a interpretação começa por conceitos prévios substituídos depois por conceitos mais adequados. Em suma, esse constante projetar de novo é o que perfaz o movimento semântico de compreender e interpretar.[91]

Diante da interação dos círculos, é possível constatar que o fenômeno enquanto aquilo que se mostra só é compreendido porque o *Dasein* se antecipa na compreensão de seu todo e, partindo da interpretação de elementos particulares que se mostram posteriormente, pode reformular o projeto até o ponto culminante de uma nova compreensão. Os novos projetos não são viabilizados pela revisão pura e simplesmente, mas por novos desvelamentos que nela podem surgir. Esse movimento, para Heidegger, se dá como um movimento fenomenológico. Muito embora o círculo existencial conceba internamente esse ir/vir ao fenômeno, a compreensão, ainda que provisória, sempre estará presente como compreensão. Não há espaços entre a interpretação e a compreensão, na medida em que se constituem lados de uma mesma moeda. Logo, interpretamos porque já compreendemos, e não o contrário.[92] Quando projetos são reformulados e, consequentemente, abre-se outra possibilidade de compreensão, a anterior permanecerá no *Desain* como recordação, sendo, entretanto, sucedida. Tudo isso fez Gadamer afirmar que a *subtilitas intelligendi* (compreensão), a *subtilitas explicandi* (interpretação) e a *subtilitas applicandi* (aplicação) "perfazem o modo de realização da compreensão".[93] Assim, não se interpreta se não for para verificar uma compreensão já antecipada. Não se compreende sem que essa compreensão encontre na situação particular do intérprete uma aplicação. A interpretação, por sua vez, cessa quando a compreensão não mais oferece novas indagações e, com isso, estabiliza-se.

2.1.4. A dupla estrutura da linguagem

A *diferença ontológica* revoluciona diversos aspectos de uma filosofia, sendo a *linguagem*, certamente, um dos elementos mais atingidos por essa descoberta. Já foi dito que o *giro linguístico* é marcado pela quebra da estrutura cognitiva sujeito-objeto, substituída pela estrutura cognitiva sujeito-sujeito. Heidegger é um dos responsáveis por essa quebra e, em seu pensamento, ela é viabilizada pela colocação do *ser* em um plano distinto do objeto e passa a ser visto como "sentido de um *ente*", o que o faz dele linguagem. As transformações operadas por Heidegger nesse campo deram à filosofia da linguagem um *status* de relevo, a ponto de se sustentar que filosofia hoje seria sinônimo de *filosofia da linguagem*. Aqui não temos a pretensão

---

[90] GADAMER, Hans-Georg. *Verdade e método II*, 2002, p. 75.
[91] Idem. Ibidem, p. 75.
[92] STRECK, Lenio. *Hermenêutica (jurídica)*: compreendemos porque interpretamos ou interpretamos porque compreendemos?, 2003.
[93] GADAMER, Hans-Georg. *Verdade e método I*, 2003, p. 406.

de estabelecer um tratado sobre a linguagem,[94] razão pela qual sequer vamos abordar a atenção a ela dispensada pela filosofia analítica, restringindo a abordagem àquelas matrizes diretamente relacionadas ao giro *continental* heideggeriano – embora parte desse caminho seja comum aos estudos analíticos sobre a linguagem.

É possível dizer que serão os gregos os responsáveis por inserir a linguagem na temática filosófica, cujo marco específico se dá em *O Crátilo* (388 a.C.), de Platão.[95] Neste diálogo, Platão põe em discussão as duas teses voltadas para a explicação da linguagem. Uma defendida por *Hermógenes*, tese de base sofista onde a linguagem estabelece com o objeto descrito uma relação *convencional*. Outra defendida por *Crátilos*, de cunho naturalista, na qual a ligação entre a coisa e a palavra é determinada pela *physis*.[96] Aqui se põe a equação que conduzirá as discussões posteriores sobre a linguagem,[97] uma dicotomia que não abarca a complexidade do tema e que, por isso, integra aspectos que não deveriam ser confundidos. Platão assumirá uma posição intermediária entre os extremos apresentados por Crátilo e Hermógenes, "levando a reflexão, pouco a pouco, a uma tomada de posição em relação à essência da linguagem e de sua função no conhecimento humano".[98] Por um lado, não defenderá um naturalismo extremado a ponto de achar que o significado de uma palavra poderia ser obtido através da relação entre o som por ela produzido e objeto por ela denotado. Por outro, defenderá que "há uma certa afinidade natural, ou pelo menos deve haver, entre o som e sua significação", não porque todas as palavras surgiriam por onomatopeia – imitando o som das coisas – mas porque elas "apresentam a essência das coisas".[99] De todo modo, reconhecerá a precariedade dessa afinidade, na medida em que "admite que na formação das palavras há muita convenção" e que os limites para esse convencionalismo devem ser encontrados na isomorfia entre *linguagem* e *ser*, sob pena de a arbitrariedade não poder ser afastada.[100] Somente assim seria possível construir a linguagem de modo correto e, com isso, viabilizá-la enquanto um *instrumento*. Por essa razão, Lenio Streck adverte que Platão não via a linguagem como condição de possibilidade para o conhecimento, na medida em que seria "possível conhecer as coisas sem os nomes", fazendo dela um instrumento, isto é, uma terceira (e secundária) coisa que se interpõe entre o sujeito e o objeto.[101] De qualquer sorte, seja por uma concepção *natural* ou *convencional*, seja pela tentativa de síntese levada a cabo por Platão, constata-se que na origem das reflexões filosóficas sobre a linguagem podemos encontrar a ausência de arbítrio na relação entre

---

[94] Se fosse esta a opção, acabaria por repetir tudo aquilo que já foi dito por Lenio Streck em Hermenêutica e(m) crise, onde o autor analisa o desenvolvimento da filosofia da linguagem desde Platão até Heidegger e Gadamer, demonstrando a superação da filosofia da consciência através do "giro linguístico". STRECK, Lenio. *Hermenêutica e(m) crise*, 2004, p. 115-174.

[95] PLATÃO. *O Crátilo*, 1980.

[96] Idem. Ibidem.

[97] "O Crátilo de Platão, o escrito básico do pensamento grego sobre a linguagem, que contém todo o universo dos problemas, de tal modo que a discussão grega posterior, que conhecemos apenas fragmentariamente, quase não acrescenta nada de essencial". GADAMER, Hans-Georg. *Verdade e método I*, 2003, p. 525.

[98] OLIVEIRA, Manfredo Araújo. *Reviravolta lingüístico-pragmática*, 2001, p. 18.

[99] Idem. Ibidem, p. 19.

[100] Idem. Ibidem, p. 20-21.

[101] STRECK, Lenio. *Hermenêutica e(m) crise*, 2004, p. 118.

palavras e *coisas*, já que nenhuma dessas propostas poderia ser apresentada como uma concepção cética e arbitrária sobre a *linguagem*.[102]

Aristóteles, ainda inserido na tradição socrático-platônica de combate ao ceticismo sofista, desenvolve uma releitura da visão de Platão sobre a linguagem[103] na medida em que "parte do rompimento da ligação imediata entre palavra e coisa (*logos* e *ón*) e tenta elaborar uma teoria da significação em que, por um lado, afirma-se a distância entre linguagem e *ser* e, por outro, tematiza-se a relação entre ambos".[104] Desse modo, gera enfoques bastante produtivos que se alinham em dois grandes eixos de reflexão. O primeiro e mais explícito, ainda está associado a uma imagem designativa da linguagem, embora já negue uma correspondência imediata entre a *palavra* e *ser*, exigindo a "mediação necessária dos estados psíquicos".[105] Essa correspondência imediata se daria, na verdade, entre as *coisas* e os *estados de alma*. Com isso, a linguagem humana seria apenas um *símbolo* do real, em contraposição a um *signo* que tivesse a pretensão de traduzir a realidade por completo. "O símbolo não toma o lugar da coisa, já que não há semelhança completa, ele exprime tanto *ligação* como *distância*".[106] Por um lado, o *símbolo* designa *algo*, por outro, muitas coisas podem ser designadas por um único *símbolo*, tornando precária essa ligação e afastando as possibilidades de sustentação da linguagem através de uma concepção naturalista. O segundo eixo traz possibilidades que aproximam o pensamento aristotélico do giro linguístico levado a cabo por Heidegger e Wittgenstein, na medida em que poderemos perceber a linguagem não como uma designação simbólica do real, mas como condição de possibilidade para o próprio conhecimento do real. O acesso ao *ser* só seria possível com a mediação da linguagem, ultrapassando a visão de Platão que admitia o acesso às coisas independentemente de seus nomes. Neste sentido, "pode-se dizer que ontologia, para Aristóteles, no sentido de ciência primeira, *é o estudo das condições de possibilidade da comunicação humana*".[107] De todo modo, o eixo que representará ao longo do tempo a visão de Aristóteles sobre a *linguagem* será aquele que estabelece uma imagem designativa de linguagem. Ainda assim, o caráter designativo estará diretamente relacionado à uma *teoria da verdade* como *correspondência*, consolidando a interpretação de que as proposições são somente aquelas sentenças que "encerram verdade ou falidade em si mesmas".[108] Veremos adiante que ideia de verdade como uma característica das proposições será contestada na interpretação que Heidegger confere a Aristóteles, na medida em que o caráter designativo do *logos* apenas indicaria aquilo que pode ser verdadeiro. Os dois eixos aos quais nos referimos, uma vez atravessados pela retomada do ser presente na *Destruktion* heideggeriana, serão determinantes para a defesa de uma concepção de linguagem que guarda, internamente, uma *dobra* decorrente de suas dimensões hermenêutica (ontológica) e apofântica (designativa).

---

[102] "O modo de ser da linguagem que chamamos 'uso geral de linguagem' limita ambas teorias. O limite do *convencionalismo* é o seguinte: não se pode alterar arbitrariamente o que as palavras significam, se deve haver *linguagem*". GADAMER, Hans-Georg. *Verdade e método I*, 2003, p. 525.

[103] Cf. STRECK, Lenio. *Hermenêutica e(m) crise*, 2004, p. 122.

[104] OLIVEIRA, Manfredo Araújo. *Reviravolta lingüístico-pragmática*, 2001, p. 27.

[105] Idem. Ibidem, p. 29.

[106] Idem. Ibidem, p. 29.

[107] Idem. Ibidem, p. 32.

[108] ARISTÓTELES. *Da interpretação*, 2005, p. 84.

Mas, até a retomada do *ser* por Heidegger, ainda atravessaríamos o *nominalismo* de Guilherme de Ockham e, logo em seguida, o de Thomas Hobbes.[109] No *nominalismo*, não será o *ser* que determinará a *palvra* – também não estamos diante de uma linguagem que se colocaria como condição de possibilidade para o acontecimento do *ser*, como na interpretação implícita de Aristóteles. Quebrando-se o modelo metafísico, onde a linguagem era colocada em um plano secundário, o *nominalismo* parte de um "estado de natureza hermenêutico"[110] para fundar o mundo. Ignoram-se as propostas gregas que, de uma forma ou de outra, negavam o caráter arbitrário da linguagem – normalmente pautadas em um consensualismo tradicional – abrindo-se a possibilidade de fundação de um "novo mundo", onde o acordo – o contrato social, por exemplo – funda *ex nihil* o Estado e passa a ser o elemento de legitimação do poder político. No *nominalismo*, as palavras não exprimem as coisas, mas sim as *ideias*, o que gera uma relação arbitrária entre *palavra* e *coisa* e, ao mesmo tempo, denuncia uma relação de subordinação da palavra em relação à ideia. Para Hobbes, o "uso comum da Linguagem consiste em transformar nosso Discurso Mental em Verbal; ou a Série de Pensamento em Série de Palavras".[111] Com isso, a linguagem assumiria duas funções: uma relativa aos registros das consequências de nossos pensamentos; outra relativa ao uso por várias pessoas de palavras idênticas para traduzir o que pensam sobre determinada matéria.[112] Uma concepção nominalista de linguagem será a condição de possibilidade para a formação de um positivismo jurídico discrionário que encontrará fundamento último na *vontade de poder*, o que levará Michel Villey a afirmar que poucos estudos são mais necessários para a história da filosofia do direito que o confronto entre o nominalismo e o realismo aristotélico-thomista, já que, embora a querela dos universais possa parecer ultrapassada, perderemos menos tempo com "velhas cartas ou velhas coletâneas de costumes", se nosso propósito for compreender o contraste e a transição do direito antigo para o direito moderno, linha divisória entre o direito natural clássico e o positivismo jurídico, isto é, "a chave do problema fundamental da filosofia do direito".[113]

Neste contexto, a visão de Heidegger sobre a linguagem será, por um lado, revolucionária e, por outro, decorrente desses ensaios que a história da filosofia da linguagem o ofertava. Do mundo grego, temos a perspectiva ontológica que Aristóteles atribui à linguagem, colocando-a como condição de possibilidade para o acontecimento do *ser*; do *nominalismo* moderno, uma relação entre pensamento e registro, colocando a linguagem como um fenômeno decorrente de outro, as *ideias*. A linguagem em Heidegger assumirá, portanto, uma relação direta com o *ser*, bem como uma *dobra* representada pelo plano apofântico – do *logos*, da palavra – síntese precária de um fenômeno mais originário que se dá no plano hermenêutico, isto é, na compreensão. A linguagem passa agora a determinar o sentido do *ente*; aquele sentido que está desde já e sempre em nós e que se antecipa no momento em que o *Dasein* se depara com o fenômeno (em sentido vulgar). A linguagem, portanto, deixa de ser

---

[109] STRECK, Lenio. *Hermenêutica e(m) crise*, 2004, p. 128-129
[110] Idem. *Verdade e consenso*, 2009.
[111] HOBBES, Thomas. *O Leviatã*, 2008, p. 33.
[112] Idem. Ibidem, p. 33.
[113] VILLEY, Michel. *A formação do pensamento jurídico moderno*, 2005, p. 226.

uma "terceira coisa que se interpõe entre o sujeito e objeto", transformando-se em um *medium*, um meio ambiente no qual estamos desde sempre inseridos.

Gadamer, por sua vez, impulsiona a partir da década de 1960 o interesse pela linguagem na tradição continental. Em *Verdade e método*, retomará o fio condutor dos debates em torno da linguagem e projetará, mesmo sem referências expressas, a visão que Heidegger trabalhara desde 1935.[114] De fato, os diferentes enfoques presentes nos pensamentos de Heidegger (ontológico) e Gadamer (hermenêutico-epistemológico) proporcionarão abordagens diferenciadas sobre o problema da linguagem e farão com que este último acentue a preocupação com a linguagem manifestada através dos registros textuais. "*Gadamer estudia la linguisticidad en el marco de una filosofía marcadamente* hermenéutica, *que el giro de Heidegger parecía haber abandonado cuando se dedicó al* mysterium *del lenguaje*".[115] De qualquer sorte, a linguagem assumirá também em Gadamer a condição de um meio ambiente por nós habitado (*Mitte*),[116] o que determina a condição filosófica de sua hermenêutica na medida em que haverá sempre um não dito naquilo que é dito.[117]

Mas é justamente por existir um dito e pelo fato de o *ser* não mais se encontrar no *ente* é que se pergunta: como fica toda a tradição hermenêutica que se voltava para os textos? Os textos, isto é, todo o tipo de sinal que promove comunicação, não seriam *entes*? A linguagem que utilizamos para nos comunicar, para expressar o sentido das coisas, não são entificações? O enfrentamento dessas questões e suas respostas vão representar a pedra de toque para a diferenciação das correntes que se desenvolvem a partir do giro linguístico. A diferença entre *analíticos* e *continentais* não pode ser vista superficialmente, já que ambos poderão concordar que a linguagem é um *médium*.[118] A questão fundamental a ser levantada nos coloca diante da existência ou não de uma *dupla estrutura da linguagem*, representada pelos dois níveis estruturais denunciados por Heidegger: o *hermenêutico* e o *apofântico*.[119]

A *dupla estrutura da linguagem*, relacionada aqui com os planos *hermenêutico* e *apofântico*, faz com que haja em Heidegger duas formas de linguagem, muito embora, em *Ser e tempo*, o termo "linguagem" esteja associado ao *discurso* e, portanto, ao *logos*.

> Do ponto de vista existencial, o discurso é igualmente originário à disposição e à compreensão. A compreensibilidade já está sempre articulada, antes mesmo de qualquer interpretação apropriadora. O discurso é a articulação dessa compreensibilidade. [...] A compreensibilidade do ser-no-mundo, trabalha por uma disposição, se pronuncia como discurso. A totalidade significativa da compreensibilidade vem à palavra. Das significações brotam palavras. As palavras, porém, não são coisas dotadas de significados.

---

[114] GRONDIN, Jean. *Introducción a Gadamer*, 2003, p. 191.
[115] Idem. Ibidem, p. 192.
[116] "Nossas reflexões se orientaram pela ideia de que a linguagem é um meio (Mitte) em que se reúnem o eu e o mundo, ou melhor, em que ambos aparecem em sua unidade originária". GADAMER, Hans-Georg. *Verdade e método I*, 2003, p. 612.
[117] GADAMER, Hans-Georg. *Retrospectiva dialógica à obra reunida e sua história de efetuação*, 2000, p. 211.
[118] Cf. D´AGOSTINI, Franca. *Analíticos e continentais*, 2002. Retomaremos esse tema na oportunidade em que faremos uma crítica ao modelo analítico de Robert Alexy.
[119] STEIN, Ernildo. *Nas raízes da controvérsia*, 2006, p. XV.

> A linguagem é o pronunciamento do discurso. Como um ente intramundano, essa totalidade de palavras em que e como tal o discurso possui o seu próprio ser "mundano", pode ser encontrada à maneira de um manual.[120]

Com isso, independente do modo como se utiliza do termo "linguagem", Heidegger demonstra que o plano apofântico é resultado de uma compreensibilidade prévia. Primeiro compreendemos as coisas para depois dizê-las. A compreensão se dá como desvelamento do *ser,* logo, como sentido. Esse sentido pode até ser descrito apofanticamente, mas ele não será o *sentido mesmo.* Para dizer algo, necessitamos do *logos,* mas essa dependência não retira dele o caráter secundário. A *linguagem* no plano apofântico não representa um *medium,* na medida em que o sentido das coisas se dá no plano hermenêutico. Compreendemos no plano hermenêutico; emocionamo-nos no plano hermenêutico e valoramos no plano hermenêutico. No apofântico, apenas tentamos registrar os nossos processos vitais na tentativa de poder compartilhá-los, mas o sucesso dessa integração dependerá de um alinhamento no plano hermenêutico. O apofântico representa uma síntese – necessária e imprescindível, é verdade – do mundo em que vivemos, mas não é o mundo em que vivemos. A fenomenologia hermenêutica ao exigir a ida às coisas mesmas nos desloca para o plano hermenêutico, fazendo do plano apofântico apenas um fenômeno índice que, embora possibilite desvelamentos, vela o que está "na dobra da linguagem".[121]

A *dupla estrutura da linguagem* – hermenêutica e apofântica – aliada à postura fenomenológica descrita, ao denunciar a precariedade dos textos, demonstra que os textos não passam de uma entificação de um mundo vivido. Ao compreendermos um texto, compreendemos o *ser* de um *ente* que constitui uma síntese precária de uma realidade já compreendida e compartilhada. Temos a ilusão de que a compreensão de um texto se dá contrafaticamente, mas, em verdade, ao compreender um texto, somos lançados à faticidade. Isso quer dizer que, se o ponto de lançamento for um texto, sendo este uma síntese – ou, em termos sistêmicos, uma redução de complexidade – o lugar para o qual seremos lançados não corresponderá, necessariamente, ao lugar a partir do qual a redução se deu. Este é o grande problema do texto e, muito embora isso não reduza a sua importância, limita as nossas pretensões frente a ele e exige que o pensemos como "eventos".[122] As teorias que ignoram o plano hermenêutico ou que resumem seu espaço de epistemologização no plano apofântico produzem resultados artificiais que podem não corresponder ao plano hermenêutico em que nos movemos. Como afirma Rohden, "a linguagem de cunho lógico-analítico prende-se ao nível apofântico, ao passo que a linguagem da hermenêutica filosófica amplia os horizontes da linguagem, não excluindo outras formas de linguagem, como a ética, a arte, a política, a metafísica".[123] A *dupla estrutura da linguagem* e a colocação do plano apofântico como uma síntese precária do plano hermenêutico faz com que Heidegger abra uma nova possibilidade para a *teoria da verdade,* uma vez que esta não caberá no *logos.*[124] No direito, isso representará a diferença entre

---

[120] HEIDEGGER, Martin. *Ser e tempo*, 2005, p. 219.
[121] Lenio Streck demonstra em *Verdade e consenso* diversos reflexos da "dobra da linguagem" no pensamento jurídico, a exemplo da distinção entre casos fáceis e casos difíceis.
[122] STRECK, Lenio. *Verdade e consenso*, 2009.
[123] ROHDEN, Luiz. *Hermenêutica filosófica*, 2003, p. 242.
[124] HEIDEGGER, Martin. *Ser e tempo*, 2005. O tema será melhor abordado na parte final deste capítulo.

o uso estratégico do *logos* e a compreensão mais originária do fenômeno jurídico, na medida em que a consciência sobre os limites e possibilidades do texto – da positivação – permite uma abertura franca para o acontecer de um sentido autêntico, único caminho para aliar segurança e legitimidade. Mesmo que submetamos a abordagem do plano apofântico a condições ideais que imunizem o agir estratégico, nos perderemos na precariedade da síntese e seremos obrigados a sustentar a validade de respostas diametralmente opostas, a exemplo do que ocorre com Alexy.[125]

O caráter derivado do *logos* também retira dele a função transcendental. A transcendência também assume em Heidegger uma nova feição, que não apenas o afasta de Kant,[126] mas também o retira de um transcendentalismo dialógico tal qual Habermas. O cuidado, que é o *ser* do *Dasein,* tem como determinante a temporalidade. *Dasein,* como vimos, é passado, presente e futuro. A finitude do pensamento heideggeriano não está presa ao passado, apenas não admite um futuro que já não esteja diante de nós e que, portanto, já não se manifeste em nossas compreensões como a continuidade de um caminho que já pode ser trilhado. Se pensarmos em transcendência como mudança, transformação, e a analisarmos a partir da finitude heideggeriana, concluiremos que toda a mudança, enquanto crítica do presente, só é possível porque já somos futuro.[127] Neste sentido, não é possível uma crítica que nos leve a um lugar que ainda não seja por nós habitado. Toda a crítica está limitada à temporalidade e, consequentemente, ao sentido do *ser* que ela se vale. A transcendência para Heidegger, portanto, vai se dar no plano hermenêutico, onde o próprio futuro se manifesta, impedindo que a dimensão apofântica sintetize algo inovador em relação ao plano primário. O *logos*, portanto, não transcende, embora traduza algo que já transcendeu e viabilize a integração social dessa novidade. A nova palavra não traz o novo, apenas é o resultado de algo que já se colocara no plano hermenêutico, fazendo dos filósofos e poetas, como disse Heidegger, os porteiros dessa casa chamada linguagem e exigindo dos cientistas uma inflexão filosófica e artística semelhante. A hermenêutica não é, portanto, avessa às estruturas do *logos*, apenas exige constantemente a pergunta pelo *sentido dessas estruturas*[128] e, consequentemente, pela necessidade de atualizações nesse campo. No direito, essa constante revisão é condição para a atualização do sistema e manutenção de sua legitimidade.

O novo no plano hermenêutico, aliada com a inexistência de descrição apofântica, causa no *Dasein* a *angústia*.

> Só na angústia subsiste a possibilidade de uma abertura privilegiada na medida em que ela singulariza. Essa singularização retira a pre-sença de sua de-cadência e lhe revela a propriedade e impropriedade como possibilidades do seu ser. Na angústia, essas possibilidades fundamentais da presença, que é sempre minha, mostram-se como elas são em si mesmas,

---

[125] O tema será abordado no capítulo quarto.
[126] STEIN, Ernildo. *Diferença e metafísica*, 2000, p. 109.
[127] A crítica que Habermas dirige à hermenêutica, relacionada à sua incapacidade crítica, não faz sentido justamente pelo fato de a crítica não ser transcendente. Sobre o caráter crítico da hermenêutica. Cf. STRECK, Lenio. *Hermenêutica e(m) crise*, 2004.
[128] Entre as *estruturas de sentido* e o *sentido das estruturas* está aquilo que Ernildo Stein denominou de o "enigma da pequena diferença". STEIN, Ernildo. *Aproximações sobre hermenêutica*, 2004, p. 32.

sem se deixar desfigurar pelo ente intramundano a que, de início, e na maior parte das vezes, a pre-sença se atém.[129]

A crítica apofântica só se viabiliza a partir de um estranhamento hermenêutico. Não possui, portanto, o condão de nos levar ao futuro, pois essa projeção originária decorre desse modo privilegiado de abertura, que nos retira do processo de alienação imposta pela impessoalidade da interpretação pública. Em resumo, a crítica do *presente* (decaída) se dá em razão de já termos um *passado* (faticidade) e está, necessariamente, limitada pelo *futuro* (angústia) que já somos. Em razão disso, ela não é um motor transcendente, nem pode partir de um "grau zero". A hermenêutica, por sua vez, se mostra enquanto crítica na medida em que "nos impulsiona a questionar se não haveria algo errôneo em nossa conduta dentro do mundo",[130] mas sem a pretensão de assumir um lugar de fala "transcendental".

2.2. A HERMENÊUTICA FILOSÓFICA DE GADAMER

2.2.1. O caminho até *Verdade e método*

O séc. XX estava prestes a chegar quando Gadamer nasceu em Marburg, Alemanha, em 11 de fevereiro de 1900, em uma família de classe média. Seu pai, Johannes Gadamer, era cientista na Universidade de Marburg, mudando-se dois anos após o nascimento de Gadamer para a região de Breslau – hoje Wroclow, na Polônia – onde Johannes assumiria o posto de professor.[131] Com uma infância conturbada, enfrentando a morte precoce de sua irmã e, logo em seguida, a de sua mãe, teve uma educação primária e secundária dentro dos padrões da época, matriculando-se em 1918 num curso de introdução ampla às ciências humanas, para o total descontentamento de seu pai.[132] Em sua autoapresentação concluída em 1975, afirmou que seu pai tentou despertar seu interesse pelas ciências naturais, tendo ficado muito decepcionado com esse "fracasso", já que, desde o começo, sabia que o filho simpatizava com os "professores charlatães".[133] Com apenas vinte e dois anos Gadamer conclui sua tese de doutoramento intitulada *Das Wsen der Lust nach den platonischen Dialogen* (*A essência do prazer segundo os diálogos platônicos*),[134] sob a orientação do neokantiano Paul Natorp, mas, neste mesmo ano, acometido de poliomielite, teve que ser mantido em isolamento por muitos meses, usando este tempo para leituras filosóficas, dentre elas as *Investigações filosóficas* de Husserl – com quem se encontraria um ano mais tarde.[135] Mas, não obstante ter permanecido em um ambiente de discussões epistemológicas – contexto em que também frequen-

---

[129] HEIDEGGER, Martin. *Ser e tempo*, 2005, p. 255.
[130] ROHDEN, Luiz. *Hermenêutica filosófica*, 2003, p. 249.
[131] LAWN, Chris. *Compreender Gadamer*, 2006, p. 32.
[132] Idem. Ibidem, p. 32.
[133] GADAMER, Hans-Georg. *Verdade e método II*, 2002, p. 545.
[134] O título em português toma como parâmetro a referência em espanhol feita por Constantino Ruiz-Garrido na tradução da obra *Einführung zu Gadamer* para esta língua. Cf. GRONDIN, Jean. *Introducción a Gadamer*, 2003, p. 21.
[135] LAWN, Chris. *Compreender Gadamer*, 2006, p. 33.

tou as lições de Nicolai Hartmann – Gadamer sempre se sentiu fortemente atraído pelas artes, especialmente pela literatura e pela poesia,[136] tendo ele consciência de que "a experiência da arte afetava de certo modo a filosofia".[137]

Em 1923, Gadamer se muda para Freiburg, onde iniciará seus estudos com Heidegger e, por obra do destino, as primeiras lições versarão, justamente, sobre hermenêutica e Aristóteles.[138] Aqui se fecha um ciclo para a catálize do pensamento gadameriano. A recusa simbólica de seu pai mediante o estudo e preocupação com as ciências do espírito; o ambiente epistemológico neokantiano; a afinidade com o método dialógico de Platão; o contato com a fenomenologia de Husserl e com a hermenêutica de Heidegger; o amor pelas artes e o fascínio pelo modo como Heidegger reconstruía a *práxis* aristotélica formam a mente desse homem cuja vida se confunde com o pensamento crítico de seu século.[139] Mas a síntese dessas fontes inspiradoras tardará a sair. Embora tenha assumido a carreira docente desde muito jovem, alcança reputação internacional somente com a publicação de sua obra-prima em 1960, *Verdade e método*. Aposentado desde 1968, a partir de 1975 seu trabalho foi traduzido para a língua inglesa, influenciando a academia americana e, já nos anos 90, *Verdade e método* passa a ser reconhecido por muitos como um dos textos filosóficos mais importantes do séc. XX, especialmente pela sua importância nos debates com os principais intelectuais da segunda metade desse século, a exemplo de Habermas e Derridá. Lúcido e saudável até o final de sua vida, Gadamer morre em 2002, aos 102 anos, pouco tempo depois de ter testemunhado o atentado ao *World Trade Center* e, a despeito, afirmado que o mundo teria se transformado em algo muito estranho para ele.

2.2.2. O projeto de *Verdade e método*

Segundo o próprio Gadamer, o ponto de partida de *Verdade e método* leva em conta "uma crítica da consciência estética, a fim de defender a experiência da verdade que nos é comunicada pela obra de arte contra a teoria estética, que se deixa limitar pelo conceito de verdade da ciência".[140] Mas a crítica estética não era o objetivo final de Gadamer, e sim o de, através dela, atingir a relação necessária entre verdade e método, já que, para ele, "a experiência da arte é a mais clara advertência para que a consciência científica reconheça seus limites".[141] Essa estratégia denuncia a utilização da *Destruktion* de Heidegger como o método de abordagem do trabalho, já que seria necessário desconstruir as evidencias que obstaculizam o entendimento de sua nova perspectiva.[142] Segundo Grondin,[143] a arte para Gadamer poderia libertar o conceito de verdade da camisa de força imposta pela metodologia científica; contrapor-se à redução das ciências humanas e da filosofia a um assunto puramente estético, isto é, arbitrário e subjetivo e, por último, verificar em que consiste de fato

---

[136] GRONDIN, Jean. *Introducción a Gadamer*, 2003, p. 22.
[137] GADAMER, Hans-Georg. *Verdade e método II*, 2002, p. 548.
[138] GRONDIN, Jean. *Introducción a Gadamer*, 2003, p. 24-25.
[139] GADAMER, Hans-Georg. *Verdade e método II*, 2002, p. 545-580.
[140] Idem. *Verdade e método I*, 2003, p. 31.
[141] Idem. Ibidem, p. 31.
[142] GRONDIN, Jean. *Introducción a Gadamer*, 2003, p. 45.
[143] Idem. Ibidem, p. 46.

a verdade da compreensão. Com isso, Gadamer analisa a experiência da obra de arte em diversas de suas manifestações até chegar à *literatura*, onde encontrará não só o desafio de sustentar a sua tese em face de uma experiência *não performática* – diferentemente do teatro, por exemplo[144] – mas, também, o ponto de encontro entre *arte* e *ciência*.[145]

> A disciplina clássica que se ocupa da arte de compreender textos é a hermenêutica. Mas, se nossas reflexões estão corretas, o verdadeiro problema da hermenêutica deve ser posto de uma maneira totalmente diferente da habitual. Deverá apontar para a mesma direção que a nossa crítica à consciência estética havia deslocado o problema da estética. A hermenêutica deveria então ser compreendida de um modo tão abrangente a ponto de incluir em si toda esfera da arte e sua problemática. [...] Com isso a consciência hermenêutica adquire uma extensão tão abrangente que ultrapassa a nossa consciência estética. A estética deve subordinar-se à hermenêutica. E este enunciado não se refere apenas ao aspecto formal do problema, mas aplica-se antes de tudo ao conteúdo. A hermenêutica, ao contrário, deve determinar-se em seu conjunto, de maneira a fazer justiça à experiência da arte. A compreensão deve ser entendida como parte do acontecimento semântico, no qual se forma e se realiza o sentido de todo enunciado, tanto os enunciados da arte quanto os de qualquer outra tradição.[146]

Com isso, após desconstruir uma concepção subjetiva e arbitrária da estética e nos revelar uma experiência de verdade com (em meio) a obra de arte, Gadamer abrirá caminho para a construção de sua concepção filosófica de compreensão. Mas antes, será necessário retomar os trilhos da experiência hermenêutica a partir de novas perspectivas,[147] assumindo Schleiermacher e Dilthey como aqueles que foram responsáveis pelos dois grandes ciclos evolutivos da hermenêutica romântica.

Em Schleiermacher, embora o considere o polo extremo à proposta hegeliana que submete a hermenêutica à filosofia,[148] Gadamer enxerga a síntese de inúmeras contribuições da pré-história da hermenêutica romântica desenvolvida por dois caminhos distintos: a *hermenêutica teológica*, "a partir de sua defesa reformista da Bíblia contra o ataque dos teólogos tridentinos e seu apelo ao caráter indispensável da tradição", e a *hermenêutica filológica*, surgida como um "instrumental para as tentativas humanísticas de redescobrir a literatura clássica".[149] Schleiermacher

---

[144] Gadamer analisa as artes performáticas e as artes estatutárias. Para as primeiras, a exemplo das obras dramáticas e musicais, admite-se facilmente que a sua representação se dê de modo diferente em cada ocasião que forem interpretadas. Para as demais, embora essa característica não seja tão óbvia, Gadamer sustentará que essa "diferença" também será percebida. Cf. GADAMER, Hans-Georg. *Verdade e método I*, 2003, p. 210.

[145] "Em todo caso, não é por acaso que o fenômeno da literatura representa o ponto onde confluem a arte e a ciência. O modo de ser da literatura tem algo de peculiar e incomparável; ela impõe uma tarefa específica para o transformar-se em compreensão. Não há nada tão estranho e tão exigente para a compreensão como a escrita." Idem. Ibidem, p. 229.

[146] Idem. Ibidem, p. 231.

[147] "Se reconhecermos, então, como tarefa, seguir mais a Hegel do que a Schleiermacher, devemos acentuar a história da hermenêutica de um modo totalmente novo. Sua realização já não se dá liberando a compreensão histórica de todos os pressupostos dogmáticos, nem se poderá considerar a gênese da hermenêutica sob o aspeto em que a apresentou Dilthey, seguindo os passos de Schleiermacher. Antes, nossa tarefa será retomar o caminho aberto por Dilthey, atendendo a objetivos diferentes dos que ele tinha em mente com sua autoconsciência histórica." Idem. Ibidem, p. 241.

[148] É nesse sentido que Gadamer fala em uma transformação essencial da hermenêutica entre a *Aufklärung* e o Romantismo. Idem. Ibidem, p. 232-237 e241.

[149] Idem. Ibidem, p. 241.

confere à hermenêutica um caráter universal, fundamentando teoricamente "o procedimento comum a teólogos e filólogos, remontando, para além da intenção de ambos, a uma relação mais originária da compreensão do pensamento", na medida em que a *estranheza* (*Fremdheit*) e a "possibilidade do mal-entendido" são comuns a toda e qualquer experiência hermenêutica.[150] Se evitar o mal-entendido constitui em Schleiermacher o objetivo dessa *arte*, o traço essencial da experiência hermenêutica universal consiste no fato de que "o sentido do peculiar só pode resultar do contexto e, em última análise, do todo", postulado que o coloca nas trilhas de Friedrich Ast e de toda a tradição retórica,[151] mantendo viva a ideia de círculo hermenêutico. Desse modo, Schleiermacher confere à hermenêutica um método autônomo e desvinculado de seu conteúdo, o que implica deslocar a ênfase que girava em torno do objeto, tanto na tradição teológica, quanto na filológica – e, por que não dizer, jurídica – para o intérprete.[152] Mas esse deslocamento para o intérprete não implica para Schleiermacher uma visão arbitrária, na medida em que sua proposta hermenêutica não assume uma feição *nominalista*, mas a equiparação entre o autor do texto e o intérprete numa concepção *psicologista*. Segundo Gadamer, o que deve ser compreendido não é a literalidade das palavras e seu sentido objetivo, mas a individualidade de quem fala ou do autor, na medida em que, para Schleiermacher, "os pensamentos só podem ser compreendidos adequadamente retrocedendo até sua gênese".[153] Em razão disso é que ele separa a chamada interpretação gramatical da interpretação psicológica (ou *técnica*), na qual o objetivo é a compreensão de um *espírito* que vem à tona como linguagem da alma.[154] Para Gadamer, a colocação da interpretação gramatical ao lado da psicológica é a sua contribuição mais genuína, o que há de mais próprio em Schleiermacher.[155] Desse modo, compreender um texto era compreender o seu autor, mais ainda, "compreender o autor melhor do que ele próprio se compreendeu", o que traduz um "acréscimo de conhecimento"[156] e uma inclinação para as possibilidades criativas da hermenêutica. Não é possível, contudo, confundir essa criatividade com arbitrariedade, mas com uma compreensão ampliada qualitativamente (melhor) na medida em que o intérprete identifica "recursos de que o autor lançou mão sem se dar conta, porque mora nessa língua e em suas mediações técnicas".[157]

Mas a compreensão em Schleiermacher está, de qualquer forma, limitada a textos de "autoridade estabelecida",[158] e isso, embora compatível com suas motivações teológicas, distanciava-se das preocupações do historiador. Nesse ponto, Gadamer nos chama a atenção para as conexões entre a *escola histórica* e a *hermenêutica ro-*

---

[150] GADAMER, Hans-Georg. *Verdade e método I*, 2003, p. 247 e 260-261.

[151] Idem. Ibidem, p. 261.

[152] Idem. Ibidem, p. 267. A rigor, a hermenêutica jurídica só transfere a ênfase do objeto para o intérprete quando reconhece a impossibilidade de descobrir no texto um sentido unívoco e, com isso, se abre para as possibilidades político-decisionistas do intérprete, o que pode ser constatado pela dicotomia kelseniana entre interpretação cognitiva e interpretação como um ato de vontade (poder).

[153] Idem. Ibidem, p. 256.

[154] GRONDIN, Jean. Introdução à hermenêutica filosófica, 1999, p. 26.

[155] GADAMER, Hans-Georg. *Verdade e método I*, 2003, p. 256-257.

[156] Idem. Ibidem, p. 264.

[157] Idem. Ibidem, p. 264.

[158] Idem. Ibidem, p. 269.

mântica, que encontrará em Dilthey o seu principal articulador.[159] Essa ligação está diretamente relacionada ao postulado da circularidade hermenêutica revigorado por Schleiermacher, na medida em que "o esquema básico sob qual a escola histórica pensa a metodologia da história universal não é nada mais do que o que vale para qualquer texto", ou seja, "é o esquema do todo e da parte".[160] Assim como um texto deveria ser visto no contexto de vida de seu autor, pode também ser uma fonte que integra um determinado contexto histórico. A hermenêutica pode, portanto, ser transferida para a historiografia, afirmando-se como sua base metodológica.[161]

Gadamer vê na base do pensamento de Dilthey uma encruzilhada, reconhecendo, por um lado, o "problema epistemológico que implica a concepção histórica do mundo face ao idealismo"[162] e, por outro, a debilidade da escola histórica que "residia na inconsequência de suas reflexões".[163]

> Dilthey se movimenta no horizonte de problemas do idealismo alemão, mas como aluno de Ranke e da nova filosofia experimental de seu século, encontra-se ao mesmo tempo num solo tão diferente que já não pode aceitar a validez da filosofia da identidade estético-panteísta de Schleiermacher, nem da metafísica hegeliana integrada a uma filosofia da história. [...] nele já não se trata de uma mera continuação do espírito clássico-romântico dento de uma reflexão de investigação empírica, mas essa tradição continuada é superada por uma retomada consciente dos pensamentos primeiro de Schleiermacher e depois de Hegel.[164]

Segundo Gadamer, a raiz da discrepância que se apresenta em Dilthey situa-se na posição da escola histórica, "a meio caminho entre filosofia e experiência".[165] O idealismo especulativo de Hegel, que havia incorporado o mundo da história à autoexplicação da razão, seria uma alternativa, mas, aos olhos de Dilthey e da escola histórica, ela "representava um dogmatismo tão crasso como havia sido a metafísica racional".[166] Por outro lado, não era possível estabelecer um mero retorno a Kant, na medida em que este seria um caminho viável apenas para as ciências naturais. Seria necessário, portanto, reinventar Kant e construir para a experiência uma crítica que estabelecesse as condições de possibilidade desse conhecimento.[167] A hermenêutica de Schleiermacher seria um ponto de partida, mas Dilthey teria de ultrapassar o obstáculo que essa matriz impunha à sua concepção epistemológica. Em torno desse obstáculo, Gadamer desenvolve o principal questionamento ao intento de Dilthey: o de como seria possível elevar a experiência do indivíduo e de seu conhecimento à experiência histórica.[168]

---

[159] "Uma reflexão clara e metodológica sobre isso não se encontra expressa obviamente em Ranke, nem no arguto metodológico de Droysen, mas somente em Dilthey, que toma conscientemente a hermenêutica romântica e a amplia transformando-a numa historiografia e mesmo numa teoria do conhecimento das ciências do espírito." GADAMER, Hans-Georg. *Verdade e método I*, 2003, p. 271.
[160] Idem. Ibidem, p. 271.
[161] Idem. Ibidem, p. 272.
[162] Idem. Ibidem, p. 296.
[163] Idem. Ibidem, p. 297.
[164] Idem. Ibidem, p. 296
[165] Idem. Ibidem, p. 296-297.
[166] Idem. Ibidem, p. 297-298.
[167] Idem. Ibidem, p. 299.
[168] Idem. Ibidem, p. 301.

O passo decisivo que Dilthey terá de dar com sua fundamentação epistemológica das ciências do espírito consiste em encontrar uma passagem que leve da construção do nexo na experiência vital do indivíduo para o *nexo histórico que já não é vivido nem experimentado por indivíduo algum*. Apesar de toda a crítica à especulação, aqui é preciso colocar "sujeitos lógicos" em lugar de sujeitos reais. Dilthey vê claramente a essa aporia. Mas responde a si mesmo que isso não pode ser inadmissível em si, uma vez que a pertença mútua dos indivíduos – por exemplo, na unidade de uma geração ou de uma nação – representa uma realidade espiritual que deveria ser reconhecida como tal precisamente porque não se pode transcendê-la em suas explicações.[169]

Aqui, o ponto decisivo passa a ser a transição de uma *fundamentação psicológica* para uma *fundamentação hermenêutica* das ciências do espírito, uma questão que permanecerá em aberto, pois Dilthey não teria ultrapassado o estágio de "simples esboços".[170] De todo modo, esses esboços giravam em torno da compreensão e do significado, na medida em que estes não são conceitos lógicos, mas expressões da vida.[171] A questão, portanto, continuava sendo a de saber se, a partir dessa base, Dilthey conseguiria fazer a passagem do ponto de vista psicológico para o hermenêutico ou se permaneceria enredado no conjunto de problemas que o deixam, desavisadamente, próximo ao idealismo.[172]

Gadamer identifica a questão epistemológica a ser resolvida por Dilthey como algo inserido na problemática da finitude, ou seja, de como seria possível tal "compreensão infinita para a natureza humana limitada"[173] ou de como seria possível ao sujeito histórico finito – limitado à sua própria experiência histórica – alçar ao conhecimento da história universal. Se para o modelo hermenêutico heideggeriano – que radicaliza a finitude – isso é um problema insolúvel, para Dilthey, a consciência da finitude não significava uma finalização da consciência nem uma limitação, mas, ao contrário, testemunhava "a capacidade da vida de elevar-se com sua energia e atividade para além de toda barreira".[174] As limitações cognitivas eram, portanto, de natureza subjetiva e poderiam ser ultrapassadas por aquilo que ele considerava a condição para o conhecimento: a *simpatia*. Esta se refere ao "ideal da consciência histórica consumada que supera fundamentalmente os limites impostos à compreensão pela causalidade subjetiva das preferências e das afinidades com respeito a algum objeto".[175] A *simpatia* em Dilthey acaba cumprindo um papel semelhante àquele que o *cogito* ou que os *juízos sintéticos a priori* cumprem na filosofia de Descartes e Kant, respectivamente.

A tentativa de superação dos limites subjetivos e a busca pelo conhecimento objetivo por Dilthey representam, na visão de Gadamer, uma questão sem resposta,[176] enquanto a falta de unidade interna de seu pensamento[177] seria uma ambiguidade

---

[169] GADAMER, Hans-Georg. *Verdade e método I*, 2003, p. 302.
[170] Idem. Ibidem, p. 303.
[171] Idem. Ibidem, p. 305.
[172] Idem. Ibidem, p. 307.
[173] Idem. Ibidem, p. 312.
[174] Idem. Ibidem, p. 313.
[175] Idem. Ibidem, p. 314-315.
[176] Idem. Ibidem, p. 316.
[177] Idem. Ibidem, p. 319.

resultante do resíduo cartesiano de suas pretensões.[178] Dilthey não teria diferenciado a dúvida metódica artificial da dúvida espontânea que aparece "por si mesma", consequentemente, a certeza das ciências ainda significava a consumação da certeza da vida.[179] Para Gadamer, Dilthey "esperava alcançar a vitória sobre a incerteza e insegurança da vida muito mais através da ciência do que através da estabilização proporcionada pela inserção na sociedade e [pela] experiência de vida",[180] já que a forma cartesiana de se alcançar a certeza através da dúvida possui evidência imediata. Isso faz de Dilthey um "filho do *Aufklärung*".[181]

Embora Dilthey acredite ter realizado a tarefa de justificar epistemologicamente as ciências do espírito "pensando o mundo histórico com um texto que se deve decifrar", Gadamer considera suas construções insuficientes, já que "a experiência histórica, tal como ele fundamentalmente entende, não é um procedimento e não possui a anonimidade de um método".[182]

> Frente a essa situação é preciso admitir que o conhecimento das ciências do espírito não possui objetividade e deve ser adquirido de uma maneira totalmente diversa. A fundamentação diltheana das ciências do espírito na filosofia da vida e sua crítica a todo dogmatismo, inclusive ao dogmatismo dos empiristas, procuram tornar válido exatamente isso. Mas o cartesianismo epistemológico que o fascina acabou sendo mais forte, de modo que, para Dilthey, a historicidade da experiência histórica não chegou a se tornar verdadeiramente determinante. [...]
> A discrepância que domina seus esforços deixa claro o grau de coação que precede do pensamento metodológico da ciência moderna, e que o que importa é descrever mais adequadamente a experiência operada nas ciências do espírito e a objetividade que se pode alcançar nelas.[183]

É diante do fracasso de Dilthey que Gadamer se abre à tradição fenomenológica. Nessa trilha, retoma o conceito de *mundo da vida* elaborado pelo Husserl tardio e as contribuições do Conde de York que, segundo ele, "*estende a ponte que sempre fez falta entre a 'Fenomenologia do espírito' de Hegel e a Fenomenologia da subjetividade transcendental de Husserl*".[184] Mas, segundo o autor de *Verdade e método*, somente Heidegger teria tornado consciente "a radical exigência que se coloca ao pensamento em virtude da inadequação do conceito de substância para o ser e para o conhecimento histórico".[185] Com Heidegger, constata-se o primado do *Dasein* e, no seu horizonte, encontra-se, ao mesmo tempo, os limites e as possibilidades de seu projetar. Essa estrutura existencial, dirá Gadamer, precisa encontrar sua formu-

---

[178] GADAMER, Hans-Georg. *Verdade e método I*, 2003, p. 319.
[179] Idem. Ibidem, p. 321-322.
[180] Idem. Ibidem, p. 322.
[181] Idem. Ibidem, p. 322.
[182] Idem. Ibidem, p. 325.
[183] Idem. Ibidem, p. 325.
[184] Idem. Ibidem, p. 341.
[185] Idem. Ibidem, p. 326. "Heidegger deixou, simultaneamente, de lado o problema do historicismo e, com ele, o da metodologia das ciências do espírito. Porém, quando Gadamer retoma o diálogo com as ciências humanas, não o faz para desenvolver uma metodologia, como o título 'hermenêutica', no seguimento de Dilthey, poderia sugerir, mas para realçar, a exemplo dessas ciências da compreensão, a insustentabilidade da ideia de um conhecimento universalmente válido e, dessa forma, também o questionamento do historicismo." GRONDIN, Jean. *Introdução à hermenêutica filosófica*, 1999, p. 180-181.

lação também na tradição histórica, sendo este o principal motivo que o fará seguir a Heidegger em primeiro lugar.[186]

2.2.3. Modelos estruturais da experiência hermenêutica

Valendo-nos da expressão de Luiz Rohden, podemos constatar que Gadamer, embora ancore sua obra na relação entre verdade e método, concebe modelos estruturais que não apenas descreve o movimento da experiência hermenêutica, como também estabelece exigências cognitivas ao intérprete.

> Consideramos o jogo e o círculo como modelos estruturais da hermenêutica filosófica porque neles encontramos uma lógica em aberto, mas próxima do entitema que do silogismo apodíctico. Porque são modelos, [são] indicadores e não padrões rígidos e absolutos a serem aplicados ao conhecimento. Nesse sentido são princípios metodológicos abertos, que não conduzem a uma síntese única e absoluta, mas possibilitam diferentes conclusões. Alongamos, desse modo – por meio do jogo e do círculo – a noção de método, identificado muitas vezes com o científico.[187]

Quando se diz, portanto, que *Verdade e método* pode ser lido como Verdade *sem* método, a noção de método aqui empregada é aquela construída em torno da ciência moderna e dos desígnios da dúvida cartesiana. A compreensão em Gadamer não é sinônimo de ausência de preocupações cognitivas nem, muito menos, de arbitrariedade hermenêutica.[188] Não é outra a opinião de Jean Grondin, ao afirmar que:

> [...] sería un malentendido el ver en la hermenéutica de Gadamer un alegato "contra el método" (como sucede, por ejemplo, con Paul Feyerabend, en su obra Against Method). Hay que seguir métodos, si se quiere construir una puente, resolver un problema matemático, hallar un remedio contra el Sida o publicar una edición crítica. Esto es obvio para Gadamer, ya a él no se le ocurrió nunca discutirlo. Gadamer mismo aprendió mucho de las metodologías – muy apreciadas por él – de las ciencias. Para él se trata de evidencias. Por consiguiente, lo que censura no es la ciencia metódica como tal (lo cual sería necio), sino la fascinación que dimana de ella y que nos seduce a entender de manera puramente instrumental el entender, y a errar así en cuanto a entenderlo.[189]

A refutação metodológica de Gadamer deve ser compreendida, portanto, em um contexto onde a domesticação da ciência moderna pela técnica – e a contaminação das ciências do espírito por esse fenômeno – se faz tão marcante e com consequências tão nefastas que é muito mais importante denunciar os problemas decorrentes dessa alienação, do que elaborar novos esquemas. O que se refuta é a pretensão constitutiva (construtiva) de um modelo que parte da dúvida e, consequentemente, do caráter pejorativo da pré-compreensão. No modelo cartesiano de ciência, a dúvida não implica a necessária reflexão acerca da autenticidade dos pré-juízos, mas, ao contrário, a necessidade de eliminação desse ver-prévio, postura cognitiva incompatível com aquele que assume a posição prévia do *Dasein* heideggeriano. Dirá Gadamer que "a tarefa primordial da interpretação continua sendo não permitir que a posição prévia, a visão prévia e a concepção prévia lhe sejam impos-

---

[186] GADAMER, Hans-Georg. *Verdade e método I*, 2003, p. 353.
[187] ROHDEN, Luiz. *Hermenêutica filosófica*, 2003, p. 112.
[188] Destaque-se, neste particular, o insistente alerta de Lenio Streck para o caráter não relativista da hermenêutica filosófica gadameriana. Cf. STRECK, *Hermenêutica e(m) crise*, 2009.
[189] GRONDIN, Jean. *Introducción a Gadamer*, 2003, p. 41.

tas por intuições ou noções populares",[190] mas, ao contrário da tradição cartesiana, o enfrentamento desse problema não se dará mediante a anulação dos pré-conceitos para a livre construção metodológica da verdade científica, mas a partir do enfrentamento da autenticidade de tais pré-conceitos. Se não é possível sair de nossa situação hermenêutica, mergulhemos nela de tal modo que se torne viável um *senso crítico* capaz de estabelecer novas possibilidades e, ao mesmo tempo, eliminar outras.

2.2.3.1. O círculo hermenêutico

Gadamer assume o teorema heideggeriano da circularidade, embora a sua utilização seja concebida em um contexto diferenciado. Heidegger só se preocupa com a problemática da hermenêutica histórica com fins ontológicos, enquanto Gadamer, "tendo liberado a ciência das inibições ontológicas do conceito de objetividade, busca compreender como a hermenêutica pode fazer jus à historicidade da compreensão".[191] Traz, desse modo, a problemática da finitude para a mesa de debates em torno da questão metodológica das *ciências do espírito*.

Assim, estará atento ao fato de que não é possível contornar os nossos pré-juízos e buscar mecanismos que nos lance em projetos transcendentais, isto é, que ultrapasse as nossas experiências. Mas, assumirá a lição de Heidegger quanto às possibilidades positivas desse círculo, na medida em que "toda interpretação correta tem que proteger-se da arbitrariedade de intuições repentinas e da estreiteza dos hábitos de pensar imperceptíveis, e voltar seu olhar para 'as coisas mesmas'". Chama a atenção de que, para os filólogos, as "coisas mesmas" são textos com "sentido" que tratam, por sua vez, de coisas, o que nos remete a Lenio Streck quando este afirma que, para Gadamer, textos são eventos.[192] Esse é um dado decisivo para que, em seguida, seja possível eleger o problema como a nossa "coisa mesma".

Se não é possível, como disse Heidegger, sair do círculo, será necessário entrar corretamente nele. Esse caráter virtuoso ou positivo da circularidade assumirá em Gadamer uma importância vital, pois aqui estamos tratando da cientificidade da compreensão, e não, apenas, do problema ontológico. A entrada correta no círculo não decorre da disponibilidade dos nossos pré-juízos, mas da necessidade de revisar o projeto prévio compreensivo. "A compreensão do que está posto no texto consiste precisamente na elaboração desse projeto prévio, que, obviamente, tem que ir sendo constantemente revisado com base no que se dá conforme se avança na penetração de sentido".[193] A revisão do projeto não exclui o erro, mas indica que nos aproximamos cada vez mais da correta compreensão (ou da correta entrada no círculo), na medida em que intensificamos o movimento de revisão do projeto compreensivo. Trata-se, portanto, de uma "consciência metodológica" que, nas palavras do próprio Gadamer, "procurará não simplesmente realizar suas antecipações, mas, antes, torná-las conscientes para poder controlá-las e ganhar assim uma compreensão correta a partir das próprias coisas".[194] Isso é condição necessária para que, segundo

---

[190] GADAMER, Hans-Georg. *Verdade e método I*, 2003, p. 355.
[191] Idem. Ibidem, p. 354.
[192] STRECK, Lenio. *Verdade e consenso*, 2009, p. 79 e 164.
[193] GADAMER, Hans-Georg. *Verdade e método I*, 2003, p. 356.
[194] Idem. Ibidem, p. 359.

Heidegger, se "'assegure' o tema científico na elaboração da posição prévia, visão prévia e concepção prévia, a partir das coisas, elas mesmas".[195]

Se a compreensão de um texto é sempre antecipação de sentido do todo de um texto que se refere a fatos (eventos), a revisão do projeto, por sua vez, se realiza com novas antecipações de sentido desse mesmo texto que continua fazendo referência a fatos. Tudo isso fez Gadamer afirmar que a *subtilitas intelligendi* (compreensão), a *subtilitas explicandi* (interpretação) e a *subtilitas applicandi* (aplicação) "perfazem o modo de realização da compreensão".[196] Logo, interpretamos porque compreendemos, e não o contrário.[197] Não construímos o sentido passo a passo, explicitando esse caminho (fundamentando) para, ao final, chegarmos à decisão. Decidimos, depois buscamos explicitar o que ocorreu. Mas essa explicação não pode ser feita nos moldes cartesianos, sob pena de estarmos, tão somente, arrumando uma desculpa para sustentar a verdade de compreensões que já se deram, a exemplo do que ocorre na experiência jurídica moderna.

Mas, se a nossa compreensão estará sempre condicionada às nossas pré-compreensões, mesmo quando nos colocamos vigilantes na constante revisão do projeto antecipado, como seria possível falar em "cientificidade"? Não seria mais coerente falarmos em subjetividade e arbítrio? Definitivamente, não. Aqui encontramos um dos grandes "nós" do correto entendimento da matriz hermenêutica e que, muitas vezes, leva críticos apressados a condená-la ao rol das visões subjetivistas. Não podemos esquecer que Heidegger, embora tenha o sujeito como imprescindível, não mais o reconhece como o sujeito solipsista da modernidade. E Gadamer estará atento a esse fato quando afirma que não é a história que nos pertence, mas nós que pertencemos a ela. Desse modo, a "autorreflexão do indivíduo não passa de uma luz tênue na corrente cerrada da vida histórica. *Por isso, os preconceitos de um indivíduo, muito mais do que seus juízos, constituem a realidade histórica do seu ser*".[198]

Para o autor de *Verdade e método*, o problema que gira em torno de uma razão crítica não está na necessária ruptura com a tradição, mas na legitimidade dos pré-conceitos condicionantes da compreensão. Se não é possível superar os pré-conceitos, sob pena de anularmos a nossa condição humana, faz-se necessário distinguir pré-conceitos autênticos de outros que devem ser refutados, os inautênticos, tornando-se esta a questão epistemológica fundamental de uma hermenêutica verdadeiramente histórica.[199] A necessidade de distinção entre os prejuízos autênticos e inautênticos e o fato de Gadamer não ter situado esta resposta no âmbito metodológico fez com que diversos questionamentos fossem levantados, ora sobre as limitações críticas da hermenêutica,[200] ora sobre uma recaída epistemológica do pensamento hermenêutico.[201]

---

[195] GADAMER, Hans-Georg. *Verdade e método I*, 2003, p. 359.
[196] Idem. Ibidem, p. 406.
[197] Cf. STRECK, Lenio. *Compreendemos por que interpretamos ou interpretamos por que compreendemos?* 2003.
[198] GADAMER, Hans-Georg. *Verdade e método I*, 2003, p. 368.
[199] Idem. Ibidem, p. 368.
[200] Cf. HABERMAS, Jüngen. *La pretension de universalidad de la hermeneutica*, in *La lógica de las ciencias sociales*, 2007.
[201] "*¿como es posible diferenciar entre prejuicios legítimos e ilegítimos? Diferenciarlos, naturalmente, tiene sentido, más aún, es preceptivo. Pero surge la cuestión de si la búsqueda de una nota dife-*

A resposta de Gadamer perpassa, inicialmente, a constatação de que nem a razão nem a autoridade são capazes de suprimir o problema hermenêutico. Se a pretensão da *Aufklärung* em apostar no "uso metodológico e disciplinado da razão" torna a autoridade culpada, iremos nos deparar com uma "posição excludente entre autoridade e razão".[202] A posição de uma hermenêutica construída sobre as bases da historicidade deverá buscar na tradição o elemento mediador para o enfrentamento dessa distinção.[203] Para Gadamer, "entre a razão e a tradição não existe nenhuma oposição que seja assim tão incondicional", na medida em que ela "sempre é um momento da liberdade e da própria história".[204] Na radicalização da finitude inaugurada por Heidegger e seguida por Gadamer, não há crítica para além da nossa historicidade. Logo, toda crítica já pertencerá a uma tradição, tendo sido este o motivo que leva Lenio Streck a afirmar que o debate entre crítica e hermenêutica se torna uma "questão secundária" quando se leva em conta a posição de Gadamer quanto à impossibilidade de transcender ao diálogo que somos.[205]

A distinção entre os preconceitos autênticos e inautênticos deve ser buscada a partir da própria historicidade, tomando-a como incontornável. Considerando que tais preconceitos não estão à disposição do intérprete – sendo, neste sentido, inacessíveis como um objeto dado – a distinção deve ocorrer no próprio movimento compreensivo, o que exigiria "elevar a primeiro plano aquilo que na hermenêutica tradicional ficava à margem: a distância temporal e o seu significado para a compreensão".[206] Aqui o nosso autor se vale novamente de Heidegger, especificamente do novo sentido conferido ao *tempo*, uma vez que este não será, dirá Gadamer, "um abismo a ser transposto porque separa a distância", sendo, na verdade, "o fundamento que sustenta o acontecer, onde a atualidade finca suas raízes". A historicidade não é algo a ser superado, ao contrário, é condição de possibilidade para a compreensão, o que faz da distância temporal "uma possibilidade positiva e produtiva do compreender",[207] permitindo a distinção dos verdadeiros preconceitos, sob os quais compreendemos corretamente, dos falsos, que produzem mal-entendidos.

Contudo, a distância do tempo ainda não responderia, segundo Grondin, dois outros problemas: a) a necessidade de distinção entre os preconceitos autênticos e inautênticos em face de questões contemporâneas e b) o encobrimento que o tempo pode proporcionar mediante interpretações inautênticas consolidadas.[208] Em verdade, trata-se de um problema único: o de como lidar com o "novo". Gadamer não ignora a questão do "novo", mas encara de modo franco a incontrolabilidade dos preconceitos que condicionam o nosso julgamento frente a questões inovadoras, a exemplo da arte contemporânea. Isso não representa um "apego ao passado" – até

---

renciadora que exista, por lo menos, en perspectiva, no perpetuará el epistemologismo, en el cual Gadamer reconoce, por lo demás, un malentendido instrumental del entender." GRONDIN, Jean. *Introducción a Gadamer*, 2003, p. 143.

[202] GADAMER, Hans-Georg. *Verdade e método I*, 2003, p. 368.
[203] Idem. Ibidem, p. 372-373.
[204] Idem. Ibidem, p. 373.
[205] STRECK, Lenio. *Hermenêutica e(m) crise*, 2009, p. 226-227.
[206] GADAMER, Hans-Georg. *Verdade e método I*, 2003, p. 391.
[207] Idem. Ibidem, p. 393.
[208] GRONDIN, Jean. *Introducción a Gadamer*, 2003, p. 144.

porque o *tempo* não pode ser lido na sua acepção cronológica – mas uma denúncia quanto à impossibilidade de nos esquivarmos da nossa historicidade.

Mas antes de nos perguntar sobre o modo de lidar com o "novo" e de pensar nos modelos ideais de enfrentamento dessa questão, a denúncia de Gadamer exige que perguntemos sobre as efetivas possibilidades de lidar com esse problema. Neste sentido, devemos desde já considerar que não será possível sair da tradição para olhar o "novo", na medida em que sempre estaremos de algum lugar falando do "novo" – isto é, se o "novo" ainda for, de fato, "novo". Assumir o paradigma hermenêutico implica conceber que o "novo" estará sempre em movimento e, tal qual o movimento de um avião, aquilo que se movimenta muito rápido somente será bem percebido quando nos distanciarmos. Isso não significa um apego à tradição, mas apenas a assunção de sua incontornabilidade. Gadamer não é um "tradicional" no sentido romântico do termo, apenas alguém que tem consciência dos limites do humano. O crítico mais atual, se de fato tem a pretensão de criticar, estará, necessariamente, falando de algum lugar e sob os efeitos da história, e os parâmetros dos quais se valerá não serão, a rigor, uma novidade.

Em face de tais questões, as imposições da circularidade e da antecipação de sentido devem estar acompanhadas de modelos estruturais que acelerem o distanciamento temporal, intensificando o processo de consolidação de sentido e, consequentemente, de entendimento. O primeiro passo para que a compreensão se dê diante da "coisa mesma" – o que implica não ignorar nem o "novo", nem o "velho", mas se manter constantemente nessa tensão – é a *vigilância* do intérprete.

> O projeto de um horizonte histórico é, portanto, só uma fase ou um momento na realização da compreensão, e não se prende na auto-alienação de uma consciência passada, mas se recupera no próprio horizonte compreensivo do presente. Na realização da compreensão dá-se uma verdadeira fusão de horizontes que, com o projeto do horizonte histórico, leva a cabo simultaneamente sua suspensão. Nós caracterizamos a realização controlada dessa fusão como a vigília da consciência histórico-efeitual.[209]

A fusão de horizontes é, justamente, essa unidade entre presente e passado. O horizonte do presente está em constante movimento na medida em que estamos constantemente pondo-o à prova. "Parte dessa prova é o encontro com o passado e a compreensão da tradição da qual nós mesmo procedemos. O horizonte do presente não se forma à margem do passado. Não existe um horizonte presente por si mesmo, assim como não existem horizontes históricos a serem conquistados".[210] Essa unidade leva Gadamer a questionar a razão pela qual ele próprio fala em "fusão", quando há, na verdade, um horizonte único.[211] Conceber essa unidade como uma "fusão", de fato, leva em conta um movimento cujo *devir* pressupõe a cisão desses horizontes, ou seja, a distinção entre presente e passado, entre o "novo" e o "velho". Segundo ele, "colocar essa questão implica admitir a peculiaridade da situação na qual a compreensão se converte em tarefa científica e admitir que é necessário uma vez elaborar esta situação como situação hermenêutica".[212] Em outras palavras, a construção dessa "situação hermenêutica", onde se leva em conta a tensão entre

---

[209] GADAMER, Hans-Georg. *Verdade e método I*, 2003, p. 405.
[210] Idem. Ibidem, p. 404.
[211] Idem. Ibidem, p. 405.
[212] Idem. Ibidem, p. 405.

presente e passado, não tem o objetivo de distinguir ambos fora do movimento compreensivo, mas apenas tornar o intérprete consciente dessa tensão. Diferenciar o passado e o presente exigiria, a rigor, sair do movimento compreensivo e contemplar os horizontes distintos da "situação hermenêutica fundamental", pretensão inviável para o paradigma hermenêutico. Exigiria, também, a suspensão dos preconceitos, o que também seria inviável. Mas, a figura da "fusão", ao nos alertar da tensão existente na unidade compreensiva, coloca o intérprete em uma situação hermenêutica de abertura, tanto para o que se diz "novo", quanto para o que se diz "velho". Essa abertura permite a realização "controlada" dessa "unidade", tarefa denominada por Gadamer como "vigília da consciência histórico-efeitual".[213] É necessário que o intérprete esteja consciente e atento ao fato de estar submetido, inexoravelmente, aos efeitos da história.

A consciência histórica é, portanto, autorreflexiva, pondo o intérprete *vigilante* e *aberto* para o diferente.[214] Mais uma vez, a radicalização da finitude imposta pelo paradigma heideggeriano nos impõe a humilde tarefa da *vigilância* e exige o esforço hercúleo de buscar sempre a entrada correta na circularidade. Essa abertura e a busca por novas entradas no círculo se processam mediante os outros modelos estruturais que passaremos a analisar: o *jogo* e o *diálogo*.

2.2.3.2. O jogo

O acontecer da verdade fora dos moldes metodológicos de matrizes cartesianas é demonstrado por Gadamer a partir da experiência da arte. Como vimos, a superação de uma noção kantiana de estética nos leva à possibilidade de falar em uma visão compartilhada sobre a obra de arte. O modelo estrutural em torno do qual Gadamer descreve essa experiência é a metáfora do *jogo*. O emprego metafórico do jogo em Gadamer difere daquele empregado por Wittgenstein ao tratar dos "jogos de linguagem", na medida em que para Gadamer o *jogo* não constitui um objeto passível de identificação, mas apenas algo a ser "jogado".[215]

Gadamer inicia sua abordagem sobre o *jogo* esclarecendo que ele não se refere "ao comportamento, nem ao estado de ânimo daquele que cria ou daquele que desfruta do jogo e muito menos à liberdade de uma subjetividade que atua no jogo, mas ao modo de ser da própria obra de arte".[216] O *jogo* não é visto por Gadamer a partir da perspectiva do jogador, mas de dentro do próprio *jogo*, do qual o jogador é uma das peças. O *jogo* em Gadamer corresponde a um comportamento lúdico, embora isso não implique a falta de seriedade do *jogo*, já que é necessário "entrar no jogo" para estar, de fato, jogando. Como dirá Gadamer, aquele que não leva o *jogo* a sério é um

---

[213] GADAMER, Hans-Georg. *Verdade e método I*, 2003, p. 405.
[214] GRONDIN, Jean. *Introducción a Gadamer*, 2003, p. 150.
[215] "Gadamer e Wittgenstein, que se propuseram a repensar os caminhos da filosofia contemporânea, usaram a noção de jogo, embora concebam-no diferentemente e com propósitos próprios. [...] A mudança do 1º Wittgenstein ao 2º é motivada pela experiência de não se dever nem se poder delimitar o sentido da linguagem. Em Gadamer, o jogo assinala uma experiência que mostra a impossibilidade de fazer da linguagem um mero objeto de análise delimitável num conceito." ROHDEN, Luiz. *Hermenêutica filosófica*, 2003, p. 113.
[216] GADAMER, Hans-Georg. *Verdade e método I*, 2003, p. 154.

"desmancha-prazeres"[217] e, mesmo não sendo visto como uma competição, o próprio caráter lúdico do *jogo* faz com que os jogadores exijam uns dos outros seriedade na performance. Isto porque o sujeito do *jogo* não são os jogadores; não há sujeitos no *jogo*, mas apenas um *jogo* a ser jogado.

A metáfora do *jogo* acentua a imersão no processo compreensivo e, com isso, a quebra de uma relação sujeito-objeto que pressupõe o distanciamento do sujeito frente ao seu objeto. No *jogo*, tudo se mistura, e o que nele acontece é o resultado inesperado e decorrente do simples fato de estar jogando. O *jogo* não é um lugar para o qual se olha, mas o próprio movimento do "olhar".

> O movimento que é o jogo não possui nenhum alvo em que termine, mas renova-se em constante repetição. O movimento de vaivém é obviamente tão central para a determinação da essência do jogo que chega a ser indiferente quem ou o que executa esse movimento. O movimento do jogo como tal também é desprovido de substrato. É o jogo que é jogado ou que se desenrola como jogo; não há um sujeito fixo que esteja jogando ali. O jogo é a realização do movimento como tal.[218]

A dinâmica é, portanto, inerente à forma de ser do *jogo* e, nesse dinamismo, aquilo que está em *jogo* está sempre em aberto. A historicidade à qual pertencemos está em *jogo* e a autenticidade da tradição pressupõe a condição de jogador do intérprete. O acontecer da tradição, portanto, sempre estará em *jogo*, sendo a consciência da finitude a condição de possibilidade para que o intérprete se mantenha *vigilante*, isto é, permanecendo no *jogo*. Nele, temos acesso ao que transcendeu porque estamos abertos à transcendência, sendo uma ilusão pensar que a perspectiva racionalista do sujeito o leve da dúvida às respostas que ultrapassam sua própria historicidade. "Quando jogamos, abandonamo-nos a um universo de sentido que nos revela um novo mundo, ampliando e/ou retificando o nosso".[219]

O *jogo* é, portanto, o movimento que o nosso ver-prévio assume e, ao mesmo tempo, a possibilidade de nos defrontarmos com o "novo". Por isso, no *jogo* não há finalidades previamente contornadas. "Faz parte do jogo o fato de que o movimento não somente não tem finalidade nem intenção, mas também que não exige esforço. Ele vai como que por si mesmo".[220] A ausência de esforço é do *jogo*, e não do jogador que terá que se esforçar, isto é, mostrar-se *vigilante* para permanecer no *jogo* e, com isso, defrontar-se com o inesperado. A metáfora gadameriana do *jogo* confronta-se com a "institucionalização prévia do espaço de jogo", característica da época da técnica moderna onde a racionalidade de meios antecipadamente determinados é analisada com vista a fins também já definidos. Essa racionalidade com respeito a fins, traduzida por Weber como a racionalidade moderna, pressupõe um olhar isento, de lugar algum, que previamente determina o espaço de jogo e as possibilidades de resposta. Aqui encontraremos, como já foi visto, a alienação da técnica moderna e a "disposição" do sujeito. No jogo gadameriano, encontramos a abertura e o inesperado que a vigília do jogador proporciona.

> O espaço lúdico em que se desenrola o jogo é mensurado a partir de dentro do próprio jogo e limita-se muito mais pela disposição que determina o movimento do jogo do que por aquilo

---

[217] GADAMER, Hans-Georg. *Verdade e método I*, 2003, p. 155.
[218] Idem. Ibidem, p. 156.
[219] ROHDEN, Luiz. *Hermenêutica filosófica*, 2003, p. 147.
[220] GADAMER, Hans-Georg. *Verdade e método I*, 2003, p. 158.

contra o que se choca, isto é, os limites do espaço livre que restringem o movimento a partir de fora.[221]

Segundo Gadamer, "para que haja jogo não é absolutamente indispensável que outro participe efetivamente do jogo, mas é preciso que ali sempre haja um outro elemento com o qual o jogador jogue e que, de si mesmo, responda com um contra-lance ao lance do jogador".[222] Quando Gadamer afirma em outras passagens sobre a necessidade de "deixar o texto vir a fala", isto é, "deixar que o texto lhe diga algo", está querendo dizer que é necessário jogar com o texto, ainda que o seu autor não esteja presente. Trata-se de um movimento semelhante ao paredão onde um tenista "joga" com uma parede. Ali há *jogo*, pois há um retorno inesperado da bola, isto é, há um elemento para se jogar, tal qual um texto que traz consigo o inesperado. O caráter lúdico do *jogo* desperta, portanto, nossas possibilidades reflexivas na medida em que, mesmo sós, nos colocamos em movimento. Se não é possível entrar no *jogo* – pois isso pressuporia estar fora, mirando-o – é possível pô-lo em movimento, ainda que seja mediante um esforço autorreflexivo, deixando, por exemplo, que um texto lhe diga algo.

Embora Gadamer tenha relacionado a metáfora do *jogo* à experiência da arte, com Luiz Rohden,[223] sustentamos que "o jogo é modelo estrutural que explicita e possibilita, apropriadamente, a efetuação do princípio da experiência – não se restringindo ao campo da estética." Assim, do mesmo modo que Heidegger afirmou não ser possível introduzir alguém na filosofia, pois já estamos sempre e necessariamente nela, é possível dizer que sempre estamos no *jogo*. Mas, do mesmo modo que Heidegger "salva" a introdução à filosofia como aquela que põe o filosofar em curso,[224] uma teoria hermenêutica preocupada com a historicidade também assume a função de pôr o intérprete em *jogo*. Se o estar *em jogo* já seria viável mediante um esforço *autorreflexivo*, o estar em *jogo* com o outro seria ainda mais produtivo e surpreendente. É nessa perspectiva que assumimos o *diálogo* com o outro com um fator decisivo para que o *jogo* assuma possibilidades *heterorreflexivas*, consolidando a hermenêutica no horizonte filosófico da crítica e da alteridade.

2.2.3.3. O diálogo

O *diálogo* equanto modo de ser da hermenêutica filosófica não é colocado de forma explícita em *Verdade e método* I. "Gadamer apenas indicou isso ao final de *VMI*, sem aprofundar, tanto que, nas últimas páginas dessa obra, volta a falar do jogo

---

[221] GADAMER, Hans-Georg. *Verdade e método I*, 2003, p. 161.
[222] Idem. Ibidem, p. 159.
[223] ROHDEN, Luiz. *Hermenêutica filosófica*, 2003, p. 137. Rohden sustenta ainda que "em VMI Gadamer restringe-se a estabelecer, fundamentalmente, um paralelismo entre diálogo e tradução, sem pretender descrever mais extensamente o primeiro como espaço privilegiado de a hermenêutica filosófica ocorrer. Apresentou-o em função da compreensão dos textos – tradução –, o que atesta ainda sua dependência ao Sein zum Text.". ROHDEN, Luiz. *Hermenêutica filosófica*, 2003, p. 191.
[224] "[...] introduzir significa muito mais: pôr o filosofar em curso, deixar a filosofia acontecer em nós. Introdução à filosofia significa: introduzir (pôr em curso) o filosofar." HEIDEGGER, Martin. *Introdução à filosofia*, 2008, p. 5. Sobre a "dignidade filosófica do jogo", Cf. ROHDEN, Luiz. *Hermenêutica filosófica*, 2003, p. 126-131.

e não do diálogo".²²⁵ Mas isso não significa que ele tenha ignorado o problema, nem muito menos que suas reflexões sobre o diálogo já não estivessem contidas em sua obra originária. Essa conclusão é reforçada, principalmente, quando considerarmos a relação direta existente entre este tema e os problemas da *alteridade*, da *reflexividade hermenêutica* e da *dialética*. Sendo assim, cremos que a compreensão do modelo dialógico gadameriano pode ser buscada, ainda no *Verdade e método I*, a partir do que ele chamou de "primazia hermenêutica da pergunta".²²⁶

Partindo do modelo dialético platônico, Gadamer se vale da personagem criada em torno de Sócrates para demonstrar que a estrutura lógica do movimento dialético é representada pelo jogo entre *pergunta* e *resposta*. Nesse jogo, identificará a primazia da pergunta em face da resposta e concluirá pela relação imediata entre o "perguntar" e o "saber".

> Uma conversa que queria chegar a explicar alguma coisa precisa romper essa coisa através da pergunta.
> Essa é a razão por que a dialética se concretiza na forma de perguntas e respostas, ou seja, todo saber acaba passando pela pergunta. Perguntar quer dizer colocar no aberto. A abertura daquilo sobre o que se pergunta consiste no fato de não possuir uma resposta fixa. Aquilo que se interroga deve permanecer em suspenso na espera da sentença que fixa e decide. O sentido do perguntar consiste em colocar em aberto aquilo sobre o que se pergunta, em sua questionabilidade. Ele tem de ser colocado em suspenso de maneira que se equilibrem o pró e o contra. Toda verdadeira pergunta requer essa abertura, e quando essa falta, ela é, no fundo, uma pergunta aparente que não tem o sentido autêntico da pergunta.²²⁷

A primazia da pergunta e a necessária abertura para que ela ocorra serão, portanto, os elementos em torno dos quais Gadamer construirá a sua *lógica da pergunta e da resposta*. Mas, o primeiro grande desafio é explicar como é possível a "primazia da pergunta", quando, na verdade, a antecipação de sentido já traria consigo a resposta a essa pergunta. Em outras palavras, explicar como é possível perguntar sem que já se tenha uma resposta. A pergunta para Gadamer estará, necessariamente, dentro dos limites da finitude, não sendo possível a partir dela "transcender". A pergunta estará se movimentando sempre e, necessariamente, dentro de respostas possíveis, o que permite concluir que, de fato, ela já trará sempre uma resposta ou, melhor dizendo, repostas opostas: a do sim e a do não ou a do assim ou do assim e do diverso.²²⁸ Se não há métodos que determinem a pergunta correta, a primazia da pergunta impõe, portanto, apenas o saber primeiro: o saber de que nada sabe. Conceber uma relação direta entre saber e perguntar permite concluir que o princípio da primazia da pergunta está diretamente associado à abertura, isto é, saber algo significa "sempre e concomitantemente ir ao encontro dos opostos";²²⁹ questionar e "pôr em aberto" as respostas para essa pergunta.²³⁰

---

[225] ROHDEN, Luiz. *Hermenêutica filosófica*, 2003, p. 181.
[226] GADAMER, Hans-Georg. *Verdade e método I*, 2003, p. 473.
[227] Idem. Ibidem, p. 474.
[228] Idem. Ibidem, p. 477.
[229] Idem. Ibidem, p. 476.
[230] "Perguntar permite sempre ver as possibilidades que ficam em suspenso. Por isso, se é possível compreender uma opinião à margem do próprio opinar, não é possível compreender a questionabilidade desligando-nos de um verdadeiro questionar. Compreender a questionabilidade de algo já é sempre perguntar. Para perguntar não pode haver um comportamento potencial, servindo apenas como teste

> A essência real desse tipo de ideia talvez não consista tanto em algo como solução de um enigma, mas mais como uma pergunta que nos empurra para o aberto e com isso torna possível a resposta. Toda ideia que nos vem à mente tem a estrutura de pergunta. No entanto, essa ideia que nos ocorre como pergunta já é a irrupção na extensão niveladora da opinião corrente. Dizemos, portanto, que também as próprias perguntas nos ocorrem, surgem ou se impõem, e não somos nós que as levantamos e as colocamos.[231]

Aqui percebemos não apenas a coerência de Gadamer com a marca paradigmática da finitude imposta pela matriz heideggeriana, mas, também, a presença do próprio Heidegger, uma vez que este já afirmava que o problema não está no modo através do qual poderemos sair do círculo, e sim na possibilidade virtuosa de uma entrada correta na circularidade. Essa entrada correta, diríamos com Gadamer, exige a primazia da pergunta em face da resposta e, consequentemente, abertura e diálogo. Essa abertura será, necessariamente, para o "outro", ainda que se trate de um diálogo com a tradição, já que esta pressupõe desde a sua formação a presença constante do "outro", isto é, do diálogo que nós desde já e sempre somos. De fato, Gadamer concordará que "um texto não nos fala como faria um tu", sendo nós mesmos os responsáveis por trazê-lo à fala, mas também nos chama a atenção ao fato de não ser essa tarefa uma intervenção arbitrária, mas uma resposta daquele que se sente interpelado pela própria tradição.[232] O diálogo, portanto, "só existe enquanto vivência, não enquanto abstração" e, por isso, "é irredutível à epistemologia ou à lógica apofântica".[233]

A abertura para o outro também não significa assumir uma posição submissa, apenas reconhecer de que devemos estar dispostos a deixar valer algo contra nós, mesmo quando outro não se faça presente de alguma forma concreta.[234]

> Quando se ouve alguém ou quando se empreende uma leitura, não é necessário que se esqueçam todas as opiniões prévias sobre seu conteúdo e todas as opiniões próprias. O que se exige é simplesmente a abertura para a opinião do outro ou para a opinião do texto. Mas essa abertura implica sempre colocar a opinião do outro em alguma relação com o conjunto das opiniões próprias, ou que a gente se ponha em certa relação com elas.[235]

Esse aspecto será acentuado em um texto escrito na década de setenta, intitulado *A incapacidade para o diálogo* e inserido no *Verdade e método II*. Nele, Gadamer indaga se a "arte do diálogo está desaparecendo" e, considerando que o diálogo é um "atributo natural do homem",[236] conclui que a incapacidade do diálogo se deve, antes, aos obstáculos que a civilização moderna tem criado à "possibilidade de alguém abrir-se para o outro e encontrar nesse outro uma abertura para que o

---

comprobatório, isso porque perguntar não é pôr mas experimentar possibilidades. Aqui, a partir dessa essência do perguntar torna-se claro o que o diálogo platônico demonstra na sua realização fática. Quem quiser pensar deve perguntar. Quando alguém diz: 'aqui caberia uma pergunta', isto já é uma verdadeira pergunta, disfarçada pela prudência ou cortesia." GADAMER, Hans-Georg. *Verdade e Método I*, 2003, p. 489.

[231] Idem. Ibidem, p. 478.
[232] Idem. Ibidem, p. 492.
[233] ROHDEN, Luiz. *Hermenêutica filosófica*, 2003, p. 199.
[234] GADAMER, Hans-Georg. *Verdade e Método I*, 2003, p. 472.
[235] Idem. Ibidem, p. 358.
[236] Idem. *Verdade e Método II*, 2002, p. 243.

fio da conversa possa fluir livremente".[237] Neste texto, Gadamer nos apresenta um modelo dialógico para além do problema da interpretação de textos[238] (tradução) e enfrenta de modo direto à pergunta sobre o que viria a ser o diálogo.

> O diálogo não é, para nós, aquilo que deixou uma marca. O que perfaz um verdadeiro diálogo não é termos experimentado algo de novo, mas termos encontrado no outro algo que ainda não havíamos encontrado em nossa própria experiência de mundo. Aquilo que movia os filósofos a criticar o pensamento monológico é o mesmo que experimenta o indivíduo em si mesmo. O diálogo possui uma força transformadora. Onde um diálogo teve êxito ficou algo para nós e em nós que nos transformou. O diálogo possui, assim, uma grande proximidade com a amizade. É só no diálogo (e no rir juntos, que funciona como um entendimento tácito transbordante) que os amigos podem encontrar-se e construir aquela espécie de comunhão onde cada qual continua sendo o mesmo para o outro porque ambos encontram o outro e encontram a si mesmos no outro.[239]

Nos casos em que os interesses do outro se contrapõem aos interesses próprios, as possibilidades de convergência dependem que esses interesses sejam corretamente percebidos. A tradição fenomenológica na qual Gadamer está inserido exige que, no diálogo, se discuta a *coisa mesma*, sob pena de não se chegar a acordo algum.[240] A incapacidade para o diálogo não se deve ao fato de serem as pessoas diferentes ou, até mesmo, de não falarem a mesma língua. Para Gadamer, o que obsta o diálogo é a ausência de abertura ao outro. Por maior que seja a diferença entre aqueles que dialogam, sempre haverá um ponto de contato, sob pena de sequer aferirmos a existência e os limites do distanciamento. A diferença, portanto, já pressupõe um acordo; um acordo que se dá na linguagem[241] e que eleva os atores de um diálogo à sua *humanidade*.

O diálogo gadameriano se desenvolve, portanto, dentro das imposições da circularidade, isto é, de um sentido prévio que se antecipa estabelecendo nossas possibilidades dentro da finitude. Mas, ao mesmo tempo, complementa o *jogo* quando amplia as possibilidades de surgimento do "surpreendente".[242] Se a vigilância nos abre para um movimento *autorreflexivo*, a abertura ao diálogo nos proporciona uma *heterorreflexividade*. Quando propomos uma hermenêutica jurídica *heterorreflexiva*, acentuamos não apenas o caráter reflexivo de nossas possibilidades epistêmicas,

---

[237] GADAMER, Hans-Georg. *Verdade e Método II*, 2002, p. 244.
[238] Cf. ROHDEN, Luiz. *Hermenêutica filosófica*, 2003, p. 193-194.
[239] GADAMER, Hans-Georg. *Verdade e Método II*, 2002, p. 247.
[240] "Meu próprio esforço hermenêutico, segundo seu objetivo filosófico básico, não diverge muito da convicção de que somente no diálogo chegamos às coisas. Somente quando nos expomos à possível concepção oposta, temos chances de ultrapassar a estreiteza de nossos próprios pré-conceitos". GADAMER, Hans-Georg apud ROHDEN, Luiz. *Hermenêutica filosófica*, 2003, p. 201.
[241] "Se o jogo e o círculo hermenêutico são estruturas com caráter ainda epistemológico, embora possuam traços ontológicos, o diálogo é ontológico porque nele se constitui e aparece de forma mais patente o modo de ser da hermenêutica, em que esta, enquanto filosofia, implica e exige a *passio* de quem filosofa. Além do mais, a dimensão da relação com a alteridade aparece implicada e justificada filosoficamente." ROHDEN, Luiz. *Hermenêutica filosófica*, 2003, p. 181
[242] "O diálogo autêntico não pode ser conduzido voluntariamente segundo interesses particulares dos parceiros, assim como se conduzem cavalos com rédeas. Embora haja uma direcionabilidade na condução do diálogo, aqueles que dialogam são mais dirigidos que condutores do espírito dialógico. Não podemos antecipar teleologicamente o que acontecerá e produzirá um diálogo." Idem. Ibidem, p. 198.

mas também a necessária abertura à perspectiva *que vem do outro* (do *hetero*) através do *diálogo*.

2.2.4. Universalidade e crítica

A hermenêutica filosófica de Gadamer, edificada sobre as bases paradigmáticas da *fenomenologia hermenêutica* heideggeriana, abre novos horizontes para a ciência, especialmente no que diz respeito à articulação entre compreensão e orientação das ações,[243] criando possibilidades para a retomada da racionalidade moral prática em sociedades de alta complexidade. Mas, a síntese gadameriana também abre inúmeros questionamentos que se desdobram em um ciclo produtivo de debates, especialmente no que diz respeito à objetividade de uma hermenêutica "sem métodos" e à sua pretensão de universalidade. A primeira teve como principal adversário o jurista italiano Emilio Betti, autor de a *Interpretação da lei e dos atos jurídicos*,[244] que, não obstante o reconhecimento da criatividade do intérprete, defendia a necessidade de cânones para a atividade do intérprete.[245] O segundo tema, em torno do qual iremos focar a nossa análise, traz como debatedores Karl-Otto Apel[246] e Jürgen Habermas.[247]

Qual a relação entre a pretensão de universalidade da hermenêutica e a crítica? Por que a busca de um saber crítico fez com que Apel e Habermas se voltassem contra essa pretensão de universalidade? O enfrentamento dessas questões exige que estejamos cientes de que a universalidade pregada por Gadamer é, no fundo, resultado da universalidade da linguagem. Estando a linguagem presente em todo tipo de fenômeno compreensivo, este fenômeno se torna universal e, junto com ele, a hermenêutica que se volta para a sua explicação.

> *O ser que pode ser compreendido é linguagem.* De certo modo, o fenômeno hermenêutico desenvolve aqui a sua própria universalidade à constituição ontológica do compreendido, na medida em que determina, num sentido universal, como *linguagem*, e determina sua própria referência ao ente como interpretação. Por isso, não falamos somente de uma linguagem da arte, mas também de uma linguagem da natureza, e inclusive de uma linguagem que as coisas exercem.[248]

Para Apel e Habermas, a linguagem ordinária que apreendemos pela tradição não seria capaz de nos colocar diante de eventuais obstáculos ao processo de entendimento e, com isso, poderia nos levar a uma comunicação perturbada. Essa comunicação perturbada permitiria a manutenção de sentidos distorcidos, corroborando com a manutenção de um *stablishment*. Seria necessário, portanto, uma *metalinguagem* que ultrapassasse os limites da tradição e que permitisse a verificação

---

[243] Cf. HABERMAS, Jürgen. *La lógica de las ciencias sociales*, 2007, p. 247.

[244] BETTI, Emilio. *Interpretação da lei e dos atos jurídicos*: teoria geral e dogmática. São Paulo: Martins Fontes, 2007.

[245] Sobre o debate Gadamer *versus* Betti, ver PALMER, Richard. *Hermenêutica*, 2006, p. 55-73.

[246] APEL, Karl-Otto. *Transformação da filosofia I*, 2000. Embora a síntese amadurecida da crítica de Apel esteja presente na obra citada, a crítica de Apel já é registrada por Gadamer no prefácio da segunda edição de Verdade e método, em razão de um texto publicado em 1963. Cf. GADAMER, Hans-Georg. *Verdade e Método I*, 2003, p. 13 (nota de rodapé n. 1).

[247] HABERMAS, Jürgen. *La lógica de las ciencias sociales*, 2007.

[248] GADAMER, Hans-Georg. *Verdade e Método I*, 2003, p. 612.

de validade do consenso decorrente da interação comunicativa. Nas visões de Apel e Habermas, a crítica à ideologia que distorce essa comunicação implicaria a quebra da pretensão de universalidade da hermenêutica. A abordagem desse tema, diante da relevância do problema da crítica, exige a reconstrução dos debates e a identificação dos elementos que possam ter levado ambos a crer que a universalidade hermenêutica retira o seu potencial crítico.

2.2.4.1. O debate com Karl-Otto Apel

Apel vê a filosofia não apenas como crítica da ideologia, mas também como um saber que se preocupa com as bases sobre as quais essa crítica se edifica, isto é, de suas "condições de possibilidade e verdade".[249] Neste sentido, encontra nos trabalhos de Heidegger e Gadamer uma crítica aguda aos modelos mecanicistas da ciência e da técnica que corroboram com a dominação do homem, concebendo como um dos principais méritos da *fenomenologia hermenêutica* o fato de ter ela promovido, nessa oposição, "resistência ao processo de atrofia que sofrem a teoria e a crítica do conhecimento de origem kantiana". Para Apel, além de tornar novamente visíveis os pressupostos transcendentais da lógica científica, a *fenomenologia hermenêutica* "descobriu, por meio da radicalização do interesse em apropriar-se do 'compreender', estruturas *semitranscendentais* que simplesmente não podem ser concebidas de acordo com o esquema sujeito-objeto cartesiano-kantiano".[250] Entretanto, ainda que a estrutura prévia da compreensão descoberta por Heidegger – e assumida corretamente por Gadamer – deva ser levada em consideração por qualquer proposta epistemológica, seria insuficiente, pois não ofereceria critérios para validar a compreensão, mas apenas para explicá-la.[251] Para Apel, a descoberta de Heidegger não reside em um novo conceito de verdade, mas apenas no "desvendamento da 'pré-estrutura' dessa problemática".[252] Gadamer, por sua vez, não teria tido êxito na sua tentativa de estabelecer sobre essa estrutura um critério válido para o estabelecimento da verdade.

As críticas de Apel dirigidas a Gadamer não residem, portanto, na crítica que este dirigiu ao método cartesiano, mas no fato de ter ele se limitado à construção de uma hermenêutica descritiva. A partir disso, desenvolve sua análise em torno de três teses.

> Uma crítica da argumentação gadameriana, feita sob a perspectiva do problema de uma transformação da filosofia que seja determinativa nos dias de hoje, pode partir, a meu ver, das três teses a seguir: 1. Gadamer se refere-se erroneamente a Kant e à ideia da filosofia transcendental; 2. Gadamer refere-se de maneira historicamente correta ao conceito heideggeriano de "Compreender", bem como à ideia aí implícita de "verdade" como "abertura" do ser-aí; 3.

---

[249] APEL, Karl-Otto. *Transformação da filosofia I*, 2000, p. 22.
[250] Idem. Ibidem, p. 28-29.
[251] "As respostas dadas pelo primeiro Heidegger e por Gadamer acerca 'do que sempre acontece' quando se entende algo – fixadas em uma 'denúncia formal' da estrutura existencial – não passam a estar erradas, mas revelam-se a partir daí como insuficientes face à pergunta prática implícita desde e sempre em nossa orientação cognitiva no mundo em sentido amplo, a saber: 'Como devemos proceder em nossa orientação no mundo?' Ou seja: Com que critérios, e no sentido de que expectativas de progresso, devemos avaliar a validação de uma interpretação do mundo presente já 'desde e sempre' e à qual damos prosseguimento?'". Idem. Ibidem, 2000, p. 83.
[252] Idem. Ibidem, p. 50.

> Heidegger trouxe consigo uma contribuição inédita para o problema transcendental-hermenêutico da *constituição* de sentido; por outro lado, porém – como ele mesmo reconhece –, falhou quanto ao problema da verdade (e, com isso, quanto à sua *validação* para nós!); portanto, a filosofia deve retornar mais uma vez a Kant – evidentemente sob a forma de uma *transformação da filosofia transcendental*, que contemple, entre outras coisas, a ampliação transcendental-hermenêutica de horizontes trazida por Heidegger – e por Gadamer.[253]

A primeira tese contra Gadamer pode ser resumida à seguinte questão: "o empreendimento da 'crítica' normativamente relevante não pode corretamente ocorrer em prol da simples descrição do que é; não se pode recorrer à Crítica da razão pura sem que se queira propor e responder por meio da pergunta acerca das condições de possibilidade da ciência, também a pergunta acerca das condições de validade".[254] Para Apel, a crítica no sentido kantiano implica se perguntar não apenas pelo que é, mas também pelo que deveria ser. Antes mesmo de enfrentarmos a resposta de Gadamer a essa questão, podemos levantar uma outra: até que ponto devemos estar com Kant ou contra Kant? O próprio Apel, ao assumir o modelo crítico kantiano, não teria também que restringir a aplicação de seu modelo ao problema do conhecimento, o que implicaria deixar de fora os problemas práticos? Cremos que a coerência da hermenêutica filosófica não poderia ser medida mediante essa relação causal, já que todos, ao assumirem Kant, não o fazem na sua integralidade. Mas, independentemente da coerência ou não com a inspiração kantiana, há, ainda assim, uma pergunta prévia: teria Gadamer ignorado o problema das condições de validade? A leitura que propomos a Gadamer, diferentemente daquela feita por Apel, é a de uma teoria "'normativa, no sentido de que busca substituir uma má filosofia por outra melhor".[255] Talvez compreendendo Gadamer melhor do que ele compreendeu a si próprio – o que não constitui nenhum problema para um trabalho *hermenêutico* sobre hermenêutica – o caráter normativo da teoria hermenêutica não se reduz ao problema da substituição paradigmática, mas também ao próprio compreender. Neste sentido, a crítica kantiana das condições de possibilidade vem sim acompanhada das condições de validade da compreensão, estando estas, no entanto, limitadas pela própria condição de possibilidade. Quando Gadamer sustenta a necessidade do distanciamento histórico e quando enxergamos no diálogo a necessidade de abertura, encontramos aí condições (possíveis) de validade para o acontecer da verdade.

A terceira tese nos remete ao problema da "filosofia transcendental". Gadamer afirma ter ficado surpreso com o fato de Apel, Habermas e Giegel exigirem que a reflexão hermenêutica se eleve a uma "transparência idealista de sentido, pela luz brilhante de uma ciência explicativa". Essa surpresa deriva do fato de que todos esses críticos admitem a impossibilidade de se encontrar um "lugar de fala transcendental", o que tornaria ideológica qualquer crítica à ideologia. Até mesmo Apel e Habermas admitem essa impossibilidade, mas, no entanto, apostam em metalinguagens que ultrapassariam a tradição e possibilitariam uma crítica mediada da compreensão, a exemplo daquela obtida na *psicanálise*. Enquanto Apel admite a inexorabilidade da antecipação de sentido descrita por Heidegger e a impossibilidade de se partir do pressuposto de que a crítica possa avançar em direção a uma análise objetiva das

---

[253] APEL, Karl-Otto. *Transformação da filosofia I*, 2000, p. 41.
[254] Idem. Ibidem, p. 42.
[255] GADAMER, Hans-Georg. *Verdade e método II*, 2002, p. 303.

relações sociais,[256] Habermas também dá razão à hermenêutica quando esta afirma que uma compreensão (*Verstehen*), por mais controlada que seja, não pode desviar dos plexos de tradição onde o intérprete está inserido.[257]

De qualquer sorte, sustentando que Gadamer se contenta com o *como* da compreensão, ignorando a relevância metodológica da pergunta sobre a validade do compreender, Apel afirma a necessidade de se estabelecer critérios que diferenciem a compreensão adequada do "compreender mal". Em verdade, a compreensão inadequada para Gadamer é aquela condicionada por prejuízos inautênticos. De fato, como já tivemos oportunidade de comentar, Gadamer não se rende a critérios mágicos para a identificação da autenticidade ou não da compreensão, justamente por estar comprometido com os limites de uma teoria hermenêutica que se constrói sob a radicalização da finitude. No entanto, mesmo diante da impossibilidade de suspensão dos preconceitos, Gadamer chama atenção para a *vigilância* e para o *distanciamento histórico* como sendo condições necessárias à compreensão autêntica. Estes podem não ser critérios adequados para Apel – talvez por não sair do próprio *jogo* compreensivo –, mas isso não referenda a opinião de que Gadamer não estaria preocupado com a autenticidade, e por que não dizer, com a *verdade* da compreensão.

Apel, por sua vez, segue rumo a critérios transcendentais. Assumindo a historicidade da compreensão enfatizada por Gadamer, entende necessário "apontar no Compreender um *critério de progresso possível*",[258] afastando o intérprete da crença dogmática. Entende que admitir a possibilidade de compreensões verdadeiras não é apenas possível, mas também necessária e, para isso, defende o "*paradigma do co-entendimento humano* não mais em um jogo de linguagem mediado de maneira tradicional e ligado determinadas instituições e formas de vida [Lebensformen], mas sim no *jogo de linguagem transcendental* da *comunidade de comunicação ideal*".[259] Quanto mais próxima desse pressuposto, mais correta será a compreensão. Para Gadamer, Apel tem razão em reivindicar para isso a ideia de uma "comunidade de interpretação ilimitada e completa", pois, "sem dúvida, só essa é capaz de legitimar a pretensão de verdade nos esforços de entendimento".[260] Embora Gadamer questione se seria possível conjugar tal legitimação com a ideia de progresso, poderíamos também perguntar até que ponto esse ideal de liberdade é, de fato, transcendental, isto é, até que ponto estamos falando fora da tradição; fora da incontornável e inacessível morada do ser. Essa questão será retomada logo a seguir quando tratarmos do debate com Habermas e talvez lá fique mais evidente o elo perdido que explicaria o (aparente?) distanciamento entre esses mestres da filosofia.

2.2.4.2. O debate com Jürgen Habermas

O debate entre Habermas e Gadamer se deu na forma de um diálogo filosófico, que inclui crítica, réplica e tréplica.[261] A publicação de *Verdade e método* (1960) por

---

[256] GADAMER, Hans-Georg. *Verdade e método II*, 2002, p. 56.
[257] HABERMAS, Jürgen. *La lógica de las ciencias sociales*, 2007, p. 253.
[258] APEL, Karl-Otto. *Transformação da filosofia I*, 2000, p. 52.
[259] Idem. Ibidem, p. 74.
[260] GADAMER, Hans-Georg. *Verdade e método II*, 2002, p. 305.
[261] Cf. VALLS, Álvaro L. M. *Jürgen Habermas – dialética e hermenêutica*: para a crítica da hermenêutica de Gadamer, 1987, p. 7.

Gadamer é seguida da publicação de *A lógica das ciências sociais*[262] por Habermas em 1967, onde ele "apresenta as pretensões do método crítico dialético e examina exaustivamente a filosofia hermenêutica de Gadamer". Gadamer, que já tinha publicado um ensaio sobre a *Universalidade do problema hermenêutico* (1966), responde as críticas de Habermas em *Retórica, hermenêutica e crítica da ideologia*[263] (1967) e, em 1970, este último faz o "primeiro balanço crítico do debate entre o pensamento dialético e hermenêutico com o ensaio 'A pretensão de universalidade hermenêutica'".[264] Gadamer, por sua vez, publica o seu balanço crítico com *Réplica à hermenêutica e crítica da ideologia*[265] (1971). Habermas ainda retoma a síntese dessas questões dez anos depois na sua principal obra, a *Teoria da ação comunicativa*,[266] mas o debate já vinha perdendo força face a outras questões que se colocavam na ordem do dia, a exemplo das discussões em torno de uma teoria social adequada à modernidade, travadas, por exemplo, com Niklas Luhmann e com Richard Rorty. Mas, o enfrentamento direto que Habermas confere ao direito na década de 90 e as repercussões de sua teoria jurídica procedimental repristinaram o debate entre a hermenêutica e a teoria discursiva, especialmente no âmbito da *teoria da constituição*, quando substancialistas buscam fundamentos filosóficos em éticas realistas, e "procedimentalistas" se contrapõem ao modelo substancial apostando em uma ética discursiva.[267] Neste momento, o debate necessita não apenas ser retomado, mas também projetado para as mutações no pensamento habermasiano, com atenção especial ao giro que se dá na década de 90 com a publicação de *Verdade e justificação*, onde, ao retomar o problema da verdade, a imediata relação com o consenso perde espaço para concepções transcendentais e pragmáticas.

2.2.4.2.1. O diálogo concreto até a década de 1980

O ponto central do debate entre Habermas e Gadamer diz respeito à pretensão de universalidade da hermenêutica *versus* a possibilidade de uma crítica dissociada da tradição.[268] Além da marca da universalidade hermenêutica, que consiste no fato de que "o ser que pode ser compreendido é linguagem", Ernildo Stein[269] seleciona mais quatro argumentos que sustentam, na obra de Gadamer, a pretensão de universalidade hermenêutica. Na estética, na história e na coleta científica de dados, "a questão da significação dos fenômenos ali incluídos deixa de ser considerada sob o ponto de vista da relação que possui para mim e para a sociedade"[270] e, desse modo, não há para Gadamer proposição que não possa ser compreendida como resposta a uma pergunta. A universalidade hermenêutica se revela, ainda, na experiência do tradutor, já que sua experiência "tem sua razão fundamental na universalidade das

---

[262] HABERMAS, Jürgen. *La lógica de las ciencias sociales*, 2007.
[263] GADAMER, Hans-Georg. *Retórica, hermenêutica e crítica à ideologia*, 2002, p. 270-292.
[264] STEIN, Ernildo. *Dialética e hermenêutica*: uma controvérsia sobre método em filosofia, 1987, p. 110.
[265] GADAMER, Hans-Georg. *Réplica à hermenêutica e crítica da ideologia*, 2002.
[266] HABERMAS, Jürgen. *Teoría de la acción comunicativa* I, 1987, p. 182-196.
[267] Cf. STRECK, Lenio. *Jurisdição constitucional e hermenêutica*, 2004, p. 147.
[268] GADAMER, Hans-Georg. *Verdade e método II*, 2002, p. 297.
[269] STEIN, Ernildo. *Dialética e hermenêutica*, 1987, p. 117-119.
[270] Idem. Ibidem, p. 118.

linguagens ordinárias".[271] Uma quarta demonstração da universalidade hermenêutica estaria na relação entre retórica e hermenêutica e na utilização daquela nos diversos domínios do conhecimento,[272] enquanto que o último argumento, associado à acusação de impotência da hermenêutica em face da comunicação distorcida e da crítica à ideologia, volta-se contra a mediação de um psicanalista que já estaria limitado na sua análise pela própria linguagem.[273]

O ponto de partida para a crítica de Habermas à hermenêutica reside no fato de que Gadamer, embora tenha estabelecido uma acertada crítica à autocompreensão objetivista, não deveria opô-la abstratamente à experiência hermenêutica e ao conhecimento metódico em seu conjunto, uma vez que a compreensão reflexiva se distingue da experiência comunicativa cotidiana.[274] Mesmo admitindo a impossibilidade de superação da tradição mediante uma compreensão (*Verstehen*) controlada,[275] Habermas entende que Gadamer não teria se dado conta da "força da reflexão".

> [...] de la pertenencia estructural del Verstehen a tradiciones que ese Verstehen también prosigue al apropiárselas, no se sigue que el medio de la tradición no se vea profundamente transformado por la reflexión científica. Ni siquiera en una tradición que opere sin censuras, obra una autoridad desgajada de toda intelección, que pudiera imponerse ciegamente; toda tradición tiene que estar tejida con mallas suficientemente holgadas como para permitir la aplicación, es decir, una inteligente traducción que tenga en cuenta los cambios de situaciones. Sólo que el desarrollo metódico de esta prudencia en las ciencias hermenéuticas desplaza los acentos entre autoridad y razón. Gadamer no se percata de la fuerza de la reflexión que se desarrolla en el Verstehen. Esa fuerza ya no se ve aquí enceguecida por la apariencia de desarrollo hacia un absoluto que pudiera dar razón de sí mismo por la vía de autofundamentación, ni tampoco se desliga del suelo de lo contingente donde tiene su origen. Pero al penetrar la génesis de la tradición en que la reflexión se origina y sobre la que la reflexión se vuelve, queda sacudido el dogmatismo de la práctica de la vida.[276]

Gadamer responde enaltecendo as possibilidades reflexivas da hermenêutica e, assim como fez no prefácio da segunda edição de *Verdade e método*, afirma que jamais considerou "como excludente a contraposição implícita em seu título".[277] O trabalho de Gadamer é filosófico, tendo sido esta a razão de ter dito em sua resposta a Betti que "procura demonstrar aquilo que é comum a todas as maneiras de compreender e mostrar que a compreensão jamais é um comportamento subjetivo frente a um objeto dado". Com isso, não procura com *Verdade e método* "negar o caráter imprescindível do trabalho metodológico dentro das assim chamadas ciências do espírito",[278] sendo categórico ao afirmar que sua "verdadeira intenção, porém, foi e

---

[271] STEIN, Ernildo. *Dialética e hermenêutica*, 1987, p. 118.
[272] Idem. Ibidem, p. 119.
[273] Idem. Ibidem, p. 120. Esta seria, também, a condição de possibilidade para a crítica à ideologia, já que esta pressupõe "a validade da tradição e da autoridade como fontes possíveis de mais liberdade e mais verdade".
[274] HABERMAS, Jürgen. *La lógica de las ciencias sociales*, 2007, p. 252.
[275] Idem. Ibidem, p. 253.
[276] Idem. Ibidem, p. 253-254.
[277] GADAMER, Hans-Georg. *Verdade e método II*, 2002, p. 278.
[278] Idem. *Verdade e método I*, 2003, p. 15.

continua sendo uma intenção filosófica: o que está em questão não é o que fazemos, o que deveríamos fazer, mas o que nos acontece além do nosso querer e fazer".[279]

Embora afirme que o seu trabalho é filosófico e que confere importância à metodologia das ciências, é evidente que *Verdade e método* possui implicações metodológicas. Do mesmo modo que Kant "não tinha a intenção de prescrever à ciência moderna da natureza como ela devia se comportar para ser aprovada diante do tribunal da razão",[280] o trabalho de Gadamer coloca uma questão filosófica que "precede a todo comportamento compreensivo da subjetividade e também ao comportamento metodológico das ciências da compreensão, a suas normas e regras".[281] Dito de outro modo, o trabalho de Gadamer assume um modelo de crítica no sentido kantiano, estabelecendo as condições de possibilidade para a compreensão. Se não é sua intenção impedir as pretensões metodológicas das ciências do espírito, as bases filosóficas da hermenêutica gadameriana estabelecem os limites e possibilidades de tais pretensões. Aceitar o caráter não excludente entre *verdade* e *método* não implica admitir qualquer pretensão metodológica, estando tais possibilidades limitadas por "aquilo que acontece além do nosso querer e fazer". Neste sentido, se a reflexividade não é, por um lado, incompatível com a hermenêutica, por outro, ela não poderá assumir uma artificialidade metodológica que rompa com os limites descritos pela "crítica" da compreensão gadameriana.

"O sujeito que reflete, mesmo nas ciências da compreensão, não consegue evadir-se do contexto histórico-efeitual de sua situação hermenêutica, visto que sua compreensão sempre estará implicada neste acontecer".[282] Esse postulado gadameriano deveria ter sido aceito por Habermas, já que ele próprio admite que a hermenêutica tem razão quando afirma que a compreensão, por mais controlada que seja, não pode simplesmente ignorar a tradição a qual o intérprete pertence. Mas, parece-nos que a explicação para essa suposta contradição se encontra no ponto crucial das divergências entre ambos: o problema da universalidade. Para Habermas, a hermenêutica desenvolve as noções de estrutura das linguagens naturais que podem ser adquiridas a partir de um uso reflexivo da competência comunicativa, mas se distingue visivelmente do uso disciplinado da compreensão e do discurso.[283] Assim, a autorreflexão hermenêutica, embora clarifique experiências de que o sujeito falante se vale no uso de sua competência comunicativa, não poderia criticar essa competência. Haveria, portanto, algo para além da linguagem natural.

> La hermenéutica tendría ahora que ir más allá de la conciencia hermenéutica que se formó en el ejercicio reflexivo de aquel arte, para clarificar las condiciones que, por así decirlo, posibilitan salir de la estructura dialógica del lenguaje cotidiano y emplear monológicamente el lenguaje para el desarrollo de teorías en sentido estricto y para la organización de la acción racional con arreglo a fines.[284]

Para Habermas, a linguagem natural e, consequentemente, a pretensão de universalidade da hermenêutica encontrariam seus limites nos sistemas de linguagem

---

[279] GADAMER, Hans-Georg. *Verdade e método I*, 2003, p. 14.
[280] Idem. Ibidem, p. 15.
[281] Idem. Ibidem, p. 16.
[282] Idem. Ibidem, p. 280.
[283] HABERMAS, Jürgen. *La pretensión de universalidad de la hermenéutica*, 2007, p. 281.
[284] Idem. Ibidem, p. 284.

da ciência e nas teorias que versam sobre a decisão racional. Essa ultrapassagem da linguagem natural teria para Habermas, naquele momento, dois caminhos: a *psicanálise* e a *crítica da ideologia*, tendo escolhido a primeira para demonstrar sua crítica.

Habermas vê na psicanálise um bom exemplo da necessidade de ultrapassar os limites da tradição, na medida em que a comunicação ininteligível não pode ser superada mediante o exercício da competência adquirida naturalmente, por mais refinada que seja o empenho autorreflexivo.[285] Em sendo assim, seria necessária aos casos de comunicação distorcida a presença de um mediador que, de fora da interação entre os agentes da comunicação, percebesse o fato de um estar compreendendo mal o outro.[286] O movimento autorreflexivo dos agentes não seria capaz de superar o papel de participante, na medida em que não teriam à sua disposição um critério geral que permitissem a eles constatar quando estariam prisioneiros da falsa consciência decorrente de uma comunicação distorcida.[287] A psicanálise teria um papel determinante na mediação da comunicação distorcida, pois teria a função de traduzir para a comunicação pública o conteúdo simbólico distorcido, o que seria feito mediante uma "tradução ressimbolizadora".[288]

> Los presupuestos teoréticos que tácitamente subyacen a este análisis del lenuaje en términos de hermenéutica profunda, pueden desarrollarse bajo tres puntos de vista. El psicoanalista tiene un preconcepto de la estructura de la comunicación lingüística no distorsionada (1); hace derivar la distorsión sistemática de la comunicación de una confusión entre dos etapas genéticamente separadas de organización prelingüística y lingüística de los símbolos (2); explica el nacimiento de la deformación con la ayuda de una teoría acerca de procesos de formación desviantes, que se extiende a la relación entre los patrones de interacción de la primera infancia y la formación de las estructuras de la personalidad (3).[289]

Assim, como explicará o próprio Habermas, o primeiro conjunto de pressupostos teóricos se refere às condições estruturais que devem ser cumpridas para que a comunicação se dê na normalidade. A comunicação linguística normal se atém a regras intersubjetivamente vigentes, pois é pública. Na comunicação não distorcida, os agentes estão conscientes da distinção entre sujeito e objeto, diferenciando a fala externa da interna e separando o mundo privado do mundo público. Forma-se e se conserva a intersubjetividade da relação entre os indivíduos que se reconhecem entre si e, assim, garantem suas identidades. Finalmente, a fala normal se caracterizaria face ao fato de o sentido das categorias de substância e causalidade, espaço e tempo, se diferenciarem de acordo com o modo com que estas categorias são aplicadas aos objetos no mundo ou ao mundo constituído linguisticamente pelos próprios falantes.[290]

O segundo conjunto de pressupostos teóricos se refere à conexão de duas etapas geneticamente consecutivas na organização humana dos símbolos. A organização mais antiga dos símbolos somente poderá ser inferida a partir dos dados da

---

[285] HABERMAS, Jürgen. *La pretensión de universalidad de la hermenéutica*, 2007, p. 286.
[286] Idem. Ibidem, p. 287.
[287] Idem. Ibidem, p. 287.
[288] Idem. Ibidem, p. 290.
[289] Idem. Ibidem, p. 291.
[290] Idem. Ibidem, p. 291-293.

patologia da linguagem e mediante a análise material proporcionada pelos sonhos. Essa organização simbólica, que geneticamente antecederia à linguagem, é uma construção teórica, tendo sua decodificação psicanalítica de pressupor tal primado já que a hermenêutica profunda concebe as perturbações da fala normal ou como uma regressão forçada a etapas anteriores da comunicação ou como uma invasão nessa forma anterior da linguagem do paciente.[291] O terceiro grupo, por sua vez, ultrapassaria as pretensões do modelo de tradução trazidas pela hermenêutica gadameriana, pois esse novo modelo de "tradução controlada" eliminaria confusões que já não seriam produzidas dentro da linguagem, mas que as afetaria.[292]

Com o exemplo da psicanálise, Habermas busca negar a universalidade hermenêutica. Para ele, esse problema não seria colocado em pauta se o sujeito cognoscente, que sempre se servirá de sua competência linguística previamente adquirida – e Habermas reconhece essa inexorabilidade – pudesse, sozinho, assegurar-se dessa competência no caminho de uma reconstrução teórica. Contudo, o conhecimento implícito das condições da comunicação sistematicamente distorcida – que é, de fato, pressuposto no uso hermenêutico profundo – bastaria para pôr em questão a autocompreensão ontológica da hermenêutica que Gadamer desenvolve seguindo os passos de Heidegger.[293] Na opinião de Habermas, Gadamer vê o aclaramento hermenêutico de manifestações vitais incompreensíveis ou mal compreendidas como algo que sempre deve se remeter a um consenso previamente ensaiado pela tradição convergente. Para Habermas, esse consenso dependeria do confronto com pretensões de verdade estabelecidas contrafaticamente.[294] Mesmo admitindo a plausibilidade do primado ontológico de que goza a tradição linguística sobre a crítica, já que só podemos criticar esta ou aquela tradição se pertencermos nós mesmos ao plexo global da tradição de uma linguagem, o consenso ainda dependeria de critérios para distinguir situações em que ele foi instaurado de forma racional de outras em que ele resulta de comunicações distorcidas.[295] Com Albrecht Wellmer, conclui que a pretensão da universalidade do enfoque hermenêutico só é viável se também admitimos que a tradição como lugar da verdade possível e do acordo fático é também o lugar da não verdade fática e da perpetuação do poder.[296] A verdade para Habermas, tal qual para Apel, perpassa a obediência de critérios reguladores necessários para se chegar a um entendimento universal e, em razão disso, temos de antecipar uma estrutura de comunicação isenta de coação, pois a veradade é uma coação de tipo peculiar que nos força a um reconhecimento universal e sem coações.[297] Este reconhecimento estaria ligado à verificação de uma situação ideal de fala que possibilite o entendimento universal e sem coações, condições que Habermas viria a desenvolver amiúde em sua obra prima *Theorie des kommunikativen Handelns* (1981).[298]

---

[291] HABERMAS, Jürgen. *La pretensión de universalidad de la hermenéutica*, 2007, p. 293-297.
[292] Idem. Ibidem, p. 297-299.
[293] Idem. Ibidem, p. 300.
[294] Idem. Ibidem, p. 300.
[295] Idem. Ibidem, p. 301.
[296] Idem. Ibidem, p. 301.
[297] Idem. Ibidem, p. 302.
[298] Stein aponta que em 1979, na *laudatio* a Gadamer, quando este recebia o Prêmio Hegel, Habermas cita Gadamer do posfácio de *Verdade e método*: "Na verdade, tradição que não é a defesa do passado, mas o *desenvolvimento da figura da vida social* como tal, reside na conscientização que recebe com

Gadamer, por sua vez, insistirá na universalidade hermenêutica e reafirmará através de sua frase emblemática que "o ser que pode ser compreendido é a linguagem". A linguagem, na condição de "jogo em que todos participamos", nos envolve mesmo quando "vislumbramos preconceitos e desmascaramos subterfúgios que desfiguram a realidade".[299] Segundo Gadamer, Habermas somente acredita na compreensão quando atingimos este estágio, na medida em que somente neste caso o poder da reflexão se mostraria.[300] Mas, para Gadamer "a questão a ser debatida é simplesmente se a reflexão sempre dissolve as relações substanciais ou se pode também assumi-las na consciência".[301]

> É estranho que Habermas conceba de modo unilateral o processo de aprendizagem e educação que emprego (na perspectiva da ética de Aristóteles). A afirmação de que a tradição deveria ser e continuar sendo a única base para justificar preconceitos, como me atribui Habermas, contradiz minha tese de que a autoridade repousa no reconhecimento. Quem alcançou a maioridade pode – mas não é obrigado a – acatar, pelo saber, o que aceitava pela obediência. A tradição não representa nenhuma garantia, não, pelo menos, onde a reflexão exige uma garantia. Mas essa é a questão: Onde é que o exige? Em tudo? A isso contraponho a finitude da existência humana e o particularismo essencial da reflexão.[302]

Com isso, Gadamer reafirma a radicalidade da finitude heideggeriana e a impossibilidade de refletir para além da linguagem. Chama, entretanto, atenção para a necessária distinção entre a "reflexão efetiva", que acontece no desenvolvimento da linguagem, e a "reflexão expressa e temática", construída na história do pensamento ocidental, "ao converter tudo em objeto temático, quando a ciência criou os pressupostos da civilização do futuro".[303] Nesta última, ainda que se negue uma relação tecnicamente condicionada entre investigador e ciência, ninguém negaria que "a aplicação prática da ciência moderna modifica profundamente nosso mundo e com ele também nossa linguagem".[304] Ao dizer "também nossa linguagem", Gadamer não está dizendo que a consciência articulada com a linguagem "determina o ser material da práxis vital, mas apenas que não existe nenhuma realidade social com todas as suas pressões reais que não se expresse numa consciência articulada pela linguagem". A crítica a uma ideologia não pode, portanto, ser feita de fora da linguagem, sendo ilusórias as pretensões de fuga dessa articulação com a tradição.

> Quem leva a sério a finitude da existência humana e não constrói "nenhuma consciência" geral, um *intellectus archetypus* ou um ego transcendental que esteja obrigado a estabelecer

---

liberdade". E Habermas continua: "Aliás, tradições recebemos somente então em liberdade, quando podemos dizer a elas sim e não. Penso que justamente não se deve excluir o iluminismo, o século XVIII universalista, da tradição humanista. Mas com este adendo não quer ter a última palavra. Gadamer é o primeiro a acentuar a abertura do diálogo. Dele todos nós podemos aprender a sabedoria hermenêutica fundamental de que é uma ilusão pensar que seja possível ter a última palavra. STEIN, Ernildo. *Dialética e hermenêutica*: uma controvérsia sobre método em filosofia, 1987, p. 128.

[299] GADAMER, Hans-Georg. *Verdade e método II*, 2002, p. 283.
[300] Idem. Ibidem, p. 283.
[301] Idem. Ibidem, p. 285.
[302] Idem. Ibidem, p. 285.
[303] Idem. Ibidem, p. 286.
[304] Idem. Ibidem, p. 286.

todo o âmbito do que é válido, não pode deixar de se perguntar como seu próprio pensamento, enquanto transcendental, pode ainda ser empírico.[305]

Por que Habermas e Apel apostam na liberdade do homem, e não na submissão deste à força de uma divindade, por exemplo? Por que o diálogo, e não a força? Por que o consenso, e não a glória da vitória que poderia estar a serviço de um ou de outro? Essas respostas não estão fora da tradição, muito pelo contrário, resultam de uma articulação da linguagem que condiciona o nosso pensar. Habermas não está errado em exigir uma situação ideal de fala para o consenso válido, apenas não pode acreditar que esse desejo se dê transcendentalmente, isto é, fora da linguagem. Consequentemente, também não pode achar que o diálogo se dê a partir de um "grau zero". Aliás, se considerarmos o horizonte desse debate e ignorarmos os reflexos em suas obras mais recentes, não cremos que seja esta uma conclusão válida sobre o pensamento de Habermas. A reflexão hermenêutica nos leva, portanto, o mais fundo possível, mas não nos leva ao fundo. Não há fundo. Há um sem fundo que nos sustenta e onde a compreensão cessa. Aqui encontramos o ponto culminante da tensão entre passado e presente que marca a nossa compreensão, não sendo outra a razão pela qual devemos estar sempre vigilantes. "A reflexão de uma determinada compreensão prévia coloca diante de mim algo que antes se dava às minhas costas. Algo, não tudo".[306]

Gadamer também refutará as pretensões emancipatórias que Habermas confere à psicanálise, ressaltando, inclusive, o papel fundamental da hermenêutica para essa ciência,[307] especialmente constatada no trabalho de Jacque Lacan. Embora não negue a importância do marco metodológico da psicanálise freudiana e do método de Lorenzer, bem como reconheça que o analista não pode deixar de lado sua experiência analítica e seu saber quando exerce seu papel como "comparsa social",[308] não aceita a tese de que esta possa fugir à reflexão hermenêutica. O questionamento que ultrapassa as interpretações superficiais, que revela as autoconcepções mascaradas e que desmascarara a função repressiva de tabus sociais, pertence, reconhece Gadamer, à reflexão emancipatória mediada pelo psicanalista, "mas se ele aplica essa reflexão onde não está legitimado como médico, onde ele próprio é um comparsa no jogo da sociedade, estará se colocando fora de sua função social".[309]

> Quem "põe a descoberto" seu comparsa de jogo, à luz de algo que se situa fora do jogo, isto é, que não leva sério o que está jogando, é um perdedor que se deve evitar. A força emancipatória da reflexão reivindicada pelo psicanalista deve encontrar seu limite na consciência social, na qual tanto o analista quanto seu paciente se entendem com todos os outros. A reflexão hermenêutica ensina-nos que, em todas as tensões e perturbações, a comunidade social remete-nos sempre de novo a um acordo social, em virtude do qual ela subsiste.[310]

A psicanálise, portanto, deverá ter consciência de seus limites e, ao mesmo tempo, não ignorar o fato de que analista e paciente estarão imersos na linguagem

---

[305] GADAMER, Hans-Georg. *Verdade e método II*, 2002, p. 287.
[306] Idem. Ibidem, p. 288.
[307] Idem. Ibidem, p. 290. Sobre as implicações da fenomenologia hermenêutica no universo conceitual da psicanálise de Freud, vide STEIN, Ernildo. *Diferença e metafísica*, 2000, p. 153-231
[308] GADAMER, Hans-Georg. *Verdade e método II*, 2002, p. 301.
[309] Idem. Ibidem, p. 291.
[310] Idem. Ibidem, p. 291.

que é condição de possibilidade para o acordo sobre tais limites. "Não pertence à legitimação social do médico (ou do analista leigo) ultrapassar seu âmbito terapêutico e a partir da reflexão emancipatória 'tratar' a consciência social dos outros como 'doentia'".[311] Se não é possível construir esquemas analíticos que delimitem a divisa entre o paciente e a "parceria social" que ultrapassa a legitimação psicanalítica, por outro lado, também não parecerá a Gadamer que consciência emancipatória tenha, inevitavelmente, a tarefa de dissolver toda e qualquer coerção dominadora, "o que significaria que sua imagem paradigmática última deveria ser a utopia anárquica".[312]

Antes de projetarmos o debate para o giro habermasiano de *Verdade e justificação*, considerando inúmeros pontos de convergência destacados no debate entre Gadamer e Habermas, cabe tentar responder à seguinte pergunta: qual é, de fato, o "motivo mesmo" da divergência entre estes dois autores?

Para Stein, o que está na base das discordâncias entre Habermas e Gadamer é a própria concepção de filosofia, já que Gadamer trabalha na linguagem filosófica com a dupla estrutura designada por Heidegger de "enquanto hermenêutico" e "enquanto apofântico".[313] Enquanto Gadamer retoma o problema da linguagem a partir de uma desconstrução histórica que se inicia com Platão, atravessa a teologia do medievo pelo fenômeno da "encarnação" e deságua no horizonte da ontologia hermenêutica heideggeriana, Habermas cumpre um caminho mais curto e com influências analíticas decisivas, na medida em que atravessa a teoria dos jogos de linguagem de Wittgenstein; os atos de fala de Austin e Searle; a semiótica tridimensional de Peirce e Morris; a pragmática de K. O. Appel e a gramática generativa de Chomsky.[314] Ainda que Habermas tenha tentado conectar sua pragmática à noção de "mundo da vida" do Husserl tardio, influência marcante também em Gadamer, encontramos nas noções de linguagem utilizada por cada um deles uma conflito paradigmático entre matrizes analíticas e hermenêutico-fenomenológicas que foi ignorado nos debates entre ambos.[315] A preocupação pragmática de Habermas não supre o problema da "dupla estrutura da linguagem"[316] denunciada por Heidegger e assumida por Gadamer, ainda que de modo semanticamente ambíguo – e isso é necessário reconhecer. Embora o pensamento gadameriano pressupusesse a "dobra da linguagem", o que pode ser comprovado no fato que confere um caráter filosófico à hermenêutica, isto é, no fato de que no dito haverá sempre um não dito, Gadamer não diferencia semanticamente a dupla dimensão da linguagem.[317] Isso fez com que

---

[311] GADAMER, Hans-Georg. *Verdade e método II*, 2002, p. 301.

[312] Idem. Ibidem, p. 292.

[313] STEIN, Ernildo. *Nas raízes da controvérsia*, 2009, p. XIX.

[314] Cf. ARROYO, Juan Carlos Velasco. *La teoría discursiva del derecho*: sistema jurídico y democracia en Habermas, 2000, p. 45-51.

[315] Conforme aponta D'Agostini, "hoje a diferença entre analíticos e continentais parece menos vistosa, muitos analíticos adotaram soluções, estilos argumentativos, referências típicas da tradição continental; de outra parte, pensadores continentais, como Habermas e os seus discípulos ou Apel, dialogam sobretudo com os analíticos". D'AGOSTINI, Franca. *Analíticos e continentais*, 2002, p. 91. Cremos que há algo de inacabado no diálogo habermasiano com os analíticos, especialmente na conexão entre as opções simultâneas pela pragmática e pelo "mundo da vida".

[316] Vide acima sobre a dupla estrutura da linguagem e o lugar da transcendência.

[317] Jean Grondin aponta uma passagem em Verdade e método onde Gadamer acentua a diferença entre as expressões que denotam as duas formas de linguagem, traduzidas na edição espanhola pelas ex-

ambos falassem em "linguagem natural", "*medium*" e "competência comunicativa", por exemplo, ignorando um dado central ao debate.

Assim, a questão central aqui volta a ser a conclusão heideggeriada de que a verdade não cabe no *logos*. Quem assume uma matriz heideggeriana – a exemplo de Gadamer – não apenas tem consciência de tal fato, como deve levar em consideração todas as suas consequências, inclusive o ônus das nossas limitações epistemológicas. Quando Gadamer, portanto, afirma a universalidade da hermenêutica na medida em que "o ser que pode ser compreendido é linguagem", está se referindo à universalidade de uma dimensão pré-reflexiva, antecipadora e estruturante equivalente ao "como hermenêutico" de Heidegger. Essa dimensão da linguagem – a qual pertencemos, e não o contrário – é o que proporciona as nossas possibilidades no mundo. A outra dimensão, equivalente ao "enquanto apofântico", é secundária e admite o neologismo artificial dos sistemas científicos. O *medium* em que vivemos não é o apofântico, mas sim o hermenêutico. Não precisamos nos comunicar "apofanticamente" para compreender o mundo, isto porque já somos "comunicação". Ao dizermos algo, já compreendemos e, portanto, estaremos necessariamente na tradição. Este é o grande impasse entre Gadamer e Habermas. Enquanto este vê a linguagem como um mecanismo que viabiliza a comunicação, aquele – que não ignora as possibilidades artificiais do apofântico – vê como inexorável o fato de estarmos sempre implicados no plano hermenêutico. Não há – e aqui concordamos com Habermas – uma universalidade da linguagem apofântica, razão pela qual a artificialidade da ciência pode ultrapassar os limites de uma tradição sobre o que é "dito". A universalidade reside no "como hermenêutico", local onde se encontra tanto a verdade como a não verdade; tanto a emancipação como a submissão; tanto a autenticidade da tradição como a sua inautenticidade. Quando Habermas afirmou com Albrecht Wellmer que a pretensão da universalidade do enfoque hermenêutico só é viável se também admitimos que a tradição é também o lugar da não verdade e da perpetuação do poder, ele tinha total razão.[318] Mas, esse lugar onde o *ser* se vela e se des-vela é o hermenêutico, o que não impede, nas nossas construções temporárias, o uso de recursos artificiais voltados para a superação da tendência ao encobrimento.[319] Por isso que Gadamer afirma a todo o momento que não há uma contraposição implícita e necessária em seu título *Verdade e método*, embora qualquer tentativa metodológica deva atender aos limites daquilo que de fato acontece, sendo este alerta a grande contribuição da hermenêutica gadameriana. O grande desafio da epistemologia é criar mecanismos artificiais que nos permita ver pela frente o que antes víamos pelas costas, sem, contudo, ter a pretensão de fugir do incontornável. O primeiro passo

---

pressões "*lenguaje*" e "*linguisticidad*" e ignorada na tradução brasileira. "*Por linguisticidad entiende el únicamente el esfuerzo de nuestra finitud encaminado al lenguaje, es decir, a una comprensión: un esfuerzo que conoce muy bien los límites de los correspondientes enunciados*". GRONDIN, Jean. *Introducción a Gadamer*, 2003, p. 195-196. Na edição brasileira, a passagem que retrata essa questão foi assim traduzida: "Frente à presença avassaladora de obras de arte, a tarefa de resumir em palavras o que elas nos dizem parece uma empresa infinda e de uma distância desesperadora. Nesse sentido, o fato de que o nosso querer e poder compreender nos levem a ultrapassar sempre a sentença que se consegue pronunciar poderia muito bem motivar uma crítica da linguagem. Só que isso não muda nada na primazia básica da linguagem". GADAMER, Hans-Georg. *Verdade e método I*, 2002, p. 519.

[318] Cf. STEIN, Ernildo. *Sobre a verdade*, 2006, p. 135-147 e 167-82.

[319] Idem. Ibidem, p. 146.

para que isso ocorra consiste em, justamente, fugir do enunciado (linguagem apofântica), um lugar precário e privilegiado para o encobrimento.

2.2.4.2.2. Projeção do debate para o entorno de Verdade e justificação

O trabalho de Habermas desde a publicação da *Teoria da Ação Comunicativa* se afasta, como ele próprio admite, das discussões no terreno de uma filosofia teórica, o que implica o afastamento das questões de natureza ontológica e epistemológicas.[320] Entretanto, em uma série de textos escritos entre os anos de 1996 e 1998, Habermas retoma a pergunta pelo *ser* e pela *verdade*, trabalho que se encontra compilado em seu livro *Verdade e justificação*.[321] Essa obra marca aquilo que Evaristo Prieto Navarro chamou de "*el extraño giro de 1996*"[322] e reabre uma série de perguntas e possibilidades no debate entre a hermenêutica e a teoria discursiva, aí incluída aquela que questionaria a existência de uma aproximação ou de um distanciamento do pensamento de Habermas em relação à hermenêutica de cariz filosófico. As questões aqui colocadas indagam se a projeção desse debate para o estado atual da visão habermasiana sobre o problema da *verdade* irá nos levar a uma aproximação ou a um distanciamento entre as matrizes que ora destacamos.

Retomando o caminho que vai da hermenêutica, passa pela pragmática formal e deságua em debates mais atuais, Habermas conclui que seu conceito discursivo de *verdade* foi movido por uma "generalização excessiva do caso especial da validade de normas e juízos morais", o que hoje exigiria uma "diferenciação mais precisa entre 'verdade' e 'correção'.[323] É em torno dessa questão que Habermas promoverá um giro no seu pensamento, por ele mesmo reconhecido como a passagem de uma *teoria da verdade* assentada em um modelo discursivo – onde estariam inclusos, além dele, Peirce, Apel e Putnam – para uma concepção "que relaciona o conceito discursivo *mantido* de aceitabilidade racional a um conceito de verdade pragmático, não epistêmico, sem com isso assimilar a 'verdade' à 'assertibilidade ideal'".[324] Habermas não só assume a necessidade do giro, como o relaciona com uma crítica ao modelo discursivo-epistêmico pautado, no seu caso, na *situação ideal de fala*. Segundo ele, "uma leitura coerentemente epistêmica da explicação dada pela teoria do discurso fracassa já pelo fato de nem todas as propriedades processuais mencionadas assegurarem uma 'ligação com as capacidades humanas'",[325] ou seja, trata-se de pretensões transcendentais que ultrapassam as qualidades naturais do homem e,

---

[320] HABERMAS, Jürgen. *Verdade e justificação*. 2004, p. 7. "[...] *Conhecimento e interesse* também se viu determinado pelo primado dos questionamentos da teoria do conhecimento. Por isso ainda estavam presentes nele os temas que passaram para segundo plano no caminho para a *Teoria do agir comunicativo*. *Conhecimento e interesse* respondeu às questões básicas da filosofia teórica no sentido de um naturalismo fraco e de um realismo cognitivo calcado sobre a pragmática transcendental. Mas esses temas perderam o vigor, desde que o desiderato de uma justificação epistemológica da teoria crítica da sociedade tornou em virtude da tentativa de uma fundamentação direta pela pragmática lingüística." Idem. Ibidem. 2004, p. 13.

[321] Idem. Ibidem.

[322] NAVARRO, Evaristo Prieto. *Jürgen Habermas*: acción comunicativa e identidad política, 2003, p. 71-79.

[323] HABERMAS, Jürgen. *Verdade e justificação*, 2004, p. 15.

[324] Idem. Ibidem, p. 46-48.

[325] Idem. Ibidem, p. 255.

com isso, perdem sustentação. O consenso que resultasse de tais condições ideais – inclusão geral, participação com direitos iguais para todos, ausência de repressão e orientação pelo entendimento mútuo – ainda que se aproximasse da verdade no momento presente, não poderia ser transportada para o futuro, isto é, não estaria imune a um "pôr-a-prova futuro".[326] Para o Habermas de *Verdade e justificação*, "as teorias epistêmicas da verdade padecem em geral do fato de procurar a verdade dos enunciados no jogo de linguagem da argumentação, ou seja, onde as pretensões de verdade tornadas problemáticas são explicitamente tematizadas".[327] Finalmente, acaba reconhecendo que a equivalência entre *verdade* e o *consenso* decorrente de uma *situação ideal de fala* dependeria da verificação efetiva de tais condições,[328] o que sugere o abandono dos argumentos que até então vinha adotando na resposta aos críticos[329] que já condenavam sua teoria epistêmica ao plano utópico.

É no diálogo com Richard Rorty que Habermas buscará a sua concepção pragmática de verdade. Embora a verdade de um enunciado não possa ser mais compreendida como correspondência com algo no mundo – pois isso implicaria, nas palavras do próprio Habermas, "sair da linguagem" – seria, entretanto, possível pensar essa correspondência não mais entre palavra e coisa, mas entre a *assertiva* e a sua *justificação*.

O uso "acautelador" do predicado verdade mostra que associamos à verdade dos enunciados uma pretensão incondicional, que ultrapassa todas as evidências disponíveis; por outro lado, as evidências que fazemos valer em nosso contexto de justificação devem bastar para nos autorizar a levantar pretensões de verdade. Embora a verdade não possa ser reduzida à coerência e à assertibilidade justificada, deve haver uma relação interna entre verdade e justificação.[330]

Para Habermas, a suposição ontológica de um primado genético da natureza obrigaria também à suposição, própria do realismo cognitivo, "de um mundo objetivo, independente do espírito".[331] Todavia, está consciente de que, no interior do paradigma linguístico, "é insustentável a forma clássica de um realismo que se apoia no modelo representativo do conhecimento e na correspondência entre proposições e fatos".[332] A relação entre verdade e justificação não seria, portanto, epistemológica, mas sim derivada da existência de um mundo referencial, objetivo e comum a todos, que sustenta as nossas pretensões de verdade, o que corresponde, segundo Habermas, à constatação há muito obtida por Husserl de que "estamos desde sempre em contato com as coisas".[333]

Assim, pelo fato de o "dito verdadeiro" se relacionar a um mundo objetivo que se impõe diante de nós e pelo fato de esse mundo ser, necessariamente, comum a todos nós, a verdade não dependeria de processos argumentativos para ser construída. Um dizer equivocado sobre o mundo objetivo – ainda que legitimado pelas

---

[326] HABERMAS, Jürgen. *Verdade e justificação*, 2004, p. 255.
[327] Idem. Ibidem, p. 285.
[328] Idem. Ibidem, p. 284.
[329] Cf. TUGENDHAT, Ernst. *Lições sobre ética*, 2003.
[330] HABERMAS, Jürgen. *Verdade e justificação*, 2004, p. 243.
[331] Idem. Ibidem, p. 17.
[332] Idem. Ibidem, p. 17.
[333] Idem. Ibidem, p. 245.

condições ideais do discurso – não tornaria verdadeiro o que já não era, sendo que, "quando eles falham, o mundo não mais joga junto da maneira esperada".[334] A rigor, a simples referência de mundo já é suficiente para que tenhamos pretensões de dizer a verdade. Contudo, Habermas reconhece que o acesso a esse mundo não pode ser imediato, mas dependerá sempre da linguagem; reconhece também que o enunciado, embora relacionado ao mundo objetivo, dirige-se ao mundo intersubjetivo. Tais constatações exigem que, admitida transcendentalmente, a verdade possível ainda deve ser concebida por uma perspectiva pragmática. É neste contexto complementar e pragmático – e não constitutivo da verdade – que mantém a validade de sua teoria discursiva no âmbito da verdade. Ainda que nada garanta que os discursos atuais se tornem obsoletos com novas formas de aprendizagem, "temos de nos contentar com a aceitabilidade racional nas condições ideais possíveis como uma prova suficiente de verdade".[335] Isso nos colocaria diante de um paradoxo: embora empreguemos o predicado de verdade em um sentido absoluto, o convencimento de que a encontramos se pauta, tão somente, em razões justificadoras.[336]

Mas as investigações de Habermas se desenvolvem dentro de um modelo teórico de análise descentrada de mundo e, em sendo assim, as conclusões sobre a verdade não podem ser, necessariamente, transportadas para a *correção*, que não está relacionada com o mundo objetivo, mas sim com questões atinentes ao mundo ético. Embora com pontos de aproximação, sua concepção pragmática sobre a *correção* torna ainda mais evidente a impossibilidade de uma compreensão moral por assimilação à *verdade*.[337]

> A intuição que me guia pode se caracterizar da seguinte maneira. De um lado, a correção de juízos morais se estabelece da mesma forma que a verdade de enunciados descritivos – pela argumentação. Não temos um acesso direto, não filtrado por razões, às condições de verdade, assim como não temos semelhante acesso às condições sob as quais as normas morais merecem reconhecimento universal. Em ambos os casos, portanto, a validade dos enunciados não pode resistir à prova senão passando discursivamente pelo médium de razões disponíveis. De outro lado, falta às pretensões de validade moral a referência ao mundo, característica das pretensões de verdade. A "verdade" é um conceito que transcende toda justificação também não pode ser identificado com o conceito de assertibilidade idealmente justificada. Ele aponta antes para condições que de certo modo devem ser preenchidas pela própria realidade. Em contrapartida, o sentido de "correção" reduz-se a uma aceitabilidade idealmente justificada. Pois, ao construir um mundo de relações interpessoais bem ordenadas, contribuímos, nós mesmos, para preencher as condições de validade dos juízos e normas morais. No entanto, essa construção está sujeita a limitações que não estão a nosso dispor; do contrário não se poderia falar de discernimento moral. A ausência de conotações ontológicas não pode prejudicar a pretensão de validade universal ou incondicional. Essa pretensão se mede por condições sociais e relações de conhecimento recíproco, que merecem ser aceitas como justas por todos os envolvidos.[338]

Embora Habermas negue a existência de um mundo de referência, não assume uma concepção cética diante do universo moral e das pretensões de correção. No lu-

---

[334] HABERMAS, Jürgen. *Verdade e justificação*, 2004, p. 288.
[335] Idem. Ibidem, p. 284.
[336] Idem. Ibidem, p. 282.
[337] Idem. Ibidem, p. 288-289.
[338] Idem. Ibidem, p. 279-280.

gar desse mundo que transcende à ideia de justificação, "entra a orientação por uma ampliação das fronteiras da comunidade social e de seu consenso axiológico",[339] o que permitiria aos envolvidos a pretensão de uma "única resposta correta".[340] Se o mundo objetivo que se oferece como referência universal para as pretensões de verdade não pode estar presente nos discursos de moralidade, o "projeto de um mundo de relações interpessoais bem-ordenadas e totalmente inclusivo"[341] sustentaria os discursos que envolvem a validade corretiva.

Desse modo, diferentemente da pretensão de verdade – que ultrapassa a justificação – a assertibilidade idealmente justificada de uma norma dependerá, necessariamente, dos discursos de fundamentação. Com isso, para que uma norma moral seja válida é necessário que a sua construção se dê em condições ideais de justificação, o que faz da correção um "conceito epistêmico".[342] Essa conclusão faz com que seja mantida como verdadeira a máxima de que a validade normativa – *correção* – é igual a *consenso*.[343] Se para a *verdade* o conceito de Habermas assume uma versão transcendental-pragmática, para a *correção* só lhe resta uma concepção pragmática. O naturalismo fraco de Habermas – em contraposição ao naturalismo forte de Apel – perde ainda mais a sua força diante de sua perspectiva pragmática. O mundo da vida, que exercia um papel decisivo para a institucionalização da moral em trabalhos como a *Teoria da ação comunicativa*, não mais será visto como algo capaz de cumprir essa função, o que já era percebido desde *Direito e democracia.*[344] Em *Verdade e justificação*, ainda que Habermas não negue o primado epistêmico do mundo da vida,[345] sua pluralidade impede qualquer tentativa de torná-lo um mundo de referência substancial, embora permita a descoberta de "aspectos transcendentais *universalmente difundidos* que caracterizem as estruturas das formas de vida socioculturais *em geral*".[346] Assim, "o *medium* estruturante do mundo da vida representa [apenas][347] uma forma empiricamente universal de comunicação, para a qual não há alternativa em nenhuma das formas de vida conhecidas".[348]

> O cenário do pluralismo de visões de mundo e da desintegração do *ethos* comunitário deve nos fazer lembrar por que os membros de sociedades modernas tomam consciência de que, mesmo para além de padrões axiológicos fundamentais, pode haver uma dissensão racional e por que são confrontados com a tarefa de fazer esforços pessoais para acordar em conjunto

---

[339] HABERMAS, Jürgen. *Verdade e justificação*, 2004, p. 290.

[340] Idem. Ibidem, p. 289.

[341] Idem. Ibidem, p. 294.

[342] Idem. Ibidem, p. 291.

[343] Não é por outra razão que Lenio Streck mantém o seu debate com Habermas, mesmo após o giro de *Verdade e justificação*, em torno da polaridade entre "verdade" e "consenso". STRECK, Lenio. *Verdade e consenso*, 2009.

[344] HABERMAS, Jurgen. *Faticidad y validez*, 2001.

[345] Idem. *Verdade e justificação*, 2004, p. 39.

[346] Idem. Ibidem, p. 28.

[347] Embora seja esse o significado do *mundo da vida* para o novo pragmatismo de Habermas, ele faz referência à existência de núcleos de valores fundamentais evidentes por si mesmos e com uma ligação antropológica forte, tais como integridade física, saúde, liberdade para ir e vir, proteção contra a fraude, ofensa e abandono. Entretanto, afirma também que "temos de compreender as questões morais como questões epistêmicas, mesmo quando o estoque de convicções éticas fundamentais, do qual dispõe o mundo da vida, está esgotado." HABERMAS, Jürgen. *Verdade e justificação*, 2004, p. 303 e 307.

[348] Idem. Ibidem, p. 28.

sobre as normas de uma convivência justa. O universo moral perde a aparência ontológica de algo dado e é visto como algo construído.[349]

A redução do *mundo da vida* a um material empírico do qual se extrai a universalidade de um padrão formal de comunicação, exigiu, como referido por Habermas, a construção de um mundo de referência para a solução de conflitos. Esse mundo é produzido artificialmente por estruturas contrafáticas e, para tanto, deve obedecer, necessariamente, a "dois níveis" epistemológicos: um responsável pela construção dos "discursos de fundamentação" e outro relacionado ao momento da ação propriamente dita, onde a justificação se dá por "discursos de aplicação".[350] Essa distinção foi e permanece decisiva para o direito, especialmente para a tese sustentada por Günther e, no particular, também por Habermas.

> O acordo realizado "em dois níveis" nos discursos morais de fundamentação e aplicação está até mesmo sob uma dupla reserva falibilista. Retrospectivamente, podemos nos dar conta tanto de que nos enganamos a respeito dos pressupostos da argumentação como de que não prevemos certas circunstâncias relevantes.[351]

Nota-se que, diferentemente da validade sobre o mundo objetivo que se impõe e pode ser considerado como um ponto de referência constante, a correção encontra-se, ainda, totalmente dependente das condições epistêmicas. Neste sentido, a dúvida sobre as potencialidades transformadoras dessa teoria pragmática continuam presentes: como garantir a *situação ideal de fala* e, com isso, chegar a um consenso válido em torno de questões morais? Habermas mantém a ideia de que a *situação ideal de fala* não obedece ao código binário presente-ausente e a vê como "um design a exigir dos participantes da argumentação uma atitude autocrítica e a troca empática das perspectivas de interpretação".[352] Com isso, aposta em um modelo "obrigacional", já que a solução de um conflito que envolve questões morais "exige que cada participante seja sincero mesmo com relação a si próprio, e que também não tome partido em relação às interpretações que os outros dão de si próprios e da situação". Estaríamos diante de uma "ética da obrigação"? Até que ponto a aposta na "obrigação" como condição de possibilidade para a realização da prática comunicativa "libertadora" não aproximaria Habermas do naturalismo forte em torno do qual Apel sustenta sua "ética da responsabilidade"?

Para além de tais questionamentos, ainda necessitamos projetar as novas conclusões de Habermas para o debate com a hermenêutica filosófica. *Verdade e justificação* apresenta, em muitos aspectos, uma aproximação com o pensamento hermenêutico, revelando pontos de convergência permitidos pelo distanciamento histórico. Por outro lado, não apenas acentua velhas diferenças, como nega alguns acordos que antes existiam entre ambas. Há, portanto, uma aproximação ambígua a ser analisada.

O ponto de aproximação mais notório é, certamente, a consolidação da ideia de que a linguagem é incontornável mesmo quando estamos diante de processos cognitivos voltados para o mundo objetivo. São diversas as passagens em *Verdade*

---

[349] HABERMAS, Jürgen. *Verdade e justificação*, 2004, p. 297.
[350] Idem. Ibidem, p. 292.
[351] Idem. Ibidem, p. 292.
[352] Idem. Ibidem, p. 304-305.

e justificação onde Habermas assume tal constatação, a exemplo daquela em que ele afirma que "a realidade com a qual confrontamos nossas proposições não é uma realidade 'nua', mas já, ela própria, impregnada pela linguagem".[353] Habermas também admite, sem as ressalvas presentes no *Discurso filosófico da modernidade*, que, juntamente com Wittgenstein, uma das frentes do giro linguístico se deu com Heidegger,[354] oportunidade em que destaca a relação entre *linguagem* e *abertura de mundo* já presente em *Ser e tempo*. Entretanto, ainda mantém a ideia de que Heidegger teria conferido ao *Dasein* um acesso privilegiado ao ser,[355] cabendo apenas a Gadamer o *giro pragmático* da "busca de entendimento mútuo entre autor e intérprete".[356] Protagonistas das transformações da filosofia no séc. XX, ele constata em um balanço final que "a filosofia hermenêutica e a analítica formam tradições menos concorrentes do que complementares".[357]

No que diz respeito à noção de verdade – isto é, pretensões de validade face ao mundo objetivo – o transcendentalismo de Habermas o aproxima do pensamento heideggeriano. A forte conotação ontológica dessa nova concepção – não obstante a solução pragmática – faz com que a diferença entre um mundo objetivo e o seu acesso linguístico seja verificada de modo semelhante à diferença ontológica de Heidegger. Para este, o real e o existente se diferem na medida em que o real, embora só seja percebido enquanto existente, pode estar presente no mundo de modo incógnito. O reconhecimento de que a verdade no sentido transcendental independe do consenso não deixa de ser, portanto, uma aproximação entre Habermas e a hermenêutica. A ideia de que a verdade, embora transcendental, não pode ser acessada diretamente e, com isso, depende da linguagem[358] e do diálogo, impõe também uma "consciência falibilista"[359] que constitui o pressuposto que levou Gadamer a propor a *vigilância* como sendo um elemento necessário ao acontecer da verdade. A manifestação pragmática da verdade – a "assertibilidade racionalmente justificada" – portanto, poderá ou não corresponder ao verdadeiro, mas isso não impediria que falássemos dela. Enquanto o mundo estiver "jogando" conosco e estiver cessada a interpretação, elas serão presumidas como dados correspondentes. De todo modo, o aprimoramento dos processos de aprendizagem impulsionado pela nossa "consciência falibilista" poderá modificar as nossas convicções, destronando a racionalidade de outrora e constituindo outra tão falível quanto.[360] Esse paradoxo há muito já havia sido descrito por Heidegger quando afirmava que o *ser* que se desvela também encobre, ou seja, sempre estaremos na verdade e na não verdade.[361]

Entretanto, no que toca à correção, Habermas abre mão de um mundo referencial e, consequentemente, de uma concepção transcendental de validade moral,

---

[353] HABERMAS, Jürgen. *Verdade e justificação*, 2004, p. 45. Ver também as páginas 128, 233-235, 242, 244 e 306.
[354] Idem. Ibidem, p. 63.
[355] Idem. Ibidem, p. 34.
[356] Idem. Ibidem, p. 86.
[357] Idem. Ibidem, p. 64.
[358] "Não podemos confrontar o nossas proposições diretamente com uma realidade que já não seja, ela mesma, impregnada pela linguagem". Idem. Ibidem, p. 281.
[359] Idem. Ibidem, p. 257.
[360] Idem. Ibidem, p. 52.
[361] Cf. STEIN, Ernildo. *Sobre a verdade*, 2006, p. 25.

acentuando sua perspectiva pragmática e se afastando ainda mais, ao menos nesse particular, do paradigma hermenêutico. Para a matriz hermenêutica a diluição de sentidos e da capacidade de institucionalização prévia de valores morais, marca do pluralismo da sociedade moderna, não retira as possibilidades de se identificar pontos de referência para a correção moral-prática. Primeiro, porque a hermenêutica não concebe a discussão dos juízos morais no plano apofântico da ética discursiva e, com isso, não tem a pretensão de construir discursos de fundamentação prévios e universais. A hermenêutica congrega *compreensão* e *aplicação* – ponto que o Habermas da década de 60 destacava como uma virtude, uma vez que associava *idealismo* e *práxis* – mantendo, portanto, uma referência na faticidade. Segundo, porque a moral não surge de uma discussão *contrafática*, mas de um *ente* que é desvelado em seu *ethos*. Além disso, o sentido que se desvela se sustenta em um nível hermenêutico que, não obstante a diluição de sentidos decorrente do pluralismo, conecta em algum ponto aqueles que divergem. Esse ponto de contato não será a constatação empírica, como defende Habermas, da presença universal de uma estrutura padrão de comunicação, mas um sentido de mundo – por menor que seja – que exerce uma força comunitária atrativa.

Mas, por que à hermenêutica é possibilitada a manutenção de um mundo referencial e ao novo modelo de Habermas não? Aqui retornamos ao mesmo ponto, diagnosticado acima como as razões do desencontro entre essas duas matrizes: a visão que possuem sobre a *linguagem*. Em *Verdade e justificação*, como vimos, Habermas é impulsionado para a construção de um modelo transcendental de validade e o constrói no que se refere ao mundo natural, mas o abandona no que toca à correção moral-prática. Esse impulso é provocado pelo arrefecimento das possibilidades do consenso e pela admissão de dificuldades práticas de implementação das condições epistemológicas necessárias à validade do acordo. Tudo isso é possibilitado por um mundo transcendental, que ultrapassa as nossas possibilidades, mas que em Habermas está limitado ao mundo objetivo. A hermenêutica, por sua vez, resolve a diferença entre o objetivo e o comunicativo na diferença ontológica e admite a possibilidade de um mundo transcendental universal, que terá como condição de possibilidade a existência de um "como" hermenêutico, ou seja, de uma linguagem à qual pertencemos e na qual estamos imersos desde-já-e-sempre.

Embora Habermas admita a incontornabilidade da linguagem, ainda se refere ao nível apofântico. Assume que a filosofia analítica, identificada em figuras que são influências decisivas em seu pensamento, tais como Frege, Quine e Davidson, atém-se ao primado da proposição enunciativa,[362] mas ainda assim mantém firme a sua visão "enunciativa" de linguagem. O "sucesso mundial de Quine", segundo o próprio Habermas, estaria associado a um modelo filosófico que encontra como único recurso a "análise conceitual".[363] A pergunta pela verdade, uma vez sustentada nessa tradição, manteve em Habermas uma herança do modelo representacionista, fazendo com que ele próprio continue reconhecendo a verdade "como uma propriedade inalienável dos enunciados".[364] Até mesmo no que toca à verdade no sentido estrito – validade face ao mundo objetivo – embora avance em direção a

---

[362] HABERMAS, Jürgen. *Verdade e justificação*, 2004, p. 9.
[363] Idem. Ibidem, p. 32.
[364] Idem. Ibidem, p. 243.

uma dimensão transcendental, constrói na dimensão pragmática da "assertibilidade racional" possibilidades restritas ao plano apofântico. Mesmo quando trata da incontornabilidade da linguagem, sempre fica claro que se trata de uma verdade das *opiniões, sentenças*[365] e *enunciados.*[366] Até mesmo o que é real, que em Habermas estaria relacionado ao existente, "é tudo o que é o caso e que pode ser representado em enunciados verdadeiros".[367]

Já dissemos que os desencontros entre a dialética habermasiana e a hermenêutica foram acentuados, coincidentemente, pela ausência de integração entre Gadamer e Habermas no que toca sentido empregado à *linguagem*. Ambos estavam sustentados em uma dimensão hermenêutica que possuía um rico e produtivo espaço consensual, mas deficiências no necessário processo *heterorreflexivo* impediram o alinhamento compreensivo ou, pelo menos, o deslocamento do debate para o "problema mesmo". Já em *Verdade e justificação*, diferentemente do que ocorreu nos debates entre os anos de 1960 e 1980, Habermas demonstra perceber a existência de uma "dobra" da linguagem na concepção hermenêutica, embora não veja nela um horizonte *pré-reflexivo* com potencialidades racionais.

> A primazia do "como hermenêutico" sobre o "como predicativo" fundamenta a diferença fundamental em relação à concepção semântica de verdade. Também segundo esta tese, o sentido das expressões linguísticas determina as possibilidades de verdade de uma proposição construída com o auxílio delas. Mas isso não significa que, no nível semântico, está *pré-decidido de maneira irrevogável* quais propriedades se atribuem duradouramente a qual categoria de objetos.

Para Habermas, o "como hermenêutico" seria a prova de que "a hermenêutica filosófica desconhece o direito autônomo da função cognitiva da linguagem e o sentido próprio da estrutura proposicional do enunciado" e, com isso, excluiria uma "influência recíproca entre o saber linguístico e o do mundo".[368] Mas, embora não se reconheça o direito autônomo da função cognitiva da dimensão apofântica da linguagem – justamente pelo fato de ser ela sempre derivada – nem Heidegger, nem muito menos Gadamer, elimina a participação da linguagem proposicional nos processos de aprendizagem. Apenas, não vê nessa dimensão o "lugar" da transcendência, na medida em que sempre haverá o precedente compreensivo do "como hermenêutico". Gadamer, ao acentuar o diálogo como necessário ao acontecer da verdade – fato reconhecido e condecorado pelo próprio Habermas – não está fazendo outra coisa senão preconizar a participação do "como apofântico" nos processo de aprendizagem. Como Habermas pode afirmar que a linguagem apofântica é incontornável e confiar a ela processos de aprendizagem que resultam em um neologismo científico? O neologismo científico viria de onde? Daquilo que ela própria contornou, sendo que não poderia fazê-lo? Somente a hermenêutica filosófica explica o neologismo científico e o compatibiliza com a incontornabilidade da linguagem, na medida em que ciência é uma forma poética de ser. A verdade não cabe nos enunciados científicos. Estes apenas querem dizer "como" *apofântico* aquilo que já compreendemos "como" *hermenêutico*. Por isso podemos, enquanto poetas, dizer aquilo que nunca

---

[365] HABERMAS, Jürgen. *Verdade e justificação*, 2004, p. 242.
[366] Idem. Ibidem, p. 282.
[367] Idem. Ibidem, p. 35.
[368] Idem. Ibidem, p. 81.

foi dito. Como já afirmamos acima, o "como" *apofântico* não é universal, e as linguagens artificiais das ciências podem ser reinventadas e, dialogicamente, interferir nos processos de aprendizagem, que não passam de desvelamentos daquilo que já se deu. Antes que Newton afirmasse que a força gravitacional é igual ao produto entre a massa e a aceleração de um corpo, ele havia compreendido a queda da maçã.

2.3. VERDADE E DIÁLOGO NA HERMENÊUTICA FILOSÓFICA

A pergunta sobre a verdade é uma constante no pensamento de Heidegger e, como podemos observar com Stein, a análise dessa temática exige a observância de três aspectos fundamentais. Em primeiro lugar, "o famoso §44 de *Ser e tempo*, dentro da própria obra; em segundo lugar, a questão situada no contexto dos anos 20 e, em terceiro lugar, o que representa o problema da verdade no conjunto de sua obra até hoje publicada".[369] Para além de *Ser e tempo*, mas ainda sobre o seu influxo, o tema continuará sendo recorrente, a exemplo dos seminários oferecidos em Freiburg no semestre de inverno de 1928-1929,[370] onde a questão surge a despeito da relação entre filosofia e ciência. Nos trabalhos após 1930, quando a "viravolta" leva Heidegger a desenvolver uma "Filosofia da História da Filosofia",[371] a pergunta sobre a verdade continuará em pauta, mas agora marcada pela troca de sinais decorrentes da perspectiva do "retorno", quando a questão da "essência da verdade" é substituída pela "verdade da essência", já que "não se trata simplesmente de uma definição metafísica essencialista da verdade, mas de tomar a verdade na medida em que ela é a manifestação fenomenológica da questão do ser".[372] Essa "virada" não representa o abandono do método fenomenológico,[373] mas uma nova perspectiva que se abre para o acesso à história do ser, uma história "que nos determina com o nosso projeto de compreensão do ser e que nos limita",[374] visão que será determinante para a construção por Gadamer de *Verdade e método*[375] e, consequentemente, para as nossas investigações.

2.3.1. A proposição não é o lugar da verdade

A pré-história de seus estudos sobre a verdade pode hoje ser facilmente percebida com a publicação de suas obras completas, impondo a conclusão de que o § 44 já deve ser considerado como a síntese de uma preocupação corrente no pensamento de Heidegger, principalmente quando nos deparamos com os seminários do semestre de inverno entre 1925 e 1926, onde a pergunta pela verdade ainda gi-

---

[369] STEIN, Ernildo. *Sobre a verdade*, 2006, p. 18.
[370] Cf. HEIDEGGER, Martin. *Introdução à filosofia*, 2008.
[371] STEIN, Ernildo. *Sobre a verdade*, 2006, p. 29. Cf. HEIDEGGER, Martin. *Sobre a essência da verdade*, 2005, p. 149-170. HEIDEGGER, Martin. *Ser e verdade*, 2007.
[372] STEIN, Ernildo. *Sobre a verdade*, 2006, p. 29.
[373] Idem. Ibidem, p. 29.
[374] Idem. Ibidem, p. 29.
[375] Idem. Ibidem, p. 30.

rava em torno do problema da *lógica*.[376] Ali analisará, preliminarmente, o contexto da discussão em torno da verdade, partindo da crítica que Husserl levanta contra o psicologismo[377] e pondo como núcleo do problema a radicalização das diferentes abordagens da época, isto é, a separação em princípio tão evidente entre o *real* e o *ideal*.[378] Nestes prolegômenos, mostra como a figura da intencionalidade de Husserl representa um avanço em relação ao psicologismo, na medida em que o seu conceito de intencionalidade mostrava que a manifestação psíquica é, necessariamente, um dirigir-se a algo.

> El pensamiento es pensamiento de lo pensado, precisamente porque el pensamiento en tanto que algo psíquico tiene ya necesariamente la estructura del dirigirse-a-algo. El pensamiento, en tanto que algo psíquico, en aquello que está referido ya de entrada a algo. No es primeramente algo sólo real que de alguna manera esté dentro de la consciencia y que luego, mediante algún tipo de mecanismo, se refiera posteriormente a algo externo. [...] lo psíquico se da primero y únicamente como este mismo dirigirse: en calidad de tal es "real".[379]

Com isso Husserl indica um caminho que sugere a conexão entre o *ideal* e o *real*, na medida em que o pensamento é pensamento de algo, ainda que deixe em aberto o sentido claro da crítica ao psicologismo, pois o foco de suas investigações fenomenológicas ainda conferia primazia à concreta estrutura intencional.[380] Limitando-se à busca do que há de positivo nas investigações fenomenológicas para explicitação do fenômeno da verdade, Heidegger perceberá um deslocamento da pergunta.

> Hasta ahora hemos encontrado la verdad como una determinación de la proposición, como su "constitución". La proposición verdadera, la proposición a la que corresponde la verdad, vale: es una verdad. Esta característica pertenece al campo de lo válido, del ser ideal. Pero ahora la pregunta es más bien por la relación entre lo real y lo ideal, y, mas exactamente, por el fenómeno en el que la relación ha de ser posible. En las consideraciones anteriores, la verdad estaba orientada a la proposición, al enunciado, al λόγος en un determinado significado reducido; en lo sucesivo, brevemente: "λόγος-verdad".[381]

Esse deslocamento marcará as investigações de Heidegger e se tornará o fio condutor de sua concepção de verdade. A tese de que a proposição não é o lugar da verdade e de que a verdade é mais originária constituirá o pivô de inúmeras abordagens com diferentes perspectivas. Nos seminários de inverno de 1925-1926 seguirá desconstruindo a interpretação corrente de λόγος nos gregos, especialmente em Aristóteles e suas implicações na fenomenologia.

Em *Ser e tempo*, abandona a abordagem metacrítica da intencionalidade de Husserl e parte de sua própria analítica (existencial) para estabelecer a relação da verdade com *Dasein*,[382] constatando que, por estar sempre ligada ao *ser* através de um nexo originário, "o fenômeno da verdade remete ao âmbito da problemática

---

[376] Cf. HEIDEGGER, Martin. *Lógica: la pregunta por la verdad*, 2004.
[377] Cf. STEIN, Ernildo. *Sobre a verdade*, 2006, p. 26-27.
[378] HEIDEGGER, Martin. *Lógica: la pregunta por la verdad*, 2004, p. 80.
[379] Idem. Ibidem, p. 84.
[380] Idem. Ibidem, p. 86.
[381] Idem. Ibidem, p. 86-87.
[382] STEIN, Ernildo. *Sobre a verdade*, 2006, p. 22.

ontológica fundamental".[383] A partir daí, sua abordagem fenomenológica parte para a análise do conceito tradicional de verdade, que permitirá uma desconstrução do caráter originário da proposição, levando-o, ao mesmo tempo, ao esclarecimento sobre o sentido ontológico da verdade.

Para Heidegger, o conceito tradicional de verdade está pautado em três teses que caracterizam a apreensão da essência da verdade. A primeira diz respeito ao fato de se considerar a proposição o *lugar* da verdade; a segunda, ao fato de que a "essência da verdade" reside na concordância entre o juízo proposicional e seu objeto; a terceira, ao fato de ser atribuído a Aristóteles não apenas o surgimento da lógica, como também a concepção de verdade como concordância.[384] A desconstrução do conceito tradicional de verdade passa, portanto, pela revisão dessas três teses centrais, na medida em que, para Heidegger, não foi Aristóteles quem explicou as duas primeiras, tampouco teria ele, indiretamente, ensinado aquilo que elas afirmam, consoante a sugestão presente na terceira tese.[385]

A nova interpretação empreendida por Heidegger o leva a crer que Aristóteles em nenhum momento define a verdade como um fenômeno que remonta à proposição, sendo que, ao relacionar λόγος (proposição) com verdade, o faz de tal modo que a proposição é que será definida mediante a verdade e não a verdade mediante a proposição. A proposição se volta para aquilo que "pode ser verdadeiro", definindo-a (proposição enunciativa) como o discurso que pode ser verdadeiro ou falso.[386] Desse modo, além de inverter os sinais e colocar a proposição a serviço da verdade, o faz mediante a possibilidade de ser tanto verdadeira como falsa. Para Aristóteles, corresponde à proposição a alternativa *verdadeiro* ou *falso* e, em sendo assim, ela não pode ser aquilo que tem que existir para que a verdade possa ser aquilo que já é.[387] O fato de uma proposição poder ser falsa é a prova inequívoca de que a verdade não está na proposição. O pano de fundo desse desvio está, segundo Heidegger, na tradução das passagens em que Aristóteles se refere ao problema da verdade. A expressão que os gregos se utilizavam para "ser verdadeiro" significa literalmente ἀληθεύειν, isto é, o mesmo que desencobrir no sentido de desvelar, retirar do ocultamento.[388] O antônimo dessa expressão não será, tampouco, a expressão "falso", pois aquilo que não está desvelado está, em verdade, *velado*. É curioso notar que, por essa releitura, a verdade assume o polo negativo no antagonismo com o seu oposto, que, por sua vez, será retratado em grego com um sentido positivo. Assim, ἀλήθεια (*aletheia*) é o que hoje traduzimos pela expressão "verdade", quando em grego vem precedida pelo prefixo "ἀ", que indica a negatividade. Já o sentido contrário de ἀλήθεια é ψεῦδος, expressão que denota um sentido positivo.[389] Essa desconstrução etimológica da verdade remete Heidegger às raízes veladas dessa questão e mostra o seu sentido mais originário, colocando-a como *des-velamento*. Desse modo, a proposição enquanto

---

[383] HEIDEGGER, Martin. *Ser e tempo*, 2005, p. 281.
[384] Idem. Ibidem, p. 282. As três teses já estavam expostas desde 1925 nos seminários sobre Lógica. Cf. HEIDEGGER, Martin. *Lógica*: la pregunta por la verdad, 2004, p. 108.
[385] Idem. Ibidem, p. 108.
[386] *"La proposición está definida en referencia a la verdad, y no al revés, que la verdad procede de la proposición"*. Idem. Ibidem, p. 108.
[387] Idem. Ibidem, p. 109.
[388] Idem. Ibidem, p. 110.
[389] Idem. *Da essência da verdade*, 2007, p. 234.

λόγος não é aquilo que carrega a verdade, mas, por uma perspectiva mais originária, aquilo que serve para des-velar. A proposição não carrega a verdade, não é o lugar da verdade, mas aquilo que se volta para o que deve ser des-velado, isto é, para aquilo que está velado. A essência da proposição, dirá Heidegger, é ἀποφαίνεσθαι, ou seja, "fazer ver um ente", desencobri-lo, desocultá-lo. Fazer com que ele seja visto a partir dele mesmo, trazê-lo para a visão, mostrá-lo.

A revelação do sentido originário da proposição repercute diretamente no conceito tradicional de verdade, identificada por Heidegger como uma "concordância".[390] Admitindo que não se trata de uma análise completa, mas da identificação de um "esquema básico" dessa concepção de verdade, Heidegger a compreende como uma teoria que concebe o verdadeiro como "aquilo que está de acordo, que concorda".[391] Esse esquema pode se manifestar de duas maneiras: a) a conformidade entre uma coisa e o que dela previamente se presume ou b) a conformidade entre o que é significado pela enunciação e a coisa,[392] embora resuma seu esquema básico à "concordância entre a sentença e a coisa".[393] Com isso, abre-se a possibilidade do reverso, isto é, da não concordância entre a enunciação e a coisa, o que caracterizaria a não verdade, o não estar de acordo.[394] Mas, por que falamos em "concordância" ou "correspondência"? Qual a sua (aparente) condição de possibilidade? Heidegger lança tais questões e segue em busca das razões pelas quais nos deixamos levar pela aparente "concordância" entre enunciação e coisa. Em primeiro lugar, para que houvesse uma relação entre uma enunciação sob a forma proposicional e uma coisa, ambos deveriam ter existência substancial independentes. Deveria, para tanto, ser possível olhar o enunciado e compreendê-lo; em seguida, olhar a coisa, compreendê-la e, em um terceiro momento, identificar o acordo entre ambas. Mas o que Heidegger chama atenção é para o fato de o enunciado só fazer sentido diante do *ente*, sendo o sentido do enunciado, no fundo, o sentido daquele ente que o enunciado faz ver. Como seria, então, possível comparar a coisa consigo mesma? A partir do momento em que deslocamos a verdade para fora do enunciado (da proposição), perdemos um dos polos da comparação e somos, consequentemente, forçados a ir ao encontro do *ente* e deixar que ele venha à fala.[395] Com isso, podemos concluir que a

---

[390] Esse conceito tradicional de verdade é comumente retratado por outros autores como sendo a *correspondência* entre proposição e *coisa*. Cf. KIRKHAM, Richard L. *Teorias da verdade*, 2003, p. 173--174.

[391] HEIDEGGER, Martin. *Sobre a essência da verdade*, 2005, p. 155.

[392] Idem. Ibidem, p. 155-156.

[393] Idem. Ibidem, p. 132

[394] Idem. Ibidem, p. 157.

[395] "A realização da enunciação representativa com a coisa é a realização desta referência; esta se realiza originariamente e cada vez, como o desencadear de um comportamento. Todo comportamento, porém, se caracteriza pelo fato de, estabelecido no seio do aberto, se manter referido àquilo que é manifesto enquanto tal. Somente isto que, assim, no sentido estrito da palavra, está manifesto foi experimentado precocemente pelo pensamento ocidental como "aquilo que está presente" e já, desde há muito tempo, é chamado "ente". [...] Todo trabalho e toda realização, toda ação e toda previsão, se mantém na abertura de um âmbito aberto no seio do qual o ente se põe propriamente e se torna suscetível de ser expresso naquilo que é e como é. Isto somente acontece quando o ente mesmo se pro-põe, na enunciação que o apresenta, de tal maneira que a esta enunciação se submete a ordem de exprimir o ente assim como é. [...] Assim, cai por terra a atribuição tradicional e exclusiva da verdade à enunciação, tida como o único lugar essencial da verdade. A verdade originária não tem sua morada original na proposição. Mas, surge simultaneamente a seguinte questão: qual é o fundamento da possibilidade

relação entre *verdade* e *proposição* decorre, no fundo, da compreensão de um *ente* que foi por esta iluminado. A proposição, por sua vez, só é possibilitada por uma antecipação de sentido relativo ao *ente*, o que, mais uma vez, exige o deslocamento de nossas atenções para o pano de fundo hermenêutico.

A terceira e última tese esboçada sobre as concepções clássicas – a de que Aristóteles seria o "pai" da ideia de proposição como sendo o lugar da verdade – é derrubada naturalmente pela desconstrução das outras duas. Não apenas Aristóteles, mas os gregos de um modo geral, não viam a proposição como o lugar privilegiado da verdade, entendendo o *logos* como algo que ilumina o *ente* e que faz com que ele seja visto. Esse caráter derivado da proposição assume o *ente* como aquele dado objetivo a partir do qual a verdade acontecerá, impedindo qualquer tipo de *correspondência*. Mas, se essa conclusão é, por um lado, necessária para descortinar a visão tradicional de verdade, é, por outro, perigosa, na medida em que pode encobrir o modo como essa verdade se dá, isto é, encobrir o *ser* através de sua entificação, um alerta que atravessa toda a obra de Heidegger quando vê na *história da filosofia* a história do encobrimento do *ser*, a *estória* de querer ver na suposta essência imanente ao *ente* o próprio *ser*.

A colocação da proposição como algo que pode "fazer ver" a verdade a coloca em um plano secundário, concebendo o lugar da verdade como algo mais originário.[396] Consoante o quanto já alertado, esse lugar originário não pode ser confundido com a essência do *ente*, na medida em que o *ser* acontece como um fenômeno no sentido fenomenológico. Aqui, retornamos àquilo que já abordamos anteriormente quando tratamos da diferença ontológica. Ir ao encontro do ente não é buscar nele a verdade que se esconde em suas entranhas objetivas, mas se abrir para o acontecer de uma verdade que se dá sob a forma do *ser*. Com isso, Heidegger demonstra a relação imanente e necessária que existe entre uma *teoria da verdade* e uma *ontologia fundamental*, revoluciona as possibilidades de ambas e promove o *giro linguístico* (na medida em que o "ser que pode ser compreendido é linguagem"). Essa relação permite perceber com mais clareza o modo "como" a verdade se dá a partir de uma estrutura "dobrada", ou seja, "como" hermenêutico e "como" apofântico, estando este fundado naquele.[397]

2.3.2. Verdade e o acontecimento do ser

Já sabemos que a verdade não está na *proposição*, sendo esta algo que faz com que o *ente* seja visto. Também sabemos que ver o *ente* não significa ver a verdade que residiria "dentro" dele, mas sim se permitir ao acontecer fenomenológico do

---

intrínseca da abertura que matem o comportamento e que se dá antecipadamente uma medida? É somente desta possibilidade intrínseca da abertura do comportamento que a conformidade da proposição recebe a aparência de realizar a essência da verdade". HEIDEGGER, Martin. *Sobre a essência da verdade*, 2005, p. 158-159.

[396] "O *logos* não é o lugar primordial da verdade porque é um método determinado de fazer ver. Ainda que se determine que a verdade pertence ao juízo, certo é que, para os gregos, o verdadeiro reside na *aistheses* mais originalmente, enquanto apreensão sensível de alguma coisa. É nela no *noein*, incapaz de encobrir, que se dá o verdadeiro desvelamento. A síntese já explica e faz ver um ente mediante outro ente e, assim, mais facilmente pode ocultar. Por isso a verdade do juízo é, de muitas maneiras, derivada." STEIN, Ernildo. *Compreensão e finitude*, 2001, p. 166-167.

[397] HEIDEGGER, Martin. *Ser e tempo*, 2005, p. 292.

ser que se dá a partir dessa abertura. Para Heidegger, "a verdade não pertence, em hipótese alguma, à consistência essencial do ente por si subsistente".[398] Verdade será tida, portanto, como um movimento, um acontecer, um desvelamento. Esse movimento não é iniciado pela intencionalidade de uma consciência prévia, ao contrário, essa "consciência" já é resultado do acontecer da verdade, que tem como condição de possibilidade a abertura ao *ente*.

> Deixar-ser siginifica o entregar-se ao ente. Isto, todavia, não deve ser compreendido apenas como simples ocupação, proteção, cuidado ou planejamento de cada ente que se encontra ou que se procurou. Deixar-ser o ente – a saber, o ente como ele é – significa entregar-se ao aberto e à sua abertura, na qual todo ente entra e permanece, e que cada ente traz, por assim dizer, consigo. Este aberto foi concebido pelo pensamento ocidental, desde o seu começo, como *ta aléthea*, o desvelado. [...] O entregar-se ao caráter de ser desvelado não quer dizer perder-se nele, mas se desdobra num recuo diante do ente a fim de que este se manifeste naquilo que é e como é, de tal maneira que a adequação apresentativa dele receba a medida.[399]

O que acontece é, portanto, o *ser* de um *ente*. Mas, caberia ainda a seguinte pergunta: quem ou o que garantiria que o *ser* que acontece é, de fato, um ser verdadeiro? A resposta a essa pergunta é uma das "pedras de toque" do pensamento de Heidegger sobre a verdade e que podem levar seus intérpretes a pontos diametralmente opostos. A rigor, nada e ninguém garantem que o *ser* que acontece é um *ser* verdadeiro, pois o lugar da verdade é também o da não verdade. "Se o ser-aí existe, ele é como tal na verdade, no desvelamento; necessariamente, ele é na verdade e na não verdade ao mesmo tempo. Ele sempre se movimenta faticamente em uma livre opção entre duas coisas".[400] Essa constatação pode receber da fenomenologia heideggeriana uma explicação mais esclarecedora. É que o *ente* nunca se mostra isoladamente, estando sempre em meio a um cojunto complexo de *entes* que, embora sempre se mostre, nunca se mostra por inteiro. Essas são variáveis que nos leva, necessariamente, a um ver parcial do *ente*, seja por que nunca o veremos como um todo, nem nunca o veremos na completude do seu contexto. Assim, quando o *ente* vem ao nosso encontro – abertura que provoca o acontecer fenomenológico do *ser* – o que se dá não é o *absoluto*. Isso não é um defeito da *verdade*, mas uma imposição das nossas limitações compreensivas, ou seja, uma limitação decorrente da nossa finitude. Para Heidegger, a verdade não pode significar "tudo que há no verdadeiro, a totalidade do verdadeiro".[401] Com isso, podemos perceber melhor o que significa a afirmação de que o *Dasein* estará sempre na *verdade* e, ao mesmo tempo, na *não verdade*. É que o acontecer da *verdade* é sempre um *vir-a-ser* de um *ente* que se mostra parcialmente, o que nos leva a crer que sempre haverá algo mais a ser visto. Ver um quadro na parede é sempre uma forma de *não ver* a parede, do mesmo modo que ver a parede é sempre uma forma de *não ver* o quadro. Ademais, ainda que o nosso projeto compreensivo antecipe um *todo* que ultrapassa o sentido que se revelaria caso pudéssemos delimitar apenas os dados sensíveis, essa abertura também não será a totalidade, pois a nossa finitude a impede. O projeto compreensivo

---

[398] HEIDEGGER, Martin. *Introdução à filosofia*, 2008, p. 159.
[399] Idem. Sobre a essência da verdade, In. *Conferências e escritos filosóficos*, 2005, p. 161.
[400] Idem. *Introdução à filosofia*, 2008, p. 163.
[401] Idem. Ibidem, p. 162.

(antecipação de sentido) não passa de uma tentativa de compreensão da totalidade, sempre frustrada pela nossa finitude.

Ainda assim, mesmo deixando de lado a pretensão de uma abertura à totalidade, ainda caberia uma outra pergunta. O que se vê, por não ser uma característica objetiva do ente, faria do acontecer da verdade uma subjetividade arbitrária? Neste ponto, encontramos o epicentro de leituras que fazem crer que a filosofia hermenêutica é relativista. Devido ao fato de o acontecer da verdade se dar na diferença ontológica e, portanto, não ser "objetivo", poderíamos crer que esse acontecer seria "subjetivo" e, portanto, arbitrário. Mas, não podemos esquecer que o paradigma heideggeriano aposta em uma terceira possibilidade. De fato, o que acontece não é o *ente* objetivamente, embora seja ele quem está sendo desvelado em seu *ser*. Mas também não é um sentido subjetivo que implique a arbitrariedade do intérprete e que coloque a compreensão à "disposição" do sujeito. O que acontece é um *ser* que não nos pertence, na medida em que somos nós que pertencemos a ele. Esse *ser* acontece *como* hermenêutico, em um projeto que não dominamos e que se antecipa independente das nossas possibilidades, o que nos permite concluir que todo acontecer antecipado é, necessariamente, um acontecer verdadeiro. Mas, como jamais será um acontecer da totalidade, implicará, também, o velamento, isto é, a não verdade.

> Toda verdade é relativa ao ser da presença na medida em que seu modo de ser possui essencialmente o caráter de pre-sença. Será que essa relatividade significa que toda verdade é "subjetiva"? Caso se interprete "subjetivo" como o que "está no arbítrio do sujeito, certamente não.[402]

O fato de o acontecer do *ser* na compreensão depender do sujeito não torna a compreensão "subjetiva" no sentido de "arbitrária". Isto porque a destranscendentalização promovida por Heidegger o retira dos trilhos solipsistas da filosofia moderna, iniciados por Descartes e aprimorados por Kant, embora não elimine o sujeito,[403] mantendo uma função determinante para os desígnios de seu próprio *ser* e de toda humanidade. Certamente, haverá algo de subjetivo na compreensão – afinal, o que acontece depende de uma "visão de mundo" e a história de vida do sujeito será determinante para tanto – mas isso não significa que esse acontecer seja um arbítrio, pois ele sequer terá tempo para optar por um projeto compreensivo determinado ou para pensar em métodos constitutivos desse projeto. Tudo chegará tarde. No acontecer originário sempre haverá a verdade, porque sempre haverá um desvelamento que trará à tona um sentido do ente que fora construído intersubjetivamente e no qual o *Dasein* estará imerso.

Só faz sentido falar em verdade porque o *eu* sempre estará *aí* com os *outros*. Se estivéssemos sozinhos e se esse *estar sozinho* significasse ausência total do *outro*, o *eu sozinho* representaria algo equivalente a *Deus*. E para *Deus* não faz sentido falar em *verdade* e em conhecimento, tampouco em diferença ontológica entre *ente* e *ser*. Só falamos em verdade e em conhecimento porque há um mundo de sentido

---

[402] HEIDEGGER, Martin. *Ser e tempo*, 2005, p. 296.
[403] "No sentido tradicional, o sujeito é um eu inicialmente encapsulado em si e cindido de todos os outros entes, um eu que se comporta de maneira bastante auto-efervescente no interior de sua cápsula. Denominamos essa concepção de mero sujeito a *má subjetividade*; má porque ela não toca absolutamente a essência do sujeito. Designamos terminológicamente o sujeito com a palavra 'ser-aí'. Portanto, a essência da subjetividade não é justamente algo 'subjetivo' no mau sentido". HEIDEGGER, Martin. *Introdução à filosofia*, 2008, p. 120.

que não construímos sozinhos, e que já pressupõe o *estar com o outro*. A tese de um relativismo só faria sentido se acompanhada de um total ceticismo, que, mesmo assim, teria que pressupor uma certeza: a de que não existem verdades.[404] Ao cético só resta o riso irônico da indiferença, pois qualquer outra *performance* que vise ao *outro* implica assumir pretensões de racionalidade e verdade, ainda que se resumam à defesa do *ceticismo*. Portanto, se estando sozinho – no sentido absoluto – não faz sentido falar em *verdade* ou em *conhecimento verdadeiro*; se com o *outro*, mesmo quando cético, assumo pretensões de *verdade*, podemos concluir que a *verdade* é uma forma de *ser* desse *ente* que todos nós somos.

2.3.3. Verdade e não verdade

O acontecer da *verdade* trará sempre consigo a *não verdade* e o *Dasein*, que pode estar na *verdade*, também estará sempre na *não verdade*.[405] As nossas angústias em relação à verdade não estão na correspondência entre proposição e a coisa, mas na relação "interna" entre *verdade* e *não verdade*, isto é, entre o velado e o des-velado, entre o que se mostrou e o que ainda se encontra encoberto. A *não verdade* pertence à essência da *verdade*.[406] A *não verdade* não equivale à *falsidade*, mas àquilo que não foi desvelado, que se encontra oculto. Em seu modo mais originário, a *não verdade* se apresenta sob a forma da *dissimulação*, que nos remete ao fenômeno do *mistério*, isto é, ao *ente* velado na sua totalidade.[407] "Não se trata absolutamente de um mistério particular referente a isto ou àquilo, mas deste fato único que o mistério (a dissimulação do que está velado) como tal domina o ser-aí do homem".[408] A não essência originária da *verdade* é, portanto, o *mistério* e não a *falsidade* das proposições.

De qualquer sorte, mesmo nesse ambiente dissimulado e misterioso, o homem irá se relacionar com o *ente*, embora se limite, habitualmente, "a este ou àquele ente em seu caráter revelado", ou seja, a uma "realidade corrente e passível de ser dominada".[409] Neste ambiente, o que está velado (a não verdade) acaba sendo "tolerado sob a forma de um limite que acidentalmente se anuncia" e a dissimulação como acontecimento fundamental cai no esquecimento.[410] Tal qual demonstrado em *Ser e tempo* quando Heidegger tratava da alienação em meio aos *entes* da manualidade, o homem tende a se dirigir ao que é corrente e, com isso, se afastar do *mistério*.[411] "Esse vaivém do homem no qual ele se afasta do mistério e se dirige para a realidade corrente, corre de um objeto da vida cotidiana para outro, desviando-se do mistério, é o *errar*".[412]

---

[404] É essa recaída em uma contradição performática que Dworkin se utiliza para derrubar os argumentos dos críticos céticos quanto à existência de respostas corretas em direito. Cf. DWORKIN, Ronald. *O império do direito*, 1999.

[405] STEIN, Ernildo. *Sobre a verdade*, 2006, p. 25.

[406] Idem. *Sobre a essência da verdade*, p. 165.

[407] Idem. Ibidem, p. 165

[408] Idem. Ibidem, p. 165.

[409] Idem. Ibidem, p. 165.

[410] Idem. Ibidem, p. 166.

[411] Idem. Ibidem, p. 166.

[412] Idem. Ibidem, p. 166-167

> O homem erra. O homem não cai na errância num momento dado. Ele somente se move dentro da errância porque in-siste ek-sistindo e já se encontra, desta maneira, sempre na errância. A errância em cujo seio o homem se movimenta não é algo semelhante a um abismo ao longo do qual o homem caminha e no qual cai de vez em quando. Pelo contrário, a errância participa da constituição íntima do ser-aí à qual o homem historial está abandonado. A errância é o espaço de jogo deste vaivém no qual a ek-sistência insistente e se movimenta constantemente, se esquece e se engana sempre novamente. A dissimulação do ente em sua totalidade, ela mesma velada, se afirma no desvelamento do ente particular que, como esquecimento da dissimulação, constitui a errância. A errância é a antiessência fundamental que se opõe à essência da verdade.[413]

Encontramo-nos agora no "olho" da viravolta do pensamento heideggeriano. É que, para Heidegger, o deixar-ser do *ente* como tal e em sua totalidade acontece, autenticamente, apenas quando, de tempos em tempos, ele "é assumido em sua essência originária",[414] revelando o "fundamento da imbricação da essência da verdade com a verdade da essência".[415] A *essência historial* do homem encontrou na filosofia a postura que se pergunta pelo *ente* do modo mais originário,[416] mas também encontrou, neste mesmo momento, a dominação expressa pelo *senso comum* mediante a sofística.[417] Já na modernidade, os gregos foram lidos a partir de uma situação hermenêutica dominada pela *técnica*, que busca as respostas que já podem ser encontradas e mantém no esquecimento o *erro* e a *dissimulação*. Quando Galileu, Descartes e Kant buscam na matemática o fundamento filosófico das ciências, esquecem aquilo que está para além da matemática. A *verdade sobre a essência* do homem se revela como *historial* e determinante para a *essência da verdade* que, na modernidade, se revelou como científica. Se o nosso caminho em busca da *essência da verdade* foi determinado por uma história de verdades encobertas, encontramo-nos, agora, em um momento de luta pela *verdade*, o que deve ser entendido como uma luta na qual admitimos a incontornabilidade da errância e da dissumação, e partimos em busca do desvelamento do *ser*. "A *essência da verdade é a luta com a não verdade*, em que *não verdade se põe junto no processo que possibilita a essência da verdade*".[418] Como a *verdade* é sempre uma *verdade* para *nós*, resta-nos (re)conquistá-la. "Temos que conquistar a verdade, é a decisão de nossa missão. Somente com a decisão desta luta abre-se para nós a possibilidade de um *destino*".[419] Essa luta é a razão pela qual nos perguntamos pelo *diálogo*.

2.3.4. Verdade e diálogo

Aqui temos de retomar à nossa questão central que é o diálogo. Como esse "modelo estrutural" se encaixa em um contexto onde a verdade já se deu? Qual o seu fundamento? Por que o diálogo e não a guerra? Por que o diálogo democrático e não o despotismo esclarecido? Essas perguntas nos remetem a dois problemas cruciais à

---

[413] STEIN, Ernildo. *Sobre a essência da verdade*, p. 167.
[414] Idem. Ibidem, p. 168.
[415] Idem. Ibidem, p. 168.
[416] Idem. Ibidem, p. 168.
[417] Idem. Ibidem, p. 168.
[418] Idem. *Da essência da verdade*, 2007, p. 270.
[419] Idem. Ibidem, p. 271.

nossa tese, um relacionado ao lugar (função) que o diálogo assumirá em uma matriz hermenêutica que denuncia nossas limitações diante de uma linguagem que já se deu; outro relacionado ao fundamento filosófico da nossa aposta no diálogo. Uma coisa é a sua serventia, seus limites e possibilidades em um paradigma hermenêutico; outra é o fundamento de sua proposição como algo necessário. O primeiro se encontra no plano descritivo e existencial, enquanto o segundo já se encontra no plano normativo e prescritivo. Antecipadamente, podemos anunciar que tais questões estão diretamente relacionadas à dupla dimensão de nossa finitude, pois a primeira diz respeito aos nossos limites cognitivos e a segunda aos nossos limites históricos, o que, no fundo, nos permitiu ler a hermenêutica filosófica a partir de *Ser e tempo* e avançar com *Verdade e método*, sempre na tentativa de acompanhar o movimento da interrogação heideggeriana.

Sob um ponto de vista analítico-existencial, o diálogo se situa no plano secundário do *logos*. Dialogar é, antes de tudo, dizer algo ao outro, e uma análise estática desse jogo revela sua estrutura básica, que é a proposicional. Enquanto proposição, o diálogo, portanto, não é o lugar da verdade e, consequentemente, o consenso a que chegamos através dele – se chegarmos – não poderá ser equiparado à verdade. Essa limitação faz com que não possamos depositar todas as nossas fichas no diálogo ou, ao menos, exige uma reflexão mais profunda sobre o seu "lugar" no paradigma hermenêutico. Mas, se o diálogo não poderá trazer consigo a verdade, poderá, na medida em que é proposição, assumir a sua função originária de fazer ver o ente, de mostrá-lo, aplicando-se ao diálogo tudo aquilo que tratamos pouco acima sobre a relação entre verdade e proposição. Rigorosamente falando, o diálogo não constrói sentido, mas ilumina o ente a partir de novas perspectivas. É o próprio ente que, ao ser visto em uma nova perspectiva, revelar-se-á em seu *ser*. Com isso, também podemos concluir que a argumentação só produzirá efeitos se o *ente* iluminado for visto naquela perspectiva pelo outro – o que já depende de uma antecipação de sentido do *auditório* – sob pena de estarmos "falando para as paredes". Por mais estranho que pareça, o diálogo em uma perspectiva hermenêutica apenas revela o ente que já pode ser visto, razão pela qual não será possível concebê-lo a partir de um "grau zero", nem ir além daquilo que já é possível antes mesmo de sua instauração. Para que haja diálogo é necessário que haja algo a ser mostrado, sendo esse *deixar ser visto* um acontecer fenomenológico de um *ente* que já pode *ser*.

Diante de tantas limitações, por que falar em diálogo em uma perspectiva analítico-existencial? Qual a sua função no processo compreensivo, já que este é uma antecipação de sentido? Embora as conclusões a que chegamos possam parecer pessimistas quanto a uma possível função relevante para o diálogo, de fato, o são apenas na aparência. Embora o lugar da verdade não seja a proposição e embora só mostremos aquilo que já vimos, iluminar o ente para que o *outro* veja é de fundamental importância para a integração dos homens. De certo, o outro só verá aquilo que já pode ver, mas aquilo que o outro pode ver é muito mais do que ele via antes do diálogo, isto é, antes de ter o ente iluminado pela articulação dinâmica das proposições no diálogo. Ainda que quem mostre esteja limitado por sua própria finitude, aquele que se depara com uma nova perspectiva do *ente* mostrado poderá ampliar seus horizontes e, com isso, desalienar-se diante do acontecer da *verdade*. O consenso que daí surge não constrói *verdades*, mas alinha projetos compreensivos ou, em outras palavras, equipara perspectivas face ao *ente* que se mostra em seu *ser* verdadeiro. Na luta da verdade com a não verdade, o diálogo reduz o espaço do ocultamento, desvelando o ente que se mostra em seu ser, ainda que traga consigo a pecha inexorável do ocultamento provocado por toda e qualquer proposição. Entretanto, o diálogo reduz os efeitos desse ocultamento na medida em que dinamiza o *jogo* pondo o *ente* a girar e a mostrar seu lado oculto a todo momento. O dinamismo do *diálogo* está a serviço do desvelamento e, portanto, da *verdade* em contraposição à *não verdade*.

A viravolta heideggeriana não negou o modelo fenomenológico descrito em *Ser e tempo* e, consequentemente, não abandonou a ideia de que a nossa compreensão está limitada ao horizonte da abertura, mas impôs uma segunda limitação: a histórica. "Heidegger afirma que *Ser e tempo* é o caminho necessário, mas não suficiente" para o enfrentamento da história do ser.[420] Como vimos, no que diz respeito às nossas limitações cognitivas, o diálogo é um "fazer-ver",[421] pois ele vira e revira o ente para mostrá-lo em seu *ser*. Apostamos no diálogo, em primeiro lugar, porque queremos fugir da dissimulação, sendo ele a principal arma na luta pela verdade, pelo desvelar do que não foi visto. Mas essa aposta está limitada e condicionada pela variável histórica. Os efeitos da história que ecoarão no diálogo são os mesmos que fazem com que nós o busquemos. Ainda que haja uma relação interna transcendental entre o *diálogo* e a *essência da verdade* que proporcione a ele um lugar na analítica existencial, a opção pelo *diálogo*, pelo *consenso* e pela *democracia* – em contraposição à guerra, à imposição e à autocracia – não é transcendental, nem possui com sua posição na analítica uma relação de causalidade. A aposta no *diálogo* não está ligada à *essência da verdade*, mas à *verdade da essência* historial do homem. Está ligada à autenticidade da *tradição democrática*, da *igualdade* e da *alteridade*. Encontra um fundamento *existencial* que não tem "fundo" e que se sustenta justamente pelo fato de ser esta opção aquela que se sustenta circularmente na luta entre *verdade* e *não verdade*, cessando a compreensão e calando aos demais. A opção pelo *diálogo* e a necessária relação entre ele e a busca por *respostas corretas* em direito – que apresentaremos no próximo capítulo – não é uma necessidade *a priori* para que se obtenha o conhecimento válido, mas uma marca da história que nos atropela na contramão de um movimento que se inicia como uma tentativa de ultrapassar os nossos limites.

Até aqui constatamos que há um espaço para o diálogo no paradigma hermenêutico e que o desenrolar histórico impõe que o busquemos. Mas, ainda cabe uma terceira pergunta: como colocaremos o diálogo em curso? Como viabilizaremos a implementação desse modelo estrutural? Esse foi um dos grandes problemas enfrentados por Habermas, na medida em que a *situação ideal de fala* como condição de possibilidade para o agir comunicativo (dialógico), embora passível de ser concebida no plano ideal, mostrava-se utópica no plano concreto.[422] Como vimos, em *Verdade e justificação* ele abre mão de estabelecer uma correlação direta entre verdade e consenso, e um dos motivos dessa mudança foi, justamente, a dificuldade de realização de seu modelo ideal em situações concretas. A questão, portanto, continua em aberto. Pôr o diálogo em curso dependerá de uma ética da responsabi-

---

[420] STEIN, Ernildo. *Sobre a verdade*, 2006, p. 308.
[421] Heidegger já afirmara antes mesmo de Ser e tempo que o falar é um "fazer ver o ente". HEIDEGGER, Martin. *Lógica*: la pregunta por la verdad, 2004, p. 135.
[422] Cf. TUGENDHAT, Ernst. *Lições sobre ética*, 2003, p. 161-176.

lidade? De uma teologia? Da empatia,[423] da amizade[424] ou do amor[425] que nos abre para o outro? Continuará sendo um modelo ideal que servirá para aferir o grau de racionalidade dos juízos sobre o mundo prático?

A posição assumida neste trabalho não depende de uma ética da responsabilidade construída a partir de um transcendentalismo forte, como faz Appel, tampouco por uma ética da obrigação, como propõe Habermas. Também não buscará na virtude da amizade ou do amor as condições de possibilidade para a abertura ao outro, embora não seja incompatível com essa abertura. Distanciando-nos até mesmo das propostas de Heidegger e Gadamer, a energia necessária para pôr o diálogo em curso aqui proposta reside, basicamente, na expansão do espaço consensual presente em todo dissenso mediante o *constrangimento ontológico* permitido pelo acontecer de uma *verdade* que imuniza o diálogo frente aos discursos metafísicos.

Sabemos que acreditar na *verdade* não é o mesmo que ter a certeza de tê-la atingido. A "mesmidade" do *ente*, como disse Heidegger, não implica uma mesma visão sobre ele. O dualismo entre verdade e não verdade, justamente por impedir a afirmação categórica sobre verdades, produz uma força que nos move em direção ao diálogo justamente pelo fato de o dissenso servir como contraprova da distância que nos separa do *ente* desvelado. Essa força decorre e, ao mesmo tempo, marca uma zona consensual presente em todo e qualquer dissenso, que não vem sendo explorada porque artifícios dogmático-metafísicos a escondem e permitem que os sujeitos sustentem pontos de vista arbitrários, esquivando-se do constrangimento ao qual se submeteriam se estivessem diante do acontecer do *ente* em seu *ser*. Assumir a existência da verdade permite tomá-la como um "motor imóvel" que nos leve ao alinhamento de nossas perspectivas. E sempre haverá algo a mais em comum, algo para além da própria pressuposição da verdade, caso contrário sequer teríamos consciência de onde começa e onde termina o dissenso. Concluir que estamos no dissenso já é, portanto, um pano de fundo significativo para edificarmos o consenso.

Esse caminho para o alinhamento de perspectivas (ou de projetos compreensivos) exige que nos afastemos dos mitos metafísicos que obstaculizam o acontecer da *verdade* (e, consequentemente, a redução de espaço da *não verdade*), pois a metafísica coloca barreiras ao *constrangimento ontológico* dos sujeitos e impede que o *ser* do *ente* se manifeste. Nesse ambiente imunizado, criam-se as condições de possibilidade para que o *jogo* e o *diálogo* permitam que o *ente* se mostre em seu *ser*, "venha à fala". Esse movimento constante nos levará à ampliação paulatina do espaço consensual e à redução diretamente proporcional do espaço de dissenso.

Podemos pressupor que essa ação reflexiva poderá não garantir um consenso imediato, tendo em vista que o constrangimento ontológico pode perder força diante da fragmentação de tradições, cuja autenticidade dependeria de um distanciamento histórico. Ainda que o diálogo acelere o *tempo* ontológico, a limitação do tempo cronológico impediria a diluição do dissenso. Mas, de qualquer sorte, a ação dialógica *heterorreflexiva* nos colocaria diante do verdadeiro motivo do dissenso e exigiria, pelo simples fato de nenhum dos lados possuírem a prerrogativa de invocar a "sua"

---

[423] HEIDEGGER, Martin. *Introdução à filosofia*, 2008, p. 149.
[424] Cf. ROHDEN, Luiz. *Hermenêutica filosófica*, 2008.
[425] Cf. WARAT, Luis Alberto. *Mediación, derecho, ciudadanía, ética y autonomía en el humanismo de la alteridad*, 2004.

verdade, um consenso em torno do problema. Neste caso, não estaríamos diante de um consenso pura e simplesmente pragmático, pois essa alternativa seria mediada pela *coisa mesma* e não admitiria qualquer resposta, mas a melhor resposta a ser atingida naquelas condições. A *verdade* sobre questões paralelas à discussão central continuaria sendo, portanto, o vetor a partir do qual o consenso seria viabilizado. De qualquer sorte, resta afirmado que a condição de possibilidade para colocar o diálogo em curso não se encontra do lado de fora, em uma opção pragmática por uma *ética da alteridade*, mas do lado de dentro, naquilo que o diálogo, ao mostrar, faz se manifestar. Está no desvelamento do *ser* do ente e no constrangimento que as zonas consensuais necessariamente existentes na nossa forma de *ser com o outro* nos proporciona. Fugimos delas em razão da artificialidade metafísica, que mascara e nos torna *persona*. Há muito sabemos que o Rei é mais bonito *nu*, o que também pode ser dito em relação ao intérprete.

Ainda que cheguemos a um consenso que alinhe projetos compreensivos sobre a questão central do debate, jamais poderemos ter a certeza de que estaremos na *verdade* e, portanto, não poderíamos acreditar que a estabilização ontológica conquistada permaneceria imune aos efeitos da história que estaria por vir ou, até mesmo, da que já tivesse chegado. Assim, qualquer que seja o nível de estabilidade ontológica que conquistemos, deveremos permanecer *vigilantes* para a ocorrência de novas questões. De uma forma ou de outra, sempre iremos conviver com o fantasma do tempo e dos efeitos da história, principalmente quando essa estabilização ontológica assume a condição jurídica que a entifica sob a forma de *princípios* e *regras*. Em um primeiro momento poderíamos imaginar que o caráter *deontológico* dos *princípios* resolveria o problema da legitimidade e atualização das *regras* na medida em que traduz com força institucional o valor construído no tempo, mas a leitura do próximo capítulo rapidamente revelaria que o problema está apenas começando. De qualquer sorte, talvez haja, perdidas na modernidade e no pensamento clássico, alternativas que nos projetem para a retomada emancipatória desse projeto, afinal, o direito que se consolida na modernidade não pode sequer representar o "direito da modernidade". A busca por esses "elos perdidos" em uma releitura *fenomenológica* do direito moderno é condição de possibilidade para, uma vez consolidada as bases de nossa experiência historial, sustentarmos a nossa proposta *heterorreflexiva*.

3. A crítica hermenêutica do direito moderno

3.1. O PROJETO DE MODERNIDADE

A modernidade é muito mais que uma era; é muito mais que um período marcado por acontecimentos relevantes, a exemplo da formação dos Estados nacionais ou da expansão proporcionada pelas grandes navegações. É um projeto social, um roteiro de constituição e desenvolvimento de uma sociedade voltada para a emancipação do homem. Neste projeto, é possível encontrar bem delimitados os paradigmas sociais e a base filosófica que os sustentam, estruturas que ditaram ao longo dos últimos séculos os rumos da ciência, do Estado, da política, da ética e, certamente, do direito.

A passagem da Idade Média para a Idade Moderna, a exemplo de qualquer outra transição, não se deu em um momento determinável, nem tampouco foi percebida logo que surgiram as primeiras manifestações dessa nova era. A transição de paradigmas sociais se dá paulatinamente na medida em que os velhos vão se esvaindo e os novos florescendo.[1] Segundo Habermas,[2] "somente no curso do século XVIII o limiar histórico em torno de 1500 foi compreendido retrospectivamente como tal começo", ou seja, a constatação de que se vivia "tempos modernos" se deu quando eles já eram experimentados há mais de duzentos anos. Essa análise retrospectiva possibilitou, já nos séculos XVIII e XIX, uma reflexão sobre as bases sociais e filosóficas dessa era, o que pode ser percebido nos trabalhos de Kant (1724-1804), Hegel (1770-1831) e Weber (1864-1920).

Boaventura de Sousa Santos[3] também vê a modernidade como um projeto social, concebido entre os séculos XVI e os anos finais do século XVIII[4] e identificado pelo autor a partir de um quadro analítico de sua estrutura. Nele, o projeto se estabelece a partir de dois grandes pilares, o da regulação e o da emancipação. No pilar da regulação, três princípios o informam: a) o princípio do Estado, que "consiste na

---

[1] Entre a baixa Idade Média, marcada por modelos teóricos teológicos, e a modernidade antropocêntrica, encontraremos o renascimento, que retornou ao pensamento clássico a partir de Aristóteles, encontrando-se ainda muito influenciada pelo modelo escolástico. Um modelo genuinamente antropocêntrico só será percebido no séc. XVIII, sendo diretamente influenciado pela leitura filosófica da Ciência moderna feita por Descartes, opositor do modelo renascentista e crítico de Aristóteles.
[2] HABERMAS, Jürgen. *O discurso filosófico da modernidade*, 2002, p. 10.
[3] SANTOS, Boaventura de Sousa. *O social e o político na transição pós-moderna*, 2003, p. 75-79.
[4] Idem. Ibidem, p. 78.

obrigação política vertical entre cidadãos e Estado", formulado essencialmente por Hobbes; b) o princípio do mercado, que "consiste na obrigação política horizontal individualista e antagônica entre os parceiros de mercado", desenvolvido, sobretudo, por Locke e por Adam Smith e c) o princípio da comunidade, que "consiste na obrigação política horizontal solidária entre membros da comunidade e associações", dominante na teoria social de Rousseau. Quanto ao pilar da emancipação, o sociólogo lusitano se vale das lições de Weber e o define mediante três lógicas de racionalidade: a) a racionalidade estético-expressiva das artes e da literatura; b) a racionalidade cognitivo-instrumental da ciência e da tecnologia e c) a racionalidade moral-prática da ética e do direito.[5]

As instituições modernas são, portanto, projetadas entre os sécs. XVI e XVIII e, ainda que passem por transformações, sua compreensão não está dissociada de uma tradição moderna. Se hoje pensamos nas transformações do Estado moderno,[6] tomamos como referência aquele que se constitui a partir do séc. XVI e que assume, no final do séc. XVIII, uma configuração básica típica, e não outra forma qualquer de Estado; se falamos de crise de soberania, falamos da crise de soberania no sentido construído nesse mesmo período. Quando, no entanto, nos perguntamos pelo direito moderno, é comum associarmos a ele uma imagem mais recente, que data do séc. XIX e que está relacionada às codificações iluministas. Ao falarmos de crise, também associamos a ela um modelo liberal-individualista de direito; falamos da crise dessas codificações e do modelo de ciência dogmática. Se, por um lado, associamos as visões de Estado Moderno a Hobbes; a visão de mercado e de moeda a Locke; a visão de comunidade e democracia a Rousseau, por que associamos a ideia de direito moderno a Puchta e a Bonnecase ou, até mesmo, a Kelsen e a Hart? O que houve com uma tradição mais remota do direito moderno que, certamente, constitui uma experiência fundamental para a nossa Constituição?

Seja para negá-lo ou para retomá-lo, acreditamos que uma análise sobre a crise do direito moderno deve ser conduzida por duas análises complementares. A primeira diz respeito aos equívocos inerentes ao próprio projeto de modernidade, enquanto que a segunda está relacionada aos desvios verificados em sua edificação. A primeira análise foi, em parte, verificada no capítulo anterior, na medida em que enfrentamos os problemas relacionados à filosofia moderna, cabendo agora entender como o direito se situou neste contexto e quais as razões que levaram ao abandonado da tradição *jusracionalista*, uma das marcas do paradigma cultural da modernidade.

3.2. A TRADIÇÃO ANTROPOLÓGICA DO JUSNATURALISMO MODERNO

Conforme aponta Bobbio,[7] a naturalidade com a qual vimos o direito hoje como sinônimo de direito positivado e codificado resulta de transformações recentes. A rigor, se considerarmos que as especulações acerca do direito datam de alguns

---

[5] SANTOS, Boaventura de Sousa. *Tudo o que é sólido se desfaz no ar*, 2003, p. 47-48.
[6] Cf. BOLZAN DE MORAIS, José Luiz. *As crises do estado e da constituição e a transformação espacial dos direitos humanos*, 2002.
[7] BOBBIO, Norberto. *O positivismo jurídico*. 1995, p. 27.

séculos antes de Cristo, momento em que passamos a indagar sobre as diferenças entre o *justo natural* e o *justo positivo*, vamos constatar que a redução do direito à sua forma positivada só se mostra hegemônica no séc. XIX e, mesmo assim, estaremos ignorando aquilo que Machado Neto denominou de "o eterno retorno do direito natural".[8] O direito que se constrói entre os séc. XVI e XVIII assume uma perspectiva jusnaturalista,[9] admitindo, ainda que de formas variadas, um direito "para além do texto" que estabelece "limites de sentido" para o direito positivo. O positivismo primitivo que reduz o direito ao texto não é, portanto, sinônimo de direito moderno, mas de um direito burguês pós-revolucionário.

Se o estudo aqui desenvolvido levasse em conta todas as concepções jusnaturalistas sobre direito, teríamos que enfrentar a história de todo o pensamento jurídico, pelo menos desde os sofistas até a retomada humanista do segundo pós-guerra, passando ainda pelos pós-socráticos, pela escolástica, pelos contratualistas da modernidade e por muitos outros. Fugiria, portanto, aos limites impostos a este trabalho. Devemos observar que o jusnaturalismo não pode ser considerado uma "escola" do pensamento jurídico, justamente em razão da pluralidade de concepções, ainda que congregue, por outro lado, a constatação de que, ao lado de um direito construído deliberadamente, há um direito previamente dado, que a nós só é possível a revelação. O direito moderno é construído, pois, em torno da ideia de que, ao lado do direito legislado, há um direito natural que independe da nossa política deliberativa e que se impõe como condição de validade para o próprio direito positivo.[10]

A comprovação dessa hipótese exige a análise do jusnaturalismo moderno (ou jusracionalismo) a partir de autores imprescindíveis ao pensamento jurídico da modernidade pré-burguesa, escolha que já traduz um reducionismo sempre perigoso e que ignora, pelo menos, a influência decisiva da teologia escolástica da baixa Idade Média. Hugo Grócio (1583-1645),[11] Thomas Hobbes (1588-1679),[12] Samuel Pufendorf (1632-1694),[13] John Locke (1632-1704),[14] J.-J. Rousseau (1712-1778)[15] e Immanuel Kant (1724-1804)[16] são figuras decisivas para concepções jusfilosóficas genuinamente modernas e que foram, com diferentes níveis de perda, ignoradas pela modernidade que se desenvolve após a tomada do poder político pela burguesia.

---

[8] Cf. MACHADO NETO, A. L. *O eterno retorno do direito natural*, 1987, p. 333-355. De modo semelhante, Bobbio também sustenta que não podemos falar no pós-guerra de um "retorno" do direito natural, na medida em que, "diante de uma doutrina que continua a renascer, estaríamos tentados a afirmar que, em realidade, ela nunca chegou a morrer". BOBBIO, Norberto. *Locke e o direito natural*, 1998, p, 22.

[9] WIEACKER, Franz. *História do Direito Privado moderno*, p. 279.

[10] Isso fica evidente já na Escolástica, quando Tomás de Aquino afirma na *Suma Teológica* que "qualquer lei estabelecida pelos homens é autêntica na medida em que deriva da lei da natureza; se discordar desta, já não será uma lei, mas corrupção da lei". AQUINO, Tomas de. *Suma teológica*, 2001. v. 6

[11] GROCIO, Hugo. *O direito da guerra e da paz*, 2004.

[12] Cf. HOBBES, Thomas. *Os elementos da lei natural e política*, 2002. Idem. *O Leviatã*. 2008.

[13] Cf. PUFENDORF, Samuel. *Os deveres do homem e do cidadão de acordo com as leis do direito natural*, 2007. Idem. *Le droit de la nature et des gens, ou systême général des princpes les plus importants de la morale, de la jurisprudence et de la politique*, 1987.

[14] Cf. LOCKE, John. *Segundo tratado sobre o governo civil*, 2006.

[15] Cf. ROUSSEAU, J.-J. *Discurso sobre a origem e os fundamentos da desigualdade entre os homens*, 2005. Idem. *O contrato social*, 2006.

[16] Cf. KANT, Immanuel. *A metafísica dos costumes*, 2008.

Embora o jusnaturalismo moderno se desdobre nos autores citados em diversas posições acerca dos "direitos naturais", impedindo que o tomemos como uma "moral", ele pode ser visto como uma "teoria da moral"[17] que congrega alguns pontos em comum. Desdobrando-se em cada um desses autores com aproximações e distanciamentos em diferentes propostas, é possível afirmar que todos "sustentaram um determinado fundamento e uma determinada justificativa para a moral, qualquer que tenha sido o seu conteúdo"[18] e que, de alguma forma, comunicavam essas conclusões com o direito. O modo como esse fundamento e essa justificativa são dados é, inclusive, o que permite estabelecer uma divisão interna ao jusnaturalismo e, com isso, pensar um modelo jusnaturalista tipicamente moderno.

> O jusracionalismo profano da época moderna traz em si, desde logo, toda a herança do jusnaturalismo da antiguidade e do agostiniano-tomista; o modo como põe as questões não pode ser compreendido senão a partir desta tradição. Com estes precursores, partilha ele a pretensão de validade universal e intemporal, a antropologia geral e abstracta (o homem como ser dotado de razão, social e carente de auxílio: *animale rationale, sociale, imbecillum*) e o racionalismo formal dos seus processos de prova.[19]

O fundamento moral do direito, aliado à imposição de limites racionais às deliberações positivas, é, certamente, uma marca do direito moderno que foi esquecida pelo positivismo jurídico que passou a dominar a cena a partir do séc. XIX. O objetivo a seguir é analisar o modo como alguns dos autores centrais ao jusnaturalismo moderno pensaram o fundamento e os limites do direito positivo.

3.2.1. Os caminhos abertos por Hugo Grócio

Hugo Grócio é tido como o fundador desse jusnaturalismo moderno,[20] na medida em que "foi ele quem, de forma consciente, embora ainda hesitante, abriu os caminhos para uma concepção racionalista dos direitos, e para uma concepção normativa das razões e dos embates entre as nações, na guerra e na paz".[21] Não obstante o título de "pai" do jusnaturalismo moderno, o pensamento de Grócio transita entre o testemunho de uma tradição teológica da escolástica tardia – com influência humanista e romanística,[22] o que corrobora a tese da influência escolástica no jusnaturalismo moderno – e interesses tipicamente modernos, como a busca da paz como elemento necessário ao desenvolvimento do comércio entre as nações.[23] Se Grócio, por um lado, não funda um sistema especificamente jusracionalista,[24] por outro, põe

---

[17] BOBBIO, Norberto. *Locke e o direito natural*, 1998, p. 58.
[18] Idem. Ibidem, p. 58.
[19] WIEACKER, Franz. *História do direito privado moderno*, 2004, p. 297-298.
[20] Idem. Ibidem, p. 323.
[21] VITA, Caio Druso de Castro Penalva. *Hugo Grócio*, 2006, p. 389.
[22] WIEACKER, Franz. *História do direito privado moderno*, 2004, p. 325-326.
[23] Grócio era Holandês e vivenciou o que se chamou de "o milagre holandês", principalmente pelo fato de sua cidade natal (Delft) ter como principal característica o comércio. A Holanda no início do séc. XVII se livra do domínio espanhol e se lança no expansionismo marítimo, fato marcante para o Brasil em razão da dominação holandesa em Pernambuco (1630-1654) e do curto e desconhecido período da invasão holandesa na cidade de Salvador (1624-1625).
[24] WIEACKER, Franz. *História do direito privado moderno*, 2004, p. 338. Neste senteido, Barbeyrac afirma que, "quanto a Grotius, deve-se reconhecer que ele é o primeiro a ter sistematizado uma ciência que, antes dele, não passava de cofusão e, mais frequentemente, escuridão impenetrável. Com o

o direito natural a serviço da construção de um direito das gentes, pedra fundamental para a colocação do direito internacional público moderno como um *ethos* no relacionamento entre os povos, legitimando a defesa e impondo limites à guerra. Trata, ainda, da propriedade, diferenciando a comum da individual e abordando questões sobre a sua função social. Também estabelece bases naturais para a "força vinculativa da promessa como oportunidade para uma discussão geral da declaração de vontade e da perfeição negocial".[25]

Contudo, ainda não se verifica em Grócio uma "renovação metodológica da sistemática da ciência jurídica positiva no espírito do jusnaturalismo", estando a importância do seu trabalho muito mais na ruptura com os antigos modelos teológicos.

> As novas intenções do seu direito das gentes já tinham, por certo, estourado com muitas das convenções da teologia moral e da filosofia escolástica. Mas a relação desta nova ética com as disciplinas tradicionais não tinha ainda sido definitiva de novo e os próprios princípios do direito natural não tinham ainda sido ordenados num sistema de premissas e conclusões não contraditórias. Foram estas as duas tarefas realizadas pela segunda fase, matemática e sistemática, do jusracionalismo, baseada no método naturalista e gnosiológico de Galileu e Descartes.[26]

É com a fase sistemática que podemos falar, efetivamente, de um jusracionalismo moderno que, embora influenciado pela visão cientificista da modernidade, edifica-se em bases antropológicas.

3.2.2. Os limites do direito positivo em Thomas Hobbes

Hobbes dará início à fase "sistemática" do jusnaturalismo construindo um sistema e descrevendo-o filosoficamente, o que comprova a consciência epistemológica acerca dos padrões de racionalidade que justificava seu trabalho. Como um nominalista[27] e integrante da tradição empirista inglesa,[28] Hobbes discordará de Descartes quanto à construção do ponto de partida para o conhecimento, aproximando-se nos passos seguintes quando tomará da matemática e da geometria os ensinamentos sobre as operações de soma e subtração, transportando-as para a lógica.

> Os *Lógicos* ensinam o mesmo com respeito às *Conseqüências das palavras*: somam dois *Nomes*, para fazer uma *Afirmação*: duas *Afirmações* para criar um *Silogismo* e vários *Silogismos* para fazer uma *Demonstração*. E da *soma*, ou *Conclusão* de um *Silogismo*, subtraem uma *Proposição*, para encontrar outra. Os *Escritores* de assuntos Políticos somam *Pactos* para estabelecer *deveres* humanos e, os Juristas, *Leis* e *fatos* para determinar o que é *certo* ou *errado*

---

resultado de que dificilmente esse grande homem poderia ter feito mais, acima de tudo na época em que ele viveu. Pode-se então dizer sua excelente obra, *Droit de la Guerre et de la Paix*, fornecia uma abundância de pontos de partida suficiente para guiar todos os que subsequentemente trabalharam, ou o farão no futuro, para produzir algo mais completo." BARBEYRAC, Jean. *O julgamento de um autor anônimo sobre o Original desta Condensação*, 2007, p. 399-400.

[25] WIEACKER, Franz. *História do direito privado moderno*, 2004, p. 323-340.

[26] Idem.Ibidem, p. 340.

[27] Cf. STRECK, Lenio. *Hermenêutica e(m)crise*, 2004, p. 130.

[28] "[...] Hobbes descartava a especulação. Ele definia sobriamente a filosofia como conhecimento dos efeitos a partir das causas e conhecimento das causas a partir dos efeitos observados; o alvo da filosofia era, para ele, prever os efeitos e torná-los úteis à vida humana." STÖRIG, Hans Joachim. *História geral da filosofia*, 2008, p. 298.

nas ações dos homens. Então, em qualquer matéria onde há lugar para a *soma* ou *subtração*, há também lugar para a *Razão* e, quando aquelas operações não são possíveis, a *Razão* nada pode fazer.[29]

Partindo, então, da ideia de que a razão "nada mais é que a *Consideração* (isto é, Adição ou Subtração) das *Consequências* dos nomes gerais ajustados, para a *caracterização* e *significação* de nossos pensamentos".[30] Hobbes passa a sustentar o absurdo de algumas conclusões filosóficas[31] e propõe um método sistemático que evite tais problemas e que sustente um conhecimento científico e verdadeiro[32] preocupado com a definição daquilo que se quer explicar.[33]

A marca antropológica do justanaturalismo moderno está presente em Hobbes quando ele toma o homem como ponto de partida[34] e o explica tanto na sua dimensão transcendental, como ser dotado de sensações, imaginações, linguagem e razão,[35] quanto no seu estado natural, como beligerante em um estado de guerra.[36] Tomando tais elementos como pressupostos e desdobrando-os silogisticamente, Hobbes chega ao seu pensamento jurídico, que consiste na existência de um direito natural,[37] na necessidade de um direito positivo que garanta a paz[38] e na comunicação entre essas duas formas de direito.[39] Com isso, a ambiguidade entre a autonomia pragmática do direito positivo e a sua necessária legitimação pela moral, que marcará as discussões contemporâneas sobre as relações entre esses dois modelos regulatórios, já estava presente em Hobbes. Neste sentido, pensar a concepção jusnaturalista de Hobbes é, antes de tudo, perguntar se ele é, de fato, um jusnaturalista.[40]

Não há dúvida de que ele trata de direitos naturais e fornece um sistema desses direitos,[41] mas também é inequívoca a inclinação reducionista de Hobbes ao direito positivo atrelado a um Estado autoritário, fazendo dele um precursor também

---

[29] HOBBES, Thomas. *O Leviatã*, 2008, p. 40.

[30] Idem. Ibidem, p. 40.

[31] Idem. Ibidem, p. 42.

[32] Idem. Ibidem, p. 43-44.

[33] Idem. Ibidem, p. 42.

[34] Tal fato fica claro em *O Leviatã*, quando Hobbes parte de uma análise transcendental do homem, e em *Os elementos da lei natural e política*, quando inicia sua exposição tratando das "faculdades naturais do homem".

[35] Idem. Ibidem, p. 19-40.

[36] "Mesmo não tendo existido um tempo em que todos os homens estivessem em guerra, lutando uns contra os outros, sempre existiram Reis ou outras Autoridades Soberanas que para defender sua Independência vivem em eterna rivalidade, mantendo-se como os Gladiadores [...]. Tudo isso não é uma Guerra, mas uma postura de Guerra". Idem, Os elementos da lei natural e política, p. 96: "[...] o estado de hostilidade e de guerra, pelo qual a própria natureza é destruída, com os homens matando-se uns aos outros [...]". HOBBES, Thomas. *O Leviatã*, 2008, p. 97.

[37] "A liberdade de cada homem em utilizar seu poder como bem lhe aprouver, para preservar sua própria Natureza, isto é, sua Vida e de, consequentemente, fazer tudo aquilo que segundo seu Julgamento e Razão é adequado para atingir esse Fim significa DIREITO DA NATUREZA, que muitos autores chamam de *Jus Naturale*". HOBBES, Thomas. *O Leviatã*, 2008, p. 99.

[38] Idem. Ibidem, p. 193.

[39] Idem. Ibidem, p. 195.

[40] BOBBIO, Norberto. *Locke e o direito natural*, 1998, p. 41.

[41] Cf. HOBBES, Thomas. *Os elementos da lei natural e política*, 2002.

do positivismo jurídico.[42] Para Bobbio, a explicação para esse aparente paradoxo estaria no fato de que Hobbes é um "jusnaturalista, ao partir, e um positivista, ao chegar",[43] na medida em que "a lei natural põe toda sua força a serviço do direito positivo e, desta forma, morre ao dar à luz o seu filho".[44] Em verdade, o pano de fundo para esse aparente paradoxo está no papel que o jusnaturalismo assume no pensamento de Hobbes, qual seja a legitimação do poder em um Estado autoritário. A dimensão funcionalista que o jusnaturalismo assume em Hobbes exige que ele sustente o seu ponto de chegada em algum modelo de racionalidade, na medida em que a justificação teológica não seria suficiente para a sustentação do poder estatal. Uma inclinação teológica a partir da escolástica, por exemplo, implicaria adiante a vulnerabilidade do Estado frente ao poder eclesiástico, enquanto que a utilização da matriz aristotélica, por mais espaço que desse ao direito positivo, não seria capaz de justificar o *Leviatã* nos moldes desejados por Hobbes.

Ainda assim, ou seja, mesmo tomando o jusnaturalismo como um ponto de partida para a construção do seu sistema e concluindo, ao final, que o direito positivo é a única solução para a manutenção de um estado civil que mantenha a paz e retire o homem de um estado de natureza beligerante, Hobbes se vê obrigado a dar espaço para o direito natural no estado civil, seja estabelecendo algum limite para o poder de legislar, seja pensando o direito natural como um mecanismo corretivo a ser utilizado no momento em que a *lei civil* tivesse que ser aplicada.[45] Não há, portanto, uma negação ao direito natural, ainda que todas as fichas sejam depositadas no direito positivo. Para Hobbes, a "Lei de natureza é uma parte da Lei civil em todos os Estados do mundo", muito embora, reciprocamente, a *lei civil* faça "parte dos ditames da natureza, porque a justiça, isto é, o cumprimento dos pactos, é dar a cada um o que é seu, é um ditame da Lei de Natureza".[46] Essa presença, subjugada pela leitura positivista de Hobbes, pode ser verificada através do que hoje chamaríamos de mecanismos de correção e integração do sistema em face de situações concretas e, não obstante algumas divergências, do estabelecimento de limites ao direito positivo.[47]

Assumindo a lei natural como algo semelhante a uma norma de "eficácia limitada em face de sua abstração" ou a um "conceito jurídico indeterminado", Hobbes sustenta que, nos casos onde a "injúria" (lide) estiver restrita a este tipo de lei, será

---

[42] O nominalismo de Hobbes permite uma aproximação representativa com as matrizes céticas e neopositivistas sobre o direito que surgirão em meio à crise do positivismo sistemático do séc. XIX, em especial com Hans Kelsen. Cf. STRECK, Lenio. *Hermenêutica e(m) crise*, 2004.

[43] BOBBIO, Norberto. *Locke e o direito natural*, 1998, p. 41.

[44] Idem. Ibidem. p. 44.

[45] "*A LEI CIVIL é, para todo Súdito, constituída por aquelas Regras que o Estado lhe impõe, Oralmente ou por Escrito, ou por qualquer outro suficiente Sinal de sua Vontade, usando-as para Distinguir o que é Certo do que é Errado. Isto é, do que é contrário ou não é contrário à Regra.*" HOBBES, Thomas. *O Leviatã*, 2008, p. 193.

[46] HOBBES, Thomas. O Leviatã, 2008, p. 195.

[47] Na análise que faz de Hobbes, Bobbio coloca o direito à vida como uma exceção ao rol de direitos naturais que são renunciados no ato de criação do estado civil. Em seguida, afirma que "se quisermos ser mais hobbesianos do que o próprio Hobbes, poderemos sustentar, com base nessa passagem [do *De cive* relativa ao papel da lei civil na interpretação da lei da natureza, dando concretude a conceitos indeterminados], que até mesmo o direito à vida, o único inalienável não está protegido". BOBBIO, Norberto. *Locke e o direito natural*, 1998, p. 42-43.

necessária a presença de "intérpretes capazes", já que as leis naturais são as mais "obscuras".[48] Por outro lado, ao juiz seria suficiente a observância destas.[49] Neste caso, "a interpretação da Lei de Natureza é a Sentença do Juiz constituído pela Autoridade Soberana, para ouvir e determinar as controvérsias que [delas] dependem, e consiste na aplicação da Lei ao caso em questão".[50] Ainda que esse direito natural tivesse que passar por uma "interpretação autêntica" para se tornar um direito exigível, há uma significativa diferença entre a proposta positivista hobbesiana e o neopositivismo kelseniano, por exemplo. Em Hobbes, a "interpretação autêntica" está subordinada a um direito prévio e racionalmente justificado, ou seja, estaria no domínio do que hoje chamaríamos de *ciência do direito*. Em Kelsen, a *interpretação autêntica* pertence a uma dimensão meramente política, constituindo-se em um ato de vontade dissociado da interpretação científica.[51] Hobbes estaria admitindo também a possibilidade de "aplicação imediata" de "programas naturais", possibilidade negada por correntes constitucionalistas contemporâneas que, embora assumam a norma programática como norma constitucional, não admitem a sua aplicação sem a intervenção do legislador mediante a elaboração de uma norma regulamentadora.[52]

Hobbes também admite que o direito natural esteja presente como mecanismo de integração do sistema positivo, na medida em que "a intenção do Legislador é sempre a Equidade" e, em sendo assim, "caso a palavra da Lei não autorize plenamente uma Sentença razoável, ele deve supri-la com a Lei de Natureza ou então, se o caso for difícil, suspender o Julgamento até receber maior autoridade".[53] O modelo de integração leva em conta que "o que faz um bom Juiz ou um bom Intérprete da lei é, primeiramente, uma correta compreensão daquela Lei principal de Natureza, chamada Equidade".[54] O que ficará da equidade hobesiana no positivismo jurídico moderno é aquilo que está para além da equidade aristotélica, um mecanismo de subsidiário de integração que entra em cena no momento em que se pressupõe a existência de uma lacuna e, ao mesmo tempo, a inexistência de outras formas "positivas" de supressão. A dimensão hermenêutica da *equidade*, que está associada à necessária e incontornável adequação do direito positivo face às situações concretas e que ainda é percebida em Hobbes, foi esquecida.

Se é verdade que Hobbes é dentre os jusracionalistas de seu tempo aquele que dá maior destaque à lei civil, tal constatação não pode ignorar o estabelecimento de alguns limites impostos pelo direito natural ao direito positivo, sob pena de estarmos sendo "mais hobbesianos que o próprio Hobbes".[55] É ele quem irá afirmar que "a soma de todas as Sentenças de todos os Juízes que já existiram são incapazes de

---

[48] BOBBIO, Norberto. *Locke e o direito natural*, 1998, p. 200.

[49] Idem. Ibidem, p. 199.

[50] Idem. Ibidem, p. 201.

[51] "Através desse ato de vontade se distingue a interpretação jurídica feita pelo órgão aplicador do Direito de toda e qualquer outra interpretação, especialmente da interpretação levada a cabo pela ciência jurídica". KELSEN, Hans. *Teoria pura do direito*, 2000, p. 394.

[52] Cf. SILVA, José Afonso da. *Aplicabilidade das normas constitucionais programáticas*, 2003, p. 135.

[53] HOBBES, Thomas. *O Leviatã*, 2008, p. 203.

[54] Idem. Ibidem, p. 204.

[55] BOBBIO, Norberto. *Locke e o direito natural*, 1998, p. 43.

originar uma Lei contrária à Equidade Natural" e que "todos os exemplos dos Juízes anteriores não são suficientes para justificar uma Sentença irracional, nem para dispensar um Juiz do esforço de estudar o que é a Equidade (referente ao caso que vai julgar)".[56] Os princípios da razão natural impediriam, dentre outras coisas, que um "inocente seja castigado". Para Hobbes, seria manifesta a condenação de um inocente quando, por exemplo, "um homem, acusado de um crime capital, diante do poder e malícia de algum inimigo da corriqueira corrupção e parcialidade dos Juízes, foge com medo de ser condenado e, posteriormente, apanhado e levado a julgamento legal prova não ser culpado do crime, é absolvido, mas perde parte de seus bens".[57] Neste caso, a lei natural estaria sendo contrariada em razão da proibição de produção de provas em face de uma presunção absoluta de culpa gerada pela fuga do réu. Segundo Hobbes, qualquer juiz, seja ele *soberano* ou *subordinado*, recusando-se a ouvir as provas que um réu alega em sua defesa estará se recusando a fazer justiça.[58] Mas, a prova mais contundente dessas limitações seria ainda o *direito à vida*, na medida em que ao homem será sempre preservada a sua liberdade natural de romper o pacto para garantir a sua própria vida, um direito inalienável mesmo no modelo contratualista hobbesiano.[59]

A análise do direito em Hobbes, desde que se distancie da *lei civil* e da relação desta com a autoridade do soberano, pode revelar facetas que dificilmente seriam atribuídas a este autor. A figura do *Leviatã* é justificada racionalmente em um *sistema* que não apenas confere possibilidades ao *soberano*, mas também exige a compatibilidade *lógica* de suas ações. A eficácia do direito positivo não pode reproduzir o estado natural beligerante cuja supressão representa a razão de ser do poder político do *soberano*. Não podemos, evidentemente, ignorar a força do *Leviatã* no pensamento de Hobbes e as suas possibilidades legisferantes, mas devemos permanecer alertas ao reducionismo que as leituras positivistas fazem desse autor, o que acarreta em uma perda significativa na compreensão do jusracionalismo moderno e em desvios do projeto de modernidade que estarão relacionados ao positivismo que se edificará a partir das codificações.

---

[56] HOBBES, Thomas. *O Leviatã*, 2008, p. 202.
[57] Idem. Ibidem, p. 202.
[58] Idem. Ibidem, p. 202. É espantoso ouvir tais declarações de um autor do séc. XVII que depositava toda sua criatividade teórica na legitimação de uma monarquia despótica e, ao mesmo tempo, constatar que o Superior Tribunal de Justiça do Brasil (STJ), em acórdão publicado em 13/04/2007 e relatado pelo Min. Arnaldo Esteves Lima (REsp 287.601), continua condenando réus sob o argumento de que a *presunção de violência* na conjunção carnal com menor de quatorze anos é absoluta, sendo irrelevante a maturidade e o consentimento da vítima. É igualmente espantoso verificar na fundamentação do acórdão do STJ leva em conta apenas ementas, tidas como "precedentes", sendo uma delas relativa ao estupro de uma menor de cinco anos de idade, bem como o fato de o Supremo Tribunal Federal (STF) continuar dando votos divergentes quanto a matéria, não obstante o precedente contrário aberto pelo Min. Marco Aurélio no Habeas Corpus nº 73.662 – MG, D.J.U. 20.09.96. É ainda mais espantoso verificar que o Poder Legislativo, na tentativa de eliminar a discussão que girava em torno do caráter *relativo* ou *absoluto* presunção, simplesmente reforma o Código Penal para considerar como crime de estupro qualquer prática sexual que envolva menores de quatorze anos, tornando irrelevantes a violência e a maturidade de consciência da vitima para a caracterização desse crime (Lei 12.015 de 2009).
[59] HOBBES, Thomas. *O Leviatã*, 2008, p. 159.

3.2.3. A eticização do jusracionalismo em Samuel Pufendorf

Depois de Hobbes e Espinosa, é Samuel Pufendorf[60] quem tornará "úteis estas descobertas para a teoria do direito".[61] Seu método, resultado da influência do mecanicismo de Galileu, do racionalismo de Descartes e do próprio Hobbes, leva em conta a "ligação entre a dedução e a indução, entre os axiomas e a observação, entre o método sintético e o analítico", características das ciências naturais desde Galileu,[62] e procura, em contraposição ao de Aristóteles,[63] estabelecer verdades apodícticas em uma ciência moral.[64] Se o jusnaturalismo de Grócio estava voltado para a justificação de um Direito Internacional Público que regulasse a relação entre os povos na guerra e na paz; se o jusnaturalismo de Hobbes estava diretamente associado à legitimação do poder despótico e do direito decorrente dessa fonte estatal, o jusnaturalismo de Pufendorf, ainda que carregasse essa tradição temática, já aproximava dos grandes sistemas codificados do séc. XIX, sendo uma influência marcante para o Direito Civil, em especial para o pandectismo alemão.[65]

Da tese quanto à possibilidade de verdades em matéria de moral e ética, Pufendorf segue para a análise da ação humana, estabelecendo as marcas distintivas dos princípios que comandam a ação moral dos homens, já que está restrita às ações cuja "origem" e "direção" se encontram na "luz do entendimento" e na "escolha da vontade".[66] Será, portanto, em torno desses elementos que ele construirá sua teoria moral e nela seu sistema obrigacional, sintetizado em nove conclusões, todas ligadas à limitação pessoal da responsabilidade,[67] marca do direito moderno.

Dentre as conclusões, está a de que "nenhuma das Ações que são feitas por outro Homem, e nenhuma Operação de outras coisas, sejam quais forem; nem nenhum Acidente pode ser imputável a qualquer Pessoa, mas somente até onde estava em seu Poder, ou até onde ele foi obrigado a executar essa Ação"; a de que "nós não somos imputáveis por aquelas Coisas que fazemos devido a Ignorância Insuperável"; a de que a "Ignorância do Dever de um Homem, ou das Leis das quais se origina seu Dever, ou Equívoco com relação a qualquer dos dois não isentam de culpa"; a de que "aquele quem, não por sua própria culpa, falta uma Oportunidade de cumprir seu Dever, não será condenável por não o ter feito"; que "tampouco podem ser

---

[60] Cf. PUFENDORF, Samuel. *Le droit de la nature et des gens, ou système général des principes les plus importants de la morale, de la jurisprudence et de la politique*, 1987. Ver, também, a compilação dessa obra feita pelo próprio Pufendorf. Idem. *Os deveres do homem e do cidadão de acordo com as leis do direito natural*, 2007.

[61] WIEACKER, Franz. *História do direito privado moderno*, 2004, p. 341.

[62] Idem. Ibidem, p. 348-349.

[63] Não obstante haja diversas aproximações entre Pufendorf e Aristóteles que, no mínimo, comprovaria sua atenção ao pensamento clássico. Neste sentido, vide as noções de justiça e o caráter corretivo da equidade. Cf. PUFENDORF, Samuel. *Os deveres do homem e do cidadão de acordo com as leis do direito natural*, 2007, p. 86-88 e 246.

[64] NASCIMENTO, Milton Meira do. *Samuel Pufendorf*, 2006, p. 676.

[65] WIEACKER, Franz. *História do direito privado moderno*, 2004, p. 351.

[66] PUFENDORF, Samuel. *Os deveres do homem e do cidadão de acordo com as leis do direito natural*, 2007, p. 57.

[67] "Dessas premissas, deduzimos algumas Proposições particulares, pelas quais determinaremos do que todo Homem deveria dar conta; ou, em outras Palavras, quais são as Ações por cujas consequências se pode ser responsabilizado como Autor". Idem. Ibidem, p. 69.

imputáveis aquelas coisas que alguém faz ou sofre por Compulsão"; a de que "as Ações daqueles aos quais falta o Uso da Razão não são imputáveis; porque eles não distinguem claramente o que fazer, para submetê-los à Regra" e, por fim, a de que "um Homem não é culpável pelo que ele aparentemente faz em seus Sonhos".[68]

Outra distinção proposta por Pufendorf é de significativa importância para a construção de seu sistema e para a formação de seu legado. Quando se refere à *estima* como uma consideração necessariamente remetida ao "mundo dos seres morais", o autor nos introduz em mundo próprio do valor, este relacionado não só às ações de pessoas morais, mas também aos acréscimos que realizamos nas coisas, transformando-as em *valor de troca*.[69] Com isso, a análise moral da conduta em Pufendorf assume duas variáveis, uma qualitativa (moral e amoral) e outra quantitativa (mais ou menos amoral), permitindo uma avaliação proporcional das "condutas" em relação ao valor que conferimos às "coisas", sendo neste sentido que falamos hoje da necessária proporcionalidade da pena[70] ou da alíquota de um tributo. Permite, também, ver a origem da desigualdade humana em decorrência "da combinação entre a qualidade das ações das pessoas e a possibilidade de quantificação, de valoração dessas mesmas ações",[71] na medida em que a gradação quantitativa desloca a avaliação moral da conduta – do simples agir – para o "ter mais" ou para o "fazer melhor". A atribuição de valor às coisas também corrobora com a ideia consolidada na teoria do direito de que o "direito das coisas" não é aquele no qual as relações jurídicas se dão entre pessoa e coisa, já que estabelecemos com o objeto uma relação valorativa que tem as relações intersubjetivas como condição de possibilidade.

Não obstante a formação de um sistema complexo que poderíamos considerar como um elo fundamental entre os glosadores e a dogmática conceitual contemporânea, com manifestações explícitas no *direito civil* e em tantos outros ramos,[72] Pufendorf manifesta certa timidez quando se refere à relação entre o direito natural, seu sistema conceitual e o direito positivo. Em primeiro lugar, mantém a classificação escolástica quanto às espécies de direito, sendo nebulosa a sua posição quanto às relações hierárquicas entre o que ele chamará de *Divindade Moral*, *Direito Natural* e *Direito Civil*.

> Ora, assim como o Direito Civil pressupõe o Direito Natural como a Ciência mais geral; assim também, se houver alguma coisa contida no Direito Civil, sobre a qual o Direito Natural cala completamente, não devemos, portanto, concluir que um é de algum modo *incompatível* com o outro. Do mesmo modo, se na Divindade Moral algumas coisas são transmitidas, como por Revelação Divina que, pela nossa Razão, não somos capazes de compreender, e que por isso estão fora do Alcance do Direito Natural; seria um grande absurdo a partir daí colocar uma

---

[68] PUFENDORF, Samuel. *Os deveres do homem e do cidadão de acordo com as leis do direito natural*, 2007, p. 69-75.

[69] NASCIMENTO, Milton Meira do. *Samuel Pufendorf*, 2006, p. 677.

[70] "Para avaliar a Gravidade de algum Crime, deve ser considerado, primeiro, o Alvo contra o qual ele foi cometido; isto é quão Nobre e Precioso. Então, os efeitos: que prejuízo, mais ou menos, ele causou à Nação; e, em seguida, o grau de Maldade na Intenção do Autor, o que pode ser inferido de diversos Sinais e Circunstâncias [...]". PUFENDORF, Samuel. *Os deveres do homem e do cidadão de acordo com as leis do direito natural*, 2007, p. 57.

[71] NASCIMENTO, Milton Meira do. *Samuel Pufendorf*, 2006, p. 678.

[72] Refiro-me aqui, em especial, ao conceito analítico de crime, proporcionalidade da pena, excludentes de culpabilidade, necessária análise das possibilidades de conduta diversa para caracterização do crime, legitimidade e proporcionalidade da legítima defesa, dentre outras.

contra o outro, ou imaginar que exista alguma real *Inconsistência* entre essas Ciências. Por outro lado, na Doutrina do *Direito Natural*, se algumas coisas têm de ser pressupostas, porque tantas podem ser inferidas pela Razão, não devem ser postas em Oposição àquelas Coisas que as *Sagradas Escrituras*, sobre esse Tema, transmitem com maior Clareza; mas devem ser tomadas apenas em um Sentido abstrato.[73]

As questões levantadas por Purfendorf ao defender o caráter complementar das três ciências não são, de fato, problemas. Quando estiver em jogo uma relação de abstração e concretude, o que surge não é a contradição, mas sim a complementaridade; entretanto, quando o choque não é resolvido por um critério de generalidade e especialidade e, ao mesmo tempo, a lei positiva e a proposição natural estabelecem dados concretos e contraditórios em relação a uma situação concreta, aí sim surge um problema. Esse problema forçaria o autor, dentro da ideia de complementaridade, à análise da relação hierárquica, restando, no conjunto de sua obra, as Sagradas Escrituras como fonte primeira, o *direito natural* como fonte secundária e, por fim, o *direito civil*. Diversas são as passagens em que ele sustenta a impropriedade de leis positivas que ferem os direitos naturais, mas ao fazê-lo sua timidez impede a afirmação categórica, valendo-se do modo condicional. Ao conceituar as "Leis Positivas", dirá que "são aquelas que não se originam da condição comum da Natureza Humana, mas somente do bel-prazer do Legislador", acrescentando que "isto, igualmente, deveria ter suas Fundações na Razão, e seu Fim deveria ser alguma Vantagem para os Homens ou a Sociedade para os quais elas são destinadas".[74] Se, por um lado, o autor demonstra a necessidade de adequação da lei positiva a uma ordem racional, impondo condições para a sua formação, por outro não deixa claro as consequências do não cumprimento dessas condições.

Quando trata da *autopreservação*, essa ambiguidade também se manifesta, ainda que o *direito natural* decorrente do uso da razão se coloque com força muito mais evidente. Para Pufendorf, se a *autopreservação* não puder ser alcançada de um modo compatível com aquilo que determina o direito positivo, ela nos isentará da "obediência às leis vigentes", sendo este o motivo que nos levaria a dizer que "a *Necessidade não tem Lei*".[75] Por outro lado, titubeia quando sugere que as leis positivas e as instituições humanas excetuam os *casos de necessidade*, "a não ser que seja *expressamente* ordenado ou que a Natureza do Caso exija que mesmo isso também deva ser suportado".[76]

Não obstante tais ambiguidades, o discurso de Pufendorf não gira em torno de um direito positivo que pode tudo, nem mesmo de um poder político ilimitado.[77] Ainda que ele fuja de afirmações categóricas sobre a invalidade de um direito positivo que viole o direito natural, todo o seu discurso só se torna coerente se compatível com essa possibilidade. Se Pufendorf tivesse contato com o modelo kelseniano de diferenciação entre *ciência* e *política do direito*, talvez dissesse que o fato de construções científicas não admitirem tais leis contrárias ao direito natural não impede

---

[73] PUFENDORF, Samuel. *Os deveres do homem e do cidadão de acordo com as leis do direito natural*, 2007, p. 41-42.

[74] Idem. Ibidem, p. 89.

[75] Idem. Ibidem, p. 143.

[76] Idem. Ibidem, p. 144.

[77] No particular, Pufendorf estabelece deveres para os dirigentes, dentre eles o de não elaborar leis que proíbam condutas permitidas à luz da razão. Idem. Ibidem, p. 321.

que essas leis existam e, em decorrência da sua presunção de validade e de sua força política, fossem eficazes eventualmente. Ou seja, a existência da lei não retiraria a possibilidade de se afirmar que ela não seria válida, sob pena de sermos obrigados a considerar todo o trabalho de Pufendorf como uma ornamentação bibliográfica, sendo justamente essa análise global aquela que permite verificar dados relevantes no trabalho de Pufendorf. Ainda que impulsionado por um modelo cartesiano, ele chama a atenção para a aplicação desse modelo na construção de postulados ligados à moral, ao contrário de uma aplicação voltada para um homem fisiológico (natural). Desse modo, "teria mantido aberta a possibilidade de uma eticização do direito positivo através do jusracionalismo", devendo, por isso, "ser considerado o fundador da autonomia das ciências do espírito, por oposição às ciências da natureza".[78] Em outras palavras, o discurso do direito como algo que ultrapassa o direito positivo e, portanto, de um direito natural que é condição de possibilidade para sua a validade (ainda que apenas científica), está mantido.

3.2.4. Abrangência e limites do direito de propriedade em John Locke

Assim como Hobbes, John Locke tomará como ponto de partida para seus tratados o "estado de natureza" do homem, mas não para considerá-lo um "estado de guerra", e sim "um estado em que os homens sejam absolutamente livres para decidir suas ações, dispor de seus bens e de suas pessoas como bem entenderem, dentro dos limites do direito natural, sem pedir autorização de nenhum outro homem nem depender de sua vontade".[79] Se Hobbes é acusado de construir o seu sistema em pró de uma classe aristocrática politicamente dominante, Locke poderia ser, por sua vez, acusado de construir o seu sistema em favor de uma classe econômica dominante, na medida em que "o resultado prático de seus ensinamentos era uma tendência a restringir [os propósitos dos indivíduos na formação do corpo político] para proteger os direitos de propriedade e os privilégios de uma classe governante",[80] uma tese corroborada pelo papel central que o direito de propriedade assumirá em seu trabalho.[81]

Do estado de natureza do homem, Locke constrói um sistema que pretende demonstrar como os homens poderiam ter adquirido uma propriedade em porções distintas daquela que Deus teria dado à humanidade em comum, mesmo sem o acordo expresso de todos coproprietários.[82] Para Locke, se o mundo foi posto à disposição de todos os homens para que dele se servissem, sua função somente se concretizará se essa apropriação for, de algum modo e em algum momento, viabilizada.[83] Ou seja,

---

[78] WIEACKER, Franz. *História do direito privado moderno*, 2004, p. 350.
[79] LOCKE, John. *Segundo tratado sobre o governo civil*, 2006, p. 83.
[80] GOUGH, J. W. *Introdução ao segundo tratado sobre o governo civil*, 2006, p. 40.
[81] As diferenças entre Hobbes e Locke não podem ser resumidas à dimensão ideológica de seus trabalhos, na medida em que Locke dará um passo significativo para a evolução da teoria do conhecimento na modernidade. O contraponto com Descartes não se resume à sua concepção empirista, indo além no questionamento sobre as possibilidades do próprio conhecimento, fundando, segundo Apel, a "esperança de uma superação de toda obscuridade de todos os mal-entendidos na filosofia e na ciência". APEL, Karl-Otto. *Transformação da filosofia*, 2000, p. 387. v 2
[82] LOCKE, John. *Segundo tratado sobre o governo civil*, 2006, p. 97.
[83] Idem. Ibidem. p. 97-98.

de algum modo, a copropriedade de todos os homens em relação ao mundo terá que cumprir uma satisfação individual.

> Ainda que a terra e todas as criaturas inferiores pertençam em comum a todos os homens, cada um guarda a propriedade de sua própria pessoa; sobre esta ninguém tem qualquer direito, exceto ela. Podemos dizer que o trabalho de seu corpo e a obra produzida por suas mãos são propriedade sua. Sempre que ele tira um objeto do estado em que a natureza o colocou e deixou, mistura nisso o seu trabalho e a isso acrescenta algo que lhe pertence, por isso o tornando sua propriedade. Ao remover este objeto do estado comum em que a natureza o colocou, através do seu trabalho adiciona-lhe algo que excluiu o direito comum dos outros homens. Sendo este trabalho uma propriedade inquestionável do trabalhador, nenhum homem, exceto ele, pode ter o direito ao que o trabalho lhe acrescentou, pelo menos quando o que resta é suficiente aos outros, em quantidade e qualidade.[84]

Com isso, funda Locke um sistema que, ao mesmo tempo, admite a propriedade como um direito natural, mas a condiciona a determinados limites. Isto porque aquilo que o seu trabalho poderá fixar como sua propriedade corresponde, tão somente, àquilo que um homem utiliza para a sua existência sem desperdício. Desse modo, "tudo o que excede a este limite é mais que a sua parte e pertence aos outros".[85] Mas Locke também ressalta que o homem teria introduzido, por convenção, padrões de referência valorativa que permitiriam o acúmulo e a poupança de bens a partir do momento em que concebeu a moeda. "Como os diferentes graus de indústria dos homens podiam fazê-los adquirir posses em proporções diferentes, esta intervenção do dinheiro deu-lhes a oportunidade de continuar a aumentá-las"[86] e, desse modo, o consentimento dos homens teria legitimado a posse desproporcional e desigual da terra,[87] proporcionando um uso honesto que excede os limites de sua necessidade individual e que permite uma escala crescente de acumulação. Ainda assim, mesmo que a acumulação de dinheiro – que constitui um bem não perecível – tenha permitido ao homem burlar os limites de propriedade e que a ideia de um direito natural limitado encontre "dificuldades que Locke não parece perceber ou de qualquer maneira não enfrenta", não é possível acusá-lo de encorajar a apropriação ilimitada.[88]

Se o Locke que fica para a posteridade é aquele que defende a propriedade ilimitada e se, com isso, suas reflexões *jusracionalistas* sobre uma limitação natural do direito de propriedade são deixadas de lado, também o serão quanto a diversos outros aspectos que denotam limitações ao direito positivo, inclusive ao direito de propriedade. Ao tratar do problema das penas e de sua proporcionalidade, Locke sustenta que a constituição das leis civis punitivas deriva em grande parte das leis naturais, já que as leis civis só seriam justas na medida em que se baseassem na lei da natureza, pela qual deveriam ser regulamentadas e interpretadas.[89]

Além das limitações impostas à lei civil, o "direito de revolução" será outro elemento desafiador nessa relação entre direito natural e direito positivo. Como

---

[84] LOCKE, John. *Segundo tratado sobre o governo civil*, 2006, p. 98.
[85] Idem. Ibidem. p. 100.
[86] Idem. Ibidem. p. 110.
[87] Idem. Ibidem. p. 111.
[88] GOUGH, J. W. *Introdução ao segundo tratado sobre o governo civil*, 2006, p. 21.
[89] LOCKE, John. *Segundo tratado sobre o governo civil*, 2006, p. 89.

em Locke é o povo o detentor do poder supremo, mesmo quando assumido pelo Legislativo no momento da formação do governo civil,[90] essa titularidade será mantida e poderá ser restaurada em algumas hipóteses em que a relação de "confiança" tiver sido afetada.[91] A dissolução do governo civil – e não da sociedade – pode se dar, por exemplo, quando o Legislativo "tenta invadir a propriedade do súdito e transformar a si, ou qualquer parte da comunidade em senhores que dispõem arbitrariamente da vida, liberdade ou bens do povo",[92] o que nos permite concluir que a propriedade para Locke não envolve apenas bens materiais, mas também a vida e a liberdade. A abertura para uma dissolução legítima do governo põe Locke em uma situação bastante distinta da de Hobbes e, ainda que não tenha tratado especificamente da relação entre direito natural e direito material, deixa clara a supremacia de um direito natural à propriedade, à liberdade e à vida em relação a qualquer medida positiva do Estado.

3.2.5. A semente da democracia no jusnaturalismo de Rousseau

Ultrapassando o séc. XVII, chegamos ao jusracionalismo de J.-J. Rousseau. Mantendo a tradição, o seu trabalho não foge ao modelo sistemático fundado por Hobbes,[93] muito embora a visão panorâmica desse movimento, o enfraquecimento da monarquia e um ambiente mais propício ao desenvolvimento de teorias genuinamente antropocêntricas,[94] proporcionam ao seu trabalho uma projeção para além de seu tempo.[95] Ao contrário de Hobbes, Rousseau não vê o estado de natureza do homem como um estado beligerante, acreditando em um homem livre e isolado que pauta suas ações a partir de padrões instintivos para os quais a alimentação e a preservação são determinantes.[96] No estado de natureza, a desigualdade biológica do homem não seria determinante para o desencadeamento de um processo de dominação, ou seja, enquanto os homens se aplicavam apenas a obras que podiam fazer sozinhos e a "artes que não precisam do concurso de várias mãos, viveram tão livres, sadios, bons e felizes quanto o poderiam ser por sua natureza e continuaram a usufruir entre si as doçuras de um relacionamento independente".[97] Para Rousseau,

---

[90] LOCKE, John. *Segundo tratado sobre o governo civil*, 2006, p. 174.

[91] Idem. Ibidem, p. 218.

[92] Idem. Ibidem, p.

[93] Concluindo o seu trabalho em o *Discurso sobre a origem e a desigualdade dos homens*, dirá Rousseau que o seu esforço foi frutificado "na medida em que essas coisas podem ser deduzidas da natureza do homem pelas simples luzes da razão e independente de dogmas sagrados que conferem à autoridade soberana a sanção do direito divino". ROUSSEAU, J.-J. *Discurso sobre a origem e a desigualdade dos homens*, 2005, p. 2005.

[94] "São somente os 'filósofos' franceses do séc. XVIII que começam a fugir à regra [de escrever obras de teologia], embora não estejam isentos, de modo negativo, de preocupações religiosas". VILLEY, Michel. *A formação do pensamento jurídico moderno*, 2005, p. 13.

[95] Rousseau pode ser considerado como um "crítico modernista da modernidade". TOURAINE, Alain. *Crítica da modernidade*. 2002, p. 28.

[96] Sobre o homem no seu estado de natureza dirá Rousseau: "vejo um animal menos forte do que alguns, menos ágil do que outros, mas, afinal, organizado mais vantajosamente do que todos. Vejo-o saciando-se sob um carvalho, matando a sede no primeiro riacho, encontrando seu leito ao pé da mesma árvore que lhe forneceu a refeição e assim satisfeitas suas necessidades". ROUSSEAU, J.-J. *Discurso sobre a origem e a desigualdade dos homens*, 2005, p. 164.

[97] Idem. Ibidem, p. 213.

a origem da desigualdade não estaria presente no estado natural originário, mas sim em uma determinada etapa da evolução humana.

> Mas, a partir do instante em que um homem necessitou do auxílio do outro, desde que percebeu que era útil a um só ter provisões para dois, desapareceu a igualdade, introduziu-se a propriedade, o trabalho tornou-se necessário e as vastas florestas se transformaram em campos risonhos que cumpria regar com o suor dos homens e nos quais logo se viu a escravidão e a miséria germinarem e medrarem com as searas.[98]

O estado civil derivaria de um pacto social cujo problema fundamental seria o de encontrar uma forma de associação que defendesse com toda a força a pessoa e o bem de cada associado, e pela qual cada um, unindo-se a todos, só obedecesse a si mesmo e, desse modo, se mantivesse tão livre quanto antes.[99] Com isso, Rousseau introduz uma nova noção de liberdade, pensada no estado civil, onde toda e qualquer restrição deve ser determinada pelo seu próprio destinatário, na medida em que ela é "a obediência à lei que se prescreveu a si mesmo".[100] Aqui está o "DNA" da democracia moderna, que ultrapassa os séculos e que é retomada com força no pensamento contemporâneo.[101] "O que o homem perde pelo contrato social é a liberdade natural e um direito ilimitado a tudo quanto deseja e pode alcançar. O que ele ganha é a liberdade civil e a propriedade de tudo que possui".[102]

O direito positivo em Rousseau, portanto, estará totalmente condicionado ao *pacto social*, que não se esgota no momento de sua celebração como um contrato de execução imediata. Trata-se de um contrato de execução diferida que mantém vivo o vínculo entre o indivíduo e o corpo político, impedindo que as leis em um estado civil se voltem contra a razão de ser de sua formação, qual seja, fazer com que o homem permaneça "tão livre quanto antes".[103] O contrato social se assume, portanto, como uma efetiva "constituição racional", a partir e para a qual a lei dará "movimento e vontade".[104] Esse modelo condiciona a validade da lei ao pacto social a partir de um vínculo racional, traduzido não apenas por questões formais (procedimentais), mas também substanciais. Assegurar a liberdade e a igualdade seria o principal objetivo de qualquer sistema de legislação. Liberdade, porque toda a dependência particular corresponderia à perda de força do corpo político. Igualdade, porque, sem ela, "a liberdade não pode subsistir".[105] Desse modo, não pode o legislador deixar de atender a esse *mister*, nem o próprio povo abrir mão desse "direito instransponível". O pacto assume, neste momento, o paradoxo hoje acentuado quando falamos

---

[98] ROUSSEAU, J.-J. *Discurso sobre a origem e a desigualdade dos homens*, 2005, p. 213.

[99] Idem. *O contrato social*, 2006, p. 20.

[100] Idem. Ibidem, p. 26. Em outra passagem, dirá Rousseau que "o povo submetido às leis deve ser o autor delas; somente aos que se associem compete regulamentar as condições da sociedade". Idem. Ibidem, p. 48.

[101] "Pues sin respaldo religioso o metafísico, el derecho coercitivo, cortado a la medida de un comportamiento al que no se exige sino que se ajuste a la ley, sólo puede conservar ya su fuerza de integración social haciendo que los *destinatarios* de esas normas jurídicas puedan a la vez entenderse en su totalidad como *autores* racionales de esas normas." HABERMAS, Jürgem. *Facticidad y validez*, 2001, p. 95-96.

[102] ROUSSEAU, J.-J. *O contrato social*, 2006, p. 26.

[103] Idem. Ibidem, p. 20-21.

[104] Idem. Ibidem, p. 45.

[105] Idem. Ibidem, p. 62.

da Constituição como condição para a democracia e, ao mesmo tempo, como regra contramajoritária.[106] Embora não seja possível falar em um "constitucionalismo substancialista" em Rousseau, para ele o que "generaliza a vontade é menos o número de votos que o interesse comum que os une, pois, nessa instituição, cada qual se submete necessariamente às condições que impõem aos demais".[107]

O *soberano* em Rousseau se confunde com o *corpo político*, na medida em que o *pacto social* dá a este um poder absoluto sobre todos os seus membros, sendo este poder dirigido pela *vontade geral* e denominado de *soberania*.[108] Mas esse *poder soberano* possui limites – o que não poderia ser diferente se considerarmos o que já foi dito quanto à inalienabilidade do poder – e, quanto a isso, dirá Rousseau que nenhum soberano poderá "onerar os súditos com nenhuma pena inútil à comunidade", sendo apenas possível "compromissos mútuos".[109] Os limites do *poder soberano* não podem ultrapassar, portanto, "os limites das convenções gerais".

> Conclui-se ainda que a desigualdade moral, autorizada unicamente pelo direito positivo, é contrária ao direito natural todas as vezes em que não coexiste, na mesma proporção, com a desigualdade física; distinção que determina suficientemente o que se deve pensar a esse respeito da espécie de desigualdade que reina entre todos os povos policiados, já que é claramente contra a lei da natureza, seja qual for a maneira por que a definamos, uma criança mandar num velho, um imbecil conduzir um homem sábio e um punhado de gente regurgitar superfluidades enquanto a multidão esfaimada carece do necessário.[110]

Rousseau inaugura um jusnaturalismo formal que, não estando diretamente relacionado ao seu conteúdo do direito, exige obediência a requisitos formais na elaboração do direito positivo. Esse modelo teria influenciado a visão de direito em Kant, muito embora a justificação racional tenha sido radicalmente modificada em razão do "giro copernicano" que o *filósofo de Königsberg* promoveu.

3.2.6. Universalidade e liberdade no jusnaturalismo formal de Kant

Vimos no capítulo anterior que o projeto kantiano envolvia uma "crítica da razão prática",[111] onde o seu objetivo era analisar o uso prático da razão.[112] Não há duas razões, isto é, uma teórica e outra prática, mas uma única razão que é exercitada na síntese de problemas, ora relacionados ao conhecimento, ora relacionados à ação. Na primeira aplicação da razão, estamos diante do mundo do *ser*, onde o nosso conhecimento está condicionado à imposição da natureza, enquanto que no exercício prático da razão estamos no plano do *dever-ser*, onde o que impera é a nossa liberdade de ação. Neste caso, estamos diante da segunda questão colocada por Kant: "o que devo fazer?". Kant não é um cético em matéria moral-prática, sustentando que a vontade é algo racional que está diretamente relacionada à ação. Assim, a exemplo de sua análise na *Crítica da razão pura*, constata que há ações empiricamente

---

[106] Cf. STRECK, Lenio. *Verdade e consenso*, 2009.
[107] ROUSSEAU, J.-J. *O contrato social*, 2006, p. 41.
[108] Idem. Ibidem, p. 39.
[109] Idem. Ibidem, p. 39-40.
[110] Idem. *Discurso sobre a origem e a desigualdade dos homens*, 2005, p. 243.
[111] KANT, Immanuel. *Crítica da razão prática*, 2002.
[112] HÖFFE, Otfried. *Immanuel Kant*, 2005, p. 188.

condicionadas e outras que podem ser pensadas transcendentalmente. Com isso, a questão fundamental da *Crítica da razão prática* "é se a razão pura basta por si só para a determinação da vontade ou se somente enquanto razão empiricamente condicionada ela pode ser um fundamento determinante da mesma".[113]

O ponto de partida de Kant será a análise da ética individual, que se desenvolve no plano da moral e se manifesta através de um exercício autolegislador. Neste campo, "Kant não quer 'descobrir' ou 'estabelecer' um princípio moral", mas examinar o modo de operação de nossa razão prática.[114] Uma ação boa seria aquela que deriva de uma vontade boa e que independe de fatores condicionantes, estando relacionada exclusivamente a uma disposição interior. Esse ponto de partida acaba gerando leituras equivocadas, na medida em que se aplica o sistema da moral kantiana ao direito, ignorando a complexa relação entre esses dois âmbitos de verificação da ação.[115] Na moral, a ação boa é aquela que corresponde à vontade do agente, independente de qualquer obstáculo exterior, e não aquela ação condicionada pelo necessário cumprimento do dever decorrente de uma lei ou pela possibilidade de vantagem estratégica decorrente de uma determinada ação. A moralidade kantiana diz respeito a uma relação interna e incondicionada do sujeito, ao contrário da análise externa à luz de normas, que confere ao cumprimento de um dever decorrente de regras heterônomas o caráter de *legalidade*. No âmbito da *moralidade* – e não da *legalidade* –, Kant segue em busca do *imperativo categórico* como um critério supremo de ajuizamento, exortando-nos a agir de uma determinada maneira. Em síntese, quer ele dizer: "age moralmente!" Agir moralmente não é agir tecnicamente, nem agir pragmaticamente. Em ambas, a ação está condicionada a *imperativos hipotéticos*, "cuja validade encontra-se subordinada a um pressuposto limitante: 'se eu quero x, *então* tenho de fazer y'".[116] Agir categoricamente é agir incondicionalmente, o que pode ser traduzido pelo seguinte enunciado: "age somente de acordo com aquela máxima mediante a qual possas ao mesmo tempo querer que ela se torne uma lei universal". No imperativo categórico não está presente nenhuma regra, assumindo como critério as *máximas*, ou seja, não leva em conta regras heterônomas, mas tão somente parâmetros decorrentes de uma atividade autolegislativa. As *máximas* são, portanto, proposições fundamentais subjetivas do agir, devendo ser "considerada pelo sujeito como válida somente para a vontade dele".[117] Isso faz da ética kantiana uma ética formal, pois a moralidade exige condições ideais, representadas pela ausência de fatores condicionantes, e, ao mesmo tempo, a universalidade, caracterizada pela coerência do sujeito.[118] Não há um conteúdo substancial *a priori* na *máxima*,

---

[113] KANT, Immanuel. *Crítica da razão prática*, 2002, p. 25.
[114] STÖRIG, Hans Joachim. *História geral da filosofia*, 2008, p. 354.
[115] "Conquanto a ideia de *Sittlichkeit* também diga respeito à ordem jurídica e estatal, Kant na fundamentação e na Crítica da razão prática refere-se sobretudo ao lado pessoal. Por essa unilateralidade, ele favorece o equívoco de que a Doutrina do Direito ou é desvinculada da nova fundamentação crítica da Ética, ou porém é considerada a partir da *Sittlichkeit* pessoal, da moralidade. A primeira interpretação recai na Doutrina do Direito pré-crítica, a segunda em uma filosófica ou politicamente discutível moralização do Direito". HÖFFE, Otfried. *Immanuel Kant*, 2005, p. 192.
[116] HÖFFE, Otfried. *Immanuel Kant*, 2005, p. 201.
[117] KANT, Immanuel. *Crítica da razão prática*, 2002, p. 32.
[118] "A universalidade que se oculta em toda máxima é uma universalidade subjetiva (relativa), não a universalidade objetiva (absoluta ou irrestrita) que tem validade pura e simplesmente para todo ente racional". HÖFFE, Otfried. *Immanuel Kant*, 2005, p. 207.

mas apenas uma estrutura formal que integra o imperativo categórico que deverá guiar a ação.

Em uma ética onde a moralidade corresponde ao agir incondicionado e universal – entendidos com a denotação acima explicitada – a pergunta sobre o que devemos fazer em uma dada situação trará consigo, necessariamente, uma segunda questão: aquilo que entendemos dever fazer, de fato, podemos? Essa questão leva Kant à conclusão de que o agir moral depende, necessariamente, da liberdade.[119] "A existência de um tal imperativo em nós só tem sentido se também temos a possibilidade de satisfazê-lo, isto é, se somos livres para segui-lo".[120] Desse modo, "poder-se-ia definir a liberdade prática também pela independência da vontade de toda outra lei, com exceção unicamente da lei moral".[121]

Dessa forma, "se um sistema de cognição *a priori* que parte exclusivamente de conceitos é denominado metafísica, uma filosofia prática, que não tem a natureza, mas a liberdade de escolha por seu objeto, pressuporá e requererá uma metafísica dos costumes",[122] trabalho que Kant irá desenvolver na "Doutrina do direito" e na "Doutrina da Virtude",[123] oportunidades em que analisa a ação sob a perspectiva da *legalidade*. Ao contrário das "leis da natureza", no campo da moral teremos, portanto, as "leis morais" – encontrando-se aí a distinção entre *ser* e *dever ser*, sendo que estas podem estar relacionadas tanto a ações internas quanto a externas.[124] "Enquanto dirigidas meramente a ações externas e à sua conformidade à lei, são chamadas de jurídicas; porém, se adicionalmente requerem que elas próprias (as leis) sejam os fundamentos determinantes das ações, são leis éticas",[125] o que permite a Kant diferenciar a mera *legalidade* de uma ação, relacionada exclusivamente com as leis jurídicas, de sua *moralidade*.[126] A eticidade de uma ação, portanto, depende tanto do âmbito interno (*moralidade*), como do âmbito externo (*legalidade*). Quem age em desrespeito à legalidade, ainda que aja moralmente (âmbito interno), não está agindo de forma ética. Neste mesmo desvio ético incorre aquele que age conforme a *legalidade*, mas no âmbito interno (*moralidade*) a ação é comandada pelo agir estratégico e não por uma máxima incondicionada e universal.

---

[119] KANT, Immanuel. *Crítica da razão prática*, 2002, p. 152.

[120] STÖRIG, Hans Joachim. *História geral da filosofia*, 2008, p. 354.

[121] KANT, Immanuel. *Crítica da razão prática*, 2002, p. 152.

[122] Idem. Ibidem, p. 59.

[123] Idem. Ibidem, p. 59

[124] Idem. Ibidem, p. 63.

[125] Idem. Ibidem, p. 63.

[126] "Os termos eticidade e moralidade em Kant assumem sentidos "flutuantes". Neste caso, seguindo a tradução para o português que foi utilizada, empregamos o termo *moralidade* para designar a qualidade da ação no cumprimento de leis éticas, muito embora isso já implique uma relação cruzada entre a moralidade subjetiva e o direito, ou seja, entre a liberdade interna e externa. Höffe auxilia a compreensão dessa ambiguidade quando afirma que "o conceito de simplesmente bom, de Kant, que lembra o conceito ontológico do ente sumamente perfeito, não é, de si, limitado a aspectos determinados do agir. A ideia normativa de um ilimitadamente bom [conceito que confere a *Sittlichkeit*, traduzido na edição brasileira pelo termo moralidade] é válida não somente para o lado pessoal, mas também para o lado institucional da práxis humana, particularmente para o Direito e o Estado. Porque na práxis podemos distinguir esses dois pontos de vista, há também duas formas fundamentais de *Sittlichkeit*, de um lado a moralidade como Sittlichkeit de uma pessoa, de outro, o conceito racional de Direito, a justiça política como a *Sittlichkeit* na convivência das pessoas". HÖFFE, Otfried. *Immanuel Kant*, 2005, p 191-192. Cf. BILLIER, Jean-Cassien. MARYOLI, Aglaé. *História da filosofia do direito*, 2005, p. 157.

Por ter tomado o sujeito e a liberdade de agir coerentemente com sua própria consciência como pontos de partida para a sua crítica prática, Kant enfrentará uma complexa relação entre o direito e a moral, elementos que constituem o todo da ética. Paradoxalmente, "a relação crítica entre o direito e a moral existe nesta sutil ligação que se recusa a separá-los como também confundi-los", devendo o equilíbrio evitar dois obstáculos: "uma separação entre o direito e a moral, que traz consigo o risco de se atingir uma conceituação cínica da autonomia do direito; e uma confusão do direito e da moral, que acarreta uma dependência do direito com relação à moral e traz o risco do despotismo".[127] Qualquer tentativa de solução para o paradoxo apresentado passa, necessariamente, pela análise daquilo que Kant entende por direito.

"O que é o direito?" Com essa pergunta Kant inicia sua *Doutrina do direito*, chamando atenção para que a resposta não se paute naquilo "que as leis em algum país em alguma época prescrevem", mas em algo que possa assumir a condição universal.[128] Para Kant, "qualquer ação é justa se for capaz de coexistir com a liberdade de todos de acordo com uma lei universal, ou se na sua máxima a liberdade de escolha de cada um puder coexistir com a liberdade de todos de acordo com uma lei universal".[129] Não há sentido falarmos em uma *práxis* sem liberdade, do mesmo modo que não haveria sentido falarmos em conhecimento sem espaço, ou seja, a liberdade está para o direito e para a moral, assim como o espaço está para o conhecimento: são condições de possibilidade. A ação justa deve, portanto, obedecer ao seguinte imperativo: "age externamente de modo que o livre uso de teu arbítrio possa coexistir com a liberdade de todos de acordo uma lei universal".[130] Isso não significa que essa lei universal guarde, de algum modo, "a expectativa – e muito menos impõe a exigência – de que eu próprio devesse restringir minha liberdade a essas condições simplesmente em função dessa obrigação",[131] mas tão somente que uma análise racional estabelece que "a liberdade está limitada àquelas condições em conformidade com sua ideia e que ela pode também ser ativamente limitada por outros".[132] O direito está ligado à liberdade de uma forma bastante ambígua. Por um lado, tem na liberdade – como todo campo da *práxis* humana – sua condição de possibilidade; por outro, em razão da necessidade de equacionar diversas liberdades, tem a competência de se colocar como um "obstáculo ou resistência à liberdade".[133] Portanto, pelo princípio da contradição, o direito se assume como "uma competência de exercer coerção sobre alguém que o viola".

Só haveria, portanto, um único direito natural que é a liberdade, isto é "a independência de ser constrangido pela escolha alheia".[134] Na medida em que permite a coexistência com a liberdade de todos os outros de acordo com uma lei universal, é o "único direito original pertencente a todos os homens em virtude da humanidade destes".[135] Com isso, temos que, assim como em Rousseau, o jusnaturalismo de Kant

---

[127] BILLIER, Jean-Cassien. MARYOLI, Aglaé. *História da filosofia do direito*, 2005, p. 155-156.
[128] KANT, Immanuel. *Metafísica dos costumes*, 2008, p. 75-76.
[129] Idem. Ibidem, p. 76-77.
[130] Idem. Ibidem, p. 77.
[131] Idem. Ibidem, p. 77.
[132] Idem. Ibidem, p. 77.
[133] Idem. Ibidem, p. 77.
[134] Idem. Ibidem, p. 84.
[135] Idem. Ibidem, p. 84.

é um jusnaturalismo formal, na medida em que identifica como universal no direito algo desprovido de um conteúdo empiricamente dado, mas, seguindo a tradição de suas críticas, algo que seja passível de determinação *a priori*. O direito em Kant permite, assim como nas outras formas de jusnaturalismo analisadas – e agora sob um ponto de vista inteiramente novo – pensar nos limites e possibilidades do direito positivo.

No âmbito do direito privado, será uma "pressuposição *a priori* da razão prática considerar e tratar qualquer objeto de minha escolha como algo que pudesse objetivamente ser meu ou teu".[136] Com isso, nem tudo poderá ser objeto de propriedade, do mesmo modo que somente será objeto de propriedade aquilo que puder ser meu *ou* teu, eliminando por uma imposição da razão prática a possibilidade de uma coisa ser, em tese, apenas minha. Assim, Kant dirá que a pretensão de declarar como sua uma coisa implica também a pretensão de afastar os demais do uso dessa coisa, o que envolve, por imposição da razão, "o reconhecimento de que eu, por minha vez, estou obrigado em relação a todo outro a me abster de usar o que é externamente seu, pois a obrigação aqui surge de uma regra universal que tem a ver com as relações jurídicas externas".[137] Esta regra de reciprocidade, muito embora derive de uma lei universal, depende da garantia de que todos os demais se comportarão segundo o mesmo princípio. Neste caso, "uma vontade unilateral não pode servir como uma lei coercitiva para todos no que toca à posse que é externa e, portanto, contingente, já que isso violaria a liberdade de acordo com leis universais".[138] Em razão disso, para que seja viável o estabelecimento da imposição coercitiva, faz-se necessária a constituição de um estado civil, que é a "condição de estar submetido a uma legislação externa geral".[139]

> Quando as pessoas vivem sob uma Constituição civil, as leis estatutórias existentes nesta condição não podem violar o direito natural (isto é, o direito deduzível de princípios a favor da Constituição civil); e, assim, o princípio jurídico "quem quer que aja com base numa máxima que impossibilita que eu tenha um objeto de minha escolha como meu me prejudica" permanece em vigor, pois uma Constituição civil é precisamente a condição jurídica pela qual o que pertence a cada um é apenas assegurado, porém não é realmente estabelecido e determinado.[140]

Já "o conjunto das leis que necessitam ser promulgadas, em geral a fim de criar uma condição jurídica, é o direito público".[141] O direito público cumprirá a função de unir uma "multidão de seres humanos" ou uma "multidão de povos", sendo que essa "condição dos indivíduos no seio de um povo na sua relação recíproca é chamada de condição civil (*status civilis*)", enquanto que esse conjunto "em relação aos seus próprios membros é chamado de *Estado* (*civitas*)".[142] Assim, pressupondo em relação a esse Estado uma associação de membros, ele também será chamado de Estado de nação (*gens*), onde "somos levados a pensar não só no direito de um Estado,

---

[136] KANT, Immanuel. *Metafísica dos costumes*, 2008, p. 92.
[137] Idem. Ibidem, p. 101.
[138] Idem. Ibidem, p. 101.
[139] Idem. Ibidem, p. 101.
[140] Idem. Ibidem, p. 101-102.
[141] Idem. Ibidem, p. 153.
[142] Idem. Ibidem, p. 153.

como também num direito das gentes (*ius gentium*)".[143] Além disso, considerando que a superfície da Terra não é ilimitada, "os conceitos de direito do Estado e de direito das gentes conduzem inevitavelmente à ideia do direito de todas as gentes ou direito cosmopolita (*ius cosmopoliticum*)".[144] Assim, completará Kant, "se o princípio de liberdade externa limitada pela lei não estiver presente em qualquer uma dessas três formas possíveis de condição jurídica, a estrutura de todas as outras será inevitavelmente solapada e terá, finalmente, que desmoronar".[145]

Mas, a necessidade de verificação de limites a serem impostos pela lei não é uma conclusão que decorre da experiência, relacionada a uma suposta tendência natural dos seres humanos para a violência.[146] O que torna necessária a coerção é o fato de que "antes de uma condição legal pública ser estabelecida, indivíduos humanos, povos e Estados jamais podem estar seguros contra a violência recíproca, uma vez que cada um detém seu próprio direito de fazer o que parece certo e bom para si e não depender da opinião alheia a respeito disso".[147] Portanto, o que justifica em Kant um direito coercitivo que limita a liberdade é, justamente, a conclusão *a priori* da liberdade individual dos sujeitos.

Ainda que o direito coercitivo seja justificado e necessário na metafísica dos costumes elaborada por Kant, esse poder não será absoluto. Neste momento, aproximando-se do jusnaturalismo de Rousseau, dirá Kant que o Poder Legislativo "pode pertencer somente à vontade unida do povo, pois uma vez que todo o direito deve dele proceder, a ninguém é capaz de causar injustiça mediante sua lei".[148] A liberdade, portanto, só poderá ser cerceada pela união daqueles que serão os destinatários imediatos das leis coercitivas.

Mal compreendido em sua época, Kant se lançará no tempo criando as condições de possibilidade para que seja pensado um direito onde a legitimidade se dá pela legalidade, modelo que ultrapassará as fronteiras de um direito nacional para um direito cosmopolita[149] e pregará a tão esperada "paz perpétua".[150] A liberdade, a universalidade e a coerência kantianas são legados de um filósofo que dividiu a modernidade e que se projetou no séc. XIX com o neokantismo e, nos dias atuais, com propostas que buscam um consenso dialógico a partir de bases transcendentais.[151] Entretanto, no que diz respeito ao direito, a principal influência de Kant, que se manifesta no pensamento neopositivista de Hans Kelsen,[152] não trabalhará com a perspectiva da *práxis*, mas de uma crítica do conhecimento científico do direito.

---

[143] KANT, Immanuel. *Metafísica dos costumes*, 2008, p. 154.
[144] Idem. Ibidem, p. 154.
[145] Idem. Ibidem, p. 154.
[146] Idem. Ibidem, p. 154.
[147] Idem. Ibidem, p. 154.
[148] Idem. Ibidem, p. 156.
[149] Habermas é o exemplo que mais se aproxima dessa tentativa. Cf. HABERMAS, Jürgen. *A inclusão do outro*, 2004.
[150] Para Kant, se a realização de sua metafísica se der "por meio de uma reforma paulatina, fundada em princípios sólidos, poderá conduzir a uma aproximação contínua do mais elevado bem político, da paz perpétua". KANT, Immanuel. *Metafísica dos costumes*, 2008, p. 197.
[151] Cf. APEL, Karl-Otto. Transformação da filosofia, 2000. HABERMAS, Jürgen. *Teoria de la acción comunicativa*, 1987.
[152] KELSEN, Hans. *Teoria pura do direito*, 2000.

3.3. O DIREITO MODERNO COMO JUSNATURALISMO ANTROPOLÓGICO

A formação do projeto de modernidade, que se dá entre os séc. XVI e XVIII, forja uma concepção de direito abandonada no decorrer da consecução desse mesmo projeto. O objetivo do estudo apresentado foi identificar a tradição autêntica do direito moderno, permitindo, ao mesmo tempo, uma reflexão sobre a possibilidade de retomada dessa tradição. Com isso, podemos afirmar que o direito que se edificou com a modernidade ultrapassa o direito positivo, estabelecendo seu fundamento, seus limites e suas possibilidades. A pergunta pelo direito moderno não era pelo texto, mas pelo homem, o que faz dele uma resposta antropológica. Com todos os problemas metodológicos que poderíamos apontar, trata-se de um direito que crê em uma racionalidade que não está restrita ao processo cognitivo de textos, mas que se volta para o homem e para tudo aquilo que está diretamente ligado a ele, especialmente para "as questões típicas da ética, tais como as noções de justiça, de liberdade, de bem-estar geral, de vontade, onde o Direito e a ética não se excluem mutuamente".[153]

A passagem do jusracionalismo para o positivismo jurídico no séc. XIX não teve a audácia de eliminar o discurso que, no fundo, ajudou a sustentar as revoluções burguesas ainda recentes naquele momento. O direito natural, em verdade, foi esquecido e, com ele, a possibilidade de pensar o direito para além do texto positivista, ainda que por outros meios. Ainda assim, resistiu à eclipse do séc. XIX e se restabeleceu no séc. XX como uma das vertentes de combate ao positivismo decisionista que, diante do fracasso dos modelos conceituais e silogísticos, mostra-se como "vontade de poder" – ou como o poder de dizer uma vontade – de um modo que nem mesmo Hobbes admitiria.

Há, desse modo, um elo perdido entre a concepção moderna de direito – jusnaturalista, necessariamente – e a concepção que se infiltra e se consolida no *senso comum teórico dos juristas*, até mesmo dentro da academia, que na maioria das vezes reduz as indagações sobre o fundamento supralegal do direito aos temas de filosofia de direito, afastando essa reflexão da operação dogmática e se fechando em uma prática abstrata, conceitual e alienada. Os juristas da modernidade tardia estão para as ciências humanas assim como o "marido traído" está para a cultura popular nordestina: é sempre o último a ficar sabendo. Não estão atentos às discussões histórico-filosóficas que poderiam proporcionar a retomada do *ser* do direito e, ao mesmo tempo, proporcionar a sua revisão.

Neste momento, buscam-se as razões pelas quais o direito moderno sucumbiu frente a um positivismo feito "às secas", bem como os motivos pelos quais não é possível admitir soluções mágicas – operativas – na retomada da eticidade, tão preconizada no Brasil, especialmente após a Constituição de 1988. Por que o Hobbes que se eterniza é aquele que reduz o direito ao direito positivo, e não aquele que pensa em limites para o governante e que, bem ou mal, vincula um sentido teleológico para as ações de Estado? Por que o Pufendorf que fica é aquele que estabelece um sistema conceitual, e não aquele que alerta para a necessidade de pensar o direito como uma ciência voltada para um objeto moral e não para uma condição fisiológica

---

[153] PÊPE, Albano Marcos Bastos. *O jusnaturalismo e juspositivismo modernos*, 2007, p. 10.

de homem? Por que Locke passou a ser aquele que defende a propriedade privada e a liberdade sem preço, e não aquele dos limites à propriedade e do "direito à revolução"? Por que o que fica de Rousseau é o mero vínculo procedimental entre o detentor do poder absoluto e aquele que o exerce, e não as condições de validade do direito? E por que o Kant que se perpetua é aquele que pensa os limites do conhecimento, e não o que pensa nas possibilidades de uma *práxis* voltada para a "paz perpétua"? Como as perguntas já trazem as respostas, cumpre analisar duas variáveis: uma relacionada às falhas no próprio projeto de modernidade, na medida em que a base epistemológica sobre a qual tais matrizes foram construídas será reconhecida mais tarde como inadequadas para as *ciências do espírito*; outra relacionada a um agente externo ao projeto que potencializa as relações entre mercado e ciência, estimulando um modelo estratégico-funcional que depende da racionalidade cognitivo-instrumental e deslocando o estudo do direito de matrizes antropológicas para matrizes tecnológicas.

3.4. O DESVIRTUAMENTO DO PROJETO DE MODERNIDADE

Para Max Weber,[154] há uma distinção entre o capitalismo moderno e outras manifestações "capitalistas" presentes em diversos lugares, inclusive de períodos que antecederam a era moderna. O capitalismo moderno é marcado por uma dimensão ética própria e movido por uma racionalidade própria.

> De fato, o *summum bonum* desta "ética", a obtenção de mais e mais dinheiro, combinada com o estrito afastamento de todo gozo espontâneo da vida é, acima de tudo, completamente destituída de qualquer caráter eudemonista ou mesmo hedonista, pois é pensado tão puramente como uma finalidade em si, que chega a parecer algo de superior à "felicidade" ou "utilidade" do indivíduo, de qualquer forma algo de totalmente transcendental ou simplesmente irracional. O homem é dominado pela produção de dinheiro, pela aquisição encarada como finalidade última de sua vida. A aquisição econômica não mais está subordinada ao homem como meio de satisfazer suas necessidades materiais. Esta inversão do que poderíamos chamar de relação natural, tão irracional de um ponto de vista ingênuo, é evidentemente um princípio norteador do capitalismo, seguramente quanto ela é estranha a todos os povos fora da influência capitalista.[155]

Essa "ética" abre espaço para a constituição de um capitalismo racional que se desenvolve sobre estruturas empresariais geridas pelo método da contabilidade do capital.[156] É nesse sentido que o conceito de capitalismo em Weber pode ser explicado por fatores externos à economia, enquadrando-se na corrente culturalista e contrapondo-se à corrente histórica, da qual Karl Marx é integrante. Touraine,[157] por sua vez, chama a atenção para a impossibilidade de reduzir o capitalismo à economia de mercado ou à racionalização. Muito embora o considere uma ideologia moderna triunfante no plano econômico, a economia de mercado corresponderia a uma dimensão negativa da modernidade em face do desaparecimento do controle holístico

---

[154] WEBER, Max. *A ética protestante e o espírito do capitalismo*, 1996, p. 32.
[155] Idem. Ibidem, p. 33.
[156] Idem. Ibidem.
[157] TOURAINE, Alain. *Crítica da modernidade*, 2002, p. 32.

da atividade econômica, que envolvia o poder político ou religioso, enquanto que a racionalização seria inerente à própria modernidade.

> O modelo capitalista de modernização se define, ao contrário, por um tipo de ator dirigente, o capitalista. Enquanto Werner Sombart pensava que a modernização econômica resultara da decomposição de controles sociais e políticos, da abertura dos mercados e dos progressos da racionalização, portanto do triunfo do lucro e do mercado, Weber combatia esta visão puramente econômica e definia, em seu ensaio sobre Ética protestante e o espírito do capitalismo e em Economia e sociedade, o capitalista como um tipo social e cultural particular.

Independente da parcela de contribuição da própria modernidade para o desenvolvimento do capitalismo, sua hegemonia está diretamente relacionada com a formação da sociedade industrial e a ascensão da burguesia ao poder político,[158] colocando-o como um "ator dirigente" externo ao projeto social da modernidade. Para Boaventura de Sousa Santos, a gênese do projeto de modernidade se deu antes de o modelo de produção capitalista assumir a consecução deste projeto.[159]

> Se concebermos o capitalismo como um sistema de trocas monetárias generalizadas, como faz, por exemplo, I. Wallerstein, a data da emergência do capitalismo terá de recuar alguns séculos, até ao século XVI pelo menos. Não nos parece, porém, que tal concepção seja adequada para os nossos propósitos analíticos, pois a especificidade histórica do capitalismo reside nas relações de produção que instaura entre o capital e o trabalho e são elas que determinam a emergência e generalização de um sistema de trocas caracterizadamente capitalista. Isso só ocorre a partir de finais do século XVIII ou mesmo meados do século XIX e, portanto, depois de estar constituído, enquanto projecto sócio-cultural, o paradigma da modernidade.[160]

O projeto de modernidade não pertence ao capitalismo, nem o capitalismo pertence ao projeto de modernidade. A sua consecução é que foi assumida pelo capitalismo na medida em que ele se agrega ao "princípio do mercado", passando a estabelecer com as lógicas de racionalidade emancipatórias *cálculos de correspondência* que interessavam ao modelo capitalista e que, sem os quais, ele não sobreviveria. Como um ator social, o capitalismo corresponde a uma forma particular de modernização e não à modernidade em si, logo, mostra-se como um vírus que se agrega ao código genético da modernidade, aproveitando-se de processos de institucionalização já instaurados e acentuando um desenvolvimento desarmonizado.

Nesse desenvolvimento, percebe-se a supervalorização do *princípio do mercado* na medida em que o *princípio da comunidade* – que traz consigo a ideia de que o poder pertence ao próprio corpo político e não aos representantes – sucumbe e se vê esmagado ao longo dos séc. XIX pela força da dominação burguesa nas sociedades capitalistas. Ao longo do século XX, quando os movimentos de democratização

---

[158] Fernando Pedrão concebe o desenvolvimento do capitalismo em onze períodos que marcam a formação e a ruptura de suas formas. O sétimo período corresponde à formação do capitalismo industrial até a reestruturação pós-bonapartista, ocorrida por volta de 1830. O oitavo período corresponde a ascensão da produção industrial, o nono pelo confronto dos interesses capitalistas por mercados internacionais, que se verifica até o período de ruptura e reordenamento da economia mundial, por ele identificado como o décimo período. O capitalismo moderno, portanto, segue a partir do sétimo período que, juntamente com o oitavo e nono, corresponde ao que Boaventura de Sousa Santos chamou de primeira fase, já que o décimo representa a ruptura que marca o capitalismo organizado e o redimensionamento do projeto de modernidade. PEDRÃO, Fernando. *Raízes do capitalismo contemporâneo*, 1996, p. 72-76.
[159] SANTOS, Boaventura de Sousa. *A crítica da razão indolente*, 2002, p. 21.
[160] Idem, ibidem, p. 78-79.

são consolidados,[161] as concessões da burguesia e, teoricamente, a redução da força regulatória movida pelo *princípio do mercado,* são acompanhadas pela ampliação demasiada do papel do Estado, fazendo com que o modelo de regulação distancie o poder do seu detentor – o *corpo político* – e, consequentemente, provoque o esmagamento da comunidade.[162] Em verdade, o Estado passa a agir conforme a *lógica do mercado*, fato que comprova a presença do capitalismo como o agente que determina os rumos do projeto durante toda a sua consecução.

As implicações do modelo capitalista no projeto de modernidade já se mostram evidentes ao longo de sua primeira fase, denominada de liberal. O desenvolvimento harmonioso entre os princípios regulatórios do *Estado, mercado* e *comunidade*, que estavam presentes no pensamento liberal do séc. XVIII, é impossibilitado pela hipertrofia do *princípio do mercado* e pela atrofia dos demais.[163]

O desequilíbrio e a existência de *cálculos de correspondência* entre o *princípio do mercado* e as três lógicas de racionalidade emancipatória acentuaram o desequilíbrio e contribuíram para a não consecução dos ideais projetados. Os princípios do *Estado* e da *comunidade* foram esmagados e suas imbricações com as lógicas de racionalidade esvaídas. O *princípio da comunidade* se reduz a um composto de dois elementos abstratos: a) a *sociedade civil*, que passa a ser concebida como uma agregação competitiva de interesses particulares e b) o próprio *indivíduo*, componente da *sociedade civil,* que passa a ser visto como um sujeito livre e igual nas suas relações intersubjetivas.[164] A esfera privada restará dissociada da esfera pública, momento em que se perde de vista a relação interna entre essas esferas[165] e em que se associa a cidadania à detenção de direitos do indivíduo oponíveis ao Estado e aos demais integrantes da sociedade civil.[166]

O *princípio do Estado*, por sua vez, coloca-se em função de uma *sociedade civil* competitiva e livre – porém já condicionada pelo *mercado* – e, consequentemente, assume a figura do Estado mínimo, tendo como função residual a segurança pública. O dualismo sociedade civil *versus* Estado passa a ser o elemento que isola mutuamente as possibilidades regulatórias dos princípios a eles correlatos e confere espaço para a concretização do *laissez-faire*. Desse modo, são visíveis as marcas do capitalismo em uma sociedade civil que, por si mesma, preconiza um Estado mínimo e, ao mesmo tempo, enxerga na liberdade e igualdade falaciosas as possibilidades emancipatórias. Tais princípios, muito embora se mostrassem como o fim da

---

[161] "Embora as ideias de Rousseau tenham exercido grande influência em eventos como a Revolução Francesa, e possibilitando a redescoberta da democracia, esquecida desde os gregos, o fato é que, no ideário liberal, prevaleceu a visão lockeana de direitos humanos identificada como a 'liberdade moderna'. [...] Já a democracia, conceito central do pensamento de Rousseau, foi por muito tempo postergada , já que os direitos políticos foram conferidos apenas à burguesia, através da instituição do voto censitário." SARMENTO, Daniel. *Os direitos fundamentais nos paradigmas liberal, social e pós-social,* 2003, p. 379.

[162] A hipertrofia do princípio da comunidade se mostra mais evidente ainda na primeira fase do capitalismo – capitalismo liberal – na medida em que o princípio do mercado se colocava como força regulatória imediata, esmagando também o princípio do Estado, conforme demonstra Boaventura de Sousa Santos. SANTOS, Boaventura de Sousa. *O social e o político na transição pós-moderna,* 2003, p. 81.

[163] Idem. Ibidem, p. 80-81.

[164] Idem. Ibidem, p. 81.

[165] HABERMAS, Jürgen. *A inclusão do outro,* 2004, p. 192.

[166] Idem. Ibidem, p. 279.

opressão, possibilitavam uma outra forma de dominação: a dominação econômica do capitalismo moderno.

Essa dominação ultrapassa o dirigismo mercadológico na medida em que os *cálculos de correspondência* estabelecem uma implicação necessária entre o *princípio de mercado* e as *lógicas emancipatórias*. A supremacia do mercado significará a hegemonia de uma racionalidade adequada ao modelo capitalista e que, muito embora já estivesse presente na modernidade, até então não tinha sido reduzida à condição de *força produtiva*,[167] o que somente foi viabilizado a partir de uma aliança com a técnica. A ciência, pautada na racionalidade cognitiva e já dominada pela "essência da técnica", alia-se a modelos tecnológicos que a viabilizam como força produtiva. A ciência domina a natureza através de padrões da técnica, enquanto que a tecnologia reproduz essa dominação a partir de esquemas operacionais acessíveis a um público universal, transformando o saber em "meios de produção" e em "produtos".

Se compararmos o direito moderno com o modelo clássico grego, é possível perceber uma diferença significativa. De fato, Albano Pêpe dirá que o "direito natural racional, com a intenção de produzir uma teoria que cumpra uma função precípua de organizar racionalmente as instituições responsáveis pelos novos problemas que se colocam diante dos homens",[168] acaba assumindo uma função tecnológica. Enquanto no direito clássico busca-se uma unidade entre *nomói* e *ethos*, o direito moderno toma a lei a partir da sua instrumentalidade. Contudo, o que acentuamos na análise do jusracionalismo não é o caráter instrumental da lei, mas a admissão da necessária revisão dessa técnica no momento de sua aplicação, ainda que em nome de um *ethos* abstrato e sistemático. Acentuamos que na alvorada da modernidade estávamos, de algum modo, mais atentos aos problemas oriundos da "essência da técnica" e, em razão disso, construíamos alguns limites em face do *perigo*. A modernidade burguesa perde essa dimensão e provoca uma cisão entre o *ethos* e a lei, reflexo de uma técnica que cada vez mais se distanciava de seu caráter instrumental e que muito rapidamente nos colocaria diante do perigo extremo. A introdução do capitalismo como "ator dirigente" na consecução do "projeto de modernidade" eliminará, por sua vez, a tradição jusnaturalista, cindindo *conhecimento* e *aplicação do direito*, e usurpando o seu caráter moral-prático. Neste momento, passamos a falar em codificações e em sistemas abstratos que se constroem em torno do *texto* e não em torno do *homem*. O direito deixa de ser uma antropologia para ser uma tecnologia, e o jusracionalismo – com todos os seus equívocos metodológicos – é deixado de lado sob o argumento de que a aplicação do direito agora prescinde do "pensar", bastando, tão somente, a comparação silogística entre o *fato* e o *texto*.

Era necessário, portanto, que se instaurasse uma dominação preponderantemente legal, onde inexistisse a possibilidade de crítica (viabilizada por um direito prévio) ao direito positivo.

> O parentesco sociológico da dominação legal com o moderno domínio estatal manifestar-se-á ainda mais claramente ao se examinarem os seus fundamentos econômicos. A vigência do

---

[167] HABERMAS, Jürgen. *Ciência y técnica como "ideología"*, 1999.
[168] PÊPE, Albano Marcos Bastos. *O jusnaturalismo e o juspositivismo modernos*, 2007, p. 15.

"contrato" com base na empresa capitalista impõe-lhe o timbre de um tipo eminente de relação de dominação "legal".[169]

Com isso, "os 'direitos do cidadão' passaram, então, a servir de meios de proteção aos 'direitos do homem' e a vida política tornou-se mero instrumento de conservação da sociedade civil, sob a dominação da classe proprietária"[170] e o direito passou a se reproduzir em torno de si mesmo. Tal como ocorreu com a revolução científica do séc. XVII, a técnica deixava de ser para o direito "um simples meio", passando a ser "em si mesma". Mais uma vez, podemos constatar que "não há nada de técnico na essência da técnica".[171]

3.5. A MODERNIDADE BURGUESA E O POSITIVISMO JURÍDICO

As revoluções burguesas são postas em prática sob a "trilha sonora" do jusracionalismo.[172] O iluminismo francês[173] e o discurso revolucionário americano[174] se valem abertamente da ideologia jusracionalista – e de seu potencial crítico já descoberto pelos sofistas alguns séculos antes de Cristo[175] – e dirigem toda sua força contra o *ancien regime* e a dominação inglesa. Seria paradoxal, portanto, que fosse exatamente o novo regime implementado após as revoluções burguesas o responsável pela superação do jusracionalismo, na medida em que neste momento se dá a passagem para as concepções positivistas de direito, representadas na França pela *Escola de Exegese*[176] e na Alemanha pela *Jurisprudência de Conceitos*.[177] Como poderíamos conceber a queda da Bastilha em 1789 ao som da Marselhesa e do "direito à revolução" de Locke e, apenas quinze anos depois, termos o *Código de Napoleão* como a "única nota" do direito francês? A resposta a essa pergunta é a chave para o esquecimento do jusracionalismo e, ao mesmo tempo, do *ser* do direito moderno.

A aliança do jusracionalismo com o iluminismo promoveu o impulso pela codificação,[178] fato que pode ser percebido tanto na Alemanha como na França. Na Alemanha, em razão de suas condições geopolíticas, o movimento pela codificação não se desenvolve em meio à burguesia, mas embalado pelo despotismo esclarecido de Frederico II na Prússia e pelo acentuado caráter sistemático do jusracionalismo Christian Wolff (1679-1754), tão decisivo que pode ser considerado o "verdadeiro

---

[169] WEBER, Max. *Os três tipos puros de dominação legítima*, 1997, p. 130.
[170] COMPARATO, Fábio Konder. *A afirmação histórica dos direitos humanos*, 2004, p. 142-143.
[171] HEIDEGGER, Martin. *A questão da técnica*, 2007, p. 37.
[172] Cf. BOBBIO, Norberto. *A era dos direitos*, 1992, p. 28.
[173] "Esta perspectiva encontrou na crítica jusnaturalista do direito histórico 'irracional' e na teoria jusnaturalista dos deveres a justificação espiritual das suas reformas políticas autoritárias e da sua cultura moral". WIEACKER, Franz. *História do direito privado moderno*, 2004, p. 355.
[174] Cf. BOBBIO, Norberto. *Locke e o direito natural*, 1998.
[175] Cf. MACHADO NETO, A. L. *O eterno retorno do direito natural*, 1987, p. 336.
[176] Cf. BOBBIO, Norberto. *O positivismo jurídico*, 1995, p. 63-89.
[177] Cf. LARENZ, Karl. *Metodologia da Ciência do Direito*, 1997, p. 21-44.
[178] As novas codificações não pretendem ordenar leis antigas, mas implementar uma ordem sistemática e inovadora, tanto na sua estrutura, quanto no conteúdo.

pai daquela 'jurisprudência de conceitos'".[179] Neste contexto já se encontra o *ALR* (*Preußisches Allgemeines Landrecht*, de 1792) e, mais tarde, com o domínio napoleônico no território alemão no séc. XIX e vigência do *code civil* nos territórios ocupados, o movimento por um código geral ganha força, pano de fundo para o debate entre Thibaut e Savigny.[180] Na França, onde o iluminismo se confundia com a própria cultura e unidade nacional, a codificação, enquanto a quintessência do racionalismo, encontraria um solo mais fértil, muito embora as leis revolucionárias inspiradas nas ideias de Voltaire e Montesquieu[181] oferecessem resistência a um direito derivado tão somente da razão.[182] Com Napoleão na condição de primeiro Cônsul, são postos em prática os planos da codificação e, entre os anos de 1800 e 1804, o projeto sai do papel e é editado.

Muito embora seja hoje em dia lugar comum a negação da concepção *exegética* e *conceitual* de direito,[183] sendo tomadas como retrógradas e inapropriadas, o *pós-positivista* contemporâneo fala menos no fundamento e nos limites do direito positivo do que o positivista do séc. XIX. O jurista da *Exegese* jamais negaria a existência do *direito natural*, enquanto que o *pós-positivista* de hoje não apenas nega a sua existência, como dificilmente enfrenta possíveis alternativas ao problema do *fundamento do direito*,[184] limitando-se, no mais das vezes, a referências valorativas que já estariam, por sua vez, positivadas sob o manto de princípios. A redução do problema do *fundamento do direito* à questão deontológica dos princípios constitucionais – que passou a ser o continente axiológico do direito – ignora a pergunta sobre o fundamento desses princípios e mantém um modelo *operativo* na "aplicação" desse tipo de norma.[185] A passagem do jusnaturalismo para o positivismo jurídico só

---

[179] WIEACKER, Franz. *História do direito privado moderno*, 2004, p. 363. Embora Karl Larenz estabeleça como ponto de partida para a formação da "Jurisprudência de Conceitos" as obras iniciais de Savigny, reconhece também a influência do racionalismo de Wolff no processo lógico-dedutivo de Puchta. Cf. LARENZ, Karl. *Metodologia da ciência do direito*, 1997, p. 27.

[180] Cf. SAVIGNY, Friedrich Karl von. *De la vocación de nuestro siglo para la legislación y la ciencia del derecho*, 1946. THIBAUT, A. F. *La codificación*, 1970.

[181] "É ainda uma outra lei fundamental da democracia que seja exclusivamente o povo a fazer as leis". MONTESQUIEU, Charles-Louis de Secondat. *Do espírito das leis*, 2004, p. 56.

[182] Em torno dessas "leis revolucionárias" se desenvolveram algumas concepções metodológicas bastante radicais, a exemplo do non liquet. Tanto é que o *code civil* de 1804 já trazia dispositivos voltados para a reparação e viabilidade de um modelo muito radical, a exemplo do art. 4º que proibia o juiz de se eximir do julgamento. Ali já se percebia que o mito da supremacia do legislador e da total independência funcional não era viável. Lenio Streck associa o art. 4º do *code civil* e a possibilidade de decidir fora do sistema ao caráter decisionista do positivismo jurídico. STRECK, Lenio. *Verdade e consenso*, 2009, p. 470.

[183] A constitucionalização do Direito Civil é um exemplo desse modelo, muito embora os manuais de Direito Civil ainda não tenham incorporado um modelo não conceitual. Continuam, portanto, dentro de uma estrutura clássica onde o ponto de partida é sempre o conceito. A constitucionalização do Direito Civil, portanto, tem sua implementação resumida à reformulação de conceitos, onde a "eticização" e a "socialidade" são introduzidos no velho modelo abstrato e ficam dependentes de uma concretização judicial que, dado à crise paradigmática, fica sujeita à discricionariedade do juiz. Cf. CARNEIRO, Wálber Araujo. *O novo código civil e as políticas públicas*, 2008.

[184] A pobreza quanto ao fundamento do direito é inaugurada por Kelsen, quando substitui uma fundamentação jusracional ou ontológica pela fundamentação transcendental da norma fundamental. Cf. KELSEN, Hans. *Teoria pura do direito*, 2000, p. 224.

[185] A atual teoria dos princípios que preconiza um modelo ponderativo em contraposição ao subsuntivo das regras, que encontramos em um texto isolado de Dworkin – e que não representa o estado da arte

foi possível porque havia uma razão moral-prática *universal* e *abstrata* que sustentava as pretensões operativas de uma *tecnologia jurídica* voltada para a aplicação do direito. Esquecemos o problema do *fundamento* e transformamos essa *tecnologia aplicativa* na *ciência moderna do direito* (positivo).

O projeto do código civil francês previa em seu artigo I que "existe um direito universal e imutável, fonte de todas as leis positivas: não é outro senão a razão natural, visto esta governar todos os homens". O projeto do código civil da Prússia, encomendado por Frederico II, também "exprimia a ideia de que o novo direito prussiano devia se fundar 'na razão' e constituir um *jus certum et universale*".[186] O movimento pela codificação do direito no início do séc. XIX não girava em torno da negação ao direito natural, mas de sua "positivação". "O movimento pela codificação representa, assim, o desenvolvimento extremo do racionalismo, que estava na base do pensamento jusnaturalista". Em razão disso, a crítica dirigida ao processo de positivação do direito não vinha de correntes jusracionalistas, mas sim de um modelo histórico que iniciava seu desenvolvimento na Alemanha sob a inspiração filosófica do romantismo alemão do séc. XIX.[187]

O debate em torno das codificações era, no fundo, entre a universalidade da razão e a subordinação de um determinado povo – o alemão, especificamente. Enquanto Savigny defendia a historicidade do direito e a primazia da fonte consuetudinária, Thibaut defendia o seu caráter racional e universal, passível de sistematização por meio de um código.[188] Para a Escola Histórica do Direito de Savigny, o direito, "longe de ser uma arbitrária criação da vontade estatal", era produto do 'Volksgeist', do qual "o costume é a manifestação mais autêntica, livre e direta".[189] Esse modelo, muito embora deva ser considerado o precursor de uma concepção culturalista de direito e, conforme aponta Machado Neto, o ponto de partida para a "ontologização" do direito positivo,[190] ainda não possuía bases epistemológicas capazes de substituir o domínio paradigmático do racionalismo cartesiano.

Nesse contexto, enquanto o debate era travado entre racionalismo e historicismo, o fenômeno da positivação se materializava sem uma base epistemológica adequada, tendo sido essa carência um fator determinante para a reaproximação da lei com a "vontade de poder". A evolução desse processo histórico nos mostra o esquecimento do direito natural, condição para a codificação, bem como a inanição do historicismo jurídico, que não conseguia estabelecer uma ciência prática que es-

---

de seu modelo de integridade – e nas propostas de Alexy. A ponderação não questiona o fundamento do direito, apenas propõe um modelo operativo para princípios, normas que traduzem valores "positivados" no sistema. Cf. OLIVEIRA, Rafael Thomaz de. *Decisão judicial e o conceito de princípio*, 2008, p. 190-223.

[186] Cf. BOBBIO, Norberto. *O positivismo jurídico*, 1995, p. 55.

[187] A figura mais expressiva desse movimento é, sem dúvida, Savigny. Aqui vale a ressalva de Larenz sobre as obras de sua juventude, marcadas por uma inclinação lógico-conceitual. Cf. LARENZ, Karl. *Metodologia da ciência do direito*, 1997, p. 9.

[188] Cf. THIBAUT, A. F. *La codificación*, 1970. É importante ressaltar que tanto o pandectismo alemão, quanto a Escola Histórica de Savigny, derivam do historicismo alemão em um sentido *lato*, isto porque antes da sistematização há um trabalho de revisão das fontes históricas do Direito Romano. Cf. LOSANO, Mario G. *Sistema e estrutura no direito I*, 2008, p. 310.

[189] MACHADO NETO, A. L. *Compêndio de introdução à ciência do direito*, 1988, p. 27.

[190] Idem. Ibidem, p. 28.

tabelecesse um vínculo pragmático entre o "espírito do povo" e a "lei".[191] Enquanto isso, "estes códigos pagam caro a simpatia dos legisladores absolutistas por soluções que restringissem o desenvolvimento científico do direito e que vinculassem a interpretação a comissões ministeriais (Prússia) ou a comissões legislativas (França)".[192] Sucumbirá, portanto, tanto a *Jurisprudência de Conceitos* alemã, que confiava à doutrina e às suas operações racionais a construção do sistema jurídico, quanto à *Escola Histórica*, que buscava na identidade cultural de um povo o fundamento do direito. Na França, uma vez cristalizado o direito natural no código, a simplicidade e a ingenuidade exegeta não dará conta de operações complexas, selando o destino do direito moderno: o *decisionismo político*. Nele o direito passa a ser um meio pelo qual o poder poderá dizer a sua vontade. Demoraremos a perceber isso, acreditando que o positivismo primitivo do séc. XIX, por trazer consigo a ideologia da segurança e da objetividade, conseguiria de fato garantir, pelo menos nos casos em que há previsão legal, a domesticação da política. O modelo metodológico do positivismo primitivo é um mito, não sendo capaz de garantir a segurança e as bases racionais que o próprio capitalismo pretendia alcançar com esse modelo. Acreditava-se que a insegurança do jusnaturalismo moderno estava na sua base antropológica, o que exigiria um deslocamento para o texto, quando estava justamente naquilo que permaneceu inalterado na passagem do jusnaturalismo para o positivismo, isto é, no método racional abstrato. A ciência positiva do direito estava fadada ao mesmo fracasso do jusnaturalismo, pois ambas, ao estarem sustentadas pela *armação da técnica*, padeciam do mesmo vício metodológico.

Kelsen irá, no início do séc. XX, redefinir os moldes do positivismo normativista.[193] Mas, ao contrário dos antecedentes primitivos, como o da *Escola de Exegese* e da *Jurisprudência de Conceitos*, não buscará o "direito puro", ou seja, o direito descoberto pela *razão*, e sim uma "ciência pura" que recorte a complexidade do fenômeno jurídico e opere dentro dos limites possíveis da lógica.[194] No fundo, a condição política do direito que Kelsen denuncia sempre esteve presente, na medida em que nenhuma teoria moderna, seja ela antropológico-racionalista ou positivista, conseguiu "purificar" o fenômeno jurídico.[195] Para Kelsen, essa purificação passa pela redução das pretensões da *ciência do direito*, o que implica a redução das suas funções, especialmente no momento da aplicação legislativa (elaboração de leis) ou judicial do direito. Neste aspecto, ele tem uma grande vantagem em relação a todas as formas de positivismo: o seu ceticismo o torna transparente. E é esse ceticismo realista que torna Kelsen um divisor de águas na teoria do direito, na medida em que, a partir daí, é possível fazer uma leitura retrospectiva das teorias modernas sobre o direito, constatar suas impropriedades e, ao mesmo tempo, concebê-lo como o principal referencial dialético para futuras discussões. Com isso, a partir de Kelsen, a

---

[191] Cf. LARENZ, Karl. *Metodologia da ciência do direito*, 1997, p. 15.

[192] WIEACKER, Franz. *História do direito privado moderno*, 2004, p. 397.

[193] A primeira edição da Teoria Pura do Direito de Kelsen foi publicada em 1934. Cf. KELSEN, Hans. *Teoria pura do direito*, 2000.

[194] Cf. KELSEN, Hans. *Teoria pura do direito*, 2000.

[195] O próprio Kelsen pode ser considerado um crítico do positivismo primitivo, especialmente no que toca à proposta hermenêutica das por ele chamadas "teorias tradicionais". KELSEN, Hans. *Teoria pura do direito*, 2000, p. 391.

Teoria Geral do Direito ganha uma gramática e uma divisão topológica que passam a ser adotada até mesmo pelos seus adversários.[196]

No contexto da codificação, o constitucionalismo moderno[197] foi um capítulo à parte na teoria do direito. Isto porque não foi ele que demandou o pensamento teórico, nem muito menos foi ele o resultado desta produção. Se hoje enxergamos as Constituições como conexões entre a *política* e o *direito*,[198] as primeiras eram vistas na sua origem como cartas fundamentalmente políticas, desprovidas de juridicidade. As grandes questões para o direito residiam nos problemas da obscuridade, da insuficiência e do silêncio da lei, *lacunas* e *indeterminações* do texto que demandavam uma resposta que não envolvesse uma atividade política,[199] o que tornava a teoria positivista primitiva um dos sustentáculos da teoria política de separação de poderes.[200] Os princípios constitucionais, ainda que restritos à dimensão individual, não eram considerados normas jurídicas, o que deslocava o problema para a lei e, consequentemente, para os sistemas codificados. As regras constitucionais, por sua vez, estavam relacionadas à organização de uma burocracia estatal[201] e, portanto, pertenciam à esfera pública, um âmbito distante de um direito que se voltava para as relações individuais. A história do positivismo jurídico se confunde com a história do direito privado até o período do segundo pós-guerra, quando as Constituições inseridas no paradigma social proporcionarão aos Estados democráticos uma alternativa neoconstitucionalista[202] para o combate de leis nazistas e facistas, razão pela qual uma teoria constitucional do direito se desenvolverá com força na Itália[203] e na Alemanha.[204] Ainda assim, o modelo de regras permanecerá dominante, criando

---

[196] "*Sin exageración puede decirse que el paisaje intelectual jurídico está dividido hoy en dos grandes sectores contrapuestos: kelsenianos y antikelsenianos*". SICHES, Luis Recaséns. *Direcciones contemporaneas del pensamiento jurídico*, 1974, p. 47.

[197] Segundo Canotilho, o constitucionalismo moderno é "o movimento político, social e cultural que, sobretudo a partir de meados do século XVIII, questiona nos planos político, filosófico e jurídico os esquemas tradicionais de domínio político, sugerindo, ao mesmo tempo, a invenção de uma nova forma de ordenação e fundamentação do poder político." CANOTILHO, J. Gomes. *Direito constitucional e teoria da constituição*, 1999, p. 48.

[198] Cf. LUHMANN, Niklas. *El derecho de la sociedad*, 2002.

[199] Tércio Sampaio considera que algumas estruturas metodológicas marcaram época, a exemplo do pensamento sistemático; ausência de lacunas no sistema; fechamento do sistema e o dogma da subsunção FERRAZ JÚNIOR. Tércio Sampaio. *A ciência do direito*, 1980, p. 33-35. Acrescentaríamos a esse núcleo metodológico dominante a hermenêutica metódica.

[200] Cf. MONTESQUIEU, Charles-Louis de Secondat. *Do espírito das leis*, 2004.

[201] Para Canotilho, o constitucionalismo liberal é marcado por três elementos impositivos-conformadores: a) ordenação jurídico-política plasmada em documento escrito; b) declaração de um conjunto de direitos fundamentais e do respectivo modo de garantia; e c) organização de um poder político limitado e moderado. CANOTILHO, J. Gomes. *Direito constitucional e teoria da constituição*, 1999, p. 48.

[202] "Como teoría, el neo constitucionalismo representa por tanto una alternativa respecto a la teoría iuspositivista tradicional: las transformaciones sufridas por el objeto de investigación hacen que ésta no refleje más la situación real de los sistemas jurídicos contemporáneos. En particular, el estatalismo, el legicentrismo y el formalismo interpretativo, tres de las características destacadas del iuspositivismo teórico de matriz decimonónica, hoy no parecen sostenibles." COMANDUCCI, Paolo. *Formas de (neo)constitucionalismo*, 2005, p. 83.

[203] Cf. CRISAFULLI, Vezzio. Stato, popolo, governo. *Illusioni e delusioni costituzionali*, 1985.

[204] Cf. HESSE, Konrad. *A força normativa da constituição*, 1991. Ainda no modelo tridimensionalista, importa destacar o papel de Gustav Radbruch. Cf. RADBRUCH, Gustav. *Arbitrariedad legal y derecho supralegal*, 1962.

muitos entraves ao enrijecimento da força normativa das Constituições.[205] Só podemos falar em constitucionalização quando podemos falar em controle de constitucionalidade, tendo sido, para isto, mais decisiva a experiência alemã do segundo pós-guerra, do que o próprio constitucionalismo americano, que inaugura essa possibilidade com o caso *Marbury* v. *Madison*.

3.6. A RESISTÊNCIA AO POSITIVISMO JURÍDICO NA MODERNIDADE

A resposta ao ceticismo neo-positivista só ganha força com a presença de regimes totalitários no entre-guerras e com a perplexidade mundial em relação ao holocausto. Neste cenário, percebemos não só a retomada do jusnaturalismo,[206] como também a formação de concepções culturalistas.[207] O *historicismo* alemão, que no início do séc. XIX já tinha ensaiado uma resposta ao positivismo primitivo com Savigny, vê-se nesta ocasião fortalecido com a *dialética* hegeliana,[208] a *hermenêutica* de Dilthey[209] e a *fenomenologia* de Husserl,[210] abrindo uma gama de possibilidades epistemológicas para se pensar as *ciências do espírito* e, consequentemente, o direito na sua complexa tridimensionalidade. Aqui teremos o *jusnaturalismo* de Stammler[211] e Del Vechio;[212] a nova fórmula de Gustav Radbruch;[213] o *tridimensionalismo* de Lask e Reale;[214] a *lógica do razoável* de Recasens Siches;[215] o ressurgimento do modelo aristotélico pela *tópica* de Theodor Viehweg[216] e pela *nova retórica* de Perelman[217] e o especialíssimo *egologismo* de Carlos Cóssio.[218]

Soma-se a essas novas concepções teóricas, já fruto de uma crise da deficitária racionalidade moderna, um movimento complexo que não possui uma unidade teórica, mas que contempla um compromisso ideológico em torno do qual se congrega uma série de propostas epistemológicas: o *neoconstitucionalismo*.[219] Impulsionado, preponderantemente, pela atuação das Cortes Constitucionais dos ex-Estados totali-

---

[205] Cf. SILVA, José Afonso. *Aplicabilidade das normas constitucionais programáticas*, 2003.
[206] Cf. STAMMLER, Rudolf. *Tratado de filosofía del derecho*, 1930. DEL VECCHIO, Giorgio. *Lezioni di Filosofia del Diritto*, 1948.
[207] Neste contexto estão as obras de Radbruch, Emil Lask, Miguel Reale e Carlos Cóssio. Cf. REALE, Miguel. Filosofia do direito, 1994. CÓSSIO, Carlos. *La teoría egologica del derecho*, 1964.
[208] Cf. HEGEL, G. W. F. *Princípios da filosofia do direito*, 2003.
[209] Cf. DILTHEY, Wilhelm. *Introducción a las ciencias del espíritu*, 1949.
[210] Cf. HUSSERL, Edmund. *Idéias para uma fenomenologia pura*, 2006.
[211] Cf. STAMMLER, Rudolf. *Tratado de filosofía del derecho*, 1930.
[212] Cf. DEL VECCHIO, Giorgio. *Lezioni di filosofia del diritto*, 1948.
[213] O nazismo e o fato de Radbruch ter sido exonerado de sua cátedra pelo regime faz com que ele questione o positivismo jurídico e passe, a partir de então, a demonstrar como uma concepção semântico-normativa de direito pode auxiliar a sustentação de regimes totalitários. Cf. RADBRUCH, Gustav. *Arbitrariedad legal y derecho supralegal*, 1962.
[214] Cf. REALE, Miguel. *Filosofia do direito*, 1994.
[215] Cf. SICHES, Recaséns. *Vida humana, sociedad y derecho*, 1952.
[216] Cf. VIEHWEG, Theodor. *Tópica e jurisprudência*, 1979.
[217] Cf. PERELMAN, Chaïm. OLBRECHTS-TYTECA, Lucie. *Tratado da argumentação*, 2005.
[218] Cf. CÓSSIO, Carlos. *La teoría egologica del derecho*, 1964.
[219] Cf. CARBONEL, Miguel. *Nuevos tiempos para el constitucionalismo*, 2005.

tários – especialmente a Alemanha – inicia-se um movimento pela juridicização dos modelos constitucionais sociais que já estavam presentes no plano político-ideológico desde as Constituições do México em 1917, de Weimar em 1919 e, talvez, da França de 1848. Dentro desse movimento, começamos a perceber resultados concretos da *jurisdição constitucional*, fórmula aplicada contigencialmente no constitucionalismo norte-americano a partir do já referido caso *Marbury* v. *Madison*.[220]

Mas, aqui, é necessário separar o "joio do trigo". Se, por um lado, não podemos olvidar o avanço das teorias jurídicas em relação ao positivismo primitivo, bem como ao neopositivismo kelseniano e suas variável hartiana,[221] por outro, devemos nos perguntar sobre as implicações efetivas dessas ideias no "senso comum teórico dos juristas". Salvo no plano do controle de constitucionalidade – onde há avanços mais expressivos após a Segunda Guerra – não é possível dizer que os sujeitos processuais, professores de graduação e autores de manuais assumiram em suas pretensões de racionalidade jurídica tais matrizes epistemológicas, ainda que, por vezes, as enunciassem.[222] As matrizes teóricas que surgem em contraposição ao positivismo jurídico primitivo, bem como aquelas que surgem como contraponto ao neopositivismo kelseniano, possuem uma complexidade epistemológica que, no fundo, nunca foi compreendida no cotidiano da práxis jurídica. Nem mesmo Kelsen foi entendido, na medida em que é confundido inúmeras vezes como um autor que purifica o fenômeno jurídico. Com as matrizes culturalistas, a influência da dialética hegeliana e a da fenomenologia de Husserl nunca foram compreendidas. Todos aqueles que labutam com o direito no seu cotidiano nunca compreenderam que a ruptura com o positivismo primitivo envolvia, pelo menos, a estrutura binária da epistemologia tradicional, isto é, tanto o método quanto o objeto. De Kelsen, ficou o método lógico--dedutivo,[223] mas se ignorou o drástico recorte metodológico que reduziu o direito à dimensão normativa, o que já o afasta daquele silogismo que pretende domesticar a aplicação do direito;[224] de Miguel Reale, ficou a celebre frase de que o direito é "fato, valor e norma", ignorando-se a "dialética da complementariedade";[225] de Cóssio, só se sabe que o direito não é norma, e sim "conduta humana em sua interferência intersubjetiva",[226] esquecendo-se de que esse giro implica a utilização de um modelo metodológico "empírico dialético".[227] Desse modo, tais matrizes acabam servindo como instrumentos retóricos que auxiliavam soluções heterodoxas, algumas vezes coincidentes com aquelas que seriam encontradas mediante a correta utilização do

---

[220] Cf. STRECK, Lenio. *Jurisdição constitucional e hermenêutica*, 2004.

[221] HART, Herbert. *O conceito de direito*, 2007.

[222] Tércio Sampaio Ferraz Júnior aponta a influência do modelo sistemático assumido pelo positivismo do séc. XIX nos manuais de direito privado. FERRAZ JR, Tércio Sampaio. A Ciência do Direito, 1980, p. 36. Lenio Streck, por sua vez, aponta para a manutenção do paradigma hermenêutico metódico ainda presente nos nossos manuais. STRECK, Lenio. *Hermenêutica e(m) crise*, 2004, p. 97.

[223] KELSEN, Hans. *Teoria pura do direito*, 2000.

[224] Idem. Ibidem, p. 393.

[225] REALE, Miguel. T*eoria tridimensional do direito*, 1994.

[226] "*La verdad es que el conocimiento jurídico no es un conocimiento histórico, ni físico, ni matemático, sino un conocimiento normativo. Pero esto no quiere decir, para la teoría egológica, que el objeto del conocimiento jurídico sean normas, sino que mediante la conceptuación normativa se conoce el objeto de la Ciencia jurídica, que es la conducta humana en su interferencia intersubjetiva*". COSSIO, Carlos. *Teoria egológica del derecho*, 1964, p. 213.

[227] Idem. Ibidem, p. 455.

novo paradigma, outras a serviço dos interesses estratégicos das partes e dos juízes. Quando a *norma* não interessava, o direito era o *fato*; quando o *fato* não interessava, o direito era a "pureza" normativa e, com isso, tudo se transforma em um "oceano decisionista" camuflado por "discursos alegóricos".[228]

Em verdade, as matrizes que propõem um enfoque científico mais amplo, abrangendo toda a complexidade do fenômeno jurídico, sempre tiveram a pretensão de estabelecer um "fechamento hermenêutico" da prática aplicativa ou, valendo-se do contraponto kelseniano, uma redução da "moldura normativa" e da "indeterminação do direito".[229] No entanto, a falta do domínio teórico já destacado fez com que essas teorias servissem para a legitimação formas aplicativas que ampliaram ainda mais o campo de indeterminação do direito. A chegada dos princípios como elemento normativo, que se dá por meio da jurisprudência de valores[230] desenvolvida na Alemanha do pós-guerra, também contribui para essa abertura, na medida em que o fechamento hermenêutico decorrente desse novo elemento normativo, após superar algumas aberrações do modelo nazifascista, acabou provocando uma nova possibilidade de abertura. A partir de então, as decisões poderiam ser proferidas mediante a consideração de regras *ou* de princípios, quando, na verdade, a ideia era que todas o fossem a partir de regras *e* de princípios.[231] Mas, a falta de percepção da organicidade do sistema jurídico e a manutenção tosca de sua caracterização lógico--conceitual-dedutiva impediram que um modelo "ontologizado" fosse corretamente pensado.

A análise da evolução das teorias pós-positivistas não revela impactos satisfatórios.[232] A ruptura com modelos *nazi-facistas* se dá muito mais como resultado de imperativos sistêmicos do que de uma *ação* filosófica transformadora. Essa *apatia epistemológica* distanciamento é um dado de fundamental importância para a justificação da matriz teórica sobre a qual este trabalho se desenvolve.

3.7. OS DESAFIOS DA CONTEMPORANEIDADE NA REAPROXIMAÇÃO DO DIREITO COM A RACIONALIDADE MORAL-PRÁTICA

A contemporaneidade é um momento de crise e, em meio a ela, está a crise do direito e as suas inúmeras manifestações. O modelo *standard* que conduz essa discussão envolve questões relativas à *pós-modernidade*, à superação do *projeto de modernidade* e à compatibilidade das propostas pós-modernas com sociedades periféricas de modernização tardia. Se, por um lado, o debate entre *modernidade* e *pós-modernidade* traduz a crise da contemporaneidade, por outro, leva-nos a uma infinidade de perspectivas e confusões semânticas que exigem perigosos reducionismos na tentativa de sistematização dessa crise.

---

[228] Sobre o decisionismo, Cf. STRECK, Lenio, *Verdade e consenso*, 2009.
[229] Idem. Ibidem.
[230] Cf. ESSER, Josef. *Principio y norma en la elaboración jurisprudencial del derecho privado*, 1961.
[231] STRECK, Lenio. *Verdade e consenso*, 2009, p. 493.
[232] Cf. CARNEIRO, Wálber Araujo. *O desenvolvimento do constitucionalismo moderno e o novo horizonte hermenêutico*, 2005.

A crise da modernidade não é um tema recente. Em uma análise mais ampla, perceberemos com Touraine que Rousseau foi, em verdade, o primeiro a construir uma crítica modernista da modernidade,[233] sendo possível perceber, já no séc. XIX, uma crítica pós-modernista no anúncio da *morte de Deus* com Nietzsche e no *fim da História* com Hegel.[234] O breve séc. XX foi, no entanto, a era da fragmentação ou, como dirá Hobsbawm, a "era dos extremos".[235] A história desse curto século foi imprensada entre o prolongamento do séc. XIX até o início da Primeira Guerra, em 1914, e a antecipação do séc. XX com o colapso da URSS, em 1991,[236] momento em que a polarização capitalismo-comunismo se desfaz, transportando-nos da tensão dialética entre os sistemas econômicos a um imenso vazio. Nesse breve séc. XX as transformações foram mais rápidas e intensas, proporcionando maior dificuldade ao analista social no estudo das modificações estruturais da sociedade e ao filósofo na tradução de nossas angústias existenciais. A perda da voz do filósofo faz com que a tradução semântica do momento reflita a si mesma e, diante da crise e da afonia, o que fugia aos padrões da modernidade passou a ser, pela ausência de outro nome, *pós-modernidade*.

Perry Anderson analisa a evolução do pensamento pós-moderno e, ao fazê-lo, demonstra a complexidade do tema tendo em vista as "diversas fontes nos respectivos cenários espaciais, políticos, e intelectuais".[237] Limitado à tradição estética, o pós-modernismo surge no mundo hispânico, na década de 1930, muito antes de seu aparecimento na Inglaterra ou nos Estados Unidos, pelas mãos de Federico de Onís, que usou o termo (*postmodernismo*) para descrever um "refluxo conservador dentro do próprio modernismo". Mas é com Arnold Toynbee que a expressão receberá nova configuração, já designando uma "categoria de época"[238] e ganhando, a partir da década de 1970, destaque e conteúdo próprio, principalmente nas artes. Foi, contudo, *A condição pós-moderna*, de Jean-François Lyotard, publicada em 1979, a primeira obra filosófica a assumir a noção de pós-modernidade.[239] Segundo Lyotard, seu estudo tinha por objeto "a posição do saber nas sociedades mais desenvolvidas", sendo a pós-modernidade "o estado da cultura após as transformações que afetaram as regras dos jogos da ciência, da literatura e das artes a partir do final do século XIX".[240]

---

[233] TOURAINE, Alain. *Crítica da modernidade*. 2002, p. 28.

[234] Cf. BITTAR, Eduardo C. B. *O Direito na pós-modernidade*, 2005, p. 91.

[235] HOBSBAWM, Eric. *A era dos extremos*, 1995.

[236] Idem. Ibidem, p. 15.

[237] ANDERSON, Perry. *As origens da pós-modernidade*, 1999, p. 7.

[238]. "No oitavo volume, publicado em 1954, chamou a época iniciada com a guerra franco-prussiana de 'idade pós-moderna'. Mas sua definição continuava essencialmente negativa. [...] Mas sem dúvida, a idade pós-moderna era marcada por duas evoluções: a ascensão de uma classe operária industrial no Ocidente e o convite de sucessivas *intelligentsias* fora do Ocidente a dominar os segredos da modernidade e voltá-los contra o mundo ocidental". Idem. Ibidem, p. 10-11.

[239] Idem. Ibidem, p. 31.

[240] Simplificando ao extremo, considera-se "pós-moderna" a incredulidade em relação aos metarrelatos. É, sem dúvida, um efeito progresso das ciências; mas este progresso, por sua vez, a supõe. Ao desuso do dispositivo metanarrativo de legitimação corresponde sobretudo a crise da filosofia metafísica e a da instituição universitária que dela dependia. [...] Assim, nasce uma sociedade que se baseia menos numa antropologia newtoniana (como o estruturalismo ou a teoria dos sistemas) e mais numa pragmática das partículas da linguagem. Existem muitos jogos de linguagem diferentes; trata-se da he-

A partir de então, a pós-modernidade assume um sentido filosófico que congrega matrizes teóricas e pensamentos voltados para a crítica da racionalidade moderna e, a partir disso, para a fragmentação das estruturas e sistemas sociais pautados nessa racionalidade. É evidente que o direito será atingido em cheio por essa crítica, na medida em que todo o sistema está pautado desde o início da modernidade na razão e no sujeito solipsista. Neste sentido, as críticas dirigidas aos metarrelatos da ciência moderna antes mesmo de o pensamento *pós-moderno* assumir essa identidade passou a ser categorizada como *pós-moderna*, a exemplo do que tinha sido proposto por Nietzsche, pela Escola de Frankfurt, por Wittgenstein, por Heidegger e pelo estruturalismo francês de Derridá, Foucault e Sartre. Em primeiro plano, passa a ser *pós-moderno* tudo aquilo que nega a racionalidade dedutiva; que não crê no conhecimento livre de interferências subjetivas e denuncia a relação entre interesse e conhecimento; que se distancia de uma concepção de verdade como correspondência e de filosofia como cópia da realidade; que denuncia a domesticação da modernidade pela técnica e que nega o sujeito transcendental do conhecimento moderno. A *pós-modernidade* filosófica agrega, em síntese, diversas formas de combate à metafísica, muito embora o rótulo tenha se consolidado em torno de concepções irracionalistas,[241] a exemplo do existencialismo francês.

A reação à obra de Lyotard veio com Habermas e sua visão de modernidade como um "projeto inacabado",[242] constituindo-se como um "polo negativo" ao pensamento pós-moderno e proporcionando "uma tensão produtiva"[243] que transitava pela reflexão sobre a relação entre a pós-modernidade estética e outras duas dimensões de racionalidade: a ética e a ciência. Para Habermas, desde Kant é necessário estar atento à autonomia dessas três dimensões, antes sob a égide da religião unificadora.[244]

> O projeto iluminista da modernidade tinha duas vertentes. Uma era a diferenciação pela primeira vez entre ciência, moralidade e arte, não mais fundidas numa religião revelada mas como esferas de valor autônomas, cada uma governada por suas próprias normas: verdade, justiça e beleza. A outra era a soltura desses domínios recém-liberados no fluxo subjetivo da vida cotidiana, interagindo para enriquecê-la. Foi este programa que perdeu o rumo. Porque, em vez de penetrar os recursos comuns da comunicação diária, cada esfera rendeu a desenvolver-se em uma especialidade esotérica, fechada ao mundo dos significados ordinários.[245]

Em verdade, um dos problemas da modernidade está na inexistência de uma razão unificadora que seria responsável por conectar as três dimensões de mundo, lacuna ocupada pela racionalidade cognitivo-instrumental da ciência e das tecnologias, provocando a domesticação da ética e da estética. Já a pós-modernidade, para-

---

terogeneidade dos elementos. Somente darão origem à instituição através de placas; é o determinismo local. [...] A condição pós-moderna é, todavia, tão estranha ao desencanto como à positividade cega da deslegitimação. [...] O saber pós-moderno não é somente o instrumento dos poderes. Ele aguça nossa sensibilidade para as diferenças e reforça nossa capacidade de suportar o incomensurável. Ele mesmo não encontra sua razão de ser na homologia dos *experts*, mas na paralogia dos inventores. LYOTARD, Jean-François. *A condição pós-moderna*, 2004, p. XV-XVII.

[241] STRECK, Lenio. *Hermenêutica e(m) crise*, 2004, p. 235.
[242] HABERMAS, Jürgen. *Modernity – An incomplete project*, 1983.
[243] ANDERSON, Perry. *As origens da pós-modernidade*, 1999, p. 44.
[244] HABERMAS, Jürgen. *Modernity – An incomplete project*, 1983.
[245] ANDERSON, Perry. *As origens da pós-modernidade*, 1999, p. 45.

doxalmente, estaria repetindo o mesmo erro a partir de uma hipertrofia estética. Esse é, certamente, um dentre muitos outros méritos de Habermas, que tem, no particular, inspiração direta da "epistemologia genética" e da "análise descentrada de mundo" de Piaget.[246] O projeto de modernidade, portanto, deveria ser completado e, para tanto, a racionalidade moderna deveria ser reinventada, caminho que Habermas leva para a proposta epistemológica presente em sua *Teoria da Ação Comunicativa*.[247]

O debate produtivo que Habermas instaura pode ser percebido na obra de Fredric Jameson,[248] *Postmodernism or The cultural logic of late capitalism*, que, além de conferir um tratamento global ao tema (cultura, ideologia, vídeo, arquitetura, cinema, epistemologia e economia), levanta a questão que passaria a ser o foco das discussões sobre a transição: a relação entre a pós-modernidade e o capitalismo.

> A concepção de pós-modernismo aqui esboçada é uma concepção histórica e não meramente estilística. É preciso insistir na diferença radical entre uma visão do pós-modernismo como um estilo (opcional) entre muitos outros disponíveis e uma visão que procura apreendê-lo como a dominante cultural do capitalismo tardio. Essas duas abordagens, na verdade, acabam gerando duas maneiras muito diferentes de conceituar o fenômeno como um todo: por um lado, julgamento moral (não importa se positivo e negativo) e, por outro, a tentativa genuinamente dialética de se pensar nosso tempo presente na história.[249]

A análise de Jameson deixa latente a "ligação historicamente contingente entre o capitalismo e modernidade",[250] que, para Boaventura de Sousa Santos, assume quatro possíveis interpretações.[251] De acordo com a primeira interpretação, "o capitalismo e o liberalismo triunfaram e esse triunfo constitui a maior realização possível da modernidade (o fim da história à Fukuyama; a democracia social centrista)"; pela segunda interpretação "a modernidade é, ainda hoje, um projeto inacabado, com capacidade intelectual e política para conceber e pôr em prática um futuro não capitalista (Habermas, eventualmente Jameson, o marxismo convencional do Ocidente, uma democracia social de esquerda)"; na terceira, "a modernidade soçobrou aos pés do capitalismo, cuja expansão e reprodução cultural irá, daqui para a frente assumir uma forma pós-moderna (pós-modernismo conservador, Daniel Bell, Lyotard, Baudrillard, Vattimo, Lipovetsky)". A quarta, assumida pelo sociólogo lusitano, seria aquela que "melhor capta as perspectivas progressistas de transformação social", uma vez que "a modernidade entrou em colapso como projeto epistemológico e cultural, o que vem abrir um vasto leque de possibilidades futuras para a sociedade, sendo uma delas um futuro não capitalista e eco-socialista".[252]

Ainda que a matriz teórica assumida neste trabalho não corresponda à *Teoria da ação comunicativa* de Habermas – não obstante o constante diálogo com sua concepção pós-metafísica –, a visão que aqui se assume é a de que há um projeto de modernidade inacabado. Não é possível, especialmente em sociedades periféricas

---

[246] Cf. HABERMAS, Jürgen. *Consciência moral e agir comunicativo*, 2003.
[247] Idem. *Teoría de la acción comunicativa*, 1987.
[248] JAMESON, Fredric. *Pós-modernismo*, 2004.
[249] Idem. Ibidem, 2004, p. 72.
[250] SANTOS, Boaventura de Sousa. *A crítica da razão indolente*, 2002, p. 154.
[251] Idem. Ibidem, p. 154-155.
[252] Idem. Ibidem, p.155.

ou semiperiféricas, falar no esgotamento do projeto, tampouco na fragmentação de racionalidades, enquanto houver fome, doenças e exclusão social.[253] "No Brasil, a modernidade é tardia e arcaica".[254] Mas, é necessário reconhecer a crise e tomar as precauções necessárias para não repetir os mesmos erros, sejam aqueles decorrentes de um equívoco originário do projeto; sejam aqueles decorrentes da domesticação da racionalidade moderna por uma forma peculiar de modernização: a capitalista. A modernidade deve ser repensada em sua dupla contingência, ou seja, deve ser repensada por dentro de seu projeto – fato que nos levará à tradição de um direito muito diferente daquele que se consolida na modernidade burguesa – e por fora, já que sua edificação restou deturpada por um modelo de produção que capturou boa parte de seu potencial emancipatório. De qualquer sorte, ainda que a crise esteja relacionada a diversos fatores, há uma crise de fundo que é, antes de tudo, uma crise epistemológica[255] e, em sendo assim, qualquer revisão deve partir desse campo. Isso implica se perguntar acerca do paradigma responsável pela sustentação das nossas pretensões de racionalidade, na medida em que, mesmo diante da crise, continuamos tendo tais pretensões – até mesmo aqueles que se dizem *pós-modernos*.

A relação com o capitalismo também não poderá passar ao largo. Se foram o capitalismo e a aceleração da correspondência entre a regulação de *mercado* e a racionalidade *cognitivo-instrumental* – de uma ciência condicionada pela técnica e aliada a tecnologias – os responsáveis por boa parte dos desvirtuamentos do projeto e, consequentemente, pelos *déficits* que tornam o projeto inacabado, qualquer tentativa de resgate passará a ter no modelo econômico um fator impeditivo. O retorno às bases da crise – à epistemologia, portanto – permite identificar que o capitalismo extremado necessita que o pano de fundo para as ações seja, justamente, a racionalidade estratégica. A desmontagem desse modelo afetará muito mais o sistema do que qualquer tentativa revolucionária que procure impor um novo modelo. Além disso, é possível perceber que a fragmentação e a diluição de sentidos – especialmente no plano estético – não tem afetado o capitalismo, apenas exigido do sistema uma adaptação ao estilo darwiniano. A crise do modelo fordista,[256] que marca o ca-

---

[253] "Fugindo ao misoneísmo, cumpre reconhecer que de fato existe uma crise na Modernidade, gerada, sobretudo pela tendência alienante da razão instrumental. Mas parece-nos que, ao invés de abandonar o ideário da modernidade, deve-se aprofundá-lo, sobre tudo nas sociedades periféricas – pré-modernas sob certos aspectos – que enfrentam carências já relativamente equacionadas no Primeiro Mundo. É preciso, neste sentido, adotar um conceito mais alargado de razão, que se proponha a discutir criticamente também os fins da ação humana, o que a razão instrumental positivista se negava a fazer. E, a partir de uma perspectiva racional, cumpre insistirem mais e mais, na luta pela implementação dos grandes valores do Iluminismo, de liberdade, igualdade, democracia e solidariedade". SARMENTO, Daniel. *Os direitos fundamentais nos paradigmas liberal, social e pós-social*, 2003, p. 412.

[254] STRECK, Lenio. *Hermenêutica e(m) crise*, 2004, p. 25.

[255] SANTOS, Boaventura de Sousa. *O social e o político na transição pós-moderna*, 2003.

[256] "Em retrospecto, parece que havia indícios de problemas sérios no fordismo já em meados dos anos 60. Na época, a recuperação da Europa Ocidental e do Japão tinha se completado, seu mercado interno estava saturado e o impulso para criar mercado de exportação para os seus excedentes tinha de começar. E isso ocorreu no momento em que o sucesso da racionalização fordista significava o relativo deslocamento de um número cada vez maior de trabalhadores da manufatura. O consequente enfraquecimento da demanda efetiva foi compensado nos Estados Unidos pela guerra à pobreza e pela guerra do Vietnã. Mas a queda da produtividade e da lucratividade corporativas depois de 1966 marcou o começo de um problema fiscal nos Estados Unidos que só seria sanado às custas de uma aceleração da inflação, o que começou a solapar o papel do dólar como moeda-reserva internacional estável. [...] De

pitalismo organizado do séc. XX, não representou a morte do capitalismo, mas sua adaptação a partir das possibilidades estratégicas que a sociedade lhe proporcionou. A substituição, por exemplo, de um modelo de acumulação rígido por um modelo de acumulação flexível[257] representa uma dupla adaptação. Primeiro, a adaptação do modelo de produção/regulação fordista face às modificações paradigmáticas e, ao mesmo tempo, a modificação do keynesianismo pelo neoliberalismo, face à incapacidade de o Estado proporcionar o bem-estar social. Essa dupla adaptação e a necessária convivência pacífica de ambos passam pela construção da ideia de que o neoliberalismo é a pós-modernidade e, indo mais além, que ambos se confundem com o capitalismo. Com isso, mesmo se levássemos em conta a pós-modernidade como uma nova era, onde o sujeito se liberta das amarras da modernidade e onde a fluidez dos padrões estéticos se apropria do esmagamento moral-prático decorrente da regulação estatal, teríamos que concluir que o capitalismo, darwinianamente, já se adaptou a essa realidade.[258]

Por tudo isso, a reconstrução paradigmática do direito enfrenta alguns desafios, muitos deles decorrentes das denúncias que a fragmentação pós-moderna revelou. O novo modelo deverá, em síntese, estar atento para recompor o sujeito da modernidade em uma estrutura cognitiva não solipsista, ou seja, deverá romper com o modelo sujeito-objeto e, capitaneado pelo giro linguístico, assumir-se na relação sujeito-sujeito.[259] Deverá, ainda, responder à complexidade da sociedade contemporânea, questão que ganha relevo quando essa resposta assume uma feição racionalista.[260] Não será possível, de igual modo, ignorar a fragmentação de sentidos decorrente de uma diluição ontológica que atinge o direito por diversos ângulos, seja na domesticação que uma legislação centralizada pode provocar, seja nas dificuldades hermenêuticas geradas no momento de aplicação desse direito em situações concretas. Para estas, terá que responder à inexorável diferença ontológica

---

modo mais geral, o período de 1965 a 1973 tornou cada vez mais evidente a incapacidade do fordismo e do keynesianismo de conter as contradições inerentes ao capitalismo. HARVEY, David. *Condição pós-moderna*, 2004, p. 135.

[257] "A profunda recessão de 1973, exacerbada pelo choque do petróleo, evidentemente retirou o mundo capitalista do sufocante torpor da "estagflação" (estagnação da produção de bens e alta inflação de preços) e pôs em movimento um conjunto de processos que solaparam o compromisso fordista. [...] A acumulação flexível, como vou chamá-la, é marcada por um confronto direto com a rigidez do fordismo. Ela se apóia na flexibilidade dos processos de trabalho, dos mercados de trabalho, dos produtos e padrões de consumo. Caracteriza-se pelo surgimento de setores de produção inteiramente novos, novas maneiras de fornecimento de serviços financeiros, novos mercados e, sobretudo, taxas altamente intensificadas de inovação comercial, tecnológica e organizacional". HARVEY, David. *Condição pós--moderna*, 2004, p. 140.

[258] Será que se pode ficar apenas nas conclusões a que chega A era do vazio e considerar a segunda fase do consumo a fase terminal, correlata à pós-modernidade? Será que, desde os anos 80, estamos sempre submetidos ao mesmo modelo de individualismo narcisista? Vários sinais fazem pensar que entramos na era do hiper, a qual se caracteriza pelo hiperconsumo, essa terceira fase da modernidade; pela hipermodernidade, que se segue à pós-modernidade; e pelo hipernarcisismo. LIPOVETSKY, Giles. *Os tempos hipermodernos*, 2004, p. 25.

[259] Cf. STRECK, Lenio. *Hermenêutica e(m) crise*, 2004, p. 62.

[260] O próprio Habermas não ignora esse fato, tendo sido este um aspecto determinante para a modificação de seu pensamento sobre o direito se considerarmos a transição entre a Teoria da ação comunicativa e Direito e democracia. Cf. HABERMAS, Jürgen. *Teoría de la acción comunicativa* II, 1987, p. 516. Idem. Ibidem. *Facticidad y validez*, 2001, p. 87. Cf. LUHMANN, Niklas. *El derecho de la sociedad*, 2002.

entre texto e norma,[261] bem como à caracterização da compreensão da norma como aplicação/concretização,[262] sem ultrapassar os limites de legitimação democrática do Judiciário.[263] Terá, também, que buscar a autonomia do direito em um mundo dominado por estruturas de mercado consolidadas pela hegemonia capitalista e por um sistema político corrompido, o que implica fortalecer sua autonomia face às tentativas de corrupção sistêmica.[264]

O ceticismo seria, certamente, a saída mais fácil. Mas, como vimos, há, perdidas na modernidade e no pensamento clássico, alternativas que nos projetam para a retomada emancipatória desse projeto. O direito que se consolidou na modernidade sequer pode representar o "direito da modernidade". A busca por esses "elos perdidos" através da releitura fenomenológica do direito moderno, assim como o estabelecimento das condições e possibilidades do nosso paradigma, permitem, finalmente, enfrentar a nossa proposta *heterorreflexiva*.

---

[261] STRECK, Lenio. *Hermenêutica e(m) crise*, 2004, p. 218.
[262] GADAMER, Hans-Georg. *Verdade e método I*, p. 406. Com Gadamer, por todos, MÜLLER, Friedrich. *Métodos de trabalho do direito constitucional*, 2005.
[263] CATTONI DE OLIVEIRA, Marcelo Andrade. *Jurisdição e hermenêutica constitucional no estado democrático de direito*, 2005.
[264] "Mais do que sustentáculo do Estado Democrático de Direito, a preservação do acentuado grau de autonomia conquistado pelo direito é a sua própria condição de possibilidade e por isso é erigido, aqui, à condição de princípio basilar, unindo, conteudisticamente, a visão interna e a visão externa do direito. Trata-se, também, de uma "garantia contra o poder contra-majoritário" (segundo Guastini, as denominadas "garantias contra o Poder Judiciário"), abarcando o princípio de legalidade na jurisdição (que, no Estado Democrático de Direito, passa a ser o princípio da constitucionalidade)". STRECK, Lenio. *Hermenêutica e princípios da interpretação constitucional no estado democrático de direito*, 2008. Cf. NEVES, Castanheira. *Metodologia jurídica*, 1993.

4. Hermenêutica jurídica heterorreflexiva

4.1. FILOSOFIA *NO* DIREITO

Vimos que a filosofia moderna foi domesticada pela ciência, uma vez que assumiu a investigação sobre os limites do conhecimento científico como a sua principal tarefa e depositou suas pretensões transcendentais a serviço das possibilidades metodológicas desse saber.[1] Também observamos como o direito moderno se desenvolveu nesse ambiente dominado por modelos abstratos, sistemáticos e positivos. Esse cenário trouxe para o direito a cisão existente entre *ciência* e *filosofia*, criando dois campos de investigação que não se comunicavam. Passamos a ter, portanto, uma ciência *dogmática* do direito em contraposição a uma filosofia *crítica* do direito. Isso traz como pressuposto a existência de um direito *dado*, que pode ser *operado* dogmático-cientificamente ou ser *criticado* filosoficamente. A ciência jurídica seria responsável pela edificação dogmática do direito em suas manifestações aplicativas (criação de normas jurídicas ou aplicação das mesmas em casos concretos), enquanto à *filosofia do direito* caberia uma reflexão crítica sobre os fundamentos axiológicos do ordenamento. A atividade dogmática parte de um direito *posto* e ignora o que já estava *pressuposto*,[2] enquanto a atividade filosófica se volta para as bases pressupostas, mas não interfere diretamente nos sentidos e nos limites do que está *posto*. De uma forma ou de outra, não buscamos uma conexão circular entre o positivo e suas possibilidades, o que pressupõe acreditar que o direito que está *posto* está simplesmente *dado*. Essa cisão se reflete nas grades curriculares dos cursos de graduação – não obstante projetos pedagógicos que proclamam a reflexão crítica –, nas áreas de pesquisa dos professores, nas publicações "acadêmicas" e em todos os campos do mundo jurídico, criando uma tensão que sequer provoca resultados dialéticos Essa cisão, contudo, é absolutamente inviável. Se, por um lado, não possuímos um direito *clarividente* e, com isso, não podemos cindir a atividade dogmático-científica das reflexões crítico-filosóficas, também não podemos acreditar que essas reflexões, desde que tenham o objetivo de dizer o direito a ser aplicado, possam ignorar opções políticas que foram positivadas. O resultado provocado pela ausên-

---
[1] Cf. GADAMER, Hans-Georg. *A razão na época da ciência*, 1983.
[2] "[...] o legislador não está livre para criar qualquer *direito posto* (direito positivo), mas este mesmo direito transforma sua (dele) própria base. O *direito pressuposto* condiciona a elaboração do *direito posto*, mas este modifica o *direito pressuposto*". GRAU, Eros. *O direito posto e o direito pressuposto*, 2008, p. 64.

cia de circularidade é, de um lado, o *decisionismo positivista* mascarado pelo mito da neutralidade e, de outro, a legitimação jurídica de toda e qualquer luta política. Em ambos, temos o enfraquecimento do direito. No *decisionismo*, temos o arbítrio antidemocrático que se impõe de qualquer forma, enquanto que, no *alternativismo* crítico, temos um discurso estratégico que se defende com as mesmas armas.[3] Em ambos, *tudo pode* ser direito e, se *tudo* é direito, *nada* é direito.

O caminho para a superação desse dualismo exige a superação paradigmática que foi proposta no capítulo anterior e o avanço para a adoção de um modelo circular entre *filosofia* e *ciência*. Exige também o abandono da ilusão em torno da "objetividade objetiva" do direito para assumi-lo na *diferença ontológica*. A circularidade e a diferença implicam a impossibilidade de uma *ciência do direito*, caso a entendamos como algo desacoplado da filosofia, bem como de uma *filosofia do direito* que pretenda dizer o direito – o que não afasta uma reflexão filosófica autônoma que verse sobre a eticidade, a justiça, valores morais etc. Ciência pressupõe filosofia, e filosofia pressupõe estar desde já no *lugar* do qual se está falando. Essas são, em síntese, as razões pelas quais concebemos a *ciência do direito* como uma *filosofia hermenêutica* no *direito*.[4]

Mas, se foi dito que uma visão de ciência pressupõe uma concepção de filosofia, impõe-se a pergunta: que é filosofia? Para Ernildo Stein há três formas de filosofia.[5] A primeira, ele denomina de *filosofia ornamental*, ou seja, aquela que é utilizada em diversos tipos de discurso, de maneira aleatória e desconectada do contexto em que foi produzida. Trata-se da utilização da filosofia como mera retórica, fato presente constantemente nos discursos dogmáticos do direito, quando se busca na filosofia uma frase de efeito para sustentar uma determinada pretensão de racionalidade. A segunda espécie de filosofia é a de *orientação*. Nelas encontraremos um esforço histórico de recompor áreas temáticas da filosofia, a exemplo da *ética*, da *estética*, da *política*, da *metafísica*, da *lógica*, da *linguagem* e de todas as outras áreas temáticas que visam à sistematização do estudo da filosofia. Não obstante a importância desses estudos, percebe-se que nenhuma dessas áreas temáticas sobrevive sozinha, uma vez que dependem da sustentação de outras áreas, além de trabalharem perspectivas de diversos sistemas filosóficos. Esse tipo de filosofia acaba sendo uma boa fonte para a utilização da filosofia como *ornamental*, muito embora não seja esse o objetivo de tais estudos. Na verdade, a *filosofia de orientação* já pressupõe uma terceira forma de filosofia que é a *paradigmática*. Aqui há um compromisso com a formulação de outros saberes, especialmente os saberes científicos. As filoso-

---

[3] "[...] sob a aparência de um saber que se admite como ideologicamente determinado, esconde-se uma tentativa sofisticada de se obter o controle político da teoria jurídica positivista dominante. Contudo, a teoria crítica, mesmo denunciando as estratégias epistemológicas do positivismo, as utiliza através de mecanismos altamente complexos." ROCHA, Leonel Severo. *Epistemologia jurídica e democracia*, 2003, p. 64. "A teoria crítica questiona os efeitos de poder da ciência jurídica 'pequeno-legalista', mas toma dela suas condições de produção 'pequeno-gnosiológicas'. Desta forma constrói um discurso 'pequeno-materialista'" WARAT, Luis Alberto, *Introdução geral ao direito II*, 2002, p. 346-347.

[4] A expressão filosofia "no" direito, em contraposição à filosofia "do" direito já tem sido utilizada por Ernildo Stein e Lenio Streck. Cf. STRECK, Lenio. *Verdade e consenso*, 2009.

[5] Essa classificação foi apresentada por Ernildo Stein em seu curso "Um universo singular da Filosofia: um autor examina a sua obra", oferecido na PUC-RS. A transcrição das aulas está sendo preparada para futura publicação.

fias paradigmáticas envolvem "um estilo de pensar, onde existe um *modelo teórico*, um *método*, uma *teoria da verdade*, uma *teoria da racionalidade*".[6]

A preocupação de se estabelecer um paradigma filosófico possui diversas justificativas. A principal delas – e a mais problemática para os fins buscados neste trabalho – está ligada à iluminação do pensamento científico, ou seja, pretende viabilizar a compreensão do discurso científico. O pensamento científico para ser considerado racional depende de um paradigma, caso contrário, o padrão de racionalidade ficará solto em afirmações dogmáticas e, necessariamente, metafísico-despóticas. A racionalidade científica assumirá, portanto, a forma concebida no paradigma adotado. Como falar em racionalidade científica se não for estabelecido um padrão para essa racionalidade? Como falar em conhecimento, sem uma teoria do conhecimento? Como falar em verdades, sem pressupor uma teoria da verdade? E todas essas questões não podem ser respondidas pela própria ciência, sob pena de não passarem de uma tautologia perversa que se põe estrategicamente a serviço do mascaramento dos verdadeiros fatores que condicionam seus postulados.[7]

Além disso, todas essas questões não podem ser respondidas de modo desconectado. Um padrão de racionalidade, por exemplo, não pode estar desconectado de uma teoria da verdade, sendo que ambas devem estar sujeitas aos limites e possibilidades impostos pela teoria do conhecimento inscrita no paradigma. Somente assim será possível compreender a ciência, do mesmo modo em que esta, a partir de suas construções empíricas, poderá retroalimentar o paradigma.

Aqui não está sendo sustentada a superioridade do discurso filosófico em relação ao discurso científico. Habermas,[8] partindo da crítica de Rorty, questiona o papel da filosofia como *juiz* e *indicador de lugar* da ciência, funções proporcionadas pela teoria do conhecimento inaugurada por Kant.[9] A proposta paradigmática aqui apresentada, ainda que contemple uma *teoria do conhecimento*, não tem a pretensão de julgar a ciência, nem a de indicar o lugar de um saber científico subalterno. Assim, essa proposta se coaduna com a proposta habermasiana de uma filosofia como *intérprete* e *guardadora de lugar* da ciência.[10] A filosofia paradigmática, neste sentido, não julga a ciência, mas possibilita a sua compreensão a partir de um outro lugar de observação; desnuda concepções despóticas da metafísica; permite que as construções dogmáticas da ciência dialoguem com outras alternativas de racionalidade. A filosofia como *guardadora de lugar* não deixa lacunas entre o pensamento científico e o filosófico, ao tempo em que mantém com a ciência uma dialética produtiva. O

---

[6] STEIN, Ernildo. *Epistemologia e crítica da modernidade*, 2001, p. 43.

[7] A ideologia não precisa ser vista como sinônimo de mascaramento da realidade social (Marx). Ela só assumirá essa função se acreditarmos que é possível estar fora dela e, consequentemente, negar aquilo que é inexorável. O desenvolvimento dos estudos crítico-ideológicos pós frankfurtianos mostra, a exemplo do que vimos no debate Gadamer-Habermas, que não é possível crítica fora da ideologia. O problema, portanto, está no seu mascaramento. Cf. RICOEUR, Paul. *Ideologia e utopia*, 1991.

[8] HABERMAS, Jürgen. *Consciência moral e agir comunicativo*, 2003, p.17-34.

[9] Kant propõe que a ciência construída sobre as bases de uma metafísica despótica seja colocada no "tribunal da razão". KANT. Crítica da razão pura, 2001, p. 5. "A filosofia teria com a ciência uma relação puramente *interesseira*, explorando-a para seus próprios fins. Isto se torna manifesto nas três funções clássicas atribuídas à filosofia das ciências: 1. Situar o *lugar* do conhecimento científico dentro do saber [...]. 2. Estabelecer os limites do conhecimento científico [...]. 3. Buscar a natureza da ciência [...]". JAPIASSU, Hilton. *Introdução ao pensamento epistemológico*, 1992, p. 25-26.

[10] HABERMAS, Jürgen. *Consciência moral e agir comunicativo*, 2003, p. 30 e 33.

próprio Habermas vai admitir que o *pragmatismo* e a *filosofia hermenêutica* "situam, de fato, a dúvida quanto às pretensões de fundamentação e autofundamentação do pensamento filosófico a nível mais profundo do que os críticos que se colocam na linhagem de Kant e de Hegel", justamente pelo fato de abandonarem o "modelo do conhecimento baseado na percepção e na representação de objetos".[11]

Mas, a relação *circular* entre ciência e filosofia a partir de uma concepção paradigmática de filosofia pressupõe, de fato, um primado da filosofia. Tal primado se deve ao fato de a filosofia não poder ser científica. A tentativa moderna de fundamentar a filosofia na matemática pressupõe uma opção que carece de fundamento. Se a filosofia fosse científica, a ciência teria de ser capaz de fundamentar os seus próprios fundamentos. Entretanto, "a matemática não pode ser concebida matematicamente, e nenhum filólogo pode iluminar a essência da filosofia com métodos filológicos".[12] Estaríamos, caso isso fosse possível, promovendo um conhecimento metafísico, vicioso e autoritário.

Contudo, esse primado da filosofia nos coloca diante de outra pergunta: se não é a ciência quem fundamenta a filosofia, quem a fundamenta? O modelo paradigmático fundado por Heidegger, diferentemente de outros modelos que se sustentam metafisicamente, põe o fundamento como algo "sem fundo".[13] O fundamento da filosofia está na própria filosofia na medida em que ela não é outra coisa senão o próprio *filosofar*.[14] "Se a equação filosofia = filosofar procede, então isso significa que a filosofia precisa ser determinada a partir de si mesma".[15] Mas isso não quer dizer, acentua Heidegger, que a filosofia possa ser condenada pela sua falta de cientificidade, na medida em que a ausência de cientificidade em algo que *não pode* ser científico não constitui uma "falta grave".[16] Filosofia não é *acientífica* justamente porque a ciência não é um parâmetro avaliativo, uma vez que a filosofia não é espécie do gênero *ciência*. A filosofia é mais do que ciência; "é mais originária do que toda ciência porque toda ciência está enraizada na filosofia e é dela que primeiramente emerge".[17] Essa visão não reduz a importância da ciência, apenas impõe limites a partir de bases existenciais. Como afirma Gadamer, aqui se vê "a tarefa de uma autêntica integração: vincular unitariamente a ciência e o saber do homem, em relação a si mesmo, a fim de conseguir uma nova autocompreensão da humanidade".[18]

O problema, portanto, não está no caráter paradigmático da filosofia. Não é o seu caráter necessariamente paradigmático que a põe como autoritária diante da ciência, mas eventuais características do seu filosofar. A acusação de Habermas contra a filosofia paradigmática não pode ser uma crítica a esta condição, mas ao modo como esse paradigma se mostra. Nem mesmo Habermas conseguiu fundar uma filosofia que não fosse paradigmática, tendo se aproximado de Heidegger na

---

[11] HABERMAS, Jürgen. *Consciência moral e agir comunicativo*, 2003, p. 24.
[12] HEIDEGGER, Martin. *Introdução à filosofia*, 2008, p. 41.
[13] Os reflexos desse modo de conceber a fundamentação é condição de possibilidade para rompermos com o velho modo de ver a Constituição como um ato *ex nihilo*. Cf. STRECK, Lenio. *Jurisdição constitucional e hermenêutica*, 2004, p. 224-235.
[14] Idem. Ibidem, p. 17.
[15] Idem. Ibidem, p. 17.
[16] Idem. Ibidem, p. 17.
[17] Idem. Ibidem, p. 19.
[18] GADAMER, Hans-Georg. *A razão na época da ciência*, 1983, p. 86.

medida em que ambos consideram que "não é mais a subjetividade, o eu, que vai dar o lugar do fundamento último".[19] A questão gira em torno, portanto, do *fundamento último*, e não do *caráter paradigmático* da matriz filosófica. Retornamos ao problema que não foi resolvido a contento por Kant, e que esses dois filósofos contemporâneos vão retomar por caminhos diferentes.

> Habermas crê no progresso da razão. Heidegger pensa que a razão chegou ao seu limite e que não é simplesmente pela crença da multiplicação das conquistas da razão que conseguiremos resolver o problema da filosofia e da finitude.
> É neste sentido que temos que perguntar a Habermas de onde ele tira o otimismo cognitivo ou o otimismo epistemológico. Temos que perguntar a Heidegger *porque* para ele a epistemologia é, na expressão dele mesmo, uma exacerbação da subjetividade. Quer dizer, Habermas verá na epistemologia um movimento de progresso e Heidegger vê na epistemologia uma exacerbação da subjetividade.[20]

No fundo, o que tentamos demonstrar no segundo capítulo é que é possível uma epistemologia na finitude heideggeriana e que o diálogo encontra seu lugar nesse espaço reflexivo. É possível, portanto, falar em "construções dialógicas", desde que limitadas à finitude hermenêutica e sustentadas *historicamente*. Ainda que a adoção do paradigma hermenêutico represente uma opção paradigmática, não é possível ignorar que a busca pelo espaço epistemológico neste paradigma não se deva a uma forte influência de Habermas,[21] o que não significa *mixagem* metodológica.

Portanto, a hermenêutica filosófica se apresenta como o paradigma sobre o qual a *ciência do direito* irá se edificar e com ela se movimentar circularmente. Sendo este um paradigma que põe o filosofar a partir de um *fundamento sem fundo*, será aqui que as proposições científicas sobre o direito poderão se sustentar, o que difere bastante da tentativa de uma autofundamentação dogmática, seja da ciência ou da filosofia. Mas, para avançarmos, necessitamos indagar sobre o que é isso que vamos conhecer. A ciência estará, por um lado, limitada pelas possibilidades paradigmáticas que desenvolve circularmente com a filosofia e, por outro, pela especificidade de seu "objeto" – expressão que deve ser compreendida no contexto paradigmático apresentado.

4.2. O DIREITO COMO PADRÃO REGULATÓRIO

Uma vez delineado o nosso paradigma (cap. II) e demonstrada a sua relação com a ciência, faz-se necessário transportar as bases paradigmáticas para o estudo daquilo que entenderemos por *direito*. Se a ciência é uma forma de ser do *Dasein*, ela não pode estar dissociada das condições, limites e possibilidades impostas pelo

---

[19] STEIN, Ernildo. *Epistemologia e crítica da modernidade*, 2001, p. 43.
[20] Idem. Ibidem, p. 41.
[21] Assim, quando falamos do conceito de paradigma na filosofia, temos que ter cuidado porque em filosofia também há paradigmas coexistentes e em filosofia também existem conflitos de racionalidade. A realidade não é contraditória, contraditórios são os nossos conceitos sobre a realidade, nossas teorias sobre a realidade. Assim também os paradigmas são uma espécie de produto desse processo. Idem. Ibidem, p. 45.

modo de ser mais originário (compreensão), mas também deverá se adequar àquilo que pretende compreender.

Com Heidegger e Castanheira Neves[22] podemos fazer o seguinte questionamento: por que o direito e não antes o nada? Castanheira Neves se vale do questionamento fenomenológico sobre o *ser* para buscar a resposta mais originária possível para o problema do direito. Segundo o mestre lusitano, as análises teóricas sobre essa questão confundem a *universalidade do problema* que demanda o direito com a suposta *universalidade do direito* propriamente dito, como se a universalidade da *pergunta* implicasse, necessariamente, a universalidade da *resposta*.[23] Anota que a perspectiva a-histórica que se desenvolve sobre bases jusnaturalistas não põe, de forma autêntica, o *problema* do direito, na medida em que o considera como uma "necessidade ontológico-antropológica evidente". Na verdade, enquanto se movimenta, já estão em meio à *solução* de um *problema*.[24] Neste caso, não apenas pressupõe o direito, como constrói aprioristicamente seu conteúdo, já que se trata de uma perspectiva a-histórica. A perspectiva histórica – que busca, de diferentes maneiras, superar o jusnaturalismo atemporal – por sua vez, corrige em parte esse equívoco, na medida em que abre mão da identificação *a priori* das manifestações normativo-objetivas do direito, quebrando a pretensão de respostas com conteúdo universal, mas insiste na confusão entre o problema do *direito* e o direito como uma *solução* possível para esse problema.[25] Para Castanheira Neves, "o direito é só uma resposta possível, para um problema necessário"[26] e, com isso, leva-nos à conclusão de que há um fenômeno mais originário, que nos coloca *no* problema fundamental: a *unicidade pluralmente participada de mundo* e a necessária *intersubjetividade*[27] faz da *coexistência* a condição ontológica para o direito.[28]

Com isso, podemos concluir que o direito se coloca como um elemento de caráter normativo produzido *artificialmente*, ainda que busque seu fundamento no plano existencial. Ele não se constitui, por si só, como uma *resposta universal*. O problema da *intersubjetividade* é que é, de fato, universal, posto que incontornável para aqueles que co-habitam um único mundo, ainda que apostem na guerra. O que se constrói existencialmente é o sentido ético da conduta, que pode ser concebido como uma *moral*. Aqui, a ideia de *moral* se afasta da concepção kantiana, que a concebe como um fenômeno individualizado de autolegislação, e assume o sentido de uma normatividade gerada existencialmente a partir da convivência humana, do *ethos*. Se a evolução da sociedade nos levou a uma diferenciação entre *moral* e *direito*,[29] isso não faz do direito um fenômeno existencial. Ao contrário, exige uma postura crítica sobre a conveniência de sua manutenção como padrão regulatório e demanda pesqui-

---

[22] NEVES, A. Castanheira. *Coordenadas de uma reflexão sobre o problema universal do direito*, 2002, p. 838.
[23] Idem. Ibidem, p. 839.
[24] Idem. Ibidem, p. 840.
[25] Idem. Ibidem, p. 841.
[26] Idem. Ibidem, p. 839.
[27] Idem. Ibidem, p. 842.
[28] Idem. Ibidem, p. 844.
[29] Cf. LUHMANN, Niklas. *Sociologia do direito I*, 1983

sas que reflitam sobre as possibilidades de um *direito cosmopolita* fundado em novos parâmetros, ainda que em uma perspectiva de "projeto-*promessa*".[30]

De qualquer sorte, desde que conscientes do fato de não ser o direito um fenômeno originário, podemos ainda apostar em sua manutenção como um padrão regulatório para os conflitos intersubjetivos. Trata-se de uma opção condicionada por um momento histórico e está diretamente relacionada com a democracia.[31] Necessitamos do direito como um subsistema social funcionalmente diferenciado[32] porque, em uma sociedade complexa, essa diferenciação é necessária para assegurar que as decisões políticas sejam legitimadas pelo direito – a exemplo do que propõe Habermas – e, ao mesmo tempo, sirve como proteção *contramajoritária*, impedindo que os processos democráticos se transformem na ditadura de uma maioria quantitativa. Para Lenio Streck, a autonomia do direito é "o grande ponto de contato – poderíamos dizer transteorético – que une as propostas de Canotilho, de Farrajoli, da Hermenêutica, de Dworkin e de Habermas", podendo acrescentar a essa lista a matriz sistêmica luhmanniana que vê na autonomia do direito a condição de possibilidade para a própria observação do sistema.[33]

Desse modo, se não nos encontramos em condições de adotar um modelo de regulação que não esteja pautado na ideia de autonomia e limitação da responsabilidade e se ainda necessitamos de um Estado nos moldes do moderno para direcionar a redução dos défices de um projeto inacabado e necessário à fraternidade universal, podemos concluir pela necessidade de um direito ainda pautado na "bilateralidade *atributiva*".[34] Trata-se de um *desafio* porque a opção pelo direito não nos retira da nossa condição existencial e, consequentemente, não imuniza nossa compreensão de antecipações de sentido de ordem moral. A opção por uma estrutura sistêmica artificial não nos coloca isolados na artificialidade. Além disso, como se não bastasse essa confusão existencial entre *direito* e *moral*, o direito – por se constituir como uma construção sistêmica – não é autosuficiente. Isso quer dizer que, mesmo se conseguíssemos por uma vigilância reflexiva imunizar os nossos pré-juízos de moralidade, não conseguiríamos nos movimentar exclusivamente no *direito*, já que sua artificialidade não conferiria resposta a todos os problemas. Haverá sempre um *não*

---

[30] "De discutir a *universalidade* do direito perguntando se a vinculação do seu percurso a uma 'experiência' civilizacional (greco-romana, judaico-cristã, e europeia) determina também um compromisso insuperável com as possibilidades de um certo humanismo (e com o ciclo ou ciclos prático-culturais que historicamente o assumiram). Perguntando também se tais vínculos – seguramente a uma civilização, eventualmente a um ciclo ou ciclos de afirmação desta – podem (ou devem) hoje compreender-se (decifrar-se) como obstáculos à universalidade ou à universalização do direito, ou mais directamente, como obstáculos à participação lograda deste direito num projeto-promessa de hospitalidade universal". LINHARES, José Manuel Aroso. *Jus cosmopoliticum e civilização de direito*: as alternativas da tolerância procedimental e da hospitalidade ética, 2006, p. 152. Sobre o "direito" cosmopolita, ver também SALDANHA, Jania Maria Lopes. *A Mentalidade Alargada da Justiça (Têmis) para Compreender a Transnacionalização do Direito (Marco Pólo) no Esforço de Construir o Cosmopolitismo (Barão nas Árvores)*, 2008, p. 347-382.

[31] Cf. STRECK, Lenio. *Jurisdição constitucional e hermenêutica*, 2004.

[32] LUHMANN, Niklas. *El derecho de la sociedad*, 2002, p. 52.

[33] Idem. Ibidem, p. 97.

[34] Castanheira Neves põe como marca desse direito moderno as categorias de direito e de dever, de responsabilidade e obrigação. NEVES, A. Castanheira. *Coordenadas de uma reflexão sobre o problema universal do direito*, 2002, p. 844.

dito no direito. O desafio consiste, portanto, em diferenciar *direito* e *moral*[35] ainda que não seja possível imunizar o sujeito de sua *existencialidade* e, ao mesmo tempo, utilizar o potencial emancipatório dessa esfera cooriginária para que a articulação entre ambos assegure o caráter democrático da carga criativa que se encontra em todas as manifestações de *criação* e *aplicação* do direito.

Para essa empreitada, não é possível adotar soluções incompatíveis com a nossa forma de *ser* no mundo. Não é possível, por exemplo, assumir a moral como corretiva quando o direito se mostra lacunoso, como propõe Robert Alexy.[36] Como ainda veremos com maiores detalhes, a moral não pode ser corretiva por duas razões: primeiro porque o direito sempre chega tarde, antecipando-se no fenômeno compreensivo um projeto de sentido moral-prático que não distingue o que a *moralidade* da *juridicidade*; segundo, porque o direito não é lacunoso apenas pelo fato de não dar respostas a todos os problemas, mas também pelo fato de não dar respostas completas a nenhum dos problemas para quais imaginamos haver uma resposta dada. Isto porque, como vimos no segundo capítulo, o nível apofântico é uma síntese precária que apenas faz ver o *ente*, sendo completo apenas o acontecer fenomenológico, ainda que essa completude não seja sinônimo de *infinitude* ou de *totalidade absoluta*. Se há sempre um não dito no dito, haverá sempre uma porosidade na dimensão sistêmico-apofântica do direito. Mesmo diante daquilo que entendemos como casos fáceis, essa conclusão não se deve a uma suficiência ôntica das regras,[37] mas à densidade ontológica do caso. Um caso só é fácil depois que o compreendemos. Não podemos dizer que um caso *é* fácil, mas apenas que ele *foi* fácil e, ainda assim, devemos permanecer atentos ao fato de que podemos estar *equivocados*.

A análise sobre o *logos* e *a dupla estrutura da linguagem* demonstra que a forma de acesso originária dos entes não pode ser feita pela produção apofântica, logo, ainda que o direito se manifeste por descrições textuais, a necessária busca das *coisas mesmas* nos retira dessa linha. O direito não é *texto*. O texto é uma construção que tenta descrever o direito e facilitar o seu acesso, sendo que essa descrição nos remete àquilo que o texto descreve: *condutas humanas*. Prestemos atenção às palavras de Carlos Cóssio que ecoaram em Machado Neto e ainda permanecem vivas em Marília Muricy.[38]

> No se interpreta la ley; aqui se trata de interpretar la conducta humana por médio de o mediante la ley. Esto es lo que está realmente en juego cuando se habla de la interpretación de la ley. Desde nuestro punto de vista, si el objeto do conocimiento es la conducta humana en su inter-

---

[35] STRECK, Lenio. *Verdade e consenso*, 2009, p. 174.

[36] ALEXY, Robert. *Teoria da argumentação jurídica*, 2005, p. 227.

[37] Cf. STRECK, Lenio. *Verdade e consenso*, 2009, p. 259 e 248.

[38] Marília Muricy dá nota para a contemporaneidade do pensamento de Machado Neto, já que "é possível encontrar importantes convergências entre o seu pensamento e o de alguns autores postos em evidência nas últimas décadas, por suas contribuições à teoria do raciocínio jurídico, quer sob a perspectiva de uma de uma 'interpretação reconstrutiva' (Dworkin) quer como aspecto da razão prática (Perelman, Habermas, Alexy, MacCormick)". Dentre os pontos de convergência por ela destacados, chamamos atenção para a busca de uma "satisfatória fundamentação da razão jurídica", tal qual Habermas; a afirmação da "verdade jurídica como verdade de conduta", tal qual Cossio (e Heidegger, acrescentaríamos); e a "natureza circular do pensamento jurídico que se afirma mediante uma pré-compreensão do objeto", tal qual Heidegger e Gadamer. Discursos que hoje se reproduzem com sotaque germânico, há muito são "coisas" de Machado; "coisas" de Marília. Cf. PINTO, Marília Muricy Machado. *O pensamento filosófico de A. L. Machado Neto e a nova hermenêutica jurídica*, 1999, p. 70.

ferencia intersubjetiva, no puede sorprender lo que acabamos de enunciar, a saber: que no se interpreta la ley, sino la conducta humana mediante la ley.[39]

Mas a busca por esse *ente* só é possível porque já trazemos o sentido desse ente conosco. A conduta humana que desperta o sentido de *juridicidade* não é uma conduta humana qualquer. Trata-se de uma conduta humana que traz consigo um sentido especial; um sentido que a distingue de outras formas similares. O traço distintivo é o seu significado *intersubjetivo*. A intersubjetividade não é desvelada a partir de qualquer conduta (*ente*), além de, na maioria das vezes, as condutas não proporcionarem o desvelamento do *ser intersubjetivo*. Agimos quando respiramos, quando andamos, quando piscamos o olho, quando cruzamos os braços e, inclusive, quando ficamos parados. Porém, algumas de nossas ações, em determinados contextos, geram uma interferência intersubjetiva. Até mesmo essas condutas banais podem, dependendo do contexto, desencadear um significado intersubjetivo. Se respirarmos um gás letal, se andarmos entre duas pessoas que estão conversando, se cruzarmos os braços em pleno horário de trabalho ou se ficarmos parados diante de alguém que necessita de ajuda, tais condutas assumirão o sentido da *intersubjetividade*.

Entretanto, ainda que o significado jurídico seja sempre desvelado por uma conduta que também possui um significado *intersubjetivo*, a recíproca, uma vez assumida a moral como um dado intersubjetivo, não será verdadeira. A maior parte das condutas que possuem um significado intersubjetivo não é considerada jurídica. Mas, o que significa dizer que o direito é originariamente desvelado por condutas que provocam interferência intersubjetiva e, ao mesmo tempo, por apenas algumas dessas condutas? Significa dizer que o direito é uma *artificialidade política* que seleciona condutas de significado *intersubjetivo* e que a distinção entre *direito* e *moral* não, portanto, é existencial. *Direito* e *moral* não são *co-originários* se analisarmos a relação entre ambos por uma perspectiva hermenêutica, já que o sentido *moral-prático* de um problema se antecipará antes mesmo de buscarmos uma resposta jurídica para ele. Já sob uma perspectiva sistêmica, o *direito* decorre de uma diferenciação resultante de uma adaptação do sistema social.

Isso quer dizer que, existencialmente, construímos através da eticidade um padrão normativo que não equivale, necessariamente, ao direito. Desse modo, a dimensão hermenêutica da linguagem que se antecipa e que permite compreendermos o mundo a nossa volta não constitui um "como" jurídico autônomo. Antecipa-se um sentido *moral-prático* que nos permite valorar a conduta e considerá-la reprovável ou não; justa ou injusta; adequada ou inadequada e assim por diante. Não é possível cindir *direito* e *moral* no momento da compreensão, na medida em que ambos são "filhos" do *ethos*, são expressões de uma racionalidade *moral-prática* que acontece fenomenologicamente, sem que haja tempo para atitudes reflexivas capazes de efetuar essa distinção. A *co-originariedade* entre *direito* e da *moral* se deve, portanto, a esse modo de sermos no mundo: compreensão. Se quisermos, portanto, pensar na ciência de um direito (autônomo) viável nas condições paradigmáticas expostas, temos de levar em conta as condições de possibilidade para a *autonomia* entre esses dois modelos regulatórios e, ao mesmo tempo, utilizar o potencial emancipatório da *co-originariedade* hermenêutica.

---

[39] COSSIO, Carlos. *El derecho en el derecho judicial*, 2002, p. 115.

Qualquer distinção, entretanto, só será alcançada em um plano reflexivo, onde se abre espaço para a busca explícita de uma compreensão *jurídica*. Esta é, necessariamente, uma compreensão normativa, isto é, uma compreensão que deve levar em consideração opções políticas de uma determinada sociedade, considerar as condições em que essa posição se deu e conectá-la de volta ao seu pano de fundo legitimador. Uma concepção hermenêutica sobre o direito é, necessariamente, uma *terceira via* entre o *positivismo* e *jusnaturalismo*, pois estabelece uma relação circular entre a *autonomia* e a *co-originariedade*. Não é *positivismo*, pois cria as condições de possibilidade para a eliminação de um autoritarismo discricionário na produção do direito; não é *jusnaturalismo*, pois seu fundamento primeiro não é *universal*, nem o seu método é o *sistemático-racional*.

4.3. A NORMATIVIDADE DO DIREITO COMO ESPECIFICIDADE DE SUA COMPREENSÃO

Mesmo aqueles que se valeram do modelo hermenêutico para investigar o modo como compreendemos, concluíram pela necessária validade jurídica da compreensão, pois numa perspectiva hermenêutica ela é condição *sine qua non* para a autonomia do direito. Não podemos confundir, entretanto, validade jurídica da compreensão – que está relacionada com o plano *sistêmico* do direito – com o direcionamento normativo-metodológico do compreender, que estaria relacionada com a metodologia constitutiva de cariz cartesiano, ainda que a busca da primeira seja um argumento tentador para a construção da segunda. Cientes dessa questão, temos de levar a sério o alerta de Garcia Amado, já que a preocupação com a normatividade da compreensão jurídica pode fazer com que os esquemas da hermenêutica filosófica sejam usados para *descrever* um processo interpretativo e aplicativo no direito e, logo em seguida, negados para que se construa, também para a interpretação jurídica, um modelo normativo de racionalidade e objetividade que não seriam facilmente compatíveis com as teses gadamerianas.[40]

Castanheira Neves, por exemplo, se vale da descrição gadameriana do fenômeno compreensivo em diversos momentos,[41] embora não veja a hermenêutica filosófica como uma matriz normativa. A hermenêutica filosófica estaria limitada à análise descritiva da *quaestio facti* e, portanto, não resolveria a *quaestio iuris* da compreensão.[42] Isso faz com que Castanheira Neves lance críticas à "matriz analógica" de Fernando Pinto Bronze e à proposta hermenêutica de Kaufmann.[43] A preocupação de Castanheira Neves está voltada para o problema da validade jurídica da compreensão e, portanto, para sua juridicidade. No que toca ao direito, a compreensão de um problema não deve ser apenas uma compreensão, mas uma compreensão *jurídica* desse problema,[44] o que torna imprescindível a análise da relação sistema-problema para uma teoria sobre a validade da compreensão do direito.

---

[40] AMADO, Juan Antonio García. *Filosofía hermenéutica y derecho*, 2009.
[41] NEVES, Castanheira A. *Metodologia jurídica*, 1993, p. 111, 117, 125 e 130.
[42] Idem. *A crise actual da filosofia do direito no contexto da crise global da filosofia*, 2003, p. 64.
[43] Idem. Ibidem, p. 64-65.
[44] "Problema jurídico, porque o seu perguntar tem uma pressuposição de juridicidade, i. é, porque o sentido por que pergunta ao objecto perguntado é um *sentido de direito*". Idem. Ibidem, p. 160.

De modo semelhante, Karl Larenz assume a descrição do fenômeno compreensivo proposto pela hermenêutica filosófica, identificando a interpretação como um espaço reflexivo[45] e a circularidade hermenêutica como uma especificidade de todo compreender.[46] Assume a pré-compreensão como uma "conjectura de sentido" da qual o intérprete está necessariamente dotado, e admite, com Gadamer, que ela é condição de possibilidade para a compreensão, constituindo o pano de fundo de toda e qualquer interpretação jurídica, "quer ela proceda 'historicamente', quer sistemática ou teleologicamente".[47] Larenz também alerta para o fato de o *pré-juízo*, no sentido de barreira ao conhecimento, não poder ser confundido com a *pré-compreensão* no sentido hermenêutico, que se mostra como uma "condição (positiva) da possibilidade de compreender a questão de que se trata".[48] Entretanto, minimiza a necessária conexão entre *compreender* e *aplicar*, afirmando que uma norma estatuída estará "'mais ou menos' determinada no seu conteúdo", aguardando a concretização no processo que estabelecerá sua aplicação.[49] Em sua metódica, revelará a preocupação com a arbitrariedade do intérprete, entendendo como necessário adotar determinados critérios para que a interpretação se dê de modo seguro e comprovável.[50]

Friedrich Müller entende que "a peculiaridade da interpretação jurídica possui um caráter exemplar para a tentativa de uma hermenêutica filosófica geral",[51] uma referência expressa à posição de Gadamer que dela se vale para demonstrar a relação necessária entre compreender e aplicar.[52] Müller também encara com naturalidade o fato de o intérprete carregar consigo pré-compreensões que ultrapassam os limites do direito e, com isso, nega as pretensões de uma objetividade jurídica que queira se defrontar "com o texto da norma sem 'pressupostos', que já estão dados com a referência à linguagem, que inclui tanto as normas como os intérpretes".[53] A pré-compreensão jurídica, segundo ele, "seleciona necessariamente apenas elementos juridicamente construíveis da pré-compreensão geral para a sua tarefa, sem com isso poder eliminar essa pré-compreensão na sua eficácia geral".[54] O desafio, portanto, residiria na necessidade de "inserção metodicamente controlada dos teores materiais envolvidos na concretização de prescrições jurídicas"[55] para, com isso, garantir o caráter normativo da ciência jurídica.[56] A proposta de Müller, que "não segue recomendações de eliminar procedimentos metódicos da aplicação do direito" em benefício, por exemplo, de uma "interpretação existencial",[57] pretende "elaborar a especificidade da ciência jurídica a partir da estrutura da norma jurídica" e, com isso, permitir a viculação de questões práticas com questões de princípio

---

[45] LARENZ, Karl. *Metodologia da ciência do direito*, 1997, p. 282.
[46] Idem. Ibidem, p. 286.
[47] Idem. Ibidem, p. 289-291.
[48] Idem. Ibidem, p. 293.
[49] Idem. Ibidem, p. 296.
[50] Idem. Ibidem, p. 450.
[51] MÜLLER, Friedrich. *Teoria estruturante do direito I*, 2008, p. 55-56.
[52] GADAMER, Hans-Georg. *Verdade e método I*, 2003, p. 426.
[53] MÜLLER, Friedrich. *Teoria estruturante do direito I*, 2008, p. 93.
[54] Idem. Ibidem, p. 66.
[55] Idem. Ibidem, p. 90.
[56] Idem. Ibidem, p. 62, 82 e 90.
[57] Idem. Ibidem, p. 83.

e, ao mesmo tempo, colocar as perspectivas metodológicas auxiliares a serviço da racionalidade especificamente jurídica e de sua objetividade limitada.[58] A proposta de Müller acaba sendo, portanto, metódica, ainda que deixe claras suas limitações quando propõe uma "racionalidade máxima" face à impossibilidade de uma "racionalidade integral". Sua perspectiva, como acentua Castanheira Neves,[59] ainda eleva a norma jurídica ao *prius* metodológico.

Lenio Streck, principal responsável pela difusão da matriz hermenêutico-filosófica no direito brasileiro, ainda que por outros meios, também está preocupado com a *juridicidade* da compreensão. Quando defende a autonomia do direito em relação à moral, não obstante a sua co-originariedade hermenêutica,[60] e quando sustenta a impossibilidade de se "dizer qualquer coisa sobre qualquer coisa"[61] no direito, fica clara a sua preocupação com o decisionismo positivista. Entretanto, ao contrário das experiências europeias quanto à recepção de Gadamer no direito, Streck aposta no caráter não relativista da hermenêutica filosófica[62] e, consequentemente, abre novas possibilidades para a hermenêutica jurídica.

Sobre a normatividade do direito como uma especificidade que deve ser enfrentada pelas propostas de modelos compreensivos, Juan Antonio Garcia Amado sustenta que a hermêutica filosófica de Gadamer não teria sido oferecida como uma teoria da decisão valorativa racional, mas apenas como uma indagação sobre a dimensão ontológica do compreender.[63] Essa perspectiva tornaria a hermenêutica impotente frente ao desejo de salvar a interpretação jurídica da arbitrariedade e do subjetivismo. Cumprindo a promessa de levar a sério a advertência de Garcia Amado, somos conduzidos a uma reflexão que envolve os limites e a abrangência do discurso filosófico no pensamento gadameriano. Vimos (cap. II) que o trabalho de Gadamer é filosófico, tendo sido esta a razão de ter afirmado, em sua resposta a Betti, que "procura demonstrar aquilo que é comum a todas as maneiras de compreender e mostrar que a compreensão jamais é um comportamento subjetivo frente a um objeto dado". Com isso, não procura com *Verdade e método* "negar o caráter imprescindível do trabalho metodológico dentro das assim chamadas ciências do espírito",[64] sendo categórico ao afirmar que sua "verdadeira intenção, porém, foi e continua sendo uma intenção filosófica: o que está em questão não é o que fazemos, o que deveríamos fazer, mas o que nos acontece além do nosso querer e fazer".[65]

De um modo geral, esperou-se de Gadamer e de sua hermenêutica filosófica muito mais do que aquilo que ele pretendia nos dizer. O fato de Gadamer ter tratado da hermenêutica jurídica como um exemplo paradigmático da compreensão como um fenômeno aplicativo fez com que muitos acreditassem ser *Verdade e método* uma proposta (anti)metodológica para a *ciência jurídica*. Diante das dificuldades

---

[58] MÜLLER, Friedrich. *Teoria estruturante do direito I*, 2008, p. 94.
[59] CASTANHEIRA NEVES, *Metodologia jurídica*, 1993, p. 144.
[60] STRECK, Lenio. *Verdade e consenso*, 2009, p.174
[61] Idem. Ibidem, p. 286.
[62] Idem. Ibidem, p. 161.
[63] "[...] *la filosofía hermenéutica de Gadamer no se presenta directamente como teoría de la decisión valorativa racional, sino como indagación de la dimensión ontológica del comprender*". AMADO, Juan Antonio Garcia. *Filosofía hermenéutica y derecho*, 2009.
[64] GADAMER, Hans-Georg. *Verdade e método I*, 2003, p. 15.
[65] Idem. Ibidem, p. 14.

que essa aplicação imediata traria, muitas críticas sustentaram um abandono do modelo hermenêutico-filosófico, fazendo com que essa matriz perdesse sua potencialidade. Os óbices enfrentados na metodologia do direito concebida "como" hermenêutica filosófica, uma vez desvelados, encobriu possibilidades epistemológicas que estavam ali descritas. Temos de dar a Gadamer o que é de Gadamer e encontrar na hermenêutica filosófica aquilo que ela pode nos dar, mas, em contrapartida, esgotar as potencialidades dessa matriz.

O principal problema a ser enfrentado quando buscamos uma concepção de direito edificada numa perspectiva hermenêutica está, certamente, na especificidade da compreensão jurídica. A rigor, a hermenêutica filosófica descreve o fenômeno compreensivo sem a preocupação de identificar as diretrizes metodológicas que devem ser levadas em consideração em face de questões específicas, como, por exemplo, a compreensão do direito. Isso não quer dizer, no entanto, que essa *descrição* não denuncie – e isso ocorreu com grandes repercussões – impossibilidades epistemológicas, como aquelas propostas hermenêuticas edificadas em modelos constitutivos técnico-normativos, ainda sob o forte influxo da matriz cartesiana. Poderíamos dizer que a hermenêutica filosófica *descreve* a nossa forma de *ser-no-mundo* como sujeitos que compreendem e, ao mesmo tempo, *limita* as nossas pretensões cognitivistas. Não é possível, portanto, pretender que o jurista compreenda de uma forma distinta daquela que a hermenêutica filosófica descreve, sendo esse o principal ônus que a matriz impõe àquele que pretende enfrentar o problema do direito a partir dela. Contudo, desde que dentro dos limites paradigmáticos que ela nos confere, é possível conceber *cânones* normativos para a compreensão do direito. Isso só é possível porque o direito é uma artificialidade, ou seja, é uma opção regulatória que se constitui de forma autêntica na tradição moderna. Tratando-se de uma contingência, e não de uma condição existencial, não só é possível estabelecer determinados *cânones* compatíveis, como eles se tornam necessários para que o direito cumpra o papel ao qual foi concebido. Uma *epistemologização* do fenômeno compreensivo do direito não pode – convém reiterar – estar desconectado dos *limites* que a hermenêutica filosófica nos impõe. Por outro lado, é possível explorar suas possibilidades não relativistas quanto ao universo moral-prático e abrir caminhos de fundamental importância para a sociedade contemporânea.

Arthur Kaufmann, por exemplo, propõe a abordagem hermenêutico-filosófica como uma alternativa entre o *jusnaturalismo* e o *positivismo* e, no entanto, rechaça o subjetivismo judicial, insistindo no fato de não haver nenhuma correção do direito fora do processo de concretização da decisão.[66] Entretanto, ainda que esse cenário dificulte a tarefa de dizer o direito, admite que surja neste mesmo processo de *concreção* uma atitude de reflexão e argumentação, mediante a intersubjetividade e consenso dos participantes.[67] Considerando o alerta de Garcia Amado, a visão não relativista de Lenio Streck e a profecia de Kaufmann, seguimos em busca desse modelo reflexivo. Mas, antes de demonstrar como podemos compreender o direito em sua normatividade mediante uma conexão circular e reflexiva com a filosofia hermenêutica, analisaremos algumas propostas que fogem aos limites impostos pelo paradigma hermenêutico.

---

[66] KAUFFMANN, Arthur. *Hermenêutica y derecho*, 2007, p. 73.
[67] Idem. Ibidem, p. 73.

4.4. A CRÍTICA HERMENÊUTICA E A METODOLOGIA JURÍDICA

4.4.1. Metodologia clássica

Em primeiro lugar, não é possível adotar um modelo constitutivo de compreensão inspirado nas edificações metodológicas cartesianas. Ainda que seja possível estabelecer uma correlação entre a *dúvida* cartesiana e a *vigilância* gadameriana, não é possível imaginar que a partir dela (*dúvida*) poderíamos nos colocar na certeza do *cogito* e construir, a partir de um "grau zero" e com apoio de regras que orientam o nosso espírito, uma imagem racional e verdadeira de mundo. Essa suspensão de mundo é inviável, na medida em que é a nossa carga pré-compreensiva a condição de possibilidade para que possamos compreender aquilo que nos cerca. Descartes edifica sua proposta de ciência sobre bases inacessíveis ao homem e, portanto, nunca será aplicado. A rigor, a ciência nos moldes cartesianos nunca existiu, pois ninguém foi capaz de suspender sua carga pré-compreensiva. A desconfiança no que se vê, que pode ser entendida como uma *vigilância* sobre a inautenticidade de pré-conceitos, é que foi, de fato, decisiva para a quebra de imposições dogmático-religiosas e, consequentemente, impulsionou decisivamente a ciência moderna. A ausência de uma analítica existencial deixou, entretanto, encoberto tanto a impossibilidade de transcendência do sujeito a partir de sua consciência, quanto os padrões matemáticos da armação tecnológica que sustentou essa nova ciência. A maior parte das propostas epistemológicas para o direito ainda está sob o influxo do paradigma cartesiano, na medida em que mantém a crença em um modelo metodológico *constitutivo*, ou seja, que permite a suspensão de concepções morais-práticas para edificar conclusões silogísticas através de um método. Não se dão conta de que essa decisão já se deu e de que esses métodos apenas encobrem o *ser* do direito que se vela diante das *aparências*.

O silogismo apodíctico aristotélico foi desvirtuado pela ciência moderna do direito. Vimos (cap. I) que esse tipo de raciocínio era usado para demonstrar aquilo que já se colocara imutável na natureza. O saber moral-prático obedecia a um modelo que envolvia – se considerarmos o contexto global da obra aristotélica – a *prudência*, a *tópica* e a *retórica*. Entretanto, a ciência moderna do direito assumiu o silogismo a partir de uma tradição cartesiana e, em razão da resistência ao pensamento clássico, ignorou os alertas de Aristóteles. A ideia era construir um sistema que fosse capaz de construir – com aquilo que na origem só fazia descrever – o padrão regulatório ideal, independente do modo como a *práxis* se mostrava. Vimos como isso se deu no jusnaturalismo moderno e como a moderna ciência do direito incorporou esse método, adaptando-o ao direito como *texto*. Na tradição francesa da *Escola de Exegese* a codificação representava a razão jusnaturalista que deveria ser "operada" por um modelo *dedutivo* que descreve a aplicação do fato à norma. O *Pandectismo* alemão, por sua vez, parte da filtragem histórica das fontes romanísticas e edifica, a partir dessas fontes, um modelo sistemático-doutrinário, distanciando-se do modelo histocista. Nada disso ocorreu. Se levarmos em conta os limites paradigmáticos denunciados pela hermenêutica filosófica, nunca foi possível uma operação silogística no direito, na medida em que a compreensão sempre se antecipou ao enlace lógico, seja ele *dedutivo* ou *indutivo*. Quando um exegeta dizia estar diante de um fato dado, antes mesmo de buscar no sistema uma resposta para o problema, já o havia compreendido. Antes mesmo de analisar o sentido literal de um texto normativo, já havia compreendido a norma jurídica. Antes, portanto, de subsumir o fato à norma, já havia decidido.[68] Para Gadamer, "a ideia de uma dogmática jurídica perfeita, sob a qual se pudesse baixar qualquer sentença como um simples ato de subsunção, não tem sustentação".[69]

A subsunção leva em conta o acoplamento de uma premissa textual que descreve um fato com uma situação concreta a ela *correspondente*, pressupondo, portanto, a cisão entre as *questões de fato* e as *questões de direito*. A moderna ciência do direito assumiu como uma marca de seu modelo epistemológico essa distinção. As *questões de fato* prescindiriam de compreensão já que os dados objetivos são passíveis de uma atividade descritiva imediata, que no direito ficou a cargo da *prova* a ser colhida na instrução processual. Já as *questões de direito*, uma vez reduzidas ao texto, caso este não fosse "claro", deveriam ser interpretadas. O fato era, portanto, uma questão de *prova*, enquanto o texto era uma questão de *interpretação*. A questão que se coloca aqui é a seguinte: o que é um fato? Ele surge isoladamente, como se estivesse disposto diante de um fundo verde, tal qual o utilizado para montagens cinematográficas? O fato surge em meio a um fenômeno (no sentido vulgar) e percebê-lo na sua juridicidade envolve a elaboração do recorte fenomenológico, o que já pressupõe uma compreensão. Fatos são *compreendidos* e só importarão para o direito aqueles que forem compreendidos como jurídicos.[70] Já os textos, por sua vez, são necessariamente o resultado de sua compreensão. Quando se dizia que o texto claro não necessitaria de interpretação – constatação que caiu por terra ainda sob o influxo da ciência oitocentista – a compreensão já estava dada, sendo a sensação de clarividência produto do *jogo de linguagem* e, em sendo assim, pragmático. No fundo, é uma compreensão-aplicação que promove a aparente "suficiência ôntica" de um texto e o torna claro. Aquilo que faria o jurista prescindir da interpretação já era, no fundo, um fenômeno hermenêutico. Alie-se a isso o fato de a compreensão textual ser um *evento*,[71] isto é, o acontecer fenomenológico de uma situação de fato. Se a moderna ciência do direito acreditava que fatos não são compreendidos, a *hermenêutica filosófica*, ao contrário, irá demonstrar que somente fatos são compreendidos, inclusive quando o são a partir de *textos*. Como, então, cindir as questões de fato das questões de direito? Essa diferenciação faz ainda algum sentido? Ainda iremos retomar essa questão quando tratarmos da necessária relação circular entre sistema e problema.

A aposta no texto trouxe os sintomas de sua precariedade e as questões de direito demandavam a redução de sua ambiguidade. A hermenêutica jurídica clássica se desenvolve, portanto, em torno da necessidade de interpretação dos textos nor-

---

[68] Assim como não se procede subsuntivamente quando se interpreta e, portanto, quando se aplica, um texto normativo em relação a uma situação fática, também quando se interpreta um texto com base na Constituição, não ocorre esse processo subsuntivo/dedutivo. O sentido do texto se dá a partir do modo de ser-no-mundo no qual está inserido o intérprete. Não se percebe o texto primeiramente enquanto "ser-objeto". Há um mundo circundante onde acontece essa manifestação. Ao vislumbrar o texto, já há um ter-prévio, um ver-prévio e um pré-conceito acerca da Constituição. STRECK, Lenio. *Hermenêutica (jurídica)*, 2003, p. 234.
[69] GADAMER, Hans-Georg. *Verdade e método I*, 2003, p.433.
[70] CARNEIRO, Wálber Araujo. *O fato compreendido como jurídico*, 2005.
[71] STRECK, Lenio. *Verdade e consenso*, 2009, p. 79 e 164.

mativos. O seu pressuposto é a existência de um texto que traz consigo um sentido previamente dado, inicialmente correlata à *vontade do legislador* e, em seguida, à entidade abstrata da *vontade da lei*. Era evidente que os textos não se mostrariam claros, nem mesmo seriam capazes de abarcar todas as possibilidades de sua aplicação, o que fez da hermenêutica jurídica metódica uma *tecnologia* necessária para a manutenção do mito da completude do sistema. Suprindo não apenas o problema da ambiguidade de sentido dos textos normativos, bem como deficiências no âmbito de abrangência normativa, os métodos de interpretação seriam capazes de ver no texto aquilo que, embora estivesse presente, não se mostrava de modo evidente. Inspirados em uma hermenêutica técnico-normativa já desenvolvida na teologia protestante, a Teoria do Direito incorpora a solução metódica com o intuito de "domesticar" a criatividade do intérprete. O melhor exemplo desse modelo pode ser percebido em Savigny, para quem "o intérprete deve se localizar no ponto de vista do legislador e, assim, produzir artificialmente seu pensamento", devendo essa tarefa possuir uma constituição complexa.[72] Em seu *System* essa constituição envolverá "os elementos 'gramatical', 'lógico', 'histórico' e 'sistemático' da interpretação".[73] As rápidas transformações que o séc. XIX iria enfrentar ainda proporcionariam o método *teleológico* proposto por Jhering, que rapidamente passa a incorporar o rol dos métodos da chamada *hermenêutica jurídica clássica*. O fato é que a *teoria do direito* passou a tratar todos esses métodos como um conjunto unitário, sem se dar conta que todos eles surgem em contextos específicos e inseridos em concepções paradigmáticas antagônicas. O resultado é o emaranhado de métodos que receberia de Hans Kelsen uma crítica desconcertante, mas pelo visto insuficiente para deslocar a ciência do direito desse caminho.

Kelsen dirá que "não há absolutamente qualquer método segundo o qual, das várias significações verbais de uma norma, apenas uma possa ser destacada como 'correta'".[74] Para ele todos os métodos de interpretação até então elaborados "conduzem sempre a um resultado apenas possível, nunca a um resultado que seja o único correto".[75] A *hermenêutica filosófica*, por sua vez, impõe restrições ainda mais radicais aos métodos. Considerando a antecipação de sentido inerente a toda e qualquer compreensão, esse *projetar-se* impede, inclusive, que o método nos leve a algum lugar. Não se trata, portanto, de uma impropriedade decorrente da ausência de metacritérios voltados para a solução de conflitos entre os diferentes resultados que poderiam ser alcançados, mas a total impossibilidade de algum desses métodos constituírem um sentido que já não tenha sido projetado.[76] O método sempre chegará tarde.

---

[72] SAVIGNY, Friedrich Karl von. *Metodologia jurídica*, 2001, p. 9. Neste escrito, Savigny fala de três elementos, apenas: lógico, gramatical e histórico. Já em seu *System*, aponta Castanheira Neves, embora Savigny tenha ultrapassado o estrito positivismo exegético deste curso de Metodologia Jurídica assumindo uma visão "orgânico-institucionalmente histórica, "não é menos verdade que à interpretação continuava a prescrever o objectivo apenas de 'reconstrução do pensamento contido na lei', através dos conhecidos 'quatro elementos' (gramatical, lógico, histórico e sistemático) e, portanto, com exclusão do próprio 'fundamento' (*Grund*) da lei (o 'motivo' ou o 'fim')". NEVES, Castanheira A. *Metodologia jurídica*, 1993, p. 96.
[73] SAVIGNY, Friedrich Karl Von. *Metodologia jurídica*, 2001, p. 9-10.
[74] KELSEN, Hans. *Teoria pura do direito*, 2000, p. 391.
[75] Idem. Ibidem, p. 392.
[76] Por essa razão, Karl Larenz propõe uma leitura fraca desses métodos. "Se a interpretação não deve ser deixada ao arbítrio do intérprete, mas decorrer de modo seguro e comprovável, então é preciso ter

4.4.2. Hermenêutica constitucional

A *hermenêutica constitucional* é um aparato metodológico inserido no contexto do *neoconstitucionalismo*[77] e do pós-positivismo.[78] Quando o texto constitucional passou a ser visto como norma jurídica, veio à tona o problema de sua insuficiência ôntica, isto é, da baixa densidade semântica de suas disposições. O Estado constitucional inaugurado pelo segundo pós-guerra teria que resolver o problema da indeterminação das normas constitucionais e, por muito tempo, o fez mediante a proposta inaugurada por Vezio Crisafulli[79] e transportada para o Brasil por José Afonso da Silva[80], que deslocava o problema da indeterminação semântica para o plano da eficácia jurídica da norma. Sendo assim, aqueles dispositivos constitucionais que não designassem objetivamente o âmbito de sua aplicação eram vistos como "normas de eficácia limitada" – a exemplo dos princípios e das normas programáticas – que exigiam a ulterior intervenção do legislador infraconstitucional para determinação de seu sentido.[81] No fundo, o problema hermenêutico era resolvido mediante a participação do legislador na condição de um "intérprete autêntico" (Kelsen) que conferia concretude ao dispositivo constitucional que regulava. Entretanto, a constante inércia do legislador e o déficit de concretização dos princípios e das normas programáticas impulsionaram a doutrina a conceber mecanismos de interpretação colocados à disposição do Judiciário para que este aplicasse de imediato as normas constitucionais, inclusive aquelas que carecem de concretude semântica. A chamada "nova hermenêutica constitucional" traz os aparatos metodológicos que se mostram como condição de possibilidade para esse movimento.

Com Canotilho, podemos dizer que a hermenêutica constitucional consiste em um "*conjunto de métodos*, desenvolvidos pela doutrina e pela jurisprudência com base em critérios ou premissas (filosóficas, metodológicas, epistemológicas) diferentes mas, em geral, reciprocamente complementares".[82] Embora se parta da ideia de especificidade da interpretação constitucional,[83] essa "hermenêutica" incorpora sem grandes polêmicas o conjunto de métodos clássicos sistematizados por Savigny (*gramatical, lógico, sistemático* e *histórico*), com o posterior acréscimo

---

determinados critérios de interpretação em conformidade com os quais o intérprete se possa guiar". LARENZ, Karl. *Metodologia da ciência do direito*, 1997, p. 449-450.

[77] CARBONELL, Miguel. *Novos tiempos para el constitucionalismo*, 2005.

[78] "*Se podría afirmar que es espostpositivista toda aquella teoría que ataca las dos tesis más importante del positivismo conceptual: la tesis de las fuentes sociales del derecho y la no conexión necesaria entre el derecho y la moral. En un cierto sentido la teoría jurídica actual se puede denominar postpositivista precisamente porque muchas de las enseñanzas del positivismo han sido aceptadas y hoy todos en un cierto sentido somos positivistas.*" CALSAMIGLIA, Alberto. *Postpositivismo*, 2008.

[79] CRISAFULLI, Vezio. *La costituzione e le sue disposizioni di principio*, 1952.

[80] SILVA, José Afonso da. Aplicabilidade das normas constitucionais, 2003. Sobre o tema, Cf. PIMENTA, Paulo Roberto Lyrio Pimenta. *Eficácia e aplicabilidade das normas constitucionais programáticas*, 1999.

[81] Idem. Ibidem, p. 135.

[82] CANOTILHO, J. J. Gomes. *Direito constitucional*, 1999, p. 1136.

[83] "Embora seja uma lei, e como tal deva ser interpretada, a Constituição merece uma apreciação destacada dentro do sistema, à vista do conjunto de peculiaridades que singularizam suas normas. Quatro delas merecem referência expressa: a) a superioridade hierárquica; b) a natureza da linguagem; c) o conteúdo específico; d) o caráter político". BARROSO, Luís Roberto. *Interpretação e aplicação da constituição*, 2003, p. 107.

do método *teleológico*. Mas, justamente pela sua especificidade, a Constituição deveria ser também interpretada a partir de outros métodos e princípios,[84] tais como os métodos *tópico-problemático, hermenêutico-concretizador, científico-espiritual* e *normativo-estruturante*, encontrados na enumeração proposta por Canotilho,[85] e os princípios da *supremacia da Constituição, presunção de constitucionalidade das leis, interpretação conforme, unidade da Constituição, efetividade, razoabilidade* e *proporcionalidade*.[86] É inegável que a "nova hermenêutica constitucional" difundida no Brasil por autores como Inocêncio Mártires Coelho,[87] Luís Roberto Barroso,[88] Manoel Jorge e Silva Neto,[89] dentre outros, foi responsável pelos primeiros sinais de efetividade e supremacia constitucional, ainda que, observando as decisões do Supremo Tribunal Federal, não seja possível afirmar, categoricamente, a superação dos limites eficaciais impostos aos princípios e "normas programáticas". Contudo, sérios efeitos colaterais devem ser levados em consideração, especialmente no tocante ao ativismo decisionista do Poder Judiciário.

A primeira grande crítica lançada contra a "nova hermenêutica constitucional" é, no fundo, uma repetição da crítica lançada à hermenêutica jurídica clássica,[90] seja na versão kelseniana, para quem os métodos nos levariam a lugares distintos e seriam incapazes de domesticar atos de vontade; seja em uma versão hermenêutico-filosófica, quando os métodos sequer teriam o condão de nos levar a algum lugar.[91] Em segundo lugar, os novos métodos de interpretação constitucional seriam uma síntese de diversas matrizes teóricas que foram, por sua vez, concebidas originalmente de modo unitário.[92] Conforme aponta Virgílio Afonso da Silva, os métodos e princípios da hermenêutica constitucional têm sido recebidos no Brasil como se na Alemanha fossem "moeda corrente", quando não passam da sistematização das

---

[84] "Os *princípios* de interpretação constitucional a que a doutrina brasileira, de forma praticamente uniforme faz referência são aqueles referidos por Konrad Hesse em seu manual de direito constitucional. No caso dos *métodos* a referência baseia-se no famoso artigo de Ernst-Wolfgang Bökenförde sobre métodos de interpretação constitucional." SILVA, Virgílio Afonso da. *Interpretação constitucional e sincretismo metodológico*, p. 117.

[85] CANOTILHO, J. J. Gomes. *Direito constitucional*, 1999, p. 1137-1139.

[86] BARROSO, Luís Roberto. *Interpretação e aplicação da Constituição*, 2003, p. 161-246. Konrad Hesse propõe cinco princípios de interpretação constitucional, quais sejam a "unidade da constituição", "concordância prática", "conformidade funcional", "efeito integrador" e "força normativa da constituição". HESSE, Konrad. *Elementos de direito constitucional da República Federal da Alemanha*, 1998.

[87] COELHO, Inocêncio Mártires. *Interpretação constitucional*, 2007.

[88] BARROSO, Luís Roberto. *Interpretação e aplicação da constituição*, 2003.

[89] SILVA NETO, Manoel Jorge e. *O Princípio da máxima efetividade e a interpretação constitucional*, 1999.

[90] "Até hoje não se compreende sob 'métodos' do direito constitucional os modos efetivos de trabalho da concretização da norma constitucional no sentido abrangente, mas apenas as regras técnicas da metódica da interpretação de textos de normas, transmitidas pela tradição. A metódica é tida por metódica da interpretação de textos de linguagem. Mas como a norma é mais do que um enunciado de linguagem que está no papel, a sua 'aplicação' não pode esgotar-se somente na interpretação, na interpretação de um texto. Muito pelo contrário, trata-se da concretização, referida ao caso, dos dados fornecidos pelo programa da norma, pelo âmbito da norma e pelas peculiaridades do conjunto de fatos". MÜLLER, Friedrich. *Métodos de trabalho do direito constitucional*, 2005, p. 26.

[91] Cf. STRECK, Lenio. *Hermenêutica e(m) crise*, 2004.

[92] "O sincretismo metodológico, característico do atual estágio da discussão, impede que se avance na discussão acerca da tarefa da interpretação constitucional". SILVA, Virgílio Afonso da. *Interpretação constitucional e sincretismo metodológico*, 2005, p. 135.

ideias de Konrad Hesse e Böckenförde.[93] Desse modo, ao invés de "levar" o intérprete constitucional à resposta correta sobre a aplicação de uma norma constitucional a um caso concreto, irá camuflar o arbítrio da decisão com um *pseudo* controle da criatividade do intérprete.

Em uma perspectiva hermenêutico-filosófica, a crítica à nova hermenêutica constitucional não representa uma censura à sua inclinação *neoconstitucionalista* de soberania constitucional, muito menos ao esforço pela *máxima efetividade* da Constituição. O conteúdo de diversos métodos de interpretação constitucional são postulados válidos, tendo sido, muitos deles, construídos sob a iluminação da própria hermenêutica gadameriana, a exemplo do *normativo-estruturante* de Müller[94] e do *hermenêutico-concretizador* de Konrad Hesse.[95] O que está em jogo é a pretensão de uni-los em um modelo aparadigmático e de transformá-los em métodos constitutivos de sentido. Os métodos de interpretação constitucional são, em verdade, matrizes metodológicas, cuja complexidade está para além da visão instrumental que assumem na doutrina brasileira e cuja aplicação deve levar em conta a base epistemológica dessas teorias. Os princípios, por sua vez, são postulados construídos no âmbito de determinadas concepções teóricas acerca da Constituição. Devem ser analisados no contexto das respectivas *teorias da constituição* e utilizados como princípios doutrinários que permitem compreender as pretensões de racionalidade vinculadas ao acontecer do sentido constitucional, e não como técnicas que levam ao sentido da norma constitucional. Uma determinada concepção sobre a Constituição estabelecerá os *limites de sentido* e o *sentido dos limites*, mas não será suficiente para legitimar uma decisão concreta edificada a partir da Constituição. O espaço discricionário decorrente de uma série de variáveis a serem levadas em conta impede que tais princípios sejam transportados para o âmbito metodológico, ainda que sejam importantes enquanto marcas de uma *teoria da constituição*. Enquanto tais, podem, inclusive, derivar de diferentes concepções teóricas e revelar incopatibilidades que também impediriam o transporte para o plano metodológico.

A existência de uma *hermenêutica constitucional* também pressupõe que a Constituição seja concebida isoladamente, o que não deixa de ser um resquício da visão escalonada (piramidal) de ordenamento jurídico. Falar em especificidades da interpretação da Constituição implica cindi-la de outras que se voltam para textos normativos infraconstitucionais, ainda que se defenda a integração no momento aplicativo. Mesmo que parte dos chamados métodos de interpretação constitucional sejam retirados de matrizes concretizadoras, que concebem a interpretação jurídica como o "momento da concreta e problemático-decisória realização do direito",[96] o a referida cisão marca uma interpretação textual *prima facie*, ainda que seja uma primeira etapa do processo compreensivo. Essa perspectiva produz efeitos significativos, principalmente quando se trata do fenômeno da *constitucionalização* dos demais ramos do direito,[97] que acaba sendo concebida como uma reformulação de

---
[93] SILVA, Virgílio Afonso da. *Interpretação constitucional e sincretismo metodológico*, 2005, p. 118 e 134.
[94] MÜLLER, Friedrich. *Teoria estruturante do direito I*, 2008.
[95] HESSE, Konrad. *Elementos de direito constitucional da República Federal da Alemanha*, 1998.
[96] NEVES, Castanheira A. *Metodologia jurídica*, 1993, p. 142.
[97] "Pode afirmar-se que a constitucionalização é o processo de elevação ao plano constitucional dos princípios fundamentais do direito civil, que passam a condicionar a observância pelos cidadãos, e a

conceitos infraconstitucionais à luz dos novos e reinterpretados conceitos constitucionais, resquícios da *jurisprudência conceitual* do séc. XIX. Sob o ponto de vista hermenêutico-filosófico, não é possível falar em *uma* hermenêutica constitucional, embora a hermenêutica jurídica edificada sobre suas bases paradigmáticas deva ser, no contexto atual, *necessariamente* constitucional.[98] A imagem de um "sistema" hermenêutico assumiria uma estrutura circular-reflexiva, aproximando-se mais da proposta sistêmica luhmanniana[99] do que da proposta piramidal, seja a conceitual de Puctha ou a normativa de Kelsen.

Assim, um olhar hermenêutico-filosófico para a chamada "nova hermenêutica constitucional" deve, para que ela se torne produtiva, desconstruir as pretensões metodológicas atualmente sustentadas. Há, por traz desses métodos e princípios, construções teóricas riquíssimas, mas que devem ser analisadas no seu contexto epistemológico e nos limites de sua concepção teórica originária, caso contrário estaremos utilizando-as de modo alegórico, sempre na tentativa, inconsciente ou não, de justificar um arbítrio decisionista.

4.4.3. Teorias procedimentais

Inúmeras matrizes contemporâneas depositam na argumentação suas possibilidades metodológicas.[100] Embora o nosso objetivo não seja tratar das diferentes propostas, acreditamos que é possível, pelo menos, diferenciar os modelos argumentativos de tipo *tópico-retórico* de modelos *dialógico-procedimentais* preocupados com a validade do *consenso* e inspirados em uma ética do discurso,[101] onde se situam os trabalhos de Habermas e Günther.

---

aplicação pelos tribunais, da legislação infraconstitucional. [...] O conteúdo conceptual, a natureza, as finalidades dos institutos básicos do direito civil, nomeadamente a família, a propriedade e o contrato, não são mais os mesmos que vieram do individualismo jurídico e da ideologia liberal oitocentista, cujos traços marcantes persistem na legislação civil. As funções do Código esmaeceram-se, tornando-o obstáculo à compreensão do direito civil atual e de seu real destinatário; sai de cena o indivíduo proprietário para revelar, em todas suas vicissitudes, a pessoa humana. Despontam a afetividade, como valor essencial da família; a função social, como conteúdo e não penas como limite, da propriedade, nas dimensões variadas; o princípio da equivalência material e a tutela do contratante mais fraco, no contrato." LOBO, Paulo Luiz Netto. *Constitucionalização do direito civil*, 2009.

[98] Cf. STRECK, Lenio. *Hermenêutica e(m) crise*, 2004.

[99] "[...] a hierarquia constitucional kelseniana não mais responde aos anseios de uma sociedade de risco e de indeterminação. A circularidade decisional adapta-se e transforma a Constituição a partir de seus próprios elementos jurídicos e com base numa nova lógica, mas apta a responder às influências comunicacionais dos demais subsistemas sociais." SCHWARTZ, Germano. *A Constituição numa visão autopoiética*, 2005, p. 22.

[100] Cf. AARNIO, Aulis. *Lo racional como razonable*, 1991. ADEODATO, João Maurício. *A retórica constitucional*, 2009. ALEXY, Robert. *Teoria da argumentação jurídica*, 2005. AMADO, Juan Antonio Garcia. *Del método jurídico a las teorías de la argumentación*, 1986. ATIENZA, Manuel. *El derecho como argumentación*, 2007. CATTONI, Marcelo. *Direito processual constitucional*, 2001. DUARTE, Écio Oto Ramos. *Teoria do discurso e correção normativa do direito*, 2004. FERRAZ JÚNIOR, Tércio Sampaio. *Direito, retórica e comunicação*, 1997. GESTA LEAL, Rogério. *O estado-juiz na democracia contemporânea*, 2007. GÜNTHER, Klaus. *Teoria da Argumentação no direito e na moral*, 2004. HABERMAS, Jürgen. *Faticidad y validez*, 2001. MAcCORMICK, Neil. *Retórica e o estado de direito*, 2008. PERELMAN, Chaim. *Lógica juridica*, 2004. SOUZA CRUZ, Álvaro. *Habermas e o direito brasileiro*, 2008.

[101] Sobre a passagem das teorias retóricas para as teorias procedimentais preocupadas com a validade da razão prática, Cf. MAcCORMICK, Neil. *Retórica e o estado de direito*, 2008, p. 23-32. Para MacCormik,

No primeiro grupo, pereceberemos, por um lado, uma influência direta da *praxis* aristotélica e, portanto, uma aproximação para com a tradição hermenêutica. Por outro, essa aproximação tangencia um problema mais complexo, pois a tradição *sofística* pode transformar a teoria da argumentação em técnicas retóricas que enaltecem o ponto de vista de quem argumenta e aquilo que deveria (ou poderia) ser um diálogo se transforma em um monólogo estratégico voltado para o convencimento.[102] A pacificação e a aceitação de uma decisão jurídica não é um fim em si mesmo, devendo ser vista como o resultado de uma descoberta mais profunda que envolve, de algum modo, uma *resposta correta* que está, por sua vez, para além de um convencimento contingente. As regras argumentativas representam um mecanismo estratégico para que se obtenha um fim desejado, entretanto, uma teoria jurídica não pode ser sinônima de técnicas argumentativas, devendo assumir um compromisso com a *correção*, ainda que encarada nos moldes de uma concepção hermenêutica que a coloca, necessariamente, no jogo entre *verdade* e *não verdade*.

Já as matrizes argumentativas que trabalham com a perspectiva crítica voltada para um consenso válido se distanciam da *práxis* através de sua concepção procedimental. Entretanto, assumem o compromisso de imunizar o agir estratégico via uma racionalidade comunicativa, grife-se a proposta de Habermas sobre a *verdade* e a *correção* procedimentais. Entretanto, o problema que aqui se coloca não é o consenso válido em si, pois esse é um desiderato totalmente compatível com uma perspectiva hermenêutica, mas sim as possibilidades epistemológicas desse consenso.[103] Retomamos, portanto, o debate entre Gadamer e Habermas, quando ali concluímos não ser possível contornar a linguagem no nível hermenêutico, o que inviabiliza um "grau zero" compreensivo que nos colocasse imunes aos efeitos de tradições ideologicamente viciadas e permitisse uma revelação crítica do sentido de nossas ações. Também concluímos que a estrutura epistemológica *contrafática* da *situação ideal de fala*, ainda que seja encarada apenas como um modelo ideal a ser buscado, é pragmaticamente impotente diante da inclinação individualista e estratégica que as situações de dissenso provocam em seus agentes, especialmente quando se trata do direito.

É inegável a necessidade de quebra do solipsismo na identificação do sentido jurídico de nossas condutas, seja na sua juridicização (legislativo em sentido *lato*), seja na aplicação jurídica que leva em conta essas decisões políticas (concretiza-

---

"do ponto de vista da racionalidade prática, a persuasão imediata e concreta de um argumento não é necessariamente a mesma coisa que sua efetiva adequação [...]. A 'Retórica' tem uma má reputação entre as pessoas por conta da notória possibilidade de um bom orador vencer um debate público mesmo defendendo uma má idéia". Idem. Ibidem, p. 26-27. Atienza também faz uma distinção entre aquelas que ele denomina de "teoria padrão" da argumentação jurídica, que, a exemplo das propostas de Alexy e MacCormick, se valem da lógica formal, daquelas teorias precursoras, que se utilizam da lógica material ou informal, a exemplo da tópica de Viehweg, da retórica de Perelman e da teoria da argumentação de Toulmin. ATIENZA, Manuel. *As razões do direito*, 2003, p. 22.

[102] Devemos ressalvar, entretanto, propostas como a de João Maurício Adeodato, que evita essa inclinação *sofística* através das aproximações da *retórica* grega com o *historicismo*, com o *ceticismo* e com o *humanismo*. ADEODATO, João Maurício. *A retórica constitucional*, 2009, p. 20.

[103] Recordemos a análise feita no segundo capítulo sobre o giro que Habermas propõe em *Verdade e justificação* e a conclusão de que, embora quanto à verdade (sobre o mundo objetivo) não seja mais possível equipará-la ao consenso, no que toca à correção (sobre o agir dos homens) a solução é exclusivamente pragmática e consensual.

ção). Se o sistema jurídico decorre de uma decisão política que se legitima substancialmente na intersubjetividade moral-prática e, porque não, nos procedimentos de abertura dialógico-democrática, o desvelamento desse sentido em situações concretas deve ser potencializado pela quebra do solipsismo também no plano apofântico, preocupação que tomamos das matrizes discursivas como sendo necessária. Se o sentido moral-prático é constituído existencialmente e se essa construção já é, necessariamente, dialógica, o mesmo não se pode dizer do plano discursivo. Neste plano, onde a ciência se desenvolve, não só é possível como também é necessário propor modelos estruturais voltados para retroalimentar o desvelamento do sentido hermenêutico. Neste caso, as propostas discursivas de Habermas, Apel, Günther e, em parte, do próprio Alexy, convergem para uma zona de preocupação compatível e coincidente com a matriz hermenêutica. Contudo, extrapolam em alguns pontos os limites existenciais impostos pela nossa forma de *ser-no-mundo*.

4.4.3.1. Teoria discursiva de Jürgen Habermas

A teoria de Habermas sobre o direito deve ser compreendida em dois estágios. Edificada sobre a racionalidade comunicativa, concebe no primeiro estágio a produção das normas jurídicas, visando à legitimidade via legalidade[104] e diferenciando o direito da moral mediante o atendimento ao princípio democrático (princípio "D").[105]

> Para obtener criterios claros en lo tocante a la distinción entre principio democrático y principio moral, parto de la circunstancia de que la finalidad del principio democrático es fijar un procedimiento de producción legítima de normas jurídicas. Pues lo único que dice es que sólo pueden pretender validez legítima las normas jurídicas, articulado a su vez jurídicamente, puedan encontrar el asentimiento de todos los miembros de la comunidad jurídica. Con otras palabras, el principio democrático explica el sentido realizativo de la práctica de la autodeterminación de los miembros de una comunidad jurídica que reconocen unos a otros como miembros libres e iguales de una asociación en la que han entrado voluntariamente. De ahí que el principio democrático radique y se mueva en un nivel distinto que el principio moral.[106]

A aposta no princípio da democracia (D) como um requisito para a autonomia do direito face à moral não afasta, contudo, o necessário atendimento ao princípio do discurso moral (U), regra geral para o consenso válido em qualquer forma de argumentação prática. Segundo Habermas, o princípio do discurso se converte na forma jurídica do princípio democrático,[107] o que demonstra a complementariedade entre a sua ética discursiva e o direito. "O princípio (U) rege os discursos práticos e, como tal, é condição de validação de toda e qualquer norma, enquanto que o princípio (D) impele os indivíduos a uma efetiva participação nesses discursos",[108] o que significa dizer que o princípio do discurso relativo à moral opera no plano *interno*, enquanto

---

[104] HABERMAS, Jürgen. *Facticidad y validez*, 2001, p. 148.
[105] "*D: Válidas son aquellas normas (y sólo aquellas normas) a las que todos los que puedan verse afectados por ellas pudiesen prestar su asentimiento como participantes en discurso racionales.*" HABERMAS, Jürgen. *Facticidad y validez*, 2001, p. 172.
[106] Idem. Ibidem, p. 175.
[107] Idem. Ibidem, p. 193.
[108] ARAÚJO, Luiz Bernardo Leite. *Religião e modernidade em Habermas*, 1996, p. 98.

o jurídico opera no plano *externo*.[109] Com esse modelo co-originário e complementar, Habermas busca um direito autônomo que promova a redução da tensão entre a *faticidade* da imposição do direito por parte do estado e a *validade* legimadora do procedimento de produção do direito,[110] formando um universo de *discursos de fundamentação* que servirá de parâmetro para ações futuras. Habermas busca a legitimidade de um ordenamento jurídico mediante sua validade procedimental,[111] que transcende as noções formais de procedimento e adentra nas condições de validade epistemológica, enaltecendo a democracia e reencontrando uma função para os debates no "espaço público".[112] Esse modelo permitiria um diálogo entre *sistema* e *mundo da vida*, na medida em que a formação do primeiro sob as condições procedimentais impediria a colonização do segundo e ainda permitiria, pragmaticamente, a pacificação do convívio em sociedades complexas marcadas pela contingência das ações de seus membros.[113]

Mas este conjunto de normas válidas paira à espera de sua aplicação, exigindo um "segundo tempo" que Habermas enfrenta como um problema de "administração da justiça". Cremos que este segundo "momento" nunca foi a primeira preocupação de Habermas, cuja tradição sociológica sempre o levou a preocupações no plano macrossocial. Em contrapartida, esta é a principal perspectiva dos juristas que, na modernidade burguesa, ignoraram (ou puseram em segundo plano) o problema da legitimação do direito – o que faz da obra de Habermas uma "pergunta" fundamental para essa quadra da história. Não podendo abrir mão do ganho de legitimidade que o sistema jurídico encontrou em sua teoria, a aplicação do direito em situações concretas deverá manter íntegro o conteúdo das normas concebidas no discurso democrático. Entretanto, Habermas tem consciência de que as normas jurídicas, não obstante à validade procedimental, não conseguem prever todas as possibilidades de sua aplicação, sendo necessário pensar um modelo aplicativo que reduza a tensão entre a "segurança jurídica", que direciona a decisão para a repetição do que está já está estabelecido, e a "resposta correta", que exige a análise das circunstâncias do caso concreto.[114]

Dentre as opções paradigmáticas à disposição dos juristas para a aplicação do direito em situações concretas estão, na visão de Habermas, a hermenêutica jurídica (já considerando as influencias da hermenêutica filosófica, a exemplo do trabalho de Joseph Esser)[115] e o positivismo jurídico. Embora reconheça que a hermenêutica filosófica teve o mérito de romper com o modelo subsuntivo,[116] Habermas acredita que seu condicionamento às pré-compreensões determinará como parâmetro de legitimação das decisões a "história efeitual", que estaria ligada ao contingenciamento de vida do juiz e não aos padrões consensuais decorrentes do diálogo democrático

---

[109] HABERMAS, Jürgen. *Facticidad y validez*, 2001, p. 176.
[110] Idem. Ibidem, p. 84 e 90.
[111] Idem. Ibidem, p. 148.
[112] HABERMAS, Jürgen. *A inclusão do outro*, 2004, p. 289-292.
[113] Idem. *Facticidad y validez*, 2001, p. 145-146.
[114] "*La tensión inmanente al derecho entre facticidad y validez se manifiesta dentro de la administración de justicia como tensión entre el principio de seguridad jurídica y la pretensión de estar dictando decisiones correctas.*" Idem. Ibidem, p. 266.
[115] ESSER, Josef. *Precomprensione e scelta del metodo nel processo di individuazione del diritto*, 1983.
[116] HABERMAS, Jürgen. *Facticidad y validez*, 2001, p. 268.

necessário às sociedades complexas.[117] Já o positivismo jurídico leva em consideração uma perspectiva realista das decisões que vê na indeterminação das mesmas um sintoma da polissemia da linguagem, o que tornaria sem sentido o estágio anterior onde os discursos de fundamentação foram construídos e legitimados.[118] Entre uma racionalidade determinada pelas variáveis de vida do julgador e a ausência de racionalidade decorrente da ambiguidade de sentido dos textos normativos, tomará Habermas o modelo de direito de Dworkin como sendo uma boa alternativa para o problema da tensão entre *coerência* e *integridade*.

Para Habermas, Dworkin aposta, ao contrário do positivismo, na racionalidade das decisões e, ao contrário de Gadamer, teria substituído a história efeitual pela história institucional do direito.[119] Com isso, une-se a busca pela aceitabilidade racional das decisões com a substituição do fundamento moral por um fundamento deontológico (próprio do direito).[120] Na adequação dos discursos de fundamentação resultantes do consenso democrático a situações concretas, Dworkin recorre, por sua vez, a um procedimento de interpretação construtiva que permitiria ao juiz chegar, em todos os casos, a uma decisão idealmente válida que compensaria a indeterminação do direito. Entretanto, como essa tarefa estaria reservada a um modelo ideal de juiz, cujas faculdades intelectuais seriam análogas à força física de Hércules, Habermas entende que a proposta hermenêutico-institucional de Dworkin falha ao conceber o modelo de juiz mediante uma forte idealização,[121] o que levaria, segundo a crítica levantada pela *Critical Legal Studies Movement*, a reconstruções racionais manipuladas.[122] Habermas entende que a tarefa de Hércules é um programa impraticável[123] e conclui que a resposta de Dworkin ao problema da adequação de discursos de fundamentação a situações concretas – embora reservem o mérito de pretender assegurar, ao mesmo tempo, a integridade deontológica do direito e a segurança jurídica – suscita duvidas quanto às suas bases monológicas.[124] Dworkin oscilaria entre a perspectiva dos cidadãos e a de um juiz que convoca para si um acesso privilegiado ao conhecimento,[125] calcado em esforços solipsistas e distantes do diálogo.[126] Para Habermas, as exigências ideais devem se acoplar a uma teoria do direito compatível com o ideal político de uma "sociedade aberta de intérpretes da constituição", em referência expressa a Peter Häberle.[127]

A tese proposta neste trabalho corrobora com a tese de Habermas quanto a essa especificidade, embora levante dúvidas quanto ao caráter monológico do juiz *Hércules* ou, ao menos, de sua incompatibilidade com um paradigma dialógico. De

---

[117] HABERMAS, Jürgen. *Facticidad y validez*, 2001, p. 269.
[118] Idem. Ibidem, p. 272.
[119] Idem. Ibidem, p. 272-273.
[120] "*Sin embargo, ha menester de alguna explicación, porque los contenidos morales, cuando son traducidos al código jurídico, experimentan un sistemático cambio en su significado, que les viene impuesto por la forma jurídica*". Idem. Ibidem, p. 274.
[121] Idem. Ibidem, p. 283.
[122] Idem. Ibidem, p. 284.
[123] Idem. Ibidem, p. 286.
[124] Idem. Ibidem, p. 293.
[125] Idem. Ibidem, p. 293.
[126] Idem. Ibidem, p. 295 e 297
[127] Idem. Ibidem, p. 294.

qualquer sorte, como ainda não chegamos ao ponto onde iremos esboçar as possibilidades dialógicas do modelo hermenêutico, cabe ressaltar que a busca de Habermas por um paradigma metodológico para a aplicação do direito – ou, porque não dizer, por uma teoria da decisão jurídica – se distancia de Dworkin tão somente pelo caráter monológico-solipsista da tarefa hercúlea do juiz, exigindo em substituição um paradigma procedimentalista e dialógico, embora reconheça que a parcialidade das partes mantenha em relevo a perspectiva do juiz.[128] Habermas não chega a elaborar esse modelo dialógico voltado para a aplicação de normas jurídicas em situações concretas, fazendo referência, com restrições, a duas possibilidades fortemente influenciadas pela sua teoria da ação comunicativa: são elas as propostas discursivas de Robert Alexy e a de Klaus Günther.[129] Neste tópico, enfrentaremos a de Günther e, no próximo, em razão da especificidade de sua *Teoria dos Princípios*, veremos a proposta de Alexy.

4.4.3.2. Teoria da argumentação de Klaus Günther

A proposta de Günther parte da necessária distinção entre *discursos de fundamentação* e *discursos de aplicação*. O seu *Teoria da argumentação no direito e na moral* é um manifesto não apenas sobre a possibilidade dessa distinção, mas também sobre a necessidade de se construir discursos de aplicação adequados às características do caso concreto.

> Sob condições de um princípio moral universal, do tipo do princípio de universalização (U), a ideia de imparcialidade se subdivide em um discurso de fundamentação situacionalmente dependente e um discurso de aplicação que examina todos os sinais característicos de uma situação.[130]

Essa adequação é comandada por uma lógica de argumentação que pode ser mensurada "na sucessiva consideração ampliada de sinais característicos situacionais e na colisão, sistematicamente produzida por meio disso, de diversas normas aplicáveis".[131] Mostra quais os meios argumentativos que devem ser utilizados para ampliar a descrição da situação e resolver as colisões dali oriundas.[132] Valendo-se de uma síntese dos modelos argumentativos propostos por autores como Baier, Searle, Alexy, Hare e Tugendhat, propõe um modelo concebido em dois estágios.[133] No primeiro estágio, identifica como sendo comum a todos os autores a seleção dos

---

[128] HABERMAS, Jürgen. *Facticidad y validez*, 2001, p. 303.
[129] Idem. Ibidem, p. 301-309. "*Cuando Dworkin se comparte una comprensión deontológica del derecho y se siguen las consideraciones de autores como Aarnio, Alexy y Günther relativas a teoria de la argumentación, no hay más remedio que asentir a dos tesis. Por un lado, el discurso jurídico no pude moverse autárquicamente en un universo herméticamente cerrado del derecho vigente, sino que ha de mantenerse abierto a argumentos de otra procedencia, en particular a las razones pragmáticas, éticas y morales hechas valer en el proceso de producción de normas y, por ende, agavilladas en la pretensión de legitimidad de las normas jurídicas. Por otro, la corrección o rectitud de las decisiones jurídicas se mide en última instancia por el cumplimiento de condiciones comunicativas de la argumentación, que posibilitan la imparcialidad en la formación de un juicio.*" Idem. Ibidem, p. 302.
[130] GÜNTHER, Klaus. *Teoria da argumentação no direito e na moral*, 2004, p. 301.
[131] Idem. Ibidem, p. 335.
[132] Idem. Ibidem, p. 335.
[133] Idem. Ibidem, p. 335-336.

fatos relevantes e a produção de uma descrição situacional hipotética.[134] O recorte situacional é, por sua vez, "determinado por aquelas normas *prima facie* aplicadas sob circunstâncias inalteradas".[135] Esse primeiro estágio pressupõe, portanto, a interpretação *prima facie* de uma norma e a construção de uma imagem (hipotética) de referência para a avaliação dos sinais característicos do caso concreto. Trata-se, no fundo, de um modelo analógico que confronta a imagem proporcionada por um discurso de fundamentação com a análise do caso concreto sobre o qual serão edificados os discursos de aplicação.

O segundo estágio proposto por Günther "se aplica à resolução daqueles problemas de colisão que são sistematicamente criados por meio de um cumprimento argumentativo da pressuposição de integridade".[136] Aqui não está em jogo, alerta Günther, um embate de "pleitos de validade", uma vez que as "normas em colisão ou as variantes de significado concorrente somente se correlacionam em uma situação concreta".[137] Günther integra às teorias da argumentação moral o que há muito já se sustenta nas teorias jurídicas pós-positivistas, isto é, a necessidade do caso concreto para ponderar a colisão de normas em razão do fato de não ser possível prever as possibilidades de colisão e de significados de uma norma *prima facie*. Isso ocorre, segundo o próprio Günther, porque "não conhecemos todas as situações de aplicação, tampouco todas as possíveis constelações de sinais característicos em situações". Desse modo, "o critério de coerência tanto se distingue das teorias da eticidade, nas quais a validade sempre está incluída na adequação, quanto das teorias de coerência moral no sentido mais estrito". Distancia-se, por um lado, de concepções éticas que se aproximam da *phronesis* aristotélica e, por outro, de teorias como a de John Rawls, cuja análise de coerência depende, justamente, da "ignorância" sobre as situações concretas.

Mas, ainda caberá a Günther deslocar esse modelo para o problema da aplicação do direito. Neste ponto, a análise parte da distinção entre a moral e a "razão institucionalizada" do direito,[138] onde se concluirá que, nos casos de indeterminação e de colisão de normas jurídicas, a adequação também dependerá da "consideração imparcial de todos os sinais característicos situacionais".[139] Günther retoma a análise dos estágios de consciência moral (Piaget e Kohlberg) para estabelecer, hipoteticamente, que um terceiro estágio é marcado pela impossibilidade de previsão do comportamento do outro, risco que exige a formação de um sistema jurídico como "expectativas normativas de comportamento, generalizadas de modo congruente",[140] tal como destacou Niklas Luhmann. Ultrapassando a primeira fase do pensamento luhmanniano, demonstra como a nova visão autopoiética do direito[141] já necessita

---

[134] GÜNTHER, Klaus. *Teoria da argumentação no direito e na moral*, 2004, p. 336.
[135] Idem. Ibidem, p. 336.
[136] Idem. Ibidem, p. 349.
[137] Idem. Ibidem, p. 350.
[138] Idem. Ibidem, p. 365-369.
[139] Idem. Ibidem, p. 368.
[140] Idem. Ibidem, p. 379.
[141] Sobre o conceito de direito na primeira fase, vide LUHMANN, Niklas. *Sociologia do direito I*, 1983. Sobre a segunda fase, vide Idem. *El derecho de la sociedad*, 2002. Sobre as diferenças e aproximações entre ambas, Cf. ROCHA, Leonel Severo. SCHWARTZ, Germano. CLAM, Jean. *Introdução à teoria do sistema autopoiético do direito*, 2005.

atribuir um alto valor a argumentos de adequação, na medida em que, "entre código e programa, há uma zona argumentativa que não mais será possível reconstruir integralmente com os recursos da observação sociológica".[142] Para Günther, Luhmann não levava em consideração a concretude situacional como uma alternativa "desfuncional", passando, já na sua fase autopoiética, a tratá-la como "problemas de interpretação".[143] À mesma conclusão chegará quanto à vertente sistêmica inaugurada por Teubner, na medida em que nela as "argumentações de adequação consistem na elaboração de uma dogmática reflexiva".[144] Com isso, Günther pretende demonstrar que mesmo a teoria dos sistemas "dá ao Direito positivo a designação de sistema social que possibilita segurança de expectativas e, assim, comunicação em situações de dupla contingência", o que importa, evidentemente, em destacar o papel das "argumentações de adequação".[145]

Na tentativa de descobrir como argumentações de adequação condicionadas a essa dupla contingência podem se tornar possíveis, Günther se volta para o problema da distinção entre regras e princípios,[146] já que, a depender do modo como essa distinção for enfrentada, esse espaço pode ser anulado. Se as regras forem vistas como normas jurídicas que estabelecem previamente os sinais relevantes de uma situação, ficando restritos ao legislador os argumentos de aplicação, o espaço para a adequação só ocorrerá na hipótese de aplicação de princípios.[147] Mas, se nos deparamos com a total impossibilidade de prever em uma regra todas as possibilidades de sua aplicação e, consequentemente, os sinais característicos que devem ser levados em conta no momento da aplicação, é natural que a atribuição do legislador seja alterada e que recaia sobre a jurisprudência a tarefa de aplicar corretamente uma norma jurídica.[148]

Como "candidatos para descreverem argumentações adequadas no Direito", Günther demonstra como as ideias de Engisch, Esser e Kriele levam em consideração a existência de um juiz que "examina, em cada caso isolado, todas as normas aplicáveis e as variantes de significado em um contexto coerente de justificação para corresponder a uma descrição integral da situação"[149] e busca no modelo de integridade de Dworkin as bases de sua conclusão. Para Günther, a vantagem da proposta de Dworkin consiste em "explicar a ideia de uma consideração imparcial de todos os sinais característicos relevantes em uma situação".[150] Propondo "tomar decisões a respeito de normas jurídicas em concordância com uma teoria política completamente coerente",[151] Dworkin apresenta o princípio de *integridade* que não está voltado apenas para o plano legislativo, mas que abrange sobretudo a "comple-

---

[142] GÜNTHER, Klaus. *Teoria da argumentação no direito e na moral*, 2004, p. 387.

[143] Idem. Ibidem, p. 387-388.

[144] Idem. Ibidem, p. 390. Sobre o modelo reflexivo, Cf. TEUBNER, Günter. *O direito como sistema autopoiético*, 1989.

[145] GÜNTHER, Klaus. *Teoria da argumentação no direito e na moral*, 2004, p. 391. Günther esclarece que esse destaque se aplica em Luhmann apenas quando se trata de valores, já que para as regras os problemas de adequação teriam sido transferidos para o legislador. Idem. Ibidem, p. 393-395.

[146] Idem. Ibidem, p. 391.

[147] Idem. Ibidem, p. 392-393.

[148] Idem. Ibidem, p. 395.

[149] Idem. Ibidem, p. 404.

[150] Idem. Ibidem, p. 405.

[151] Idem. Ibidem, p. 407.

xa rede de 'pequenos' direitos que estão vinculados a casos concretos, mas que desenvolvem os seus efeitos em determinados âmbitos dogmáticos", já que podem ser contemplados em cada novo caso semelhante mediante a atuação do juiz Hércules.[152] A desvantagem dessa proposta é que Dworkin restringe os princípios a serem considerados no contexto de uma determinada comunidade política, o que exigiria uma releitura procedimental da teoria do direito como *integridade*.[153] Tal qual a percepção de Habermas, o problema de Dworkin recairia no solipsismo do juiz *Hércules*.

4.4.3.3. Análise crítica

Feito esse breve mapeamento das propostas discursivas, ficou claro que o posicionamento de Habermas não enfrenta, diretamente, o problema da concretização do discurso jurídico produzido sob as condições ideais de fala, fato que nos remeteu à análise da proposta de Günther. Constatamos o apoio de Habermas quanto à preservação dos discursos de fundamentação – e, consequentemente, da validade desses discursos – mas verificamos, também, críticas à colocação da argumentação jurídica como um caso especial do discurso moral de aplicação, tendo em vista a necessária manutenção do caráter deontológico do discurso jurídico. Vimos que Habermas coloca o problema da aplicação do direito em casos concretos como algo a ser analisado na perspectiva do juiz – e, como ainda veremos, apóia Alexy neste sentido – na medida em que as partes não se encontrariam em condições de aderir ao modelo ideal que garantiria um consenso pragmaticamente válido. O problema retorna, circularmente, ao ponto em que Habermas o deixou, já que, ao assumir a necessária distinção entre os discursos de fundamentação e de aplicação proposta por Günther, demanda pela procedimentalização do modelo deontológico de Dworkin. Günther, por sua vez, parte de Habermas para sustentar a necessária preservação dos discursos de fundamentação, conclama a necessária adequação destes em situações concretas como um caso especial da aplicação moral – o que é rechaçado por Habermas – e, ao final, propõe a procedimentalização do modelo de Dworkin. Com isso, entendemos que a perspectiva discursiva analisada não apresenta um modelo de aplicação para o direito na perspectiva do juiz, ou seja, não constrói uma "teoria da decisão válida".

Mas, ainda nos resta analisar as condições de possibilidade de tais propostas à luz dos limites paradigmáticos impostos pela hermenêutica filosófica. Tomando a *teoria da ação comunicativa* de Habermas como base, podemos reiterar a crítica feita no capítulo anterior sobre as bases procedimentais do diálogo. Sinteticamente, trata-se da impossibilidade de sustentar um diálogo voltado para o consenso a partir de um "grau zero" compreensivo e das consequências decorrentes de um modelo transcendental e contrafático. A esse conjunto de críticas, que se volta contra todas as concepções que se edificam sobre a teoria habermasiana, junta-se a impossibilidade de cindir os discursos de fundamentação – relacionados à legislação (*lato sensu*) – dos discursos de aplicação edificados em situações concretas. Essa crítica, central às teses de Lenio Streck em *Verdade e consenso*,[154] pressupõe que não é possível dizer algo sobre o mundo sem levar em consideração um mundo "dado",

---

[152] GÜNTHER, Klaus. *Teoria da argumentação no direito e na moral*, 2004, p. 410-411.
[153] Idem. Ibidem, p. 412.
[154] STRECK, Lenio. *Verdade e consenso*, 2009, p. 48 e 66.

ou seja, sem "aplicar". Ainda que "aplicação no sentido hermenêutico (*applicatio*) não [seja] apenas a aplicação a uma situação concreta em termos judiciais", isso não quer dizer que seja possível enunciar o *ser* de um ente inexistente.[155] Aliás, se não pensarmos assim, sequer poderíamos falar – como propõe Günther – na análise de sinais característicos de uma situação, pois não teríamos uma imagem análoga cuja comparação seria condição de possibilidade para a aplicação, a exemplo da proposta *metodonomológica* de Fernando Bronze.[156] Neste sentido, não poderia Günther ter assumido a versão forte do princípio da universalidade (U).

Uma crítica hermenêutica de Günther trará, por sua vez, algumas surpresas. Günther reconhece a importância da circularidade hermenêutica para as argumentações de adequação, admitindo o seu caráter paradigmático.[157] Por outro lado, analisando a concepção gadameriana nas trilhas deixadas pela *phrónesis* aristotélica, entende com Bernstein que a aceitação compartilhada e a estabilidade de princípios e leis universais estão ameaçadas ou, talvez, sequer ainda existam.[158] Essa desconfiança faz com que os discursos de fundamentação tenham que ser construídos previamente. Contudo, Günther tem consciência de que esses discursos devem ser adequados à situação concreta, o que exige, como vimos, a verificação dos sinais característicos. Assim, somente poderá sustentar a possibilidade de verificação dos sinais característicos de uma situação concreta se também admitir a existência, na compreensão dos discursos de fundamentação, de uma "imagem" (evento) a ser comparada analogamente à situação presente na aplicação. Caso contrário, perder-se-iam os referenciais de caracterização. Para que isso seja viável, é também necessário considerar que o discurso de fundamentação possui um determinado grau de densidade semântica, sob pena de não ser possível – no modelo em que se promove a cisão dos níveis de fundamentação e de aplicação – a analogia, o que nos leva a concluir que os discursos de fundamentação só podem ser concebidos enquanto regra, jamais enquanto um princípio. Isso traz consequências significativas para os sistemas jurídicos que assumem direitos fundamentais substanciais sob a forma de princípios, bem como ao próprio modelo dworkiano no qual aposta.

Quanto à regra jurídica, Günther também reconhece sua indeterminação e a impossibilidade de prever todas as possibilidades de sua futura aplicação e, em razão dessa constatação, entende como obrigatória a abertura do direito para os argumentos de adequação.[159] No particular, entende que sua concepção de adequação encontra nos modelos hermenêuticos uma concepção análoga, quando estes "localizam o contexto de consideração de especificidade situacional entre os pontos de vista normativos relevantes em uma situação, naturalmente com a 'concepção prévia' do aplicador da norma". Günther entende que entre a regra – enquanto um discurso de fundamentação situacionalmente dependente – e o seu descobrimento situacionalmente dependente, existiria ainda o que ele chama de "estágio particularmente autônomo da justificação de sua adequação situacional",[160] o que evitaria o perigo de

---

[155] STRECK, Lenio. *Verdade e consenso*, 2009, p. 63.
[156] Cf. BRONZE, Fernando José. *A metodonomologia entre a semelhança e a diferença*, 1994.
[157] GÜNTHER, Klaus. *Teoria da argumentação no direito e na moral*, 2004, p. 283.
[158] Idem. Ibidem, p. 295
[159] Idem. Ibidem, p. 395.
[160] Idem. Ibidem, p. 400.

adotar junto com a hermenêutica gadameriana sua ética aristotélica. A esta justificação o aplicador do direito estaria desonerado? Entendemos que esse terceiro espaço admitido por Günther constitui uma fundamentação da qual o aplicador não está desonerado, o que reforçaria a tese defendida por Streck quanto à impossibilidade de cisão entre justificação e aplicação. Na concepção proposta neste trabalho, o problema da "justificação da adequação" é o verdadeiro problema da *fundamentação*, embora concebido na relação entre *problema* e *sistema*. O primado metodológico do problema, entretanto, demandará de imediato aquilo que Günther chamou de "estágio particularmente autônomo da justificação de sua adequação situacional", não sobrando espaço para a cisão.

Não são poucas, portanto, as inclinações hermenêuticas de Günther, embora a sua opção paradigmática impeça uma total correspondência com o paradigma aqui proposto. A diferença fundamental não está na constatação de que a *phrónesis* da ética aristotélica não pode ser mais considerada como pontos de partida clarividentes, uma vez que admitimos a complexidade e pluralidade das sociedades contemporâneas, mas na tentativa de resolver esse problema a partir da construção de discursos de fundamentação prévios sustentados por um princípio moral, seja na versão forte de Appel ou na fraca de Habermas. A diferença fundamental está, portanto, no enfrentamento direto das questões de aplicação, por entendermos impossível cindir a compreensão da aplicação. Se bem analisarmos a proposta de Günther, trata-se de uma tentativa de justificar a inexorável necessidade de adequação dos discursos de fundamentação, já que não é possível aplicá-los sem adequá-los. Se assim for, mostra-se inevitável a seguinte pergunta: se todas as vezes que vamos nos valer dos discursos de fundamentação somos obrigados a adequá-los, ação que exige atenção ao "estágio particularmente autônomo da justificação de sua adequação situacional", qual a razão de cindirmos os discursos de fundamentação e de aplicação? Não faz sentido. Sequer a desoneração político-democrática do aplicador iremos obter, já que ainda restará esse "estágio particularmente autônomo da justificação de sua adequação situacional". A redução de complexidade voltada para a estabilização de expectativas congruentes também não seria uma justificativa, seja porque as únicas pessoas que são tomadas a pensar em um direito *prima facie* são os alunos de graduação quando submetidos a respostas abstratas, seja porque toda norma terá de ser, inexoravelmente, adequada. Essa realidade é também enfrentada na jurisdição constitucional de inspiração kelseniana, quando, na tentativa de dizer algo sobre a constitucionalidade de uma norma fora de uma situação de aplicação, somos obrigados a usar as "técnicas" de *interpretação conforme* e de *nulidade parcial sem redução de texto*, adaptações darwinianas decorrentes da impossibilidade desse modelo abstrato. Por essa razão, a proposta hermenêutica *heterorreflexiva* inverte a polaridade *sistema-fato* para *fato-sistema*, colocando a passagem pelo sistema (fundamentação) apenas quando já estivermos diante do problema e, consequentemente, quando já estivermos falando de aplicação.

4.4.4. Teoria dos princípios e da argumentação de Robert Alexy

A ideia de direito e o modo como ele deve ser conhecido e aplicado na visão de Alexy exigem, pelo menos, a análise conjunta de duas de suas obras, a *Teoria da argumentação jurídica*,[161] de 1976, e a *Teoria dos direitos fundamentais*,[162] de 1984. Elas nos mostram que Alexy concebe o direito como um sistema de normas jurídicas que tem na Constituição – especialmente, nos *direitos fundamentais* por ela assegurados – um núcleo determinante que não pode ser conhecido e aplicado sem o amparo da *argumentação jurídica*. Por essa razão, o caminho a ser trilhado nessa exposição inverte a ordem cronológica de suas investigações e se inicia enfrentando o seu modelo de *regras* e *princípios* para, ao final, chegar à análise de sua *teoria da argumentação*.

4.4.4.1. Modelo de regras e princípios

Sua exploração no âmbito dos direitos fundamentais leva em conta um modelo metodológico diferenciado, uma vez que seu objetivo não é conceber uma teoria geral universal sobre os direitos fundamentais, mas, exclusivamente, *uma teoria jurídica geral dos direitos fundamentais da Constituição alemã*.[163] Para tanto, vale-se da experiência do Tribunal Constitucional Federal alemão, já que a *ciência dos direitos fundamentais* teria se tornado, em grande medida, uma *ciência da jurisprudência constitucional*.[164] Isso não significa que as teses de Alexy sobre os direitos fundamentais não possam ser aproveitadas em outros sistemas, mas exige um cuidado especial na transposição[165] e uma reflexão crítica sobre a conveniência de sua metodologia, questões normalmente ignoradas quando da utilização desse autor, seja pela doutrina ou pela jurisprudência.

Tomando o cuidado ao qual acabamos de nos referir, podemos enfrentar a noção de *ciência do direito* exposta por Alexy. Considerando aquilo que normalmente se entende por *ciência jurídica* ou *dogmática jurídica*, propõe uma depuração desse fenômeno em três dimensões: uma *analítica*, uma *empírica* e uma *normativa*.[166] A dimensão *analítica* está relacionada à "dissecação sistemático-conceitual do direito vigente", o que envolve tanto os elementos do sistema, como a formulação de conceitos elementares, questões relacionadas à sua estrutura, a exemplo da abrangência de irradiação dos *direitos fundamentais*.[167] A dimensão *empírica* se relaciona diretamente a dois tipos de fenômeno: o relativo à "cognição do direito positivo válido", que está relacionada tanto ao direito legislado quanto às construções jurisprudenciais do Tribunal Constitucional, e o relativo à "aplicação das premissas empíricas na argumentação jurídica", a exemplo dos imperativos de ordem fática que condicionam a identificação do fato jurídico,[168] tais como a impossibilidade de uma bala fazer uma curva de noventa graus sem ricochetear em algum objeto ou de um homem estar em dois lugares ao mesmo tempo. A dimensão *normativa*, por sua vez,

---

[161] ALEXY, Robert. *Teoria da argumentação jurídica*, 2005.
[162] Idem. *Teoria dos direitos fundamentais*, 2008.
[163] Idem. Ibidem, p. 31.
[164] Idem. Ibidem, p. 27.
[165] Alexy chama a atenção para a diferença de sua teoria para as teorias sobre direitos fundamentais per se, que seriam teorias filosófico-jurídicas, e para teorias sobre direitos fundamentais de outros países. ALEXY, Robert. *Teoria dos direitos fundamentais*, 2008, p. 32.
[166] Idem. Ibidem, p. 33.
[167] Idem. Ibidem, p. 33-34.
[168] Idem. Ibidem, p. 34-35.

"avança para além do simples estabelecimento daquilo que, na dimensão empírica, pode ser elevado à condição de direito positivo válido, e diz respeito à elucidação e à crítica da práxis jurídica, sobretudo da práxis jurisprudencial".[169] Aqui emerge, segundo Alexy, a pretensão da dogmática jurídica determinar qual a *resposta correta* em um determinado caso concreto.

A pretensão de dar respostas corretas ou, mesmo fora de situações concretas, produzir algo que seja determinante para esse desiderato, é resultado do fato de que a ciência do direito é uma ciência prática, isto é, uma ciência que está preocupada, em um caso real ou hipotético, a dizer aquilo que *deve ser*. Esse caráter prático, facilmente percebido na dimensão normativa da ciência jurídica, envolve um *problema de complementação* axiológica,[170] torna especial, dentre outras possíveis, a perspectiva do juiz[171] e se revela como um princípio unificador entre as três dimensões.[172] Assim, o conhecimento do direito positivo válido demanda uma *dimensão empírica*, enquanto que, apenas nos "casos mais problemáticos", quando esse material normativo não é suficiente, torna-se-ia ncessário juízos de valor adicionais, o que implicaria uma dimensão *normativa*. Como toda ciência, a dimensão *analítica* fica responsável pela ausência de contradição e pela solução dos inúmeros problemas sistemático-conceituais.[173] Com isso, conclui que "o dogmático é constituído pela ligação das três dimensões, de forma orientada à tarefa prática da ciência jurídica".[174]

Já se referindo às teorias sobre os *direitos fundamentais* – problema em torno do qual podemos identificar a sua visão sobre o direito – constata que concepções unidimensionais ou, até mesmo, combinadas sem o elemento integrativo, são insuficientes para a correta colocação do problema, razão pela qual propõe uma *teoria integrativa*.[175] Trata-se de uma *teoria estrutural* que dá ênfase à dimensão *analítica*, embora esteja preocupada com a dimensão *empírica*, na medida em que o principal material seria jurisprudência do Tribunal Consstitucional Federal alemão, e com a dimensão *normativa*, já que essa análise seria movida pela busca de uma decisão correta e racionalmente fundamentada.[176] Teria, portanto, um caráter empírico-analítico e, ao mesmo tempo, normativo-analítico.[177] De todo modo, a sobrevalorização da dimensão *analítica,* isto é, do tratamento sistemático-conceitual do direito, seria o *opus proprium* da ciência jurídica, já que a ausência de clareza analítica não permitiria a construção de enunciados precisos e fundamentados sobre a interação das três dimensões, tampouco o controle racional das valorações e a aplicação metodologicamente controlada do saber empírico.[178]

---

[169] ALEXY, Robert. *Teoria dos direitos fundamentais*, 2008, p. 35.
[170] Idem. Ibidem, p. 36.
[171] Idem. Ibidem, p. 37.
[172] Idem. Ibidem, p. 37.
[173] Idem. Ibidem, p. 37-38.
[174] Idem. Ibidem, p. 38.
[175] Idem. Ibidem, p. 42.
[176] Idem. Ibidem, p. 42-43.
[177] Idem. Ibidem, p. 43.
[178] Idem. Ibidem, p. 49.

Um elemento central dessa *teoria estrutural integrativa* – mas, primeiramente sistemático-conceitual – é o conceito de *norma jurídica*.[179] Assumindo um conceito *semântico* de norma, Alexy separa essa perspectiva de questões relacionadas à validade e à existência jurídica dessa norma.[180] Essa cisão, se por um lado amplia consideravelmente o universo normativo, por outro seria mais adequada para trabalhar problemas da dogmática jurídica e da aplicação do direito, a exemplo da compatibilidade lógica entre normas e do modo como interpretá-la.[181] O conceito *semântico* de norma também se revelaria mais adequado por ser um referencial único sobre o qual as diferentes perspectivas teóricas sobre a validade (sociológica, ética e jurídica) poderiam se debruçar.[182] No fundo, Alexy pretende desonerar o conceito de norma de problemas que já seriam decorrentes da integração das diversas dimensões da ciência do direito, fornecendo um referencial a ser utilizado no momento oportuno.

Entretanto, o referencial *semântico* – cuja perspectiva se mostra ambígua, conforme análise critica que faremos adiante – não auxilia a identificação do caráter jurídico de uma norma, tampouco de sua fundamentabilidade,[183] fato que também se deve ao elevado grau de indeterminação *semântica* e *estrutural* da norma jurídica.[184] É fundamental reconhecer que Alexy não se ilude quanto à complexa tarefa de identificação dos *direitos fundamentais*, pois tem consciência da diferença existente entre *enunciado normativo e norma,*[185] bem como da distância existente entre uma previsão fundamental e a concretização de um determinado direito nela fundamentado. É aqui, portanto, que se inicia um modelo estrutural complexo que visa ao correto fechamento semântico dessa norma no momento de sua aplicação. Esse fechamento não significa, entretanto, a total supressão do espaço de manobra do legislador em face da Constituição, assim como também não significa a total liberdade do legislador em face dos direitos fundamentais. Seu principal desafio é dissolver o paradoxo presente em um sistema que leva em conta *direitos fundamentais*, já que isso implica a compatibilização entre o dirigismo substancial e a liberdade de deliberação democrática.[186] Para tanto, a complexa engenharia proposta por Alexy perpassa aquilo que ele denomina de *domática dos espaços*[187] e envolve as noções de *regra, princípio* e *sopensamento*, conectando-se, ao final, com o um *modelo argumentativo*.

Seguindo a sua proposta analítica, Alexy observa o sistema de cima para baixo e verifica, através da prática do Tribunal Constitucional Federal alemão, que é possível falar, ao mesmo tempo, em Constituição como uma ordenação fundamental qualitativa e como uma moldura que abre espaços para o Legislador.[188] Esse espaço de atuação do Legislador pode ser de duas espécies: a) o *estrutural*, definido pela

---

[179] ALEXY, Robert. *Teoria dos direitos fundamentais*, 2008, p. 51.
[180] Idem. Ibidem, p. 58.
[181] Idem. Ibidem, p. 60.
[182] Idem. Ibidem, p. 61-62.
[183] Idem. Ibidem, p. 74.
[184] Idem. Ibidem, p. 71.
[185] Idem. Ibidem, p. 53.
[186] Idem. *Constitucionalismo discursivo*, 2007, p. 11.
[187] Idem. *Teoria dos direitos fundamentais*, 2008, p. 76.
[188] Idem. Ibidem, p. 77.

"ausência de mandamentos e proibições definitivos"[189] e b) o *epistêmico* (ou cognitivo), definido pela "incerteza de premissas empíricas ou normativas".[190] A margem de manobra do Legislador decorrente do *espaço estrutural* surge quando há uma omissão da Constituição quanto à *determinação da finalidade* de uma intervenção autorizada[191] ou quando os direitos fundamentais ordenam uma ação positiva, concedendo-lhe a liberdade para a *escolha de meios*.[192] Ambos se relacionam diretamente com o espaço estrutural da *ponderação*. A determinação da *finalidade* e da medida de sua realização, bem como a determinação dos *meios* empregados na intervenção positiva, deve ser obtida com respeito à regra da *proporcionalidade*. Como veremos logo adiante, ainda que a proporcionalidade reduza os dois primeiros espaços estruturais, ela não excluiria uma "discricionariedade estrutural para sopesar",[193] mantendo aberto um espaço de atuação do Legislador na regulamentação da Constituição. O *espaço epistêmico,* por sua vez, surge "quando é incerta a cognição daquilo que é obrigatório, proibido ou facultado em virtude dos direitos fundamentais".[194] Ela pode assumir duas formas: a) uma ligada à *insegurança das premissas empíricas,*[195] decorrente da impossibilidade de a ciência determinar com precisão os impactos fáticos de determinada ação ou omissão, algo típico de uma sociedade de riscos, e b) outra ligada à "incerteza acerca da melhor quantificação dos direitos fundamentais em jogo e ao reconhecimento em favor do legislador de uma área no interior da qual ele pode tomar decisões com base em suas próprias valorações".[196]

A *dogmática dos espaços*, portanto, revela-nos as duas faces de uma mesma moeda chamada *direitos fundamentais*. Ao mesmo tempo em que limitam as deliberações legislativas – ainda que decorrentes de um processo democrático de representação política – conferem uma margem de discricionariedade ao Legislador. Há, contudo, duas questões em aberto. A primeira, diz respeito ao modo como o *sopesamento* de princípios pode, ao mesmo tempo, reduzir e determinar o *espaço estrutural*, enquanto que a segunda já se relaciona ao espaço de discricionariedade do Poder Judiciário no momento de aplicação do direito, já que ele, diferentemente do Legislador, não pode sustentar uma eventual margem de manobra na legitimidade democrática conferida pelo sufrágio.

O modelo de direito que Alexy identifica na prática do Tribunal Constitucional Federal alemão quanto aos direitos fundamentais, e que é por ele traduzido analiticamente, constitui um modelo não apenas de *regras*, mas também de *princípios*.[197] Nesse modelo misto, as *regras* são "normas que são sempre satisfeitas ou não satisfeitas", contendo "*determinações* no âmbito daquilo que é fática e juridicamente possível"[198] e, estando presentes tais condições, exigem que seja feito exatamente

---

[189] Idem. Ibidem, p. 79.
[190] ALEXY, Robert. *Teoria dos direitos fundamentais*, 2008, p. 89.
[191] Idem. Ibidem, p. 80.
[192] Idem. Ibidem, p. 80.
[193] Idem. Ibidem, p. 587.
[194] Idem. Ibidem, p. 612.
[195] Idem. Ibidem, p. 612.
[196] Idem. Ibidem, p. 612.
[197] Idem. Ibidem, p. 135.
[198] Idem. Ibidem, p. 91.

aquilo que elas ordenam.[199] Já os *princípios* são normas que "ordenam que algo seja realizado na maior medida possível dentro das possibilidades jurídicas e fáticas existentes", o que os torna *mandamentos de otimização*.[200] Desse modo, há entre *regras* e *princípios* uma distinção *qualitativa*, que leva em consideração o distinto caráter *prima facie* de ambos,[201] diferentemente de um critério fraco que considera apenas o *grau*[202] de concretude semântica dessas normas.[203] O fato de os *princípios* serem razões *prima facie* para ações ou normas, e as *regras* razões *definitivas*,[204] não signifca que Alexy assuma o padrão *all or nothing* proposto por Dworkin em seus primeiros escritos e em *Levando os direitos a sério*.[205] As *regras* constituem razões *definitivas* desde que presentes as condições fáticas e jurídicas para a sua aplicação, caso contrário, Alexy admitirá a introdução de uma *cláusula de exceção* que se sustenta em *princípios*[206] e que suspenderá algumas determinações contidas na *regra*. Entretanto, embora não explore o tema a contento,[207] dirá que, nesses casos, não ocorre um sopesamento direto entre a *regra* e o *princípio*, mas o sopesamento resultante de um conflito entre um princípio P e um segundo princípio P', que sustenta materialmente a regra atingida pela *cláusula de exceção*.[208] A distinção qualitativa entre *regra* e *princípio* proposta por Alexy impede um conflito direto entre esses diferentes tipos de norma, mas permite concluir que, tendo em vista a possibilidade de exepcionar regras por força do resultado de um sopesamento entre princípios, a precedência hierárquica da regra em relação aos princípios ficaria restrita ao seu âmbito *prima facie*. Essa estratificação entre os âmbitos *prima facie* e concreto das normas é fundamental para o correto entendimento do modelo proposto por Alexy.

Os *princípios* também jamais serão absolutos, caso contrário, seria impossível compatibilizar direitos individuais de diferentes titularidades, seja entre si ou em face de direitos coletivos.[209] Essa relatividade implica tanto o conceito de *princípio* como *mandamento de otimização*, quanto a ideia de *sopesamento*, isto é, de que a aplicação de princípios acarretará em colisões que devem ser solucionadas mediante a verificação do peso dessas normas em uma determinada situação concreta.[210] Aqui entra em cena a *proporcionalidade*, mecanismo que irá auxiliar o controle racional dessa ponderação e que possui com *Teoria dos Princípios* uma conexão recíproca e

---

[199] Idem. Ibidem, p. 104.
[200] ALEXY, Robert. *Teoria dos direitos fundamentais*, 2008, p. 90.
[201] Idem. Ibidem, p. 103-104.
[202] Idem. Ibidem, p. 90.
[203] Alexy chama a atenção para a relativa correção do critério de diferenciação que leva em conta o grau de generalidade da norma jurídica, tendo em vista que há regras com elevado grau de generalidade, citando como exemplo a regra comumente vista como o princípio do *nullum crimen sine praevia lege*. Idem. Ibidem, p. 109.
[204] Idem. Ibidem, p. 106.
[205] DWORKIN, Ronald. *Levando os direitos a sério*, 2002, p. 39.
[206] ALEXY, Robert. *Teoria dos direitos fundamentais*, 2008, p. 104.
[207] Cf. SILVA, Virgílio Afonso da. *Direitos fundamentais*, 2009, p. 52.
[208] ALEXY, Robert. *Teoria dos direitos fundamentais*, 2008, p. 90 (nota n. 24).
[209] Idem. Ibidem, p. 111.
[210] Idem. Ibidem, p. 95.

necessária.²¹¹ Sua estrutura analítica é composta por três elementos: a) *adequação*, b) *necessidade* e c) *proporcionalidade* em sentido estrito. Segundo Alexy, "as máximas da necessidade e da adequação decorrem da natureza dos princípios como mandamentos de otimização em face das possibilidades fáticas" de sua concretização, enquanto que a *máxima da proporcionalidade* em sentido estrito "decorre do fato de princípios serem mandamentos de otimização em face de possibilidades jurídicas".²¹²

Em situações onde o que está em jogo é a discrionariedade na escolha dos meios para se atingir determinados objetivos,²¹³ a discrionariedade para sopesar está limitada pela exigência de dois requisitos relacionados às possibilidades fáticas dos meios a serem escolhidos. Em primeiro lugar, o meio a ser escolhido deve ser *adequado*, isto é, deve ser capaz de, uma vez empregado, atingir o objetivo proposto. Alexy se vale de um caso onde o Tribunal Federal Constitucional alemão entendeu como inadequada a exigência de *expertise* para que um estabelecimento comercial vendesse cigarros em máquinas *self service*. Considerando o caráter *automático* da comercialização, nenhuma *expertise* seria adequada para proteger a saúde do consumidor, direito fundamental cuja garantia é prevista constitucionalmente.²¹⁴

A *máxima da necessidade*, por sua vez, exige que, "dentre dois meios aproximadamente adequados, seja escolhido aquele que intervenha de modo menos intenso".²¹⁵ Utilizando-se de um caso também julgado pelo Tribunal Constitucional Federal alemão, sustenta como *desnecessária* a proibição da comercialização de chocolates que, embora contivessem tal substância em sua fórmula, possuíam como principal matéria-prima flocos de arroz. A decisão do Tribunal entedeu que haveria uma medida igualmente *adequada* e, ao mesmo tempo, menos invasiva, que garantisse a proteção do consumidor, a exemplo do dever de informar no rótulo a composição do produto.²¹⁶ Vê-se que a verificação da *necessidade* exige, portanto, uma análise relativa a um meio previamente escolhido por uma autoridade competente, sob pena de não ser possível avaliar uma variável determinante para sua caracterização que é a *eficiência da medida*.²¹⁷ Por isso, Virgílio Afonso da Silva irá defender que, na falta dessa variável de referência, não será possível se valer da *proporcionalidade* no sopesamento de princípios, o que impediria, nestes casos, uma aplicação direta ao caso concreto.²¹⁸

"A máxima da proporcionalidade em sentido estrito expressa o que significa a otimização em relação aos princípios colidentes" e se mostra, portanto, "idêntica à lei do sopesamento, que tem a seguinte redação: quanto maior for o grau de não satisfação ou de afetação de um princípio, tanto maior terá que ser a importância da satisfação do outro".²¹⁹ O *sopesamento* assim considerado pode ser concebido em

---

[211] ALEXY, Robert. *Teoria dos direitos fundamentais*, 2008, p. 116.
[212] Idem. Ibidem, p. 118.
[213] Idem. Ibidem, p. 586.
[214] Idem. Ibidem, p. 588-589.
[215] Idem. Ibidem, p. 591.
[216] Idem. Ibidem, p. 590.
[217] SILVA, Virgílio Afonso da. *Direitos fundamentais*, 2009, p. 172.
[218] Idem. Ibidem, p. 179.
[219] ALEXY, Robert. *Teoria dos direitos fundamentais*, 2008, p. 593.

três passos: a) no primeiro, avalia-se o "grau de não satisfação ou afetação de um dos princípios"; b) no segundo, avalia-se "a importância da satisfação do princípio colidente" e c) no terceiro, avalia-se "se a importância da satisfação do princípio colidente justifica a afetação ou a não satisfação do outro princípio".[220] Essa avaliação depende da análise tanto da grandeza abstrata dos princípios colidentes, quanto de seus pesos em face de uma determinada situação concreta.[221] Isso não significa que o princípio que possuir um maior peso determinará a medida a ser otimizada. Significa, apenas, que se trata de uma variável a ser verificada e sopesada com o peso concreto dos demais princípios envolvidos, ou anulada na hipótese de o problema envolver princípios com a mesma grandeza abstrata.[222] Esse arranjo permite Alexy concluir que, de um lado, está um determinado princípio (Pi) que sofre uma intervenção (I) de determinado grau (IPi); do outro, encontra-se um segundo princípio (Pj) cuja importância (W) se contrapõe (WPj) na colisão. Esse conflito exige, dos dois lados, a verificação de circunstâncias concretas para a decisão do caso (C), ainda que explicite uma redundância na fórmula do peso ($IPiC$ e $WPjC$).[223] Alexy, visando à compatibilidade da lei de sopesamento com um "grau suficiente de discricionariedade",[224] e levando em consideração a sistematização daquilo que ocorre nas práticas cotidiana e argumentativa,[225] concluirá que, entre intervenções *leves* (l) e *sérias* (s), haverá intervenções *moderadas* (m), o que poderia formar uma escala com tais categorias.[226] Desse modo, nos termos de sua lei, "aquilo que é avaliado como l, m ou s é o grau de não satisfação ou de afetação de um princípio e a importância da satisfação do outro".[227] Assim, a avaliação do grau de intervenção no princípio "i" e a importância do princípio "j" estarão, necessariamente, enquadrados nos níveis l, m ou s. Os arranjos que podem ser formados a partir de então revelam que em três casos o princípio "i" teria precedência em relação ao "j"; em outros três casos diametralmente opostos o princípio "j" teria precedência, enquanto em outros três haveria um impasse. Os três casos de impasse corresponderiam,[228] justamente, ao espaço discricionário estrutural criado pelo sopesamento.

Alexy reconhece que a escala triádica, ainda que reflita o que normalmente ocorre na prática cotidiana e na argumentação jurídica, "está longe de uma metrificação das intensidades de intervenção e dos graus de importância por meio de uma escala cardinal", justamente em razão de os "escalonamentos jurídicos só serem possíveis com limiares relativamente rudimentares, e isso nem mesmo em todos os casos".[229] Poderíamos dizer, ainda que ele não estabeleça essa relação, que essa impossibilidade de determinar as diferenças dos níveis de intervenção nos colocaria no âmbito de um *espaço epistemológico* de discricionariedade. De qualquer sorte, mesmo inserido nessa rede de espaços de discricionariedade, ainda seria possível

---

[220] ALEXY, Robert. *Teoria dos direitos fundamentais*, 2008, p. 594.
[221] Idem. Ibidem, p. 600.
[222] Idem. Ibidem, p. 600-601.
[223] Idem. Ibidem, p. 600-601.
[224] Idem. Ibidem, p. 599.
[225] Idem. Ibidem, p. 603.
[226] Idem. Ibidem, p. 595.
[227] Idem. Ibidem, p. 600.
[228] Idem. Ibidem, p. 603.
[229] Idem. Ibidem, p. 603.

estabelecer uma equação que expressasse a sua fórmula de peso, onde G simboliza o peso concreto de Pi em relação a Pj.

$$GPijC = IPiC / WPjC^{230}$$

Entretanto, como os princípios poderão assumir pesos abstratos diferenciados, e como a colisão poderá envolver mais de um princípio afetado ou importante, a fórmula deverá assumir uma forma mais complexa.

$$GPi\text{-}nC = IPiC \cdot GPiA / WPjC \cdot GPjA + WPnC \cdot GPnA^{231}$$

Neste caso, G encontra-se associado a A para representar as implicações do peso abstrato de Pi e Pj, enquanto "n" abre a fórmula para a consideração de novos princípios.

Resta claro que, para Alexy, os princípios não são, apenas, razões para a elaboração de normas jurídicas pelo Lesgislador, também servindo para decisões concretas[232] – desde que haja um parâmetro (regra ou medida estatal, por exemplo) para se aferir o grau de necessidade da regra otimizada através dos princípios. Mas também ficou claro que o controle analítico apresentado não garante a eliminação de espaços para a discricionariedade, muito pelo contrário. Ainda que se possa falar em um fechamento racional daquilo que Kelsen identificou com uma moldura semântica aberta para a discricionariedade política,[233] deve-se ressaltar a manutenção de um espaço discricionário. A preocupação de Alexy ao ressaltar a manutenção desse espaço se deve à necessidade de manter a importância do Poder Legislativo na democracia deliberativa e, consequentemente, não confundir um modelo pautado em *direitos fundamentais* com um dirigismo autoritário. Isso só é possível porque o Poder Legislativo pode sustentar o ônus político da discricionariedade em um modelo de representação política que se fundamenta no voto direto e universal. Entretanto, a questão que se colocará neste momento é o modo como o Poder Judiciário irá se legitimar diante desses espaços de discricionariedade quando suas decisões buscarem nos princípios as razões para declarar a validade ou não de uma ação ou de uma norma jurídica. Se a sustentação de espaços estruturais e epistêmicos foi fundamental para a defesa dos direitos fundamentais frente à democracia deliberativa, será um problema para a sustentação do Estado democrático de direito e para a manutenção do equilíbrio entre seus poderes. Neste ponto, Alexy não irá sustentar a possibilidade de eliminação desses espaços, apontando como solução a distinção entre a "representação política" e a "representação argumentativa" do cidadão, razão pela qual falará em um "constitucionalismo discursivo".[234]

A representação não seria uma prerrogativa exclusiva do Parlamento, já que seria também aplicável ao Tribunal Constitucional. Essa representação cumpre um importante papel quando o Tribunal é aceito como uma instância de reflexão do pro-

---

[230] ALEXY, Robert. *Teoria dos direitos fundamentais*, 2008, p. 603-604.
[231] Idem. Ibidem, p. 604.
[232] Idem. Ibidem, p. 107.
[233] KELSEN, Hans. *Teoria pura do direito*, 2000.
[234] ALEXY, Robert. *Constitucionalismo discursivo*, 2007, p. 53.

cesso político, o que só ocorre quando seus argumentos "encontram uma repercussão no público e nas instituições políticas, que levam a reflexões e discussões, que resultam em convencimento revisado".[235] Desse modo, ao contrário do que se percebe no uso cotidiano da *proporcionalidade*, Alexy deposita todas as suas forças no seu *modelo argumentativo*. Em verdade, a *proporcionalidade* não passa de um *standard* analítico através do qual se estrutura a colisão de *princípios* e *regras*, estando na força de uma *razão argumentativa* aquilo que fará um princípio ter prevalência em relação a outro princípio.[236] Desse modo, o *sopesamento* em si não estabelece parâmetros suficientes para que casos possam ser decididos de forma definitiva, sendo necessário para a busca de um critério racional "associar a lei de colisão à teoria da argumentação jurídica racional".[237] Ou seja, uma resposta para o problema da valoração só poderá ser fornecida pelo *modelo de sopesamento* presente na *Teoria dos Princípios* "na medida em que ele vincula a estrutura formal do sopesamento a uma teoria da argumentação jurídica que inclui uma teoria da argumentação prática geral".[238] Sendo assim, qual o modelo argumentativo proposto por Alexy? Esse modelo atenderá àquilo que Alexy se propõe? O que ele propõe com o uso de um modelo argumentativo eliminaria a discricionariedade judicial? Essas são as questões que iremos perseguir juntamente com a descrição do seu modelo argumentativo.

4.4.4.2. Modelo argumentativo

Diferentemente do que ocorre na elaboração da *Teoria dos direitos fundamentais*, o ponto de partida na *Teoria da argumentação jurídica*[239] não foi a prática da argumentação na atividade jurisdicional, mas uma *teoria da argumentação prática geral*, com especial atenção àquela desenvolvida por Habermas.[240] Para Alexy, o *discurso jurídico* é um caso especial do *discurso prático geral*[241] e, em qualquer um desses âmbitos, um enunciado normativo só será *correto* se for o resultado de um determinado procedimento,[242] ainda que o cumprimento das "regras pragmáticas" desse procedimento não garantam a "certeza definitiva de todo o resultado".[243] Isso faz com que ele assuma uma teoria discursiva não apenas *analítica*, mas também *normativa*, já que estabelece e fundamenta, para além da análise da estrutura lógica dos argumentos, "critérios para a racionalidade do discurso".[244]

Quanto ao fundamento das regras do discurso, Alexy aponta para quatro conjuntos teóricos: a) a *fundamentação técnica*, na qual as regras de um procedimento prescrevem os meios para que determinado fim seja atingido;[245] b) a *fundamentação empírica*, na qual as regras de um procedimento se justificam pelo fato de serem

---

[235] ALEXY, Robert. *Constitucionalismo discursivo*, 2007, p. 54.
[236] Idem. *Teoria dos direitos fundamentais*, 2008, p. 141.
[237] Idem. Ibidem, p. 173.
[238] Idem. Ibidem, p. 176.
[239] Idem. *Teoria da argumentação jurídica*, 2005.
[240] Cf. ATIENZA, Manuel. *As razões do direito*, 2003.
[241] ALEXY, Robert. *Teoria da argumentação jurídica*, 2005, p. 209.
[242] Idem. Ibidem, p. 183
[243] Idem. Ibidem, p. 183.
[244] Idem. Ibidem, p. 184.
[245] Idem. Ibidem, p. 184.

"seguidas de maneira suficiente" ou por seus resultados produzirem, de fato, as convicções normativas de determinada comunidade;[246] c) a *fundamentação definitória*, na qual "a apresentação de um sistema de regras, independentemente de outras razões, seja vista como a fundamentação ou o motivo para sua aceitação";[247] e, por fim, d) a *fundamentação pragmático-transcendental* ou *pragmático-universal*, derivadas do modelo kantiano e trabalhadas por Apel e Habermas, fundamentam as regras do procedimento pelo fato de serem elas a "condição de possibilidade da comunicação linguística".[248] Admitindo a existência de outros modelos, obtidos através de outras perspectivas analíticas, Alexy afirma que nenhum deles está isento de fragilidades.[249] Entretanto, também aponta para a existência de aspectos positivos em cada um dos modelos de fundamentação, especialmente no modelo *pragmático-universal* proposto por Habermas, cujas regras devem ser consideradas como "um valioso material de base".[250] Sendo assim, considerando a base fornecida pela *pragmática universal* e, ao mesmo tempo, a insuficiência de todos os modelos concebidos isoladamente, seria necessário combiná-los de tal modo que fosse possível edificar um conjunto de regras sobre a teoria do discurso mais completo, tarefa que caberá aos "próprios participantes do discurso".[251]

O modelo proposto por Alexy, concebido mediante a conexão de quatro diferentes modelos de fundamentação, é descrito mediante a exposição daquilo que ele denomina *regras* e *formas* do *discurso prático geral*.[252] Encontram-se distribuídas em seis diferentes grupos: a) o das *regras fundamentais*,[253] que estabelece as condições para qualquer comunicação linguística; b) o das *regras da razão*,[254] decorrente da pretensão de racionalidade que reveste o discurso; c) o das *regras sobre a carga de argumentação*,[255] que distribui o ônus argumentativo entre os agentes envolvidos

---

[246] ALEXY, Robert. *Teoria da argumentação jurídica*, 2005, p. 186.
[247] Idem. Ibidem, p. 187.
[248] Idem. Ibidem, p. 188.
[249] Idem. Ibidem, p. 189.
[250] Idem. Ibidem, p. 189.
[251] ATIENZA, Manuel. *As razões do direito*, 2003, p. 165.
[252] ALEXY, Robert. *Teoria da argumentação jurídica*, 2005, p. 190.
[253] (1.1) Nenhum falante pode contradizer-se (exige atenção às regras da lógica) (1.2) Todo falante só pode afirmar aquilo em que ele mesmo acredita (exige sinceridade) (1.3) Todo falante que aplique um predicado F a um objeto A deve estar disposto a aplicar F também a qualquer objeto igual a A em todos os aspectos relevantes (exige coerência) (1.3') Todo falante só pode afirmar os juízos de valor e de dever que afirmaria dessa mesma forma em todas as situações em que afirme que são iguais em todos os aspectos relevantes (exige coerência) (1.4) Diferentes falantes não podem usar a mesma expressão com diferentes significados (exige uma comunidade de linguagem) Idem. Ibidem, p. 190-193.
[254] (2) Todo falante deve, se lhe é pedido, fundamentar o que afirma, a não ser que possa dar razões que justifiquem negar uma fundamentação (regra geral de fundamentação) (2.1) Quem pode falar, pode tomar parte do discurso (isonomia) (2.2) (a) Todos podem problematizar qualquer asserção (isonomia e liberdade) (2.2) (b) Todos pondem introduzir qualquer asserção no discurso (isonomia e liberdade) (2.2) (c) Todos podem expressar suas opiniões, desejos e necessidades (isonomia e liberdade) (2.3) A nenhum falante se pode impedir de exercer seus direitos fixados em 2.1.2 e 2.1.3 mediante coerção interna ou externa ao discurso (liberdade) Idem. Ibidem, p. 193-196.
[255] (3.1) Quem pretende tratar uma pessoa A de maneira diferente de uma pessoa B está obrigado a fundamentá-lo (ônus para quem pretende quebrar a isonomia) (3.2) Quem ataca uma proposição ou uma norma que não é objeto da discussão, deve dear uma razão para isso (ônus para quem amplia o problema) (3.3) Quem aduziu um argumento, está obrigado a dar mais argumentos em caso de contra-argumentos (ônus da tréplica) (3.4) Quem aduziu no discurso uma afirmação ou manifestação sobre

diretamente no discurso; d) o das *formas de argumento*,[256] que traduz a estrutura lógica dos diversos padrões presentes no discurso; e) o das *regras de fundamentação*,[257] responsável pela garantia da generalizabilidade do discurso, pela verificação das condições genéticas do argumento e pela constatação de realizabilidade do discurso; e, finalmente, f) o das *regras de transição*,[258] que viabilizam a fungibilidade entre os tipos de discurso, bem como o questionamento da linguagem ou do próprio modelo discursivo.

---

suas opiniões, desejos ou necessidades que não se apresentem como argumento a uma manifestação anterior, tem, se lhes for pedido, de fundamentar por que essa manifestação foi introduzida na afirmação (ônus para quem amplia o problema) ALEXY, Robert. *Teoria da argumentação jurídica*, 2005, p. 196-198.

[256] Idem. Ibidem, p. 198-203

(4)	G	(4.1)	T	(4.2)	F	(4.3)	Fr	(4.4)	T`	(4.5) Ri P Rk ou R`i P R`k
R.			R		R		R`		R`	
N.			N		N		R		R	(4.6) (Ri P Rk) ou (R`i P R`k)C

Um enunciado normativo qualquer é fundamentado apresentando-se uma regra R de qualquer nível e uma razão ou fundamento G, conforme pode ser deduzido de (4.2) e suas subformas. Quem busca fundamentar um enunciado normativo o faz ou por referência a uma regra R ou assimilando as consequências da norma N (duas formas de fundamentação). Quem segue a primeira alternativa (referência a uma regra R) deve pressupor um enunciado sobre o fato que descreve as condições de aplicação de R em um caso concreto T (adequação de R a T). Quem segue a segunda alternativa (referência às consequências de R) deve subentender a existência de uma regra R' que diz que a produção de certas consequências F é obrigatória ou algo positivo (referencial fático previsto em outra regra). A forma relativa a (4.1) pode acarretar discussões sobre as particularidades do caso concreto T ou sobre a regra R (correspondência entre regra e fato) A forma relativa a (4.2) pode acarretar discussões sobre a existência ou extensão das consequências F ou sobre a regra R (correspondência entre regra e fato). Considerando o uso de diferentes regras e a possibilidade de se chegar a resultados incompatíveis, acrescenta-se às anteriores *regras de prioridade P* que estabeleçam a prioridade de uma regra R em relação a uma outra regra R' (prioridade entre regras) Por fim, considerando que a prioridade P de uma regra R sobre uma outra regra R' pode não ser absoluta, acrescenta-se a possibilidade de se avaliar as condições C sobre as quais a regra R terá prioridade sobre a regra R' (relatividade da regra de prioridade).

[257] (5.1.1) Quem afirma uma proposição normativa que pressupõe uma regra para a satisfação dos interesses de outras pessoas, deve proceder aceitar as consequências de dita regra também no caso hipotético de se encontrar na situação daquelas pessoas (princípio de generalizabilidade) (5.1.2) As consequências de cada regra para a satisfação dos interesses de cada um devem ser aceitas por todos (princípio da generalizabilidade) (5.1.3) Toda regra deve ser ensinada de forma aberta e geral (abertura e sinceridade do discurso) (5.2.1) As regras morais que servem de base às concepções morais do falante devem resistir à comprovação de sua gênese histórico-crítica. Uma regra moral não resiste a tal comprovação: a) se originalmente se pudesse justificar racionalmente, mas perdeu depois sua justificação ou b) se nunca se justificou racionalmente e se não há novas razões suficientes para sua justificação (argumento genético) (5.2.2) As regras morais que servem de base às concepções morais do falante devem resistir à comprovação de sua formação histórica individual. Uma regra moral não resiste a tal comprovação se se estabeleceu com base apenas em condições de socialização não justificáveis (argumento genético) (5.3) Devem ser respeitados os limites de realizabilidade faticamente dados (possibilidade fática quanto à realização do que se pretende com o discurso) Idem.Ibidem, p. 203-206.

[258] (6.1) Para qualquer falante e em qualquer momento é possível passar a um discurso teórico (possibilidade para questionar as bases empíricas) (6.2) Para qualquer falante e em qualquer momento é possível passar a um discurso de análise da linguagem (possibilidade de questionar as bases da linguagem) (6.3) Para qualquer falante e em qualquer momento é possível pasar a um discurso de teoria do discurso (possibilidade de questionar as bases teórica que sustenta o discurso) Idem. Ibidem, p. 206-207.

Entretanto, Alexy está atento a alguns dos limites do *discurso prático geral*. Segundo ele, seguir as regras e utilizar as formas de argumentos que foram descritas até "aumentam certamente a probabilidade de alcançar um acordo racional nas questões práticas, mas não garantem que se possa obter um acordo para cada questão, nem que qualquer acordo alcançado seja definitivo e irrevogável".[259] Isso ocorre, especialmente, pelo fato de a *situação ideal de fala*, sustentada por Habermas e incorporada por Alexy no seu modelo procedimental, não poder ser atingida integralmente.[260] Com isso, são as próprias limitações do *discurso prático geral* que fundamentam a necessidade de vinculação a um *direito vigente*.[261] A argumentação jurídica (*lato sensu*, isto é, como sinônimo de *discurso jurídico*)[262] se caracteriza, justamente, pela vinculação a esse direito vigente e ocorre com as limitações necessárias à viabilidade desse modelo especializado.[263] O discurso jurídico se volta, portanto, para a justificação de um *caso especial* de proposições normativas, isto é, das *decisões jurídicas*.[264] Nessa delimitação, devemos exlcuir do escopo de sua *teoria da argumentação* questões relacionadas à *legitimidade* do sistema jurídico. Tal qual a sua *teoria dos princípios*, Alexy pressupõe uma ordem social racional e justa,[265] limitando a validade de seus postulados frente à identificação de decisões jurídicas corretas "*no âmbito da ordem jurídica válida*".[266]

A análise estrutural das *decisões jurídicas* revela, por sua vez, dois padrões de justificação: a) um que evidencia o aspecto *interno* e que liga as premissas ao resultado; e b) outro que revela o aspecto *externo*, sustentando as premissas utilizadas na estrutura silogística da decisão.[267] Assim, na "justificação interna verifica-se se a decisão se segue logicamente das premissas que se expõem como fundamentação", enquanto na justificação externa o que está em jogo é a "correção destas premissas".[268] Os problemas discutidos na justificação *interna* são, como o próprio Alexy admite, operados silogisticamente nos limites e possibilidades desse método, tornando-a insuficiente em casos complicados, a exemplo daqueles que envolvem normas com "expressões que admitem diversas interpretações".[269] A justificação *interna* trabalha, portanto, com premissas extraídas diretamente do direito positivo, diferentemente da justificação *externa*.[270] São estas as *formas* e *regras* que Alexy identifica na justificação *interna*:

---

[259] ALEXY, Robert. *Teoria da argumentação jurídica*, 2005, p. 207.
[260] Idem. Ibidem, p. 207.
[261] Idem. Ibidem, p. 208. Cf. HABERMAS, Jürgen. *Facticidad y validez*, 2001, p. 210.
[262] Alexy emprega o termo *argumentação jurídica* neste sentido amplo, que seria sinônimo de *discurso jurídico*, e em um sentido estrito, restringindo-o à *justificação externa* das premissas utilizadas na *justificação interna* que não estejam relacionadas a "regras de direito positivo" ou a "enunciados empíricos" (fatos). Cf. ALEXY, Robert. *Teoria da argumentação jurídica*, 2005, p. 226. Sobre as impropriedades dessa ambigüidade, Cf. ATIENZA, Manuel. *As razões do direito*, 2003, p. 195-196.
[263] ALEXY, Robert. *Teoria da argumentação jurídica*, 2005, p. 210.
[264] Idem. Ibidem, p. 217.
[265] Idem. Ibidem, p. 281
[266] Idem. *Pósfácio*, p. 312.
[267] Idem. Ibidem, p. 217.
[268] Idem. Ibidem, p. 217-218.
[269] Idem. Ibidem, p. 220.
[270] Idem. Ibidem, p. 224.

Forma mais simples

(J.1.1)
.(1) $(x)\ (Tx \to ORx)$
.(2) Ta
.(3) ORa (1), (2)

Neste esquema, que segue o padrão da lógica formal, "x" significa uma variante relacionada ao papel exercido por um determinado indivíduo "a" (pessoa natural ou jurídica designada por um nome); "T", um predicado que representa uma determinada situação concreta da norma; "→", um símbolo que representa por convenção uma condicional (se, então); "O" um operador deôntico, a exemplo do *"deve ser"*; e "R", por fim, um predicado que expressa o que o sujeito destinatário da norma tem de fazer.[271] Desse modo, tomando o exemplo que o próprio Alexy se vale, teríamos:

.(1) O soldado deve dizer a verdade em questões de serviço
.(2) O senhor M é um soldado
.(3) O senhor M deve dizer a verdade em questões de serviço

A forma (J.1.1) traduz a ideia de universalidade presente em (1.3) que será vista a seguir, do que resulta mais duas regras:

(J.2.1) Para a fundamentação de uma decisão jurídica deve-se apresentar pelo menos uma norma universal.
(J.2.2) A decisão jurídica deve serguir-se logicamente ao menos de uma norma universal, junto a outras proposições.

O esquema de (J.1.1) seria, entretanto, insuficiente em casos complicados, isto é, quando a) uma norma contém diversas propriedades alternativas do fato hipotético; b) quando sua aplicação exige um complemento através de normas jurídicas explicativas, limitativas ou extensivas; c) quando são possíveis diversas consequências jurídicas ou d) quando na formulação da norma se usam expressões que admitem diversas interpretações.[272] Em razão disso, Alexy nos oferece uma segunda forma mais completa (J.1.2).

(J.1.2)
.(1) $(x)\ (Tx \to ORx)$
.(2) $(x)\ (M^1 x \to Tx)$
.(3) $(x)\ (M^2 x \to (M^1 x))$
.
.
.
.(4) $(x)\ (Sx \to M^n x)$
.(5) Sa
.(6) ORa (1)-(5)

---

[271] ALEXY, Robert. *Teoria da argumentação jurídica*, 2005, p. 218.
[272] Idem. Ibidem, p. 220.

Neste caso, além dos símbolos já utilizados, também teremos "Sa" significando a descrição dos fatos, enquanto "M" e seus expoentes "n" representarão as várias propriedades alternativas do fato que deverão ser enquadradas na norma. Em razão dessa forma mais complexa, apresentará outras cinco regras da justificação *interna*.

(J.2.3) Sempre que houver dúvida sobre se A é um T ou M^i, deve-se apresentar uma regra que decida a questão.

(J.2.4) São necesárias as etapas de desenvolvimento que permitam formular expressões cuja aplicação ao caso em questão não seja discutível.

(J.2.5) Deve-se articular o maior número possível de etapas de desenvolvimento.

Ainda que o modelo proposto por Alexy descreva estruturas de justificação interna mais complexas, assimilando, por exemplo, variáveis decorrentes da polissemia, o autor mantém – e isso é importante para a análise crítica que ainda faremos – um modelo lógico dedutivo, típico da lógica formal. Além disso, ainda que assuma uma forma mais complexa em (J.1.2), ainda se mostra, como ele mesmo adverte, rudimentar frente aos casos reais enfrentados, pois "não leva em conta a possibilidade de estruturas mais complicadas de hipóteses de fato e consequências jurídicas".[273]

A justificação *externa*, por sua vez, tem como objeto "a fundamentação das premissas usadas na justificação interna". Deve-se, segundo Alexy, efetuar a distinção dos três tipos de premissas que podem ser utilizadas na justificação interna, sendo elas a) a *regra de direito positivo*, b) os *enunciados empíricos* e c) as *premissas que não são enunciados empíricos nem regras de direito positivo*.[274] Aos diferentes tipos de premissa, correspondem diferentes tipos de métodos de fundamentação,[275] cabendo à *argumentação jurídica* apenas a fundamentação das premissas que *não são nem enunciados empíricos, nem regras de direito positivo*.[276] Como vimos, a justificação das premissas relacionadas à legitimidade do *direito positivo* não são objeto de sua *teoria da argumentação*, muito menos a justificação de premissas relacionadas a dados empíricos e sujeitas à análise de outras ciências. Mesmo assim, Alexy defende a existência de interconexões entre as espécies de premissas e ressalta que essa interconexão depende, justamente, da correta distinção entre elas.[277]

Feita a delimitação, Alexy nos informa que há seis grupos de *regras* e *formas* de *justificação externa*, estando relacionados com: a) a *interpretação*; b) a *argumentação da ciência do direito*; c) o *uso dos precedentes*; d) a *argumentação empírica*; e) as chamadas *formas especiais de argumentos jurídicos* e, por fim, com f) a *argumentação prática geral*.[278] Caberá à *justificação externa* "a análise lógica das formas de argumentação que se reúnem nestes grupos", o que revelará a possibilidade e a necessidade de conexões recíprocas entre os diferentes padrões argumentativos.[279]

Nas regras e formas ligadas à *interpretação*, Alexy promove uma releitura dos métodos clássicos da hermenêutica jurídica, agrupando-os em seis grupos: a)

---

[273] ALEXY, Robert. *Teoria da argumentação jurídica*, 2005, p. 223.
[274] Idem. Ibidem, p. 226.
[275] Idem. Ibidem, p. 226.
[276] Idem. Ibidem, p. 226.
[277] Idem. Ibidem, p. 227.
[278] Idem. Ibidem, p. 227.
[279] Idem. Ibidem, p. 228.

semântica, b) *genética*, c) *histórica*, d) *comparativa*, e) *sistemática* e f) *teleológica*.[280] Após uma análise lógico-estrutural dos cânones, Alexy reconhece que eles não assumem a forma de regra, isto é, "não indicam o que se deve fazer ou o que se deve alcançar condicionada ou incondicionalmente", embora sejam, por outro lado, "mais que simples pontos de vista ou linhas de investigação". Por isso, sugere que seria melhor designá-los como *esquemas de argumentos*, tal qual fizeram Perelman e Tyteca[281] ou, compatibilizando com a sua gramática, *formas de argumentos*. Um cânone não determina o que se deve afirmar, mas "mostra como se deve proceder para alcançar um resultado racional",[282] o que não garante que diferentes esquemas proporcionem soluções completamente diferentes.[283] Por isso, Alexy sustenta o necessário atendimento de uma regra de *saturação* (J.6), que determina o esgotamento de todas as possibilidades argumentativas derivadas dos cânones de interpretação.[284] Mesmo assim, a saturação dos argumentos não resolverá um outro problema, que é a possibilidade de contradições entre as soluções decorrentes de diferentes argumentos. Um argumento teleológico, por exemplo, poderia sugerir uma determinada solução, enquanto que o histórico ou o sistemático uma outra completamente oposta. Neste campo, Alexy reconhece que a *teoria do discurso* não oferece respostas definitivas, embora possa "dar uma contribuição para a solução do problema ao mostrar de que maneira deve-se usar oportunamente as diferentes formas de argumentos".[285] Desse modo, apenas com o objetivo de aumentar a probabilidade para que se chegue em uma decisão racional, propõe que a vinculação de uma determinada discussão ao direito vigente deve exigir que os argumentos que expressam de modo mais imediato essa vinculação tenham *prima facie* um peso maior.[286] Com isso, nos oferece uma regra (J.7) a partir da qual "os argumentos que expressam uma vinculação ao teor literal lei ou à vontade do legislador histórico prevalecem sobre outros argumentos, a não ser que possam apresentar motivos racionais que dêem prioridade a outros argumentos".[287] Embora (J.7) deixe a questão em aberto e livre para os participantes no discurso,[288] a determinação de pesos dos cânones deve ser mantida para casos semelhantes, uma exigência decorrente do princípio da universalidade e viabilizada segundo regras de ponderação (J.8).[289]

> Pode-se dizer, em suma, que os cânones não oferecem a garantia de que se "encontre o único resultado correto... com uma segurança relativamente grande", mas são também mais que simples instrumentos de legitimação secundária de uma decisão, a qual se pode encontrar e fundamentar de diferentes maneiras. São formas de que tem de se servir a argumentação jurí-

---

[280] ALEXY, Robert. *Teoria da argumentação jurídica*, 2005, p. 230.
[281] Idem. Ibidem, p. 239. Cf. PERELMAN, Chaïm. OLBRECHTS-TYTECA, Lucie. *Tradado da argumentação*, 2005, p. 211-217.
[282] ALEXY, Robert. *Teoria da argumentação jurídica*, 2005, p. 240.
[283] Idem. Ibidem, p. 241.
[284] Idem. Ibidem, p. 241.
[285] Idem. Ibidem, p. 242.
[286] Idem. Ibidem, p. 242.
[287] Idem. Ibidem, p. 242-243.
[288] Idem. Ibidem, p. 243.
[289] Idem. Ibidem, p. 243.

dica se se quer cumprir a pretensão de correção que se afirma nela e que, diversamente do que ocorre no discurso prático geral, se refere também de maneira espeical à vinculação à lei.[290]

A *argumentação* da *ciência do direito* ou, simplesmente, *argumentação dogmática* envolve, por sua vez, as três dimensões dessa *ciência*, sobre as quais já falamos acima: a) *descrição do direito vigente* (empírica), b) sua *análise sistemática e conceitual* (analítica) e c) a *elaboração de propostas para a solução de casos jurídico-problemáticos* (normativa).[291] Partindo dessa visão ampla de dogmática jurídica, Alexy propõe uma classificação *grosso modo* dos diferentes tipos de argumentos dogmáticos: a) *conceitos jurídicos genuínos*; b) *conceitos jurídicos presentes em normas jurídicas*; c) *normas não extraídas da lei*; d) *descrições e caracterizações de estados de coisas* e e) *formulações de princípios*.[292] Os *conceitos jurídicos genuínos* são conceitos produzidos pela *ciência do direito* que, embora não estejam *presentes em normas jurídicas*, delas dependem diretamente. O conceito de *contrato*, de *ato administrativo* e de *legítima defesa*, por exemplo, perderiam sentido se não houvesse um marco regulatório correlato, o que significa dizer que modificá-los implica propor alterações no próprio sistema.[293] O estreito limite entre enunciados dogmáticos e não dogmáticos (pertencentes ao sistema interno) mostra-se ainda mais problemático no que diz respeito às *normas não extraídas diretamente da lei*,[294] isto é, de um texto legal. O critério sugerido por Alexy para estabelecer os limites de conteúdo da dogmática jurídica corresponde à "verficação empírica da opinião dos juristas", ou seja, dependerá das "convicções existentes entre os cientistas".[295] A precariedade dessa classificação, fato que ele mesmo admite face à inexistência de outros trabalhos sobre a matéria,[296] fazem com que os dois últimos argumentos sejam analisados superficialmente na *Teoria da argumentação jurídica*. Entretanto, as *descrições e caracterizações de estados de coisas*, bem como as *formulações de princípio*, ambos diretamente vinculados pela orientação finalística das ações sustentadas por esse tipo de discurso, assumem um papel de destaque em sua concepção de direito quando as analisamos a partir de sua *Teoria dos princípios*.[297]

Para além da classificação dos argumentos dogmáticos, Alexy sustenta uma diferença entre a *fundamentação* e a *comprovação* dos enunciados dogmáticos. A fundamentação depende, necessariamente, da *argumentação prática geral*, enquanto a comprovação é uma tarefa que deve ser levada a cabo mediante uma *análise sistemática*,[298] seja entre os próprios enunciados dogmáticos (*comprovação sistemática em sentido estrito*), seja frente aos próprios fundamentos da *argumentação prática geral* (*comprovação sistemática em sentido amplo*).[299] Tanto a fundamentação (J. 10) quanto a comprovação (J.11) são regras que devem ser observadas no discur-

---

[290] ALEXY, Robert. *Teoria da argumentação jurídica*, 2005, p. 244.
[291] Idem. Ibidem, p. 245.
[292] Idem. Ibidem, p. 249-253.
[293] Idem. Ibidem, p. 250.
[294] Idem. Ibidem, p. 251.
[295] Idem. Ibidem, p. 252.
[296] Idem. Ibidem, p. 249.
[297] Idem. *Sistema jurídico, principios jurídicos y razón práctica*, 1988.
[298] Idem. *Teoria da argumentação jurídica*, 2005, p. 254.
[299] Idem. Ibidem, p. 254-255.

so jurídico. O fato de a *argumentação prática geral* constituir a base dos enunciados da *dogmática jurídica* não reduz, entretanto, a importância desta, restando-lhe funções vitais para o *controle de consistência* do sistema jurídico,[300] sendo possível distinguir, ao menos, seis dessas funções: a) *estabilização*, b) *progresso*, c) *descarga*, d) *técnica*, e) *controle* e f) *heurística*.[301] Essas funções, em conjunto, auxiliam na fixação de determinadas soluções práticas (*estabilização* e *controle*), ampliam o debate em torno de um *locus* institucionalizado (*progresso*), desoneram a carga argumentativa frente a auditórios especializados (*descarga*), viabiliza o ensino e o aprendizado da matéria jurídica (*técnica*) e organiza a abertura do debate para novas perspectivas (*heurística*). Tal qual ocorre com o uso dos *cânones* interpretativos, o uso de argumentos provenientes da dogmática jurídica também reclama o *princípio da saturação*, sob pena de seu uso acarretar no encobrimento dos "verdadeiros motivos da decisão".[302] Dessa exigência, surge uma regra (J.12) estabelecendo que, sendo possíveis *argumentos dogmáticos*, estes devem ser utilizados.

O uso de argumentos associados aos *precedentes* jurisprudenciais caracteriza um terceiro grupo descrito por Alexy. O fundamento para a utilização dessa forma argumentativa é encontrada no *discuro prático geral*, na medida em que o princípio da univesralidade ali estabelecido exige que casos iguais sejam tratados igualmente, sob pena de se verificar o desvirtuamento da concepção formal de justiça.[303] Entretanto, problemas surgirão quando a verificação da semelhança exigir a determinação da relevância das diferenças.[304] Nestes casos, a *carga da argumentação* recairá naquele que pretenda se afastar da linha previamente traçada pelo precedente (J. 14), ainda que caiba a todos citar um precedente que seja favorável ou contrário a uma decisão (J. 13).[305] O uso dos precedentes assume funções semelhantes àquelas atribuídas aos *argumentos dogmáticos*, mesmo porque há uma conexão recíproca entre *precedentes* e *dogmática*, na medida em que um incorpora o outro em seus discursos.[306] Entretanto, as funções de *estabilização*, *progresso* e *descarga* merecem destaque, especialmente pela relação direta que o uso dos precedentes possui com a *segurança jurídica* e com a *proteção da confiança*.[307]

A *argumentação empírica* seria o quarto grupo de formas e regras do discurso jurídico. É bem verdade que Alexy afirma que aquilo que se pode designar de "argumentação jurídica" está ligado apenas à fundamentação das premissas que não são nem *enunciados empíricos*, nem *regras de direito positivo*.[308] Desse modo, o que Alexy chama de *argumentação empírica* serve para "a justificação de enunciados empíricos empregados na justificação externa de enunciados não empíricos",[309] o que nos leva a crer, para não atestar uma contradição, que o objeto desse tipo de argumentação jurídica trabalha, tão somente, nas conexões entre enunciados *empíri-*

---

[300] ALEXY, Robert. *Teoria da argumentação jurídica*, 2005, p. 256.
[301] Idem. Ibidem, p. 258.
[302] Idem. Ibidem, p. 263.
[303] Idem. Ibidem, p. 265.
[304] Idem. Ibidem, p. 265.
[305] Idem. Ibidem, p. 267.
[306] Idem. Ibidem, p. 266.
[307] Idem. Ibidem, p. 267.
[308] Idem. Ibidem, p. 226.
[309] Idem. Ibidem, p. 227.

cos e *não empíricos*. Essa zona de transição nos remete à *argumentação prática geral* e à regra (6.1), segundo a qual "para qualquer falante e em qualquer momento é possível passar a um discurso teórico" sobre o universo empírico.[310] Em razão disso, na fundamentação das premissas empíricas, recorre-se a uma "escala de completa de formas de proceder que vão desde os métodos das ciências empíricas, passando pelas máximas da presunção racional, até as regras de ônus da prova no processo".[311] Todas elas estão ligadas ao *fato*, seja para comprovar a sua existência ou a sua impossibilidade (*ciências empíricas*), seja para dispensar a necessidade de prova em face de sua obviedade (*máximas da presução racional*), seja para justificar sua presunção em face da ausência de provas (*ônus da prova*).

O quinto grupo descrito por Alexy é composto por formas de *argumentos jurídicos especiais* que são utilizados, especialmente, na metodologia jurídica, tais como a *analogia*, o *argumentum a contrario*, o *argumentum a fortiori* e o *argumentum ad absurdum*.[312] O fato de serem *formas de argumentos* – e não métodos no sentido cartesiano – impede que determinem o lugar aonde se quer chegar, sendo muitas vezes também necessário o uso de argumentos adicionais e valorações, como, por exemplo, nos casos que envolvem a *analogia*.[313] A análise desses argumentos leva Alexy à descrição de três formas – (J.15), (J.16) e (J.17) – e de uma regra (J.18), equivalente à regra geral de *saturação* dos argumentos.[314] A analogia, por exemplo, não pode ser vista como a clonagem estrutural de uma regra que, dada à suposta similitude entre o fato ali descrito e o caso concreto decidindo, permitiria uma aplicação meramente lógica.

Por fim, enfrenta o grupo de argumentos que estão diretamente ligados ao *discurso geral prático*. O papel do *discurso prático geral* no *discurso jurídico* está diluído a) na fundamentação das premissas normativas requeridas para a saturação das diferentes formas de argumentos; b) na fundamentação da eleição de diferentes formas de argumentos que levam a diferentes resultados já que "o princípio da universalidade exige que, nos diferentes contextos de eleição, se proceda segundo regras de ponderação"; c) na fundamentação e comprovação de enunciados dogmáticos; d) na fundamentação dos *distinguishing* e *overruling* e, diretamente, e) na fundamentação dos enunciados a serem utilizados na justificação interna.[315] Desse modo, embora a argumentação jurídica decorra, como vimos, das limitações do *discurso prático geral*, esta continua presente na argumentação jurídica sob condições que "elevam consideravelmente seus resultados", mas não elimina a incerteza sobre a correção dos resultados alcançados.[316] Segundo Alexy, "a racionalidade da argumentação jurídica, na medida em que é determinada pela lei, é por isso sempre relativa à racionalidade da legislação",[317] sendo que esta não é objeto de sua *teoria do direito*, tampouco da sua *teoria da argumentação*. Seria necessário, segundo o

---

[310] ALEXY, Robert. *Teoria da argumentação jurídica*, 2005, p. 206-207.
[311] Idem. Ibidem, p. 226.
[312] Idem. Ibidem, p. 268-269.
[313] Idem. Ibidem, p. 271.
[314] Idem. Ibidem, p. 269-273.
[315] Idem. Ibidem, p. 273.
[316] Idem. Ibidem, p. 276.
[317] Idem. Ibidem, p. 276.

próprio Alexy, "ampliar a teoria do discurso racional prático geral até uma teoria da legislação e esta até uma teoria normativa da sociedade, da qual a teoria do discurso jurídico faz parte". Os fins aos quais se propõe com sua teoria do direito são, entretanto, limitados e restritos ao "âmbito de um ordenamento jurídico válido",[318] isto é, que se presume como válido. Essa posição é parcialmente compensada com a relação que defenderá entre o seu *modelo de direito* e uma *moral corretiva* que impediria situações de notória injustiça,[319] embora esse arranjo lhe traga problemas diretamente relacionados à coerência de sua proposta.

4.4.4.3. Análise crítica

A teoria do direito em Alexy assume um modelo triádico formado por *princípios*, *regras* e *argumentos*. Vimos que o modelo de princípios e regras descrito em sua *Teoria dos direitos fundamentais* não dá conta da discricionariedade, seja porque o Legislador legitimado democraticamente necessita de uma margem de manobra para fazer valer sua representatividade, seja porque os mecanismos analíticos ligados à proporcionalidade impõem limites epistemológicos. Mas, também observamos que esse espaço discricionário traz problemas ao regime democrático quando o Judiciário entra em cena na aplicação do direito, razão pela qual o modelo de *princípios* e *regras* deve ser acompanhado de uma *teoria da argumenta*ção que proporcione uma legitimação discursiva da criatividade judicial. Neste momento, indagamos se a *teoria da argumentação* de Alexy teria, de fato, condições de levar a cabo esse compromisso e, ao final dessa análise, foi possível concluir que nem mesmo o próprio Alexy considera que a discricionariedade será eliminada. Trata-se, como ele próprio afirma, "de uma visão procedimental relativa", relatividade provocada por variáveis relacionadas a) às *regras do discurso*, b) ao seu *cumprimento*, c) aos *participantes* e d) à *duração do discurso*.[320] A aplicação das regras do discurso não garante segurança quanto à resposta de uma questão prática, mas, segundo o próprio Alexy, a "uma considerável redução da existência de irracionalidade".[321] O discurso, embora assuma um caráter objetivo quanto aos procedimentos que devem ser seguidos, é também relativo na medida em que "se determina por meio das características dos participantes".[322] Desse modo, a complexidade das regras do discurso permite que ponderações determinadas pelas características dos participantes levem a diferentes caminhos, ainda que todos eles estejam sob o crivo da racionalidade procedimental. As regras do discurso, especialmente aquelas que estão relacionadas à *situação ideal de fala*, não garantem o seu próprio cumprimento, sendo apenas um parâmetro para que seja analisado o grau de racionalidade do discurso. Os partici-

---

[318] ALEXY, Robert. *Teoria da argumentação jurídica*, 2005, p. 276.

[319] Idem. *Justicia como corrección*, 2003. Ver também do mesmo autor. *La naturaleza de la filosofia del derecho*, 2003, p. 157-159.

[320] ALEXY, Robert. *Teoria da argumentação jurídica*, 2005, p. 301 (posfácio). Mais recentemente, em texto presente no posfácio da Teoria dos princípios, reitera sua posição ao afirmar que "um sistema de regras e formas específicas do argumentar não conduzem a um único resultado em cada caso concreto", sendo necessárias, em casos minimamente problemáticos, valorações adicionais "que não são dedutíveis do material normativo preexistente". ALEXY, Robert. *Teoria dos direitos fundamentais*, 2008, p. 548.

[321] Idem. Ibidem, p. 301. (pósfácio)

[322] Idem. Ibidem, p. 301. (posfácio)

pantes que integram o discurso podem ignorar tanto aspectos normativos, quanto aspectos empíricos, bem como valorar diferentemente a escolha dos caminhos e, com isso, conduzir um procedimento a diferentes resultados igualmente racionais – válidos, portanto. A limitação temporal impede que argumentos sejam saturados e, com isso, o resultado racional do discurso, as decisões que eles fundamentam e as ações que estas determinam podem ser, portanto, variadas.

De todo modo, essas questões não implicariam, segundo Alexy, a irracionalidade do procedimento. Segundo ele, a questão não seria saber se a concepção procedimental garante resultados absolutos, já que está claro que ela não garante, mas saber se ela seria uma concepção *útil*.[323] É justamente nessa indagação que a nossa principal crítica se acopla. Uma teoria que pretende concretizar *direitos fundamentais* e que, para tanto, quer se sustentar em um ambiente de tensão entre a democracia deliberativa e as regras contramajoritárias da Constituição não pode admitir que um mesmo caso prático possa, por exemplo, ser resolvido por duas decisões *diametralmente opostas*, sendo ambas *racionais* e *corretas* à luz dessa teoria. Embora o esforço analítico de Alexy siga rumo ao esgotamento da racionalidade e, no caso dos discursos que fundamentam as decisões jurídicas, ao esgotamento da discricionariedade, a sua coerência epistêmica e a sua integridade intelectual, paradoxalmente, não permitem que ele atinja o objetivo que ele mesmo traçou, na medida em que, ao final, dá margem a um amplo campo de discricionariedade. Assim, os pontos que impedem que sua teoria seja uma solução *útil* para uma sociedade democrática que ainda aposta em um núcleo deôntico constitucional voltado para a redução dos *déficits* de modernização precisam ser identificados. Para tanto, além da crítica corrente ao modelo da *teoria do discurso* e à *tese do caso especial*,[324] nossa abordagem é precedida por uma reflexão sobre o *paradigma analítico* e seus reflexos no modelo de direito proposto.

O trabalho de Alexy, não obstante às influências do modelo discursivo de Habermas – que acentua o caráter *dialético* – dever ser visto como uma proposta que seque os trilhos da velha tradição *analítica* da *jurisprudência conceitual* e do *positivismo lógico*. Como vimos, ele próprio afirma em sua *Teoria dos direitos fundamentais* que, enquanto parte de uma teoria integrativa, sua "teoria estrutural é, primariamente, uma teoria analítica".[325] Fala em "primariamente" porque, de algum modo, sua concepção analítica é atravessada pelo resultado de uma investigação empírica "com vistas às tarefas práticas",[326] o que não retira o caráter *analítico* de sua conceção teórica. Apenas a distancia da velha tradição de um racionalismo abstrato dos sistemas dedutivos, aproximando-a dos sistemas indutivos fundados nas investigações empíricas.[327] Isso explica a razão pela qual Alexy toma como base uma prática jurisprudencial que todos consideram *valorativa*[328] e a devolve para as côrtes alemãs como um modelo normativo legatário da *jurisprudência conceitual*. Se os Tribunais alemães estavam equivocados na prática de uma *jurisprudência de*

---

[323] ALEXY, Robert. *Teoria dos direitos fundamentais*, 2008, p. 298.

[324] A resposta de Alexy aos seus críticos é dividida entre aqueles atacam a teoria do discurso em si e os que atacam a sua tese do caso especial. Cf. Idem. *Teoria da argumentação jurídica*, 2005 (posfácio).

[325] Idem. *Teoria dos direitos fundamentais*, 2008, p. 42-43.

[326] Idem. Ibidem, p. 43.

[327] Cf. LOSANO, Mário G. *Sistema e estrutura no direito*, 2008, p. 198-203.

[328] Por todos, LARENZ, Karl. *Metodologia da ciência do direito*, 1997.

valores – pois o modelo correto deveria ser de *conceitos* – a prática dessas cortes não poderia ter sido tomada como um universo empírico a partir do qual fosse possível extrair conclusões válidas.

Desse modo, ao mesmo tempo em que a *teoria da argumentação* de Alexy é, pelas mãos de Habermas, influenciada pela crítica kantiana, é também dominada por uma *filosofia positivista* na coleta de seus dados. A identificação de sua *taxonomia* analítica não será, portanto, modificada por essa dimensão empírica e, avaliando-a na sua dimensão *estrutural* através de uma escala que vai do *lógico* ao *histórico*,[329] veremos que os fundamentos de sua teoria estão situados no primeiro plano. O próprio Alexy sugere essa posição quando, após resenhar o debate entre a tradição sistemático-conceitual da jurisprudência e as críticas hermenêuticas a esse formalismo,[330] confere maio peso à dimensão *lógica*, na medida em que "sem a clareza analítica nem mesmo seriam possíveis enunciados precisos e fundamentados sobre a interação das três dimensões" (analítica, empírica e normativa). Embora afirme que o caráter prático da *ciência do direito* se revela como um *princípio unificador,*[331] não descreve esse caráter como uma *praxis* no sentido aristotélico, mas como uma *estrutura* identificada sob os ditames de critérios lógico-formais previamente adotados. Alexy, ainda que não ignore o ambiente de desgaste do antigo – porém contemporâneo – debate entre *analíticos* e *continentais*, não torna produtivo o resultado dialético dessa antítese, como fizeram, por exemplo, Habermas e Apel. Para que o atual estágio das interações mútuas entre as concepções *analíticas* e *continentais*[332] se apresentasse produtivamente no pensamento de Alexy, um problema de fundo teria que ser resolvido, isto é, a já declarada *mixagem* de matrizes na fundamentação do seu modelo procedimental.[333] Ao recusar um fundamento específico e, ao mesmo tempo, ao utilizar recursos de todos eles, é levado a se entregar incondicionalmente aos recursos da *lógica formal* como se esse fosse o padrão sobre o qual se estrutura a argumetação jurídica.[334] É importante ressaltar que o problema das matrizes *analíticas*, vista da perspectiva fenomenológica adotada por este trabalho, não está na identificação de uma *estrutura*, mas aquilo que Stein denominou de "enigma da *pequena diferença*".[335] Isto é, enquanto as matrizes analíticas partem de uma *estrutura do sentido*, negligenciando a sua fundamentação histórica – na medida em que a delega para o universalismo onipresente da *lógica formal* –, o olho clínico da hermenêutica se perguntará pelo *sentido da estrutura*.[336] A análise histórica que empreendemos nos capítulos anteriores nos mostra que o *sentido dessa estrutura* não é *lógico*, e sim *orgânico*.[337] Devemos essa constatação ao legado perdido de Aritóteles, à retomada ainda que tímida do giro de Savigny, à *ontologização* do ordenamento no pensamen-

---

[329] Cf. D´AGOSTINI, Franca. *Analíticos e continentais*, 2002, p. 111.

[330] ALEXY, Robert. *Teoria dos direigos fundamentais*, 2008, p. 46-48.

[331] Idem. Ibidem, p. 37.

[332] Cf. D´AGOSTINI, Franca. *Analíticos e continentais*, 2002, p. 97.

[333] Essa crítica é também suscitada por Atienza quando afirma, dentre outras coisas, que no modelo de Alexy "não fica claro até que ponto as regras do discurso racional têm ou não um caráter universal". ATIENZA, Manuel. *As razões do direito*, 2003, p. 192-195.

[334] Cf. Idem. Ibidem, p. 192-195.

[335] STEIN, Ernildo. *Aproximações sobre hermenêutica*, 2004, p. 32.

[336] Idem. Ibidem, p. 32.

[337] Cf. LARENZ, Karl. *Metodologia da ciência do direito*, 1997.

to de Cóssio, aos modelos neo-aritotélicos da *tópica* e da *retórica*, sendo que hoje esse caráter *orgânico* se tornou um ponto em comum entre a *dialética* de Habermas, a *hermenêutica* de Dworkin e o *funcional-estruturalismo* de Luhmann.

Em resposta aos críticos, Alexy sustenta que seria possível falar em uma "fundamentação pragmático-transcendetal fraca" para o seu modelo, já que estaria aliada à constatação empírica de *interesses*. Mas isso não responde como seria possível considerar empiricamente a existência de um interesse pelo *consenso*, e não pela libertação através da *luta*, por exemplo. Tampouco responde como se dá a conecção entre tais *interesses* e o modelo lógico-sistemático que caracteriza sua estrutura, muito menos questiona se o resultado provocado por um procedimento estruturado na lógica-formal corresponde aos efetivos interesses. Vimos que Habermas mantém no seu *Verdade e justificação* um fundamento pragmático para os critérios de *correção*, mas seu *procedimento* não está estruturado na *lógica formal*. A ausência de reflexão sobre os fundamentos da estrutura que propõe provoca duas consequências diretas no modelo proposto. A primeira é um efeito colateral decorrente da necessária manutenção do equilíbrio performático, que é a redução do pontencial de racionalidade do método proposto, decorrente, por sua vez, da necessária admissão de um amplo espaço de discricionariedade na aplicação do direito. A segunda, relaciona-se com o encobrimento e a alienação proporcionados pela *técnica moderna*, colocando-nos à *disposição* do direito, ao invés de serem as suas instituições aquilas que deveriam estar à nossa disposição. Os resultados ambíguos do procedimentalismo de Alexy estão previamente condicionados pela *técnica moderna*, sendo uma ilusão achar que é possível utilizar um modelo matemático no direito sem que nos coloquemos como escravo desse modelo.[338] Vimos que a *técnica moderna* é muito mais que instrumento, sendo uma *armação* que pré-condiciona sem que nós percebamos o perigo que corremos. É, portanto, uma *estrutura* cujo fundamento se ignora.

Ainda seria possível lançar uma crítica interna ao próprio modelo analítico, na medida em que essa perspectiva de trabalho acompanha de modo ambíguo o desenvolvimento das correntes teóricas que se aproximam do modelo *lógico*. Pertencente "à grande tradição analítica da jurisprudência de conceitos",[339] a visão semântica de norma torna-se um elemento central para a edificação dos *conceitos* e para a identificação das margens de discricionariedade aplicativa. Mas, sobre que tipo de semântica Alexy está falando? O ponto de partida de seu modelo semântico consiste na diferenciação entre *norma* e *enunciado normativo*, consoante terminologia conferida por Christiane e Ota Weinberger.[340] A *norma* será o *significado* de um determinado *enunciado normativo*, sendo este último o lugar onde a norma (em sentido amplo) deve ser identificada com o auxílio das modalidades dônticas.[341] Desse modo, o enunciado normativo (l) "nenhum alemão será extraditado", presente na Constituição alemã, pode, com o auxílio de funtores deônticos, significar (l') "é *proibido* extraditar alemães" ou (l'') "alemães *não podem* ser extradidatos".[342] Essa operação não leva em consideração o que significa "proibir uma extradição", resu-

---

[338] Cf. ALEXY, Robert. *Constitucionalismo discursivo*, 2007, p. 15.
[339] Idem. *Teoria dos direitos fundamentais*, 2008, p. 49.
[340] Idem. Ibidem, p. 53.
[341] Idem. Ibidem, p. 54.
[342] Idem. Ibidem, p. 54.

mindo-se à construção de arranjos que levam em consideração, tão somente, a *estrutura interna* do enunciado. Essa opção ligaria Alexy à uma *semântica estrutural* que se situa na transição entre a *semântica clássica* – que vê na semântica uma relação imanente entre *signo* e *objeto* – e o *giro pragmático* do segundo Wittgenstein,[343] constatação que é reforçada pelas referências expressas a Gottlob Frege e a Rudolf Carnap, autores que propõem classificações que se aproximam daquela que leva em conta a diferença entre *enunciado* e *norma*.[344] Podemos considerar os modelos semânticos de Frege e Carnap como modelos de transição, uma vez que, por um lado, ainda admitem a possibilidade de pensar através dessa dimensão linguística a relação entre o signo e os objetos que eles denotam, mas, por outro, já apresentam uma *perspectiva interna* que estaria ligada aos possíveis sentidos de um enunciado,[345] visão que abriria espaço para o *giro pragmático*. A expressão *semântica estrutural* é, no entanto, normalmente associada à proposta de Saussure, que delimita o campo da linguística e rompe com a ideia de ligação entre *palavra* e *coisa*,[346] típica da *semântica clássica*, embora não seja possível identificar uma influência direta desse autor no pensamento de Alexy.

Contudo, o modelo de Alexy não se apresenta totalmente integrado ao modelo estrutural, demonstrando uma ambiguidade que ora o aproxima do *modelo clássico*, ora de um *modelo pragmático*. Por um lado, não ignora que "seja indispensável o recurso a considerações pragmáticas para a identificação de algo como norma", embora ressalte que isso "em nada altera o fato de que aquilo que é identificado é uma entidade semântica".[347] Por outro, quando passa a tratar das normas de direitos fundamentais, sustenta que a extrema indeterminação de duas normas que ele extrai da Constituição alemã está relacionada a duas espécies de abertura. A primeira seria uma abertura *semântica*, enquanto a segunda seria *estrutural*.[348] Neste caso, se vale da expressão semântica no sentido clássico, seja porque distingue a dimensão estrutural do significado de uma dimensão "semântica", seja porque exemplifica esta última através da *vagueza* das expressões *ciência*, *pesquisa* e *ensino* que estão contidas em um enunciado do texto constitucional utilizado como exemplo, afirmando que estas devem ser enfrentadas por aquilo que, na sua *teoria da argumentação*, chama de *regras semânticas*.[349] Cremos que seja essa ambiguidade o que provoca desencontros no debate entre Alexy e Friedrich Müller, na medida em que este último assume um modelo *pragmático* e lança críticas contra um modelo que considera semântico em uma perspectiva *clássica*, enquanto que Alexy se defende no campo de um modelo *estrutural*. Müller acredita que Alexy pretende construir uma norma de decisão – adequada ao caso concreto – exclusivamente por "meios linguísticos", o que equivaleria dizer que Alexy pretende traçar os limites de significação de um

---

[343] WITTGENSTEIN, Ludwig. *Investigações filosóficas*, 1994. Cf. OLIVEIRA, Manfredo Araújo de. *Reviravolta lingüístico-pragmática na filosofia contemporânea*, 2001.

[344] ALEXY, Robert. *Teoria da argumentação jurídica*, p. 57 (notas 17 e 18).

[345] Cf. OLIVEIRA, Manfredo Araújo de. *Reviravolta lingüístico-pragmática na filosofia contemporânea*, 2001, p. 61 e 84.

[346] Cf. SAUSSURE, Ferdinand de. *Curso de lingüística geral*, 2000.

[347] ALEXY, Robert. *Teoria dos direitos fundamentais*, 2008, p. 55-56.

[348] Idem. Ibidem. p. 70-71.

[349] Idem. *Teoria da argumentação jurídica*, p. 230-231.

texto no sentido clássico da relação semântica entre signo e objeto.[350] Müller recusa essa possibilidade porque a sua visão de concretização normativa depende de dados reais relativos ao âmbito da norma, deixando transparecer que o que está em jogo é um *modelo semântico clássico*, que liga o signo a um objeto real, *versus* um *modelo pragmático*, que leva em consideração o contexto de aplicação (âmbito da norma). Alexy, por sua vez, fará três objeções, contestando que "as teorias orientadas por um conceito semântico de norma jurídica estejam obrigadas a fundamentar suas decões jurídicas somente por meio de argumentos semânticos", negando que a importância de um argumento para a fundamentação de uma decisão o tornaria também necessário no conceito de norma, refutando a tese de que argumentos relacionados ao *âmbito da norma* correspondem aos argumentos que devem ser incluídos no conceito de norma.[351] Na sua defesa se vale, portanto, de uma perspectiva estrutural, que não considera a relação da norma com um universo denotativo (objetos). Já a relação que Virgílio Afonso da Silva faz entre a *teoria dos direitos fundamentais* de Alexy e a *teoria do fato jurídico* de Pontes de Miranda[352] considerará, entretanto, uma leitura semântica no sentido clássico, isto porque defenderá que os direitos fundamentais possuem um *suporte fático amplo* de tipo abstrato, que é formado "por aqueles fatos ou atos do mundo que são descritos por uma determinada norma e para cuja realização ou ocorrência se prevê determinada consequência jurídica: preenchido o suporte fático, ativa-se a consequência jurídica".[353] A adoção da teoria do fato jurídico nos moldes de Pontes de Miranda e, consequentemente, essa noção de *suporte fático* implica não só a separação entre *questões de fato* e *questões de direito*, mas pressupõe uma imagem do enunciado normativo como algo que *denota* determinados objetos.

Independentemente da ambiguidade que gira em torno do conceito de norma em Alexy, devemos ainda refletir sobre a sua utilidade. Mesmo se considerarmos que a perspectiva estrutural não é problemática, pois os elementos ligados ao *âmbito da norma* – referidos na crítica feita Müller – entrariam em cena em um segundo momento, quando a proporcionalidade e as estruturas argumentativas permitissem o trânsito de elementos pragmáticos, ainda restaria questionar o problema relativo à passagem do *conceito de norma* para o conceito de *norma jurídica*. Neste caso, a perspectiva estrutural não ajudou na identificação da juridicidade da norma, tampouco na caracterização de uma eventual *fundamentalidade*. Para a identificação da norma de *direito fundamental*, Alexy teve que apostar em um conceito meramente *formal* que leva em conta o sistema constitucional positivo.[354] De igual modo, ela não auxilia no problema da *validade*, da *legitimidade* e da *eficácia*, embora ressalte que essa característica seja algo positivo, já que permitiria sua utilização por uma *teoria jurídica* (validade), por uma *teoria sociológica* (eficácia) e por uma *teoria*

---

[350] Cf. ALEXY, Robert. *Teoria dos direitos fundamentais*, 2008, p. 80.

[351] Idem. Ibidem, p. 80.

[352] PONTES DE MIRANDA, *Tratado de direito privado* (tomo I), 2000. Cf. MELLO, Marcos Bernardes de. *Teoria do fato jurídico*, 2003.

[353] SILVA, Virgílio Afonso da. *Direitos fundamentais*, 2009, p. 67.

[354] "Mais conveniente que basear o conceito de norma de direito fundamental em critérios substanciais e/ou estruturais é vinculá-lo a um critério formal, relativo à forma de sua positivação. Segundo esse critério, são disposições de direitos fundamentais, em primeiro lugar, todas as disposições do capítulo da Constituição alemã intitulado 'Os Direitos Fundamentais'". ALEXY, Robert. *Teoria dos direitos fundamentais*, 2008, p. 68.

filosófica (legitimidade).[355] Entretanto, a questão não está na mera utilização, mas na necessária conexão entre as validades *jurídica*, *sociológica* e *filosófica*. O conceito semântico estrutural de norma estaria mais próximo daquelas teorias que pretendem fazer um "direito às secas", para usar a observação que Cossio dirigiu ao modelo de Kelsen.[356] Não nos parece, entratanto, que seja este o objetivo de Alexy, caso contrário, não teria concebido um modelo de *princípios*.

Essa consideração a um modelo de princípios nos leva à identificação de pontos em comum entre a perspectiva analítica em estudo e a *mirada* da teoria hermenêutica, fato facilmente constatado nas constantes referências que Alexy faz ao modelo de Dworkin. Entretanto, como já dissemos, esse encontro ocorre como um cruzamento de vagões que seguem direções opostas. Se considerarmos o ponto de partida de Alexy, concordaremos com as peculiariedades que a análise *prima facie* de *regras* e *princípios* evidencia. Sabemos que a força normativa dos princípios é enfraquecida por outros princípios e que, por isso, sua "aplicação" deve levar em conta esse fato, isto é, o *sopesamento*. A visão de regra como tecnologia – que será depurada ao final do capítulo – pode acarretar naquilo que Alexy descreveu como sendo a aplicação de uma *cláusula de exceção*, resultado de um *sopesamento* de princípios que atinge aquele que fundamenta a regra na qual a cláusula será aplicada. Por outro lado, a reflexão que a hermenêutica exige quanto ao *sentido das estruturas* e ao pano de fundo ontológico – o que não é o mesmo que assumir pontos de partida metafísicos – proporciona distanciamentos que não podem ser relevados, embora isso ocorra com frequência nas comparações superficiais que equiparam os critérios de distinção de princípios e regras adotados por Alexy e Dworkin. Como afirma Lenio Streck, os princípios foram resgatados no pós-guerra numa tentativa de salvar a razão prática.[357] Esse modelo de racionalidade, que vigorava no mundo clássico como determinante para as questões éticas, tinha sido colonizado pelo agir estratégico da modernidade burguesa, tendo sido esse deslocamento a causa para a derrocada do positivismo jurídico. Entretanto, para resolver o problema causado por aquilo que representa o resgate da razão prática, Alexy retorna, paradoxalmente, ao agir estratégico, insistindo na manutenção da causa de nossos problemas. A *proporcionalidade* e a sua estrutura analítica não é outra coisa senão aquilo que Max Weber denominou de ação racional, isto é, aquela que "envolve a devida consideração de fins, meios e efeitos secundários", e que "também deve considerar atentamente as escolhas alternadas, bem como as relações dos fins com os outros usos possíveis do meio e, finalmente, a importância relativa a diferentes fins possíveis".[358] A *proporcionalidade* não é uma novidade, muito pelo contrário, é a espécie de racionalidade que boa parte dos críticos da modernidade identificam como a causa para a não realização desse projeto. Quando Habermas propõe uma razão comunicativa pautada na *situação ideal de fala* o faz contra o modelo de razão descrito pela estrutura analítica da *proporcionalidade*. Alexy, por sua vez, colhe de forma acrítica esse padrão de

---

[355] ALEXY, Robert. *Teoria dos direitos fundamentais*, 2008, p. 60-61.

[356] O próprio Alexy chama a atenção para uma aproximação com o modelo proposto por Kelsen, desde que sejam ignorados os "elementos mentalísticos (vontade, ato de poder)". ALEXY, Robert. *Teoria dos direitos fundamentais*, 2008, p. 53 (nota 10, *in fine*)

[357] STRECK, Lenio. *Verdade e consenso*, 2009, p. 254.

[358] WEBER, Max. *Conceitos básicos de sociologia*, 1987, p. 43.

racionalidade da experiência jurisprudencial alemã e a conecta, justamente, com o *agir comunicativo* de Habermas.

A aposta na *proporcionalidade*, portanto, constitui um refluxo do modelo de racionalidade estratégica que, em última análise, foi responsável direta pela consolidação da crise que todas as matrizes teóricas contemporâneas tentam solucionar. Isso não quer dizer que as decisões no direito não devam ser "proporcionais", preocupação que também estava presente em Aristóteles quando ele afirmava, por exemplo, que a virtude não é compatível com os extremos. A favor de Alexy poderia ser dito que, em nenhum momento, ele sustenta que a *proporcionalidade* seja capaz de conduzir todos os tipos de argumento, tampouco que ela seria capaz de assegurar uma resposta racional sem o acoplamento de procedimento argumentativo, equívoco facilmente observado na doutrina e na jurisprudência.[359] Embora essa ressalva seja necessária, a utilização dessa estrutura como uma mediadora do *sopesamento* não afasta aquilo que Heidegger chamou de "institucionalização prévia do espaço de jogo", um fenômeno inerente à "questão da técnica". Se concebermos um modelo não estratégico de *razão moral prática* veremos que a estrutura da *proporcionalidade* se tornará inadequada para mediar o debate daqueles que argumentam em torno da decisão proporcional. Além disso, na medida em que a *justificação externa* não enfrenta premissas relacionadas a dados empíricos e sujeitas à análise de outras ciências, questões decisivas à adequação e à necessidade só poderão ser discutidas indiretamente através de outras formas de arguementos. A *proporcionalidade* exige não só a relação de um *meio* a um *fim*, como também a existência de um meio já existente, sob pena de não ser possível avaliar a necessidade. Sua estrutura, portanto, empurrará a argumentação para um campo previamente estruturado, impedindo ou, ao menos, colaborando com a alienação provocada pela *técnica*. Se estamos discutindo, por exemplo, a construção de uma estrada que cortará uma reserva ambiental, a *proporcionalidade* será uma excelente mediadora para a comparação de um determinado projeto em face de outras alternativas de estrada. Ela não é capaz de mediar um debate que envolva questões mais profundas sobre a relação entre a proteção ao meio ambiente e o desenvolvimento econômico, que nos levaria à pergunta sobre o modo que devemos nos deslocar em nosso mundo. Isso não seria apenas uma questão de adequação, pois transcende à relação meio-fim. Estaria apta a mediar um acordo que gire em torno da *proporcionalidade* de uma alíquota de tributo, mas não corresponderia ao padrão discursivo se a argumentação girasse em torno da cobrança *em si* desse tributo. Humberto Ávila, que assume um modelo analítico fortemente influenciado por Alexy, já levanta essa questão quando trata de diferentes estruturas denominas por ele de *postulados*, quando afirma que a proporcionalidade "não se confunde com a ideia de proporção em suas mais variadas manifestações", aplicando-se "apenas a situações em que há uma relação de causalidade entre dois elementos empiricamente discerníveis, um meio e um fim, de tal sorte que se possa proceder aos três exames fundamentais".[360] Em uma perspectiva hermenêutica, o modo de conexão entre a *razão moral prática* e o *direito* não só confere aos princípios um papel decisivo, assim como não nega que as decisões devem ser "pro-

---

[359] Neste sentido, a crítica bem humorada de George Marmelstein que compara o "Alexy à brasileira" com a "Teoria da Katchanga", disponível em <www.direitosfundamentais.com>.
[360] ÁVILA, Humberto. *Teoria dos princípios*, 2006, p. 149.

porcionais". Entretanto, o caminho para se estudar as condições de possibilidade dessa proporção passa muito mais pela prudência aristotélica,[361] compensadas por uma retomada de modelos retóricos, do que pelo agir estratégico moderno mediado *analítico* e *procedimentalmente*.

Esses e outros problemas poderiam ser minorados, ainda que fosse mantida a inclinação analítica. Se observarmos o *estado da arte* das matrizes analíticas, veremos que elas se distanciam dos modelos de Frege, Carnap e Russel, ultrapassam o giro linguístico do segundo Wittgenstein e seguem rumo ao pragmatismo de Rorty ou a uma reflexão mais profunda sobre o caráter paradigmático da filosofia, como em Tugendhat.[362] Em um ensaio sobre a tradição analítica estadunidense, Rorty denunciará que "a tentativa de Russel-Carnap de usar a lógica simbólica para pôr a filosofia no caminho seguro de uma ciência foi um fracasso tão completo quanto foi a tentativa de Husserl de usar a *epochê* fenomenológica para aquele propósito".[363] Não crendo na existência de "pepitas analisáveis chamadas 'conceitos' e 'significados'",[364] preconiza o fim desse tipo de filosofia e enaltece a importância de autores preocupados com a história da filosofia e com a transformação existencial,[365] embora admita um "lugar importante na história das ideias" para essas posturas cientificistas e deseje que, algum dia, os historiadores das ideias sejam capazes de ver as tradições continentais e analíticas como movimentos complementares.[366] Essa complementariedade só não é atingida por Alexy porque ele não questiona o *sentido das estruturas*, deixando se levar pelas *estruturas de sentido* que estariam por trás da prática jurisprudencial do Tribunal Constitucional Federal alemão, uma consequência direta do caráter acrítico de sua perspectiva. Uma reflexão mais profunda que o conectasse à *história da filosofia jurídica*, colocaria em *xeque* o modelo lógico formal e a tradição conceitual.

Essa aproximação é buscada no trabalho que apresentamos, na medida em que, na *desconstrução* da história da filosofia jurídica, questionamos a base estrutural do direito contemporâneo e, conectado ao nosso método fenomenológico, propomos uma epistemologia *heterorreflexiva* que permita enfrentar o fenômeno jurídico em sua totalidade, distinguindo e, ao mesmo tempo, conectando-o com a moral. É também perceptível em outras matrizes de tradição aristotélica, como a *retórica* proposta por João Maurício Adeodato, que se distancia de um modelo estratégico comumente associado à *sofística*, insere-se nas tradições do *historicismo*, do *ceticismo* e do *humanismo*, e se liga à *filosofia analítica* através da conexão da *semiótica* de Morris com as dimensões *holotática* e *fronética* propostas por Ballweg, o que viabiliza o destaque da relação sujeito-sujeito.[367]

Ultrapassando a questão do fundamento de sua estrutura teórica, avançamos para a análise de seu *procedimentalismo*, identificado pelo próprio Alexy como um

---

[361] Sobre a relação entre a *phrónesis* aristotélica e a hermenêutica, Cf. ENGELMANN, Wilson. *Direito natural, ética e hermenêutica*, 2007.
[362] TUGENDHAT, Ernst. *Lições introdutórias à filosofia analítica da linguagem*, 2006.
[363] RORTY, Richard. *Filosofia analítica e filosofia transformadora*, 2006, p. 70.
[364] Idem. Ibidem, p. 68.
[365] Idem. Ibidem, p. 62.
[366] Idem. Ibidem, p. 73.
[367] ADEODATO, João Maurício. *A retórica constitucional*, 2009, p. 15-45.

dos pontos de convergência de muitas das críticas dirigidas ao seu trabalho.[368] Não iremos nos alongar aqui, mesmo porque esse debate é, em grande medida, reflexo das críticas que foram dirigidas ao procedimentalismo habermasiano, além de ser um tema recorrente nos comentários sobre a obra de Alexy.[369] A relação direta entre *procedimento* e *verdade* já foi bastante discutida na parte em que tratamos do debate entre a *hermenêutica* e a *teoria do agir comunicativo*, e o *estado da arte* dessa discussão nos mostra que os procedimentalistas não (mais) relacionam o *consenso* com a *verdade*,[370] justamente porque não garantem o cumprimento do procedimento.[371] Quanto a esse tema, Alexy sustenta que o relativismo de sua concepção de racionalidade não pode ser combatida com "uma tese ontológica que tem pouco a favor e muito contra si",[372] ao passo em que justifica a utilidade de seu modelo na ausência de melhores alternativas e na abrangência limitada de sua teoria, que se situa, necessariamente, no "âmbito de um Estado Democrático de Direito".[373] É evidente que discordamos de Alexy quanto a essas questões, sendo necessário ressaltar que *teses ontológicas* no sentido de *metafísicas* não estão presentes na hermenêutica filosófica, ainda que esta permita o atravessamento de um *sentido ontológico* do direito. É justamente essa possibilidade, aliada à reflexão sobre os fundamentos do discurso – do *logos* – que faz da hermenêutica uma alternativa viável, não decisionista e mais ampla, pois pensa, ao mesmo tempo, as condições de possibilidade tanto da produção, quanto da aplicação do direito.

A tese de que o direito é um *caso especial do discurso prático* é outro ponto bastante polêmico no modelo proposto por Alexy. Para Habermas, que questiona o fato de o discurso jurídico ser tido como um "caso especial do discurso moral",[374] a primazia heurística do discurso moral-prático não autoriza concluir que os discursos jurídicos devam ser entendidos como um subconjunto das argumentações morais.[375] Segundo Habermas, Alexy teria que combater as críticas quanto à indeterminação que o seu procedimento discursivo geraria, sustentando que as regras e formas de argumentação não fazem mais que especificar as condições procedimentais do discurso prático no tocante ao direito vigente, não sendo suficiente uma breve referência às semelhanças estruturais dessas *regras* e *formas* em cada uma das formas de discurso.[376] A consonância entre *direito* e *moral* proposta por Alexy teria também a "desagradável consequência" não só de relativizar a correção da decisão jurídica, como também de colocá-la em questão.[377] Para evitar esse problema, Alexy deveria pôr em prática com Dworkin a tarefa de reconstruir racionalmente o direito vigente, mediante a necessária verificação da coerência de uma decisão jurídica frente ao sistema.[378] Habermas não descarta a possibilidade de analisar discursos jurídicos

---

[368] ALEXY, Robert. *Teoria da argumentação jurídica*, 2005, p. 289 (posfácio).
[369] Por todos, Cf. ATIENZA, Manuel. *As razões do direito*, 2003, p.183-185.
[370] ALEXY, Robert. *Teoria da argumentação jurídica*, 2005, p. 299 (posfácio).
[371] Idem. Ibidem, p. 301 (posfácio).
[372] Idem. Ibidem, p. 300 (posfácio)
[373] Idem. Ibidem, p. 301-302 (posfácio).
[374] HABERMAS, Jürgen. *Facticidad y validez*, 2001, p. 302.
[375] Idem. Ibidem, p. 302.
[376] Idem. Ibidem, p. 303-304.
[377] Idem. Ibidem, p. 304.
[378] Idem. Ibidem, p. 304.

a partir do modelo dos discursos morais de aplicação, já que, em ambos os casos, trata-se da aplicação de normas, mas deixa claro que a validade das normas jurídicas envolve questões muito mais complexas, proibindo a assimilação da sua *correção* com a validade dos discursos morais e, consequentemente, a colocação do discurso jurídico como um caso especial de discursos morais.[379]

A nossa posição, guardadas as diferenças significativas entre a proposta *dialética* e a proposta *hermenêutica*, adere às críticas lançadas por Habermas quanto à *tese do caso especial*, embora as coloque em uma perspectiva mais favorável a Alexy. Ver o direito como algo diretamente conectado com a moral não é, sob a perspectiva hermenêutica, um problema, desde que mantida a diferenciação sistêmica.[380] A questão, portanto, não está na relação em si, mas no modo como essa conexão é proposta por Alexy. Como vimos, a *argumentação jurídica* entra em cena justamente pelo fato de o *discurso prático geral* não fornecer critérios seguros para a resolução de conflitos, o que leva à necessidade de criação de um *sistema jurídico*. A aplicação das normas jurídicas, por sua vez, exige a formação de um discurso próprio, especializado. O paradoxo está no fato de que este discurso necessitará, novamente, do *discurso prático geral*, justamente aquele que demandou o direito em face de sua precariedade. Alexy sugere a existência dessa contradição e, contrapondo-a, afirma que "o fato de a argumentação jurídica depender da argumentação prática geral não significa que seja idêntica ou que se possa reduzir a ela", uma vez que "a argumentação prática geral necessária no discurso jurídico ocorre segundo formas especiais, segundo regras especiais e sob condições especiais".[381] Acredito que essa questão precisaria ser esclarecida mediante uma distinção entre a *argumentação prática geral* enquanto *conteúdo* (moral) e enquanto *regras ou formas* (procedimento), para que, em seguida, fosse possível uma análise crítica. Essas condições especiais continuariam sendo *regras* e *formas* típicas da *argumentação jurídica*, enquanto o conteúdo dos argumentos ultrapassaria o caráter *deontológico* do sistema jurídico atingindo uma *moral*. A estrutura do *dicurso prático geral* fundamentaria a estrutura do *discurso jurídico* e este, por sua vez, se abriria para um debate que envolve a *moral* não apenas em um mero aspecto complementar, mas também como correção *contra legem,* bem no estilo Radbruch.[382] Este último aspecto é, preponderantemente, o alvo das críticas *hermenêuticas.*[383] A rigor, não é o fato de o direito assumir a pretensão de *correção* e de ser, por conseguinte, "um ensaio de justiça", mas o fato de se admitir o atravassamento da *moral* como uma espécie de *cláusula de exceção*. A relação entre *direito* e *moral* não é, sob o ponto de vista hermenêutico, uma relação de "fronteira". O próprio Alexy quando aborda a problemática dos princípios não estabelece que estes se diferenciam dos valores por força de sua natureza, mas tão somente por força da carga *deontológica* que assume no sistema. Entretanto, a matriz analítica de Alexy faz com ele decreva a relação entre *direito* e *moral* como sendo uma relação de "fronteira", o que gera a contradição, ao menos aparente, de uma moral que complementa aquilo que veio complementá-la. Adiante

---

[379] HABERMAS, Jürgen. *Facticidad y validez*, 2001, p. 305.

[380] Trataremos melhor desse assunto a seguir, quando abordaremos o problema da cooriginariedade entre direito e moral.

[381] ALEXY, Robert. *Teoria da argumentação jurídica*, 2005, p. 279.

[382] Idem. *Una defensa de la forma de Radbruch*, 2004.

[383] Cf. STRECK, Lenio. *Verdade e consenso*, 2009.

veremos que a hermenêutica assume uma relação de *cooriginariedade* entre *moral* e *direito*, cabendo à nossa proposta *heterorreflexiva* a *diferenciação sistêmica* via uma espécie de "filtragem jurídica" da *moral*. Poderíamos dizer que não é a *moral* que está dentro do *direito*, como propõe Alexy,[384] mas sim o *direito* é que está dentro da *moral* e, deste modo, a contamina em todos os seus aspectos. Ali deixa de existir a moral, pois toda moral que há já passou a ser *jurídica*. Se levássemos em conta a diferença entre *discursos de fundamentação* e *de aplicação* – que não consideramos por razões que ainda serão postas –, a adequação que ocorreria na aplicação seria *deontológica* e não *axiológica*. É justamente essa a perspectiva que faz com que Habermas concorde com Dworkin.

Cremos que o desenvovimento do modelo de direito de Alexy enfrenta um constante conflito entre as pretensões de seu autor, as limitações do modelo analítico e a tentativa de manter a coerência interna de sua proposta teórica. Isso faz com que os problemas sejam "empurrados" da moral para os princípios, dos princípios para as regras, das regras para a argumentação e, ao final, de volta para a moral, fechando um ciclo vicioso. Assim, por exemplo, as limitações do conceito de norma que ele próprio reconhece dependem de um *conceito formal* sobre direitos fundamentais, que depende de um controle analítico da *proporcionalidade*, que depende de uma *teoria da argumentação jurídica*. Esta, por sua vez, embora seja um caso especial da *argumentação prática geral*, ainda necessitará da moral para corrigir as injustiças latentes. Independentemente de aceitar ou não o argumento que Alexy lança em defesa da inexistência de uma contradição no relacionamento entre a *forma geral* e *especializada* do discurso prático, o próprio autor reconhece que o discurso jurídico reduz consideravelmente o nível de incerteza do discurso prático geral, mas não o elimina por completo, fato que não afetaria o caráter racional de seu modelo, já que as pretensões de certeza e segurança quanto ao resultado de um procedimento metodológico seriam algo descartado até mesmo nas ciências sociais. De um lado, estaria a racionalidade procedimental que nos leva a uma segurança relativa, enquanto que, do outro, estaria o mito cartesiano de que a obediência ao método nos leva a verdades de modo seguro. Porém, levando em conta tudo o que foi dito e o que ainda veremos sobre a *verdade* na concepção hermenêutica, do outro lado da posição procedimental de Alexy não está a existência de uma *única resposta correta* resultante da aplicação de métodos, mas a pressuposição metafórica de que existe *uma resposta correta a ser buscada*. A concepção de racionalidade procedimental assumida por Alexy exige que ele admita a possibilidade de existir *duas (ou mais) respostas diametralmente opostas* e, ao mesmo tempo, igualmente *corretas* para um único caso concreto. Basta, por exemplo, que um espaço de discricionariedade cognitiva se forme no âmbito da ponderação quanto à escolha de meios argumentativos e, com isso, viabilize diferentes escolhas e caminhos que, por sua vez, levariam a diferentes decisões. Ele tenta aliviar as consequências dessa conclusão afirmando que a crença na resposta correta possuiria uma função importante como *ideia reguladora,* na medida em que os participantes de um discurso prático devem formular a pretensão de que sua resposta é a única correta.[385] Mas, se essa pretensão for, por um lado, condição de possibilidade

---

[384] "Una vez que se concibe a la moral como algo incluido en el derecho, lãs razones Morales puden y deben participar en la justificación de las decisiones jurídicas, cuando se agotan lãs razones autoritativas." ALEXY, Robert. *La natureza de la filosofia del derecho*, 2003.

[385] Idem. *Teoria da argumentação jurídica*, 2005, p. 300.

para que um participante mantenha as suas pretensões de racionalidade, por outro, não produzirá efeitos sistêmicos, isto porque Alexy, ao conferir aos participantes um papel decisivo no resultado do discurso, abre mão de um referencial ontológico que una a todos, a exemplo do que ocorre com a hermenêutica.

Portanto, a manutenção da ideia de *correção* de duas ou mais decisões diametralmente opostas sobre um mesmo caso concreto, a exemplo de decisões que *prendem* e que *mandam soltar*, que *condenam* e que *absolvem*, é o *cavalo de troia* que Alexy oferta ao *sistema jurídico*. Embora ele vise à identificação de estruturas que garantam a racionalidade do discurso jurídico, seu modelo o levou a uma *circularidade viciosa*, pois a entrada na inexorável circularidade hermenêutica não foi, como vimos, a mais adequada para garantir os resultados que ele mesmo reconhece buscar. O erro inicial foi apostar na redução de complexidade do sistema jurídico através da descrição analítica de suas estruturas, o que acarretou no aumento desenfreado da complexidade de seu sistema teórico,[386] fato que elevará a possibilidade de caminhos e, consequentemente, de diferentes resultados decorrentes da aplicação de sua teoria. Talvez seja essa razão para não observarmos na prática jurisprudencial decisões que atendam aos postulados teóricos de Alexy, embora tal fato esteja, em um determinado grau, autorizado por uma teoria procedimental que se vê obrigada a assumir sua relatividade. Por isso, não terá alternativas a não ser reconhecer que "a insegurança quanto aos resultados do discurso no âmbito dos direitos fundamentais leva à necessidade de decisões dotadas de autoridade", o que exigiria alguma forma de jurisdição constitucional, na qual o tribunal não iria apenas argumentar, mas também decidir.[387] Ao final, a solução é o *poder*.

A seguir, iniciaremos a edificação de nossa proposta hermenêutica e, na descrição do modelo *heterorreflexivo*, perceberemos uma série de coincidências. As semelhanças resultam de diversas zonas de intersecção estruturais, mas é importante estarmos atentos a uma diferença paradigmática significativa. Metaforicamente, poderíamos dizer que a hermenêutica jurídica heterorreflexiva corresponderia à teoria de Alexy colocada *de cabeça para baixo* e *pelo avesso*. Enquanto Alexy parte de um modelo sistemático-conceitual, nós partimos de um modelo problemático, que congrega compreensão e aplicação do direito. Por outro lado, enquanto Alexy parte de uma análise empírica não tematizada para uma analítica estrutural, nós partimos de uma analítica tematizada da compreensão que se relaciona circularmente com uma reflexão histórica. Essas diferenças são determinantes para a ampliação da racionalidade jurídica, uma vez que congrega o controle estrutural com o referêncial ontológico, ainda que este não esteja mais associado ao mito metafísico da clarividência dos referenciais.

4.5. PARÂMETROS HETERORREFLEXIVOS DA HERMENÊUTICA JURÍDICA

O paradigma hermenêutico impõe limites existenciais para as artificialidades epistemológicas. O direito, por sua vez, impõe uma compreensão pautada em sua

---
[386] Cf. ALEXY, Robert. *Teoria da argumentação jurídica*, 2005, p. 261.
[387] Idem. *Teoria dos direitos fundamentais*, 2008, p. 574.

especificidade normativa. A pretensão de propor parâmetros para uma compreensão jurídica válida só é possível no paradigma hermenêutico porque o direito é um produto cultural contingente que se manifesta apofanticamente, o que torna não apenas possível, mas também necessário, adaptar esse resultado a um modelo cognitivo compatível com asrazões de ser de sua criação. Não se trata de uma epistemologia transcendental que visa a condicionar fora do tempo e do espaço as condições de validade da compreensão humana, mas de uma epistemologia demandada por um projeto histórico-condicionado e que deve manter coerência com as pretensões do projeto no qual ele está inserido. Essa proposta epistemológica deve, portanto, atender a dois vetores. Primeiro, deve transitar em um espaço existencial, isto é, deve obedecer aos limites e possibilidades da nossa compreensão, razão pela qual a propomos em um espaço *reflexivo*.[388] Segundo, deve ser compatível com esse projeto regulatório (direito) e, para tanto, proporcionar a normatividade da compreensão jurídica. Quanto a este segundo vetor, não fazemos aqui referência a uma compreensão controlada por métodos, mas a uma compreensão que esteja voltada para uma resposta correta *conforme* ao direito, caso contrário, não compatibilizaremos sua aplicação ao modelo democrático.

Os fundamentos dos modelos estruturais que garantirão a compatibilidade da compreensão jurídica com o projeto democrático não são transcendentais, mas fruto dos efeitos da história, o que nos coloca, mais uma vez, frente ao movimento que marcou a viravolta heideggeriana. A pergunta pelo homem e a verificação transcendental do seu modo de ser nos leva à "essência da verdade" e, logo em seguida, justamente pelo fato de termos percorrido esse caminho, deparamo-nos com a "verdade da essência" historial do homem. A totalidade do fundamento filosófico do modelo aqui apresentado não se dá por um modelo estático de filosofia, mas por um modelo dinâmico e circular entre a "essência da verdade" e a "verdade da essência", isto é, entre nossas pretensões transcendentais e os efeitos da história. A busca pela compreensão desse *ente* que todos nós somos nos leva à identificação de nossos limites compreensivos e, ao mesmo, abre caminho para as possibilidades epistemológicas legitimadas pela história. A construção desses modelos se legitima, primeiramente, por sua compatibilidade com a nossa condição existencial que se projeta como uma autocompreensão e, em segundo plano, pela história de um homem que se autocompreendeu. Por isso é possível falar em compreensão como antecipação de sentido e, ao mesmo tempo, em direito aplicado democraticamente.

Essa articulação entre as possibilidades reflexivas e a coerência normativa encontra-se, contudo, em uma zona de grande turbulência. Como vimos, o resultado dessa artificialidade trata de questões de ordem moral-prática – nela se legitimando – e a sua compreensão implica a co-originariedade hermenêutica de ambos. A cisão entre direito e moral, portanto, deve ser buscada reflexivamente, através de cuidados especiais a serem verificados na compreensão. Mas, tendo em vista que a compreensão sempre se antecipa, a pergunta que se impõe é: como ter "cuidado" se ela sempre chegará tarde? Ou, em outras palavras, como garantir uma compreensão jurídica válida e compatível com seus padrões normativos se a compreensão é um fenômeno que se antecipa e traz consigo a moral? A resposta não nega essa possibilidade, ao

---

[388] Sobre a reflexividade em uma perspectiva hermenêutica, Cf. COSTA, Alexandre Araújo. *Introdução à hermenêutica filosófica*, 2010.

contrário. Assumindo-a, busca a autonomia da compreensão jurídica – e do direito – em um momento *reflexivo*, onde aquele que compreende se pergunta sobre o que compreendeu.[389] Esse espaço reflexivo não tem um *modus operandi* diverso da compreensão, mas, por estar marcada pela *vigilância reflexiva*, é vista como *interpretação*. A interpretação jurídica é compreensão impulsionada por um esforço reflexivo daquilo que já foi compreendido.

Toda *interpretação* é, consoante o que foi apresentado no capítulo anterior, *compreensão*. E toda *compreensão*, por sua vez, é *aplicação*. Mas, nem toda *compreensão* vem acompanhada desse esforço reflexivo, muito pelo contrário. Assim, embora toda interpretação (necessariamente reflexiva) seja uma *compreensão*, nem toda compreensão pode ser tomada como uma *interpretação*. Com isso não se nega as afirmações que Gadamer fez em relação às *subtilitatae*, na medida em que a interpretação continua sendo considerada uma compreensão, o que significa dizer que todo processo reflexivo está limitado por uma nova compreensão que se antecipa e se impõe, ao mesmo tempo, como transcendência e finitude. A *interpretação* é, portanto, o espaço reflexivo da hermenêutica e o local onde poderemos construir uma *epistemologia jurídica* de caráter *reflexivo*. Considerando o modelo aqui proposto, falar em autenticidade da compreensão já pressupõe um processo reflexivo, o que torna necessário enfrentar os parâmetros que caracterizarão uma compreensão jurídica como válida.

Quando falamos, portanto, em parâmetros reflexivos da interpretação jurídica, não estamos falando de um método que *constituirá* a nossa compreensão e que nos impulsionará transcendentalmente. O paradigma hermenêutico-filosófico radicaliza a nossa finitude e não admite qualquer tentativa de cognição constitutiva cujo resultado transcenda às possibilidades da linguagem. Esses parâmetros, por serem compatíveis com o modo de compreendermos o mundo, são, em verdade, a *normatização* de possibilidades presentes e descritas nos modelos estruturais apresentados no capítulo anterior. A partir de tais modelos estruturais e dentro de seus limites é que poderemos propor uma *hermenêutica jurídica*. Na *circularidade* e na diferença ontológica, por exemplo, podemos concluir pela diferença entre texto e norma, pela impossibilidade de cisão entre *questões de fato* e *de direito* e pelo problema do fundamento do direito na diferença entre *regras* e *princípios*. No *jogo*, podemos refletir sobre a necessária busca ao fenômeno jurídico originário e pela intensificação de seu desvelamento. No *diálogo*, poderemos otimizar o *jogo* e, consequentemente, ampliar o desvelamento do sentido do *ente* a partir de novas perspectivas apresentadas pelo *outro*, condição para atender à alteridade em uma sociedade complexa e democrática. Com isso, já que estamos falando de uma *reflexividade* atravessada por

---

[389] Segundo Marília Muricy, "a aproximação entre a Teoria Egológica e as concepções do autor de Verdade e Método não vai, entretanto, além do ponto em que as duas teorias reconhecem a relevância da pré-compreensão e trabalham com um conceito processual de objetividade, segundo o qual o raciocínio não é objetivamente válido por suas intrínsecas qualidades lógicas, mas sim como resultado da sua confirmação histórico social. Pois, enquanto que em Gadamer não se observa maior preocupação com questões de natureza metodológica, o empenho no sentido da fundamentação da ciência do direito foi sempre decisivo na obra de Cossio.". MURICY, PINTO, Marília Muricy Machado. *O pensamento filosófico de A. L. Machado Neto e a nova hermenêutica jurídica*, 1999, p. 82. O olhar que dirigimos ao trabalho de Gadamer vai, justamente, em busca dessas possibilidades metodológicas e a aproximação com Cossio, Machado e Marília Muricy não é mera coincidência.

perspectivas externas, advindas do *outro*, não falaremos apenas em *reflexividade*, mas em *heterorreflexividade*.

4.5.1. O primado metodológico do problema

Castanheira Neves chama atenção para a necessária mudança de perspectiva da hermenêutica jurídica, o que implica a colocação do caso concreto (problema) como o *prius* metodológico para a compreensão do fenômeno jurídico.[390] Nesse sentido, o objeto da interpretação não seria para o mestre lusitano o texto das normas jurídicas, "mas a normatividade que essas normas, como critérios jurídicos, constituem e possam oferecer".[391] Para Castanheira Neves, a norma é "um factor (factor-critério) da dialéctica judicativo-decisória do caso concreto" que reconhece o *continuum* entre o que se dizia *interpretação*, *aplicação* e *integração*, modo como verdadeiramente se consuma a interpretação jurídica.[392] Carlos Cóssio e Machado Neto,[393] também inspirados pela matriz fenomenológica de Husserl, ao sustentarem que o direito não era a norma jurídica, mas sim "conduta humana em sua interferência intersubjetiva", viam essa norma como um "esquema de interpretação da conduta", ideia que se aproxima daquilo que Castanheira Neves chamou de fator-critério da normatividade.

> La verdad es que el conocimiento jurídico no es un conocimiento histórico, ni físico, ni matemático, sino un conocimiento normativo. Pero esto no quiere decir, para la teoría egológica, que el objeto del conocimiento jurídico sean normas, sino que mediante la conceptuación normativa se conoce el objeto de la Ciencia jurídica, que es la conducta humana en su interferencia intersubjetiva.[394]

No fundo, a preocupação com a *conduta humana*, ou com o que vem sendo chamado de *problema* ou *caso concreto*, é o reflexo da adoção de uma perspectiva *fenomenológica*. A busca pela *coisa mesma* que marca a *fenomenologia* leva seus adeptos a essa reflexão, isto é, à busca pelo modo mais originário de compreender o direito. Sob o ponto de vista de uma *fenomenologia hermenêutica*, vimos que o lugar da verdade não é o texto, ainda que ele ilumine aquilo que, de fato, pode ser verdadeiro. O texto, portanto, não é o "objeto" da nossa compreensão. Devemos nos voltar para aquilo que manifesta o *ser* da juridicidade de modo originário, sem o qual não estaríamos falando em direito. Neste sentido, estamos falando da *conduta*, do *caso concreto* ou, se preferirmos, do *problema*. Mas, dessa afirmação resultam dois importantes questionamentos: por que o texto desperta o sentido jurídico, ainda que não seja ele um fenômeno originário? Não sendo ele o "objeto" da nossa compreensão, como ficaria a questão da segurança jurídica modernamente confiada ao texto? Uma abordagem hermenêutico-filosófica do tema não pode ignorar essas duas questões.

Quanto à primeira questão, estamos, no fundo, diante da relação entre o *texto* e a *verdade* já trabalhada no capítulo anterior. O texto, de fato, não pode ser verdadeiro, sendo essa uma qualidade do *ente*, isto é, daquilo para o qual o texto aponta e,

---

[390] NEVES, A. Castanheira. *Metodologia jurídica*, 1993, p. 142.
[391] Idem. Ibidem, p. 143.
[392] Idem. Ibidem, p. 154.
[393] MACHADO NETO, A. L. *Teoria da ciência jurídica*, 1975, p. 148.
[394] COSSIO, Carlos. *La teoría egologica del derecho*, 1964, p. 213.

ao se mostrar, devela-se em seu *ser*. O texto mostra aquilo que pode ser verdadeiro; ilumina aquilo que, ao se revelar, desvela o *ser*. Quando lemos um texto, estamos nos abrindo ao acontecer do *ente* que ele ilumina, ainda que tenhamos a impressão de estarmos vendo nele a verdade sobre o *ente*. Por essa razão, Gadamer dizia que compreender um texto é deixá-lo "vir à fala", o que significa dizer que compreendê-lo é deixar com que ele ilumine o *ente* que se revelará em seu *ser*. Essa iluminação é o "dito", aquilo que o texto diz "como" apofântico. Em razão disso podemos afirmar que a compreensão é sempre *aplicação*, porque será sempre o acontecer de um ente que está sendo iluminado. Dizer algo é o mesmo que apontar para a coisa. Ignoramos isso porque entificamos o *ser* e a primazia da dimensão hermenêutica da linguagem, diferentemente do que ocorre na fictícia Macondo de Gabriel García Márquez, onde "o mundo era tão recente que muitas coisas careciam de nome e para mencioná-las se precisava apontar com o dedo".[395]

Ao lermos um texto normativo – um dispositivo de lei ou um contrato, por exemplo – estamos, no fundo, compreendendo um *ente* que se revela em seu *ser* e, mesmo sem querer, estamos aplicando esse texto. Esse *ente* se revela a partir de uma imagem análoga[396] àquela em que costumamos ver esses mesmos entes. Por essa razão, Lenio Streck afirma que "textos são eventos",[397] isto é, são *fatos*. Por isso, é natural que acreditemos que o direito esteja nos textos normativos, embora essa impressão seja causada apenas pelo fato de os textos iluminarem o *ente* que se revela *enquanto* direito. A verdade sobre o direito não está nos textos, mas naquilo que se desvela a partir do que *iluminado*, isto é, nos problemas que se (im)põem diante de nós. Isso explica, por exemplo, a razão pela qual um texto anacrônico deixa de ser utilizado na solução de determinados problemas e, não obstante, pode passar a ser utilizado em outros casos a partir de novas "leituras". Sendo assim, colocar o *problema* como o ponto de partida para a compreensão jurídica é, de certa forma, uma atitude tautológica, posto que ele será sempre o "alvo" de qualquer compreensão. Enaltecer essa perspectiva é necessário porque nos coloca *vigilantes* diante do fato de que o *ente* visto através do texto se mostra muito mais encoberto que à luz do dia e do texto, simultaneamente, ainda que a nossa finitude impeça uma visão totalizante. Uma resposta correta em direito pressupõe um *problema*; pressupõe a análise direta desse *problema*, sendo precária a análise obtida pelo texto. Deixemos que o *problema* venha à fala, o que não significa que o texto deixará de ter uma função privilegiada na compreensão jurídica de um fenômeno, especialmente quando falamos de sociedades complexas.

Essa função privilegiada do texto está diretamente associada à segunda questão proposta, isto é, o da segurança jurídica em face do primado metodológico do *problema*. Tomar o *problema* como um ponto de partida para a compreensão jurídica não traz nenhuma insegurança, muito pelo contrário. Quando se fala em segurança, tradicionalmente se associa a ela uma objetividade hermenêutica *prima facie*, isto é, a possibilidade de se saber o que um texto normativo estabelece como conduta *lícita* e *ilícita*, bem como as repercussões decorrentes dessas duas possibilidades, antes mesmo da ocorrência do *problema* que desencadeará a aplicação da norma.

---

[395] MÁRQUEZ, Gabriel García. *Cem anos de solidão*, 2009.
[396] Cf. BRONZE, Fernando José. *A metodonomologia entre a semelhança e a diferença*, 1994.
[397] STRECK, Lenio. *Verdade e consenso*, 2009, p. 79 e 164.

Estar seguro seria, portanto, poder prever as consequências jurídicas de uma determinada conduta antes que ela ocorra e, para isto, seria necessária uma objetividade hermenêutica na compreensão do sistema jurídico. A segurança nessa perspectiva é, contudo, um mito. A compreensão que se tem de um texto normativo, a partir do qual se constata a norma jurídica, envolve, necessariamente, uma aplicação idealizada desse texto e, consequentemente, aquilo que seria o seu sentido *prima facie* não passa de uma de muitas possibilidades aplicativas. A segurança a que tradicionalmente visamos é, no fundo, a resposta a uma situação concreta idealizada, embora os elementos centrais dessa situação problemática fiquem obscurecidos pela sensação ilusória de um sentido fundamental do texto normativo, que seria resultado da interpretação *prima facie*. As expectativas de cada intérprete diante de uma norma jurídica compreendida *contrafaticamente* variam consideravelmente, na medida em que tais compreensões jamais serão *contrafáticas*.

Sendo assim, a busca pela segurança mediante o estreitamento da contingência deve se dar mediante o enfrentamento desse fato, sendo muito mais positiva uma redução de complexidade que leve em conta uma determinada situação concreta, uma vez que saberemos para qual situação – ainda que idealizada – a norma jurídica foi construída. Se não poderemos analisar *contrafaticamente* todos os possíveis fatos que envolveriam a aplicação da norma, a redução de complexidade não pode se dar por uma perspectiva conceitual, mas sim problemática, uma vez que esta já implica uma redução de complexidade. Problematicamente é possível esgotar as possibilidades do caso justamente por ser este "um" caso e, quanto aos outros, restará o aprendizado decorrente do caráter paradigmático daquela compreensão. Somente através dessa equação é possível falar na tensão dialética proposta por Dworkin entre a *coerência* e a *integridade*, já que em ambos se exige a análise de detalhes concretos de cada caso. A *coerência* implica compreender da mesma forma problemas semelhantes e, ao mesmo tempo, compreender de modo diferente problemas diferentes, o que torna os problemas condição de possibilidade para a coerência. A *integridade*, por sua vez, implica "quebrar" a coerência em nome de uma necessária mudança no *status quo* das decisões, o que exige diferenciá-la das hipóteses em que o *dispositivo* da decisão muda em nome da própria *coerência*, bem como identificar no problema qual o elemento que demanda um novo sentido. Embora essa concepção nos aproxime metodologicamente do *common law*, isso não significa que deveremos inverter a primazia das fontes, abrindo mão de um constitucionalismo substancialista.

A segurança em uma perspectiva hermenêutica exige, portanto, o enfrentamento da questão dentro das nossas possibilidades existenciais e afasta artificialidades inviáveis. A segurança está no enfrentamento das impossibilidades e na abertura para o fenômeno originário, não no desvio das questões problemáticas em nome de uma razão "descontaminada", típica do paradigma cartesiano. Desse modo, conferir ao problema um *primado metodológico* e, ao mesmo tempo, afastar o mito da compreensão *contrafática* do sistema, não implica ignorar o texto, tampouco gera a insegurança.

Afastados tais impedimentos, podemos então afirmar que o problema deve ser compreendido no *jogo*. Compreender o direito é o mesmo que compreender um problema que envolve um conflito intersubjetivo. O problema, antes mesmo de ser jurídico, é *intersubjetivo*. Nem toda intersubjetividade será direito; nem toda solução para a inexorável intersubjetividade decorrente do nosso "estar com os outros" será resolvida mediante um modelo regulatório como o direito, mas todo direito é intersubjetivo, seja porque um projeto democrático exige a liberdade na ausência de conflitos intersubjetivos, seja porque a apreensão hermenêutica do sentido intersubjetivo do problema nos remete à moral co-originária. O problema que envolve o sentido intersubjetivo da conduta é, portanto, o nosso *ente*, mas, como todo e qualquer *ente*, não se mostrará sozinho, mas em meio a outros entes em uma realidade complexa que acontece fenomenologicamente. Nenhum olhar sobre esse fenômeno (no sentido vulgar) será totalizador. Nenhum olhar conseguirá ver o *ente* ao mesmo tempo em todos as perspectivas possíveis, sendo estas determinantes para o desvelamento do *ser* desse *ente*. O primado metodológico do problema como *jogo* implica o reconhecimento de que esse *ente* deverá ser analisado pelo maior número de perspectivas possíveis. Significa que o intérprete deve estar *vigilante* para o fato de que sua compreensão está limitada por uma dada perspectiva e, ciente da existência de outras, deverá se abrir para o *ente*, deixar com que ele "venha à fala".

    Compreender o direito levando em conta o *primado metodológico* do *problema* como *jogo* é, antes de tudo, estar aberto ao acontecer do *ente*. É estar aberto para o inesperado, para um ângulo novo que despertará novas projeções compreensivas e, consequentemente, novas possibilidades de respostas. Nessa abertura cognitiva, ainda que reflexiva – e, portanto, condicionada à finitude do *projeto* –, dá-se o momento para que o *ente* venha à tona em sua máxima possibilidade, trazendo consigo todas as questões que possam interferir no juízo moral-prático sobre a conduta. É o momento de se levantar questões de ordem econômica, mas é também o momento de se questionar as razões dessa escassez, o paradigma mediante o qual consideramos que determinados recursos são escassos e as possibilidades econômicas e políticas para a realização de uma ação humana. É o momento de se verificar as circunstâncias de uma morte, a crueldade daquele que retirou a vida de outrem, mas é também o momento de se verificar as razões pelas quais tal ação se deu, incluindo não apenas as razões psicológicas, mas também as econômicas e sociológicas. É, portanto, o momento de abertura compreensiva. Quando um juiz pergunta algo a uma testemunha que, após uma resposta negativa ou positiva, lança mão de uma "adversidade", a atitude mais frequente é a interrupção da oitiva e a sua repreenda. Quando pergunta, por exemplo, se a testemunha estava presente em um determinado local em uma determinada hora, busca uma resposta positiva ou negativa previamente articulada com os projetos compreensivos que já se antecipam no julgador. Quando, então, a testemunha responde, afirmando ou negando, e logo após tenta dizer algo que ultrapasse a resposta previamente pensada pelo julgador, dificilmente conseguirá dizer algo que vá além do "mas", uma vez que será impedida pela ordem: "limite-se a responder apenas aquilo que lhe foi perguntado". Como afirma Luiz Rohden, aqui não há *diálogo*,[398] nem haverá *jogo*, já que não há abertura para novas possibilidades. Alguém poderia levantar a tese de que não faria sentido ouvir a adversidade que seria apresentada pela testemunha, pois a informação estaria, por exemplo, para além dos limites objetivos da lide. Entretanto, ainda que consideremos a existência de limites de índole processual, o conteúdo da adversidade poderia facilmente integrá-lo. O que ela não integra são os limites do projeto alienado do julgador. Ademais, considerando que os limites implicam a demarcação de uma

---

[398] ROHDEN, Luiz. *Hermenêutica filosófica*, 2003, p. 185.

realidade complexa, ainda nos restaria perguntar sobre como seria possível construir esses limites. A ideia de que existem limites *objetivos* em uma lide é um reflexo no processo da cisão entre *questões de fato* e *de direito*. Os limites não são objetivos no sentido de clarividentes, mas hermenêuticos, pois pressupõe um fato *compreendido como jurídico*.

No *jogo* com o *problema* discutiremos o que deve ser discutido. A maior parte dos debates jurídicos é vazia e em vão. Discute-se, por exemplo, a "natureza jurídica" de um determinado "fato jurídico" para se saber a "consequência jurídica" a ser imputada, mas não se discute o problema desse processo. Em primeiro lugar, ignora-se o fato de que a admissão de uma "natureza jurídica" implica a adoção de um paradigma que nasceu no jusracionalismo moderno do séc. XVII e que, teoricamente, sobreviveu até o séc. XIX. Em segundo lugar, o *fato* cuja natureza se pretende identificar não é, em verdade, um *fato*, mas uma *disposição jurídica* que necessita ser enquadrada em algum *instituto*, em um típico movimento lógico-conceitual pandectista.[399] Com isso, o *problema* não é discutido e, consequentemente, qualquer resposta que saia deste processo será uma resposta errada, já que não se sabe para qual *problema* ela foi dada. As respostas ficam restritas a um falso "jogo" entre palavras e arranjos lógicos que parecem "pairar no ar". É necessário pôr o problema em *jogo* e *jogar* com o *problema* para que o *ente* se mostre na perspectiva efetivamente problemática e para que saibamos o que, de fato, estamos discutindo. Se a discussão perpassa a caracterização contratual de um fato, é necessário saber qual perspectiva do *problema* possibilita essa conclusão. O que normalmente fica encoberto pelo discurso lógico-formal-conceitual do direito é justamente aquilo que deveria ser desvelado no *jogo*. Além disso, esse arranjo lógico não é aquilo que leva o julgador à decisão. Ela é sempre o resultado de uma antecipação de sentido que carrega um sentido moral-prático, mas que, na ausência do *jogo*, mostra-se alienada e encoberta pela justificativa lógico-formal.

É evidente que esse dinamismo ao qual o *ente* é exposto acontece na diferença ontológica, do mesmo modo que os novos desvelamentos que esse *jogo* proporciona já estarão adstritos à finitude que projeta e limita. Portanto, a otimização da totalidade de perspectivas depende de um *jogo* que contemple uma vigilante *abertura dialógica*. Jogar no caso concreto é permitir que ele nos surpreenda e essa possibilidade é ampliada se o outro estiver presente no *jogo* e puder, através dos recursos apofânticos, mostrar o *ente* em novas perspectivas. Se não podemos sair do círculo, devemos apostar em uma entrada correta nessa círcularidade e, para tanto, o *diálogo* com o *outro* no *jogo* é fundamental. Voltaremos a essa questão logo a seguir quando trataremos da circularidade entre *sistema* e *problema*.

---

[399] Um recurso ordinário (01604-2008-221-04-00-4) remetido ao Tribunal Regional do Trabalho da 4ª Região deveria discutir a manutenção do plano de saúde oferecido pela empregadora aos seus trabalhadores para uma empregada que se encontrava aposentada por invalidez. O relator, após narrar superficialmente os fatos, afirma categoricamente que "o cerne da controvérsia diz respeito aos *efeitos da suspensão do contrato de trabalho*, para fins de manutenção das obrigações acessórias ajustadas". Seria se estivéssemos no séc. XIX sob a égide da *Jurisprudência de conceitos* de Puchta. Ignora-se o problema e os elementos que revelariam um sentido moral-prático, como, por exemplo, a existência de culpa *lato sensu* no acidente ou doença ocupacional; o porte da organização que deverá manter o plano de saúde; a participação dos empregados no custeio do plano, etc.

4.5.2. A circularidade entre sistema e problema

O *jogo* traz abertura na compreensão do ente. Já a compreensão jurídica implica um fechamento, na medida em que terá que se diferenciar da moral, afastando determinadas perspectivas. Por outro lado, boa parte dessas perspectivas será viabilizada, justamente, pela iluminação do texto normativo, que pode apontar o caráter problemático de determinado caso. Portanto, percebemos que esse *jogo* envolve um movimento dialético de abertura e fechamento que traduz a complexa relação entre *sistema* e *problema*.

4.5.2.1. Da abordagem tradicional à descoberta do problema

A abordagem tradicional para a relação entre *sistema* e *problema* pressupõe a clássica distinção entre *questões de fato* e *de direito*. A norma recortaria o fato, e o problema a ser analisado estaria limitado a este recorte normativo, cabendo à interpretação metódica a identificação da descrição fática presente no texto, e à operação silogística a conexão entre o *fato* e o *direito*. O fato passa, então, a ser uma questão de prova a ser descrita e acoplada ao direito através de um instrumento chamado *processo*.[400] A questão é que qualquer tentativa de conferir à norma a função de recortar a realidade complexa em meio à qual o *ente* se dá implica também conferir a ela o primado metodológico e, com isso, assumir todos os vícios que resultam da tentativa de ver no texto o ponto de partida para a análise do problema. Implica admitir o texto como uma cópia da realidade e, com isso, ver nele um problema (fato) completo e bem delimitado, ainda que essa tarefa exija a aplicação de métodos de interpretação que "desvendem" o sentido do texto. A essa altura, não seria necessário afirmar que se trata de uma proposta ingênua que não encontraria solo em nenhum paradigma filosófico concebido a partir de Wittgenstein e Heidegger.

Embora essa concepção ainda esteja enraizada no "senso comum teórico dos juristas" – basta ver o que dizem os manuais de Direito Civil sobre o fato jurídico – há muito a teoria do direito vem buscando alternativas mais adequadas para a relação entre o *sistema* e o *problema*. Em um primeiro momento, teremos a crítica ao modelo sistemático através do retorno da tópica aristotélica pelas mãos de Viehweg.[401] Para ele, a tópica abandonaria as longas cadeias dedutivas das construções sistêmicas propondo curtos enlaces entre o problema e os *topoi*, estes eleitos a partir daquele.[402] Entretanto, a ambiguidade do texto de Viehweg abre uma fecunda discussão sobre até que ponto ele teria situado o pensamento tópico-problemático como algo incompatível com o modelo sistemático. A evolução de tais debates é

---

[400] A visão instrumental de processo recebe fortes críticas de J. J. Calmon de Passos: "Sem o processo, não há produto e só enquanto há processo há produto. A excelência do processo é algo que diz, necessariamente, com a excelência do produto e o produto só adquire entificação enquanto é processo, um querer dirigido para o criar o produto e *mantê-lo* sendo. Destarte, se o Direito é apenas depois de produzido, o *produzir* tem caráter integrativo, antes que instrumental e se faz tão substancial quanto o próprio *dizer* o Direito, pois que o produto é, aqui, indissociável do processo de sua produção, que sobre ele influi em termos de resultado. *O produto também é processo, um permanente fazer, nunca um definitivamente feito*". PASSOS, J. J. Calmon de. *Direito, poder, justiça e processo*, 2003, p. 24.
[401] VIEHWEG, Theodor. *Tópica e jurisprudência*, 1979.
[402] Idem. Ibidem.

retratada por Garcia Amado,[403] que sintetiza o posicionamento de diversos autores, a exemplo de Ballweg, Coing, Canaris, Diederichsen, Kriele, Otto, Esser, Müller, Castanheira Neves, dentre outros. Para Garcia Amado, entretanto, os debates carecem de rigor lógico, conceitual e metodológico, na medida em que negligenciam questões relacionadas à *finalidade* do sistema, aos seus *elementos* constitutivos e à sua *estrutura*.[404] Uma das finalidades práticas deveria ficar excluída do sistema, na medida em que ele não serve de modo imediato à decisão, o que não excluiria outros fins práticos, tais como a vantagem didática na transmissão de visões de mundo, a axiomatização de matérias burocráticas e a sistematização de conjuntos tópicos com o objetivo de facilitar o recurso argumentativo dos mesmos.[405] No que toca aos elementos do sistema, são escassas as delimitações expressas, variando entre sistemas de enunciados ou de conceitos, quando Viehweg se referia a "elementos", "princípios", etc., sem especificar qual seria o conteúdo objetivo do sistema.[406] Por último, fala-se em "sistema tópico" quando este sequer mereceria ser tratado como sistema, já que seus elementos não estão integrados mediante uma relação específica que permitiria identificá-lo.[407] De qualquer sorte, Garcia Amado subdivide o posicionamento dos autores em três grandes grupos: os que veem entre os modelos problemáticos e sistemáticos uma relação *excludente*, *tensa* ou *compatível*.[408] Neste último grupo, Garcia Amado ainda diferencia aqueles que concebem a relação de compatibilidade em pé de igualdade com a preeminência do problemático ou com a preeminência do sistemático.[409]

Não assumimos a pretensão de discutir neste tópico o impacto da obra de Viehweg, nem muito menos tentar compreender seu posicionamento diante da complexa relação entre os modelos tópico-problemático e sistemático, mas apenas situar a matriz hermenêutica no contexto dessa discussão, o que exige, para não recair nos mesmos equívocos apontados acima, alguns esclarecimentos iniciais quanto ao objeto da discussão e uma aproximação da nossa proposta mediante a análise do posicionamento de alguns autores. Em primeiro lugar, não estamos discutindo a compatibilidade entre "método sistemático" e "método problemático", mas o inter-relacionamento entre *sistema* e *problema* em uma perspectiva hermenêutico-filosófica.[410] Neste particular, não poderíamos conceber a viabilidade de um método que tentasse, de modo abstrato, partir de axiomas e construir soluções que seriam, em um segundo momento, impostas à realidade. Acreditamos, inclusive, que essa seria a

---

[403] AMADO, Juan Antonio Garcia. *Teorias de la topica juridica*, 1988, p. 155-173.
[404] Idem. Ibidem, p. 170.
[405] Idem. Ibidem, p. 170-171.
[406] Idem. Ibidem, p. 171-172
[407] Idem. Ibidem, p. 172.
[408] Idem. Ibidem, p. 159.
[409] Idem. Ibidem, p. 159.
[410] "Por tudo o que, se não confundirmos o sistema com o sistema axiomático (ou, mesmo para além desse estrito tipo de sistema, se não identificarmos o sistemático com uma sua definição *a priori*) e reconhecermos que uma ordem é sempre um sistema (unitária e congruente pluralidade) – posto que manifesta uma qualquer forma de racionalidade, que exclui o arbítrio, e logra um qualquer todo, susceptível de realizar uma consistente integração –, teremos, na verdade, de dizer com MARCIC que ordem e sistematicidade são 'transcendentais' do direito; tal qual o arbítrio e a desintegração (com a consequente anomia), quer intencionalmente quer no plano da realização são o contrário de direito." NEVES, A. Castanheira. *A unidade do sistema jurídico*, 1995, p. 115-116.

principal razão das discordâncias entre os autores que vêm debatendo o tema aberto por Viehweg, na medida em que compatibilizar *sistema* e *problema* não é a mesma coisa que compatibilizar um "pensar sistemático" com um "pensar problemático". Além disso, não assumimos a tópica de Aristóteles ou a de Viehweg, embora constatemos com Castanheira Neves[411] e Antonio Nedel[412] as aproximações desse modelo com a hermenêutica filosófica. Assumimos, sim, um modelo problemático diante do desafio de garantir a normatividade da compreensão jurídica – que pressupõe uma preocupação com o "sistema" e não com o pensamento "axiomático-sistemático" – dentro dos limites e possibilidades impostas pela matriz hermenêutica. A noção de *sistema* que empregamos não está associada ao resultado de operações lógicas a partir de elementos conceituais ou normativos, embora a ideia de organização seja inerente à *circularidade hermenêutica*, que sempre esteve relacionada ao resultado compreensivo decorrente da unidade entre o *todo* e a *parte*. No fundo, a utilização da expressão "sistema" se deve à tradição em que o tema vem sendo debatido e não ao nosso posicionamento (hermenêutico), o que equivale dizer que não estamos preocupados com o "sistema", mas com normas jurídicas que devem ser consideradas em sua unidade para que o fenômeno compreensivo seja marcado pela juridicidade e, desse modo, o direito seja diferenciado da moral. O que o "senso comum teórico" trata como sistema jurídico, seja nas versões *interna* ou *externa*,[413] é um mito. Se quiséssemos falar de "sistema jurídico", teríamos que concebê-lo em sua estrutura orgânica – em contraposição à estrutura lógica –, analisá-lo na perspectiva dos *sujeitos em sociedade* marcados pela linguagem e tê-lo como o resultado de uma unidade compreensiva problemática (Hermenêutica Filosófica, de Gadamer). Ou então, na perspectiva de uma *sociedade com sujeitos* marcada pela comunicação, concebendo-o como um subsistema funcionalmente diferenciado (Teoria dos Sistemas, de Niklas Luhmann).[414] Seguindo em nossa perspectiva, a abordagem merece atenção a dois autores que situam esse debate em perspectivas semelhantes. São eles os professores coimbrenses Castanheira Neves e Fernando José Bronze.

4.5.2.2. As propostas de A. Castanheira Neves e Fernando José Bronze

Para Castanheira Neves, desde que não se confunda o sistema com a sua versão axiomática, devemos reconhecer que sistematicidade é uma qualidade necessária ao ordenamento jurídico, o que restringe a discussão ao tipo de "sistematicidade" pretendida.[415] Essa sistematicidade não seria garantida apenas por uma *unidade*,

---

[411] "Os *topoi* vão implicados por um problema e, correlativamente, especificam-no, só que o problema surge em função das exigências de um contexto significante, aquele mesmo contexto de que os *topoi*, na sua precompreensão, se alimentam e vão se precipitando nos seus critérios. Por isso que a tópica foi historicamente associada à hermenêutica e a hermenêutica só adequadamente no *modus* tópico". NEVES, A. Castanheira. *A unidade do sistema jurídico*, 1995, p. 114.

[412] "Sintonizada com a essência dialético-histórica do direito, nossa concepção tópico-jurídica, voltada exclusivamente para a resolução do problema jurídico concreto, tem consciência de que cada caso é um caso [...]". NEDEL, Antonio. *Uma tópica jurídica*, 2006, p. 280.

[413] O conjunto organizado de normas jurídicas é visto como um "sistema interno", enquanto que o sistema formado por uma dogmática conceitual estruturada logicamente é chamado de "sistema externo". Cf. LOSANO, Mario G. *Sistema e estrutura no direito I*, 2008.

[414] LUHMANN, Niklas. *El derecho de la sociedad*, 2002.

[415] NEVES, A. Castanheira. *A unidade do pensamento jurídico*, 1995, p. 115-116.

mas exigiria também a *estabilidade* e a *continuidade* como dimensões do sistema que se sustentam mutuamente.[416] *Estabilidade* como uma "dimensão estrutural de institucionalização" que visa a superar a insociabilidade humana e garantir a paz. *Continuidade*, como uma "dimensão intencional que impõe uma constância à mudança e ao movimento" com o fito de racionalizar a contingência da dinâmica histórica para, em última instância, garantir segurança.[417] A *unidade* não seria apenas uma exigência lógica de não contradição, mas uma exigência normativa postulada pelo *princípio da igualdade* e, portanto, ligada à ideia de *justiça.*[418]

> Pois a exigência de unidade que temos estado a referir poderia pensar-se cumprida sem mais ao nível da normatividade abstracta, pela simples não contradição das normas ou dos princípios jurídicos. Quando é certo que não é já aceitável que o próprio princípio da igualdade esgote o seu comprimento no nível abstracto (em termos de igualdade-generalidade formal), antes se exige uma sua continuação até ao nível das circunstâncias socialmente reais e concretas (a igualdade material); e se sabe, por outro lado, quanto a aplicação do direito deixou já de poder conceber-se como uma mera dedução (dedução sistemático-conceitual) para se revelar cada vez mais como uma concreta realização normativamente constitutiva.[419]

Castanheira Neves desloca, portanto, o problema da unidade da ordem jurídica para o momento de realização do direito, o que exigira uma fenomenologia dessa realização.[420] Essa análise impõe considerar a realização do direito não como uma simples "*determinação* concretizadora do normativo pressuposto, mas de uma específica constituição de normatividade"[421] que deve ser analisada em seus três aspectos fundamentais. Em primeiro lugar, considerar que a interpretação jurídica será decidida em função da concepção assumida pelo intérprete quanto ao pensamento jurídico, "posto que só em referência aos valores e às intenções fundamentais que informem essa concepção se poderá pôr fim às dúvidas, às determinações e mesmo à pluralidade de soluções que qualquer método interpretativo sempre admitirá", além da dependência face ao "problema jurídico concreto decidendo".[422] A conjugação de todos estes pontos irrecusáveis leva o autor a concluir que, "perante uma irredutível autonomia constitutiva do acto normativamente interpretativo, a orientar-se para além do sistema formal do direito positivo, é o que tem de considerar-se, na verdade, como manifesto".[423] Em segundo lugar, "há, com efeito, que atender à indivisível solidariedade, verdadeiramente unidade metodológica, entre 'interpretação' e 'aplicação'", já que a interpretação não é uma "determinação *a priori*, seja exegética ou analítica, de uma normatividade subsistente em abstracto ou em si, sendo pelo contrário constituída pela relação hermenêutico-normativa entre a norma e o caso concreto".[424] Em terceiro lugar, resultando dos dois pontos anteriores, reconhecer um *continuum* entre a interpretação e a integração, que se "alarga para além do domínio estrito das lacunas para abranger ainda a autônoma constituição

---

[416] NEVES, A. Castanheira. *A unidade do pensamento jurídico*, 1995, p. 117.
[417] Idem. Ibidem, p. 117.
[418] Idem. Ibidem, p. 119-120.
[419] Idem. Ibidem, p. 121.
[420] Idem. Ibidem, p. 124.
[421] Idem. Ibidem, p. 125.
[422] Idem. Ibidem, p. 126.
[423] Idem. Ibidem, p. 128.
[424] Idem. Ibidem, p. 129.

normativa transistemática",[425] já que, por um lado, a realidade histórico-social para a qual deve se dirigir a perspectiva jurídico-normativa é mais extensa do que aquela que os dados formais do sistema podem abranger intencionalmente. Por outro lado, ao direito também corresponde a assimilação do dinamismo histórico incorporado problematicamente pelo pensamento jurídico.[426]

Uma vez identificado o "problema" da unidade sistemática do direito, Castanheira Neves expõe os pressupostos sobre os quais edificará sua proposta, fazendo mediante a apresentação de quatro coordenadas. A primeira envolve o que ele chama de *"dimensão axiológica"*, como sendo a "dimensão capital, fundamentante e mesmo significante, da normatividade".[427] A dimensão axiológica dá sentido à normatividade e, assumi-la como o elemento que constitui o direito, implica resistir aos modelos teleológicos, domesticados pelo funcionalismo e por aquela racionalidade teconólogico-causal de esquema meio-fim descrita por Weber.[428] Implica, também, criar as condições de possibilidade para invocar em termos críticos a "validade de direito perante o político", o que atinge tanto a discricionariedade positivista, como o realismo sociológico de teorias críticas.[429] Para Castanheira Neves, a função crítica do direito está na prioridade do fundamento axiológico sobre o efeito da ação, isto é, na validade sobre a eficácia.[430] A segunda coordenada o coloca diante da *"dimensão dogmática"*, referindo-se "à normatividade de validade enquanto tal", na medida em que pertence à essência do jurídico a existência de critérios consistentemente postulados.[431] A dimensão dogmática não se confunde com autoritarismo, mas com pressupostos que sejam susceptíveis de "assumir e de objectivar em critérios normativos o regulativo de uma axiologia fundamentante", gerando um elo entre a fundamentação do valorativo e a objetivação do normativo, tarefa que é assumida pelos princípios.[432] Essa relação dialética entre as dimensões axiológica e dogmática nos coloca diante da terceira coordenada que leva em conta a *"dimensão problemático-dialéctica"* do jurídico.[433] Aqui, a historicidade da realização do direito exige uma abertura constitutiva que não pode deixar de ser conduzida de modo problemático-dialético, seja em uma "perspectiva intencional", na medida em que o direito é a resposta-solução a certos tipos de *problemas* de uma comunidade; seja em uma perspectiva constitutiva propriamente dita, já que "a solução dos problemas jurídicos se consegue através de uma específica dialéctica normativa em que obtêm reposta aqueles tipos de problemas".[434] O caráter problemático do fenômeno jurídico ainda implica uma quarta coordenada, marcada pela *"dimensão praxística"*, uma vez que o que está em jogo não é apenas uma "doutrina do válido compreender" de problemas mediante seu enlace dialético com uma dimensão normativa que se

---

[425] NEVES, A. Castanheira. *A unidade do pensamento jurídico*, 1995, p. 130.
[426] Idem. Ibidem, p. 131.
[427] Idem. Ibidem, p. 134.
[428] Idem. Ibidem, p. 136-137.
[429] Idem. Ibidem, p. 138-139.
[430] Idem. Ibidem, p. 140.
[431] Idem. Ibidem, p. 140-141.
[432] Idem. Ibidem, p. 143-144.
[433] Idem. Ibidem, p. 145.
[434] Idem. Ibidem, p. 145-146.

sustenta axiologicamente, mas também uma "doutrina de um válido agir".[435] Assim, "a dimensão agora considerada sintetiza as anteriores e as implica: porque de dimensão praxística, tem o direito fundamento axiológico, exprime-se dogmaticamente e constitui-se de um modo dialéctico".[436]

> Numa conclusão que sem amais refira ao problema do sistema jurídico as quatro dimensões consideradas, diremos que aquele não poderá ser um sistema simplesmente funcional e antes há-de manifestar um conteúdo axiológico, que não haverá de ser um sistema tão-só social ou de perspectivação sociológica e sim de índole dogmático-normativa, no entanto, problematizada dialecticamente e não de plenitude e auto-suficiência objectiva e que, por último, não poderá ser assimilado por um pensamento jurídico apenas cognitivo (analítico ou hermenêutico), já que o sistema se terá de pensar unitariamente o juízo-decisão prática concretamente constitutiva.[437]

Diante do cenário problematizado e dos pressupostos apresentados, a solução proposta por Castanheira Neves passa antes pela análise de alguns modelos já propostos. Primeiramente, rechaça as formas de sistema que buscam sua unidade através de uma "coerência lógico-dedutiva" que pretende se apresentar de modo consistente (sem contradições), pleno (sem lacunas) e fechado (autossuficiente).[438] Sistemas como esse, que se sustentam em uma *"unidade de identidade"* lógico-abstrata, estática e *a priori* não atendem às coordenadas que demandam uma fundamentação axiológica, nem atendem ao caráter "problemático-dialéctico de realização praxística do direito".[439] Rechaça os modelos propostos tanto pela *teoria pura do direito* de Kelsen, quanto pela teoria sistêmica de Luhmann, marcados, cada um a seu modo, por uma *"unidade por redução"*.[440] A unidade normativo-sistemática do modelo kelseniano (e seus afins, referindo-se a Bobbio e a Hart) também imputa à ordem jurídica uma "unidade lógica *a priori*", embora não mais relacionada a um conteúdo conceitual estático, mas à institucionalização dinâmica de aplicação-produção do direito.[441] A unidade desses modelos não seria garantida pela coerência totalizante do sistema, mas reduzida a um único elemento, tal qual a norma fundamental de Kelsen ou a norma de reconhecimento de Hart.[442] Também não atenderia às coordenadas traçadas, pois, não obstante as discussões sobre a natureza lógica ou não da norma fundamental, não estaria ligada a um fundamento axiológico.[443] Quanto à *teoria dos sistemas* de Niklas Luhmann, que busca a análise do direito como um subsistema social e não apenas como um sistema normativo, lança dúvidas quanto ao caráter seu normativo-prescritivo (em contraposição aos limites descritivos)[444] e entende que a ideia de justiça como "adequada complexidade do sistema jurídico" não pretende ser "nem norma de ação, nem regra de justificação ou crítica de normas particulares", afastando-a das coordenadas traçadas.[445]

---

[435] NEVES, A. Castanheira. *A unidade do pensamento jurídico*, 1995, p. 154-155.
[436] Idem. Ibidem, p. 155.
[437] Idem. Ibidem, p. 155.
[438] Idem. Ibidem, p. 156.
[439] Idem. Ibidem, p. 157.
[440] Idem. Ibidem, p. 157.
[441] Idem. Ibidem, p. 157.
[442] Idem. Ibidem, p. 158-159 e 161.
[443] Idem. Ibidem, p. 160.
[444] Idem. Ibidem, p. 165.
[445] Idem. Ibidem, p. 163-164.

Para Castanheira Neves, a orientação hoje predominante no pensamento jurídico pode ser identificada como uma "jurisprudência de valoração", o que a aproxima de uma dimensão axiológica na medida em que "o sistema e sua unidade deixam de referir-se directa e exclusivamente às normas jurídicas, para se reportarem antes às opções axiológicas, aos postulados normativos e princípios jurídicos constituintes do sistema".[446] Entretanto, esse modelo, que se apresenta geralmente em duas modalidades, também apresenta problemas. Na primeira modalidade, a exemplo do pensamento de Canaris, esses valores e princípios normativos se apresentam previamente postulados e sua "unidade normativa continuará sendo *a priori* e o sistema jurídico tenderá a ser (ou não deixará de ser ainda) um sistema redutível aos seus fundamentos e de implícita plenitude".[447] A segunda modalidade já não pretende garantir a unidade normativo-material de modo *a priori*, mas já admite, suscitada por uma problemática histórica, uma dialética problemática que implica abertura e reconstrução *a posteriori* do sistema.[448] Embora esse modelo esteja flagrantemente próximo de atender às suas coordenadas, a possibilidade dialética entre *sistema* e *problema* pode significar, ainda, uma participação privilegiada do sistema, pré-determinando o sentido do problema e, consequentemente, ocultando-o. Neste grupo estariam aqueles que, mesmo considerando a interpretação como concretização de uma norma, definem previamente o quadro de possibilidades normativas da realização do direito.[449] Castanheira Neves identifica neste contexto o pensamento de Friedrich Müller, uma vez que este "pensa o concreto *judicium* jurídico como o resultado de um constitutivo processo normativo de concretização, que mobiliza estruturalmente (num processo ou 'método estruturante') um conjunto de factores ou elementos metódico-jurídicos ('elementos de concretização'), a mais do texto normativo ou dos elementos hermenêuticos".[450]

Outro grupo – também adepto ao modelo dialéctico-problemático *a posteriori* – já admitiria que a indeterminação do âmbito de aplicação de uma determinada norma jurídica seria superada, justamente, em função do problema normativo-jurídico proposto pelo caso concreto a ser decidido, "imputando à norma o sentido jurídico que essa concreta resolução problemática lhe permite conhecer".[451] Seguindo esta orientação, estaria todo o pensamento jurídico tópico-argumentativo de Viehweg, Perelmann e Wieacker, bem como a teoria da "decisão racional-argumentativa e justa de M. Kriele" e o "pensamento hermenêutico-prático de um Esser". Em Kriele, "deverá o julgador começar por formular uma 'hipótese de norma' como seu critério, que satisfaça essa específica exigência de justiça, e confrontar depois essa norma hipotética com as normas de direito positivo" e caso não a encontre, nem mesmo em meio aos precedentes jurisprudenciais, deverá se orientar "autonomamente pelos princípios ético-práticos e discursivo-argumentativos da 'razão prática'".[452] Segundo Esser, fortemente influenciado pela matriz hermenêutico-filosófica de Gadamer, o julgador primeiro decidirá por razões político-jurídicas, para, em seguida, optar pelo

---

[446] NEVES, A. Castanheira. *A unidade do pensamento jurídico*, 1995, p. 166.
[447] Idem. Ibidem, p. 167.
[448] Idem. Ibidem, p. 167-168.
[449] Idem. *Metodologia jurídica*, 1993, p. 145.
[450] Idem. Ibidem, p. 145.
[451] Idem. Ibidem, p. 146.
[452] Idem. Ibidem, p. 147.

"método" ou "fator de interpretação" que possa justificar a decisão já encontrada, a fim de que possa, assim, se submeter ao *"controle do direito positivo"*.[453] Essas propostas, embora reconhecidamente consideradas como as mais adequadas às suas coordenadas, desperta em Castanheira Neves uma preocupação quanto ao casuísmo das decisões resultantes de sua utilização[454] e que, para evitar esse equívoco, devem observar que o "problema concreto não deixa de convocar o sistema de normatividade que pressupõe e que vai, aliás, desde logo intencionado pela mediação da norma".[455]

Reencontrando o seu problema fundamental – o modo como deve assumir a unidade dialética entre *sistema* e *problema* – Castanheira Neves defende que a unidade não deve ser vista como "algo que se parta ou se pré-defina como um axioma, mas algo que se postula como intenção e a que em grande medida se procurará chegar, constituindo-a".[456] Como uma "tarefa", deverá "assimilar a nova experiência problemática e assumir numa totalização congruente as novas intenções normativas de que, através dessa experiência, o direito se vai enriquecendo".[457] Trata-se, pois, de uma *"unidade de dialéctica totalização e a posteriori"*.[458]

> Numa palavra de síntese: do sistema de que se parte chega-se a um novo sistema, como resultado da mediação do problema – mais exactamente, pela mediação da experiência problemática que entretanto superou o primeiro sentido do sistema e exige a reconstrução-elaboração de um outro sentido sistemático que assimile regressivamente essa experiência.[459]

Deve-se, ainda, apontar que o sistema se apresenta neste movimento dialético como uma *unidade de totalização normativa* que se analisa em quatro elementos constitutivos de sua normatividade, organizados em quatro *estratos* distintos e entre si relacionados num todo integrante.[460] O primeiro *estrato* é formado pelos *princípios*, sejam eles normativo-jurídicos positivos, transpositivos (como as "cláusulas gerais") ou suprapositivos, todos representando o momento ontológico do sistema.[461] O segundo *estrato* é ocupado pelas "normas prescritas numa opção político-estratégica e de um vinculante valor normativo",[462] equivalentes àquilo que normalmente

---

[453] Cf. ESSER, Josef. *Precomprensione e scelta del metodo nel processo di individuazione del diritto*, 1983, p. 145-150.

[454] Idem. Ibidem, p. 147.

[455] Idem. Ibidem, p. 147.

[456] Idem. *A unidade do pensamento jurídico*, 1995, p. 170.

[457] Idem. Ibidem, p. 170.

[458] Idem. Ibidem, p. 171.

[459] Idem. Ibidem, p. 171.

[460] Idem. Ibidem, p. 155. Em "A unidade do pensamento jurídico", Castanheira Neveso propõe um modelo estrutural formado por três elementos estratificados hierarquicamente em uma "espiral de integração constituinte". O primeiro é formado por princípios e manifestam o momento ontológico do sistema; o segundo estrato é ocupado pelas normas prescritas e pelas estruturas dogmáticas propostas pela doutrina; o terceiro é a "realidade jurídica em que o direito se cumpre e os problemas se suscitam". Esses três momentos – referidos em alusão ao tridimensionalismo de Miguel Reale – permitem com que o jurídico vá dos princípios (valores) à realidade com o fito de realização, mas também venha da realidade aos princípios (valores) em um refluxo de intencional constituição, o que marca a dialética em espiral. NEVES, A. Castanheira. *A unidade do pensamento jurídico*, 1995, p. 172-173. Utilizamos o modelo proposto no texto mais recente.

[461] NEVES, A. Castanheira. *Metodologia jurídica*, 1993, p. 155.

[462] Idem. Ibidem, p. 155.

se chama de *regra*. O terceiro *estrato* é expressão da *jurisprudência*, "momento de objectivação e estabilização de uma já experimentada realização problemático-concreta do direito", que assume seu valor normativo a partir da "presunção de justeza dessa realização e que assim só poderá ser posta em causa, por posições diferentes ou contrárias, através de um infirmante 'ónus de contra-argumentação'".[463] O quarto e último *estrato* será ainda ocupado pela "*dogmática* (ou *doutrina* jurídica), enquanto resultado de uma elaboração 'livre' (Gény) e de uma normatividade que apenas se sustenta na sua própria racionalidade fundamentada".[464]

Fernando José Bronze, por sua vez, propõe em sua *metodonomologia*[465] uma reorientação decisiva para o modelo hermenêutico. Sustentando a "impertinência da *dialéctica* hegeliana para explicitar aquilo que só resultará inteligível pela mediação de um discurso dialógico"[466] e assumindo um modelo hermenêutico-fenomenológico,[467] constata que "as questões jurídicas concretas emergem no quadro de um horizonte hermenêutico (o pré-compreendido e constituendo sistema da juridicidade) que é pressuposto da respectiva posição com sentido".[468]

> Por outro lado, o percurso exigido pela resolução juridicamente adequada daquelas questões é dialógico, porque também ele se põe no contexto do mesmo horizonte hermenêutico – que assim serve de *tertium* ao encontro dos dois "termos de comparação": os concretos casos decidendos e os critérios normativos, constituídos ou constituendos, por que se orientará a justa decisão daqueles. O que viabiliza o diálogo entre um caso e os critérios da sua normativamente adequada resolução é a emergência daquele e a constituição destes num horizonte hermenêutico cunhado pela juridicidade. [...] É, com efeito, no histórico-concreto horizonte da juridicidade, que possibilita a emergência, com sentido, de cada novo problema, que há que discernir, num problematizante e dialógico "ir e vir" entre o solicitado pelo caso (já pré-compreendido como juridicamente relevante) e as respostas que para ele se podem encontrar ou constituir no quadro objectivado ou intencionado pelo sistema, aquela que "*in concreto*", se lhe adequa normativamente.[469]

A relação entre *sistema* e *problema* proposta por Fernando Bronze em sua *metodonomologia*, embora fortemente influenciada pela posição de Castanheira Neves, é concebida a partir da mediação do horizonte hermenêutico e, por conseguinte, a análise dos elementos do problema se dará a partir de um sistema que é tido como "pré-compreensão das exigências da juridicidade".[470] Esse modelo permitiu que a relação entre *sistema* e *problema* fosse concebida em "termos de comparação",[471] ou seja, através de *imagens análogas* decorrentes da compreensão de um *texto-evento* e de um *caso concreto*. *Problema* e *sistema* interagem dialogicamente mediados por

---

[463] NEVES, A. Castanheira. *Metodologia jurídica*, 1993, p. 156.

[464] Idem. Ibidem, p. 157.

[465] BRONZE, Fernando José. *A metodonomologia entre a semelhança e a diferença*, 1994.

[466] Idem. Ibidem, p. 247

[467] Idem. Ibidem, p. 477.

[468] Idem. Ibidem, p. 104.

[469] Idem. Ibidem, p. 105-106. A conclusão proposta por Bronze é a de que "a reflexão metodonomológica se processa num espaço bipolar e dialecticamente entretecido pelos casos singulares e pela normatividade que, por sua mediação, se vai objectivando sob a forma de respostas sincronicamente adequadas às solicitações da juridicamente relevante realidade concreta e diacronicamente desveladoras da sua radical historicidade." Idem. Ibidem, p. 593.

[470] Idem. Ibidem, p. 110-111.

[471] Idem. Ibidem, p. 105.

um horizonte hermenêutico que permite, ao mesmo tempo, a verificação da juridicidade mediante a comparação analógica e a comunicação com os critérios de justiça, assumindo a forma de uma "dialética tripolarizada". [472]

A proposta de Bronze encontra no pensamento de Castanheira Neves a mesma crítica que este dirige à hermenêutica filosófica e que consiste, sinteticamente, no *déficit* crítico – constatação inspirada nos debates de Habermas e Gadamer – e no distanciamento com a necessária juridicidade decorrente da *intencionalidade* do sistema.[473] Segundo Castanheira Neves, a "matriz analógica" proposta por Bronze se distanciaria do reconhecimento de uma "ética racional" que se impusesse contra a plena aceitação de um *ethos* institucionalizado na *polis*, bem como da *intencionalidade* prático-normativa necessária à juridicidade da decisão.[474] O modelo de Bronze estaria previamente condicionado pelo horizonte hermenêutico e impediria que o sistema marcasse essa compreensão com a sua juridicidade. Entretanto, o próprio Castanheira Neves desenvolve, como vimos, uma crítica aos modelos que não enfrentam o caráter problemático do direito e, mais ainda, afirma "que o *prius* metodológico não é a norma-prescrição fechada na sua significação e subsistente na sua identidade, mas pelo contrário o caso concreto decidendo, na sua autônoma e específica problematicidade jurídica".[475] Com Fikentscher, afirma categoricamente: "o ponto de partida é o caso particular decidendo".[476] As normas jurídicas são interrogadas em função do problema, razão pela qual Castanheira Neves afirma ser a interpretação jurídica uma resposta à pergunta sobre a intencionalidade problemática do caso concreto, reconhecendo-a na "fusão de horizontes" e na "*applicatio*" de Gadamer,[477] mesmo que, neste momento, reafirme a insuficiência normativa da hermenêutica filosófica.

> Assim, se pode aceitar-se que o sistema jurídico começa sempre por delimitar e pré-determinar o campo e o tipo dos problemas no começo de uma experiência problemática – posto que, obedecendo a problemática, pelo menos neste domínio, ao esquema pergunta-resposta, os problemas possíveis começam, de um lado, por ser aqueles que a intencionalidade pressuposta no sistema (com as possibilidades interrogativas dos seus princípios) admite, e os modos de os pôr serão, de outro lado, aqueles que sejam correlativos das soluções (respostas) que o sistema também ofereça –, já não é lícita a unilateral sobrevalorização do sistema que se traduza no axioma de que os problemas a emergir dessa experiência serão unicamente os que o sistema suscite e no modo apenas por que os aceite. Isso porque a experiência problemática, enquanto também experiência histórica, vem sempre a alargar-se e a aprofundar-se, em termos de exigir novas perguntas (problemas) e outro sentido para as respostas (implicadas em novas intenções que entretanto, e através dos novos problemas, se vão assumindo). E perante ela a normatividade sistematicamente prévia traduz apenas a assimilação intencional (em termos de respostas constituídas) de uma certa experiência feita e é correlativamente limitada por essa experiência.[478]

---

[472] BRONZE, Fernando José. *A metodonomologia entre a semelhança e a diferença*, 1994, p. 110.
[473] NEVES, A. Castanheira. *A crise da filosofia do direito*, 2003, p. 61.
[474] Idem. Ibidem, p. 65.
[475] Idem. *Metodologia jurídica*, 1993, p. 129.
[476] Idem. Ibidem, p. 129.
[477] Idem. Ibidem, p. 130. Embora, neste momento, reitere a insuficiência normativa da hermenêutica filosófica.
[478] Idem. Ibidem, p. 157-158.

Constata-se, portanto, que Castanheira Neves reconhece que a intencionalidade do sistema não fechará a normatividade do problema – e nem poderá fazê-lo, sob pena de não atender ao primado metodológico deste. Quando afirma que os problemas não são apenas aqueles suscitados pelo sistema, reconhece a abertura a um horizonte histórico e, neste momento, não vemos como afastar o pano de fundo do horizonte hermenêutico suscitado por Fernando Bronze. Além disso, a intencionalidade pressuposta do sistema, que (pré)condiciona perguntas e respostas com as possibilidades interrogativas de seus princípios, não pode se encontrar fora de um horizonte hermenêutico, posto que a condição de possibilidade para pensá-las é estar pensando em "algo", ou seja, em uma imagem "análoga" – seja no modelo fenomenológico husserliano, que concebe essa possibilidade a partir da "intencionalidade da consciência", seja no modelo hermenêutico.

Desse modo, considerando uma leitura aproximativa de Castanheira Neves e Fernando Bronze, acreditamos que o modelo proposto pelo primeiro só se torna viável ao que ele se propõe – primado metodológico do problema – se for concebido no horizonte hermenêutico, onde, de fato, acreditamos que ele esteja, não obstante a sua resistência à hermenêutica filosófica de Gadamer. O que Castanheira Neves entende como "intencionalidade do sistema", que marcaria a juridicidade da compreensão, não poderá ser outra coisa senão uma *imagem análoga* a um problema e só poderá ser pensado no "horizonte hermenêutico", posto não ser possível contornar a diferença ontológica e conceber o *sistema* como uma unidade autônoma passível de ser compreendida de modo abstrato. Se estamos diante da incontornabilidade do horizonte hermenêutico, a verificação da juridicidade da compreensão de um problema deve ser concebida dentro dos limites paradigmáticos impostos pelo modo em que nos movimentamos nesse horizonte, sendo esse um propósito do modelo a ser apresentado a seguir.

4.5.2.3. Circularidade entre sistema e problema no paradigma hermenêutico

O desafio na busca pela *correta* juridicidade da compreensão está em ter que compatibilizar a relação entre *sistema* e *problema* sem incorrer na alienação "intencional" do sistema, nem na perda de autonomia normativa da compreensão jurídica que a antecipação de sentido obtida a partir do problema. A dialética entre *sistema* e *problema* deve ser pensada na *diferença ontológica*, impedindo que a circularidade hermenêutica seja verificada mediante polos *entificados*, o que significaria uma recaída na metafísica. É que os polos dialéticos não são, a rigor, o *problema* e o *sistema*. Como vimos no capítulo anterior, assumir a diferença ontológica implica reconhecer a impossibilidade de acesso imediato ao *ente* na medida em que ele se manifestará sempre no seu *ser*. Com isso, a circularidade hermenêutica não pode ser concebida a partir dos polos dialéticos *sistema* e *problema*, pois a a diferença ontológica impediria a formação de uma circularidade entre eles. Por esse mesmo motivo, também não podemos falar em um círculo hermenêutico entre *fato* (problema) e *norma* (sistema). A circularidade hermenêutica, embora seja um legado da antiga retórica grega retomada pela hermenêutica romântica, deve ser concebida a partir de Heidegger como uma relação entre o *ser projetado* e o *ser interpretado*. Este, por sua vez, permite a entrada em uma nova circularidade e, consequentemente, um novo esforço reflexivo, um novo projeto e, assim, sucessivamente. Logo, se não é possível romper com o círculo e transcendê-lo a partir da construção de *juízos sintéticos a priori*, a virtuosidade da compreensão estará, como já abordado, no modo em que entramos no círculo. Entrar corretamente no círculo é entrar com os horizontes de sentido ampliados ao máximo. Na luta entre o *ser* desvelado e o *ser* velado, que marca a "essência da verdade", fomos levados pela "verdade da essência" historial do homem a apostar no desvelamento do *ser*, um destino assumido desde a fundação da filosofia. Para a análise da correta entrada na circularidade entre *sistema* e *problema* será necessário retomar o tema abordado há pouco sobre o *jogo* e lembrar que, primeiro, devemos nos voltar para o *problema*, pois o caráter precário do texto limitará o acontecer da racionalidade moral-prática e determinará a alienação da entrada.

Valendo-nos da força produtiva que o debate coimbrense nos proporciona, e dos limites existenciais identificados pela *fenomenologia hermenêutica*, a nossa proposta perpassa um modelo reflexivo que deve ser conduzido em "dois tempos". No primeiro, exige-se uma *abertura cognitiva* a partir do *problema*, na tentativa de ampliar o horizonte moral-prático que se desvela.[479] No segundo, uma filtragem sistêmica que garanta a manutenção da autonomia normativa do direito em face da moral e, por conseguinte, a juridicidade da compreensão.

4.5.2.3.1. O jogo dialógico contratextual em face do problema

Neste *primeiro tempo*, a realidade complexa em meio à qual a conduta se dá deve ser enfrentada direta e *contratextualmente*. O objetivo é promover uma abertura compreensiva do caso concreto que não obstaculize o acontecer da razão moral-prática que emergirá fenomenologicamente. Essa perspectiva poderia, por parte daqueles que defendem a necessidade de redução de complexidade em sociedades complexas, atrair a crítica quanto à sua inviabilidade. De fato, não podemos ignorar a complexidade e a liquefação de sentidos que a modernização provocou, nem tampouco acreditar que iremos mapear esse universo plural mediante uma reflexão abstrata. Porém, a sustentação dessa abordagem problemática *contratextual* está pautada no ente. Dito de outro modo, o *problema* é o nosso redutor de complexidades; é *nele* que *jogamos* e *nele* que compreendemos. Assim, só se trabalha com as variáveis que o caso apresenta, isto é, com as demandas que o *problema* demanda. Novas demandas já pressuporão novos *problemas*. Isso, entretanto, não significa que a redução de complexidade feita a partir de um determinado *problema* não seja importante para novos *problemas*, pois trará parâmetros significativos para a comparação através da diferença.

No *jogo* em que nos abrimos ao *problema*, também nos abrimos ao *outro*. O problema da alteridade não é ignorado pela concepção hermenêutica, muito pelo contrário. O *jogo* só pode ser jogado com o *outro*. Primeiro, porque o diálogo que todos nós somos *desde já* e *sempre* permite que joguemos com o *outro* a partir do próprio *ente*, independente de sua presença atual, pois o *ser* desvelado será sempre *intersubjetivo*. Segundo, porque podemos potencializar esse diálogo através da dupla estrutura da linguagem, jogando com o outro em um "*diálogo* apofântico"

---

[479] Essa distinção, guardada as devidas diferenças paradigmáticas, é correlata aos momentos de abertura cognitiva e de fechamento operativo descritos por Niklas Luhmann em seu modelo autopoiético. Cf. LUHMANN, Niklas. *El derecho de la sociedad*, 2002.

que, embora sustentado "como" hermenêutico, permite que o *ente* seja mostrado em novas perspectivas. Neste momento de abertura, o diálogo se dá com a comunidade, através da necessária presença de atores que representam os *novos movimentos sociais* e todos os outros segmentos. Sua realização se dá não apenas na forma clássica de audiências públicas, mas também pode se valer de textos *não normativos*, especialmente oriundos da *literatura*, da *sociologia*, da *criminologia*, da *filosofia*, e de outras ciências críticas. É o momento de pensarmos e discutirmos uma *teoria da justiça* que não esteja condicionada ao sistema jurídico institucionalizado e que possa contribuir, no momento subsequente, para a identificação do conteúdo material dos princípios jurídicos. O momento de abertura contratextual é uma etapa privilegiada para a formação de um diálogo interdisciplinar, fato que só se torna possível porque assumimos o problema como o elemento que tematiza a formação da *rede*. O modelo problemático situado reflexivamente em dois tempos é, portanto, condição de possibilidade para pensarmos a interdisciplinaridade e a crítica sem, entretanto, prejudicarmos a autonomia do direito.

O *jogo* no *problema* e com o *outro* visa, pelo menos em um primeiro momento, à identificação dos verdadeiros motivos do dissenso. Essa identificação exige que o diálogo esteja imunizado de artifícios metafísicos que permitiriam aos sujeitos não manifestarem os verdadeiros vetores de racionalidade de suas pretensões. Os argumentos despóticos da metafísica vestem os sujeitos e impedem que eles se responsabilizem pelas reais motivações do seu discurso. É necessário que os sujeitos se mostrem *nus*, despidos dos utensílios encobertadores da técnica, para que o dissenso seja revelado sem dissimulações. Como vimos anteriormente, o correto mapeamento da zona dissensual não nos levará, necessariamente, a um consenso – especialmente pela ausência do distanciamento histórico necessário à identificação de uma tradição autêntica – mas amplia significativamente as possibilidades do mediador que assume esse desiderato. De qualquer sorte, permite ainda a densificação do pano de fundo ontológico que permeia os conflitos sociais, desonera o direito de sua função regulatória complementar e, com ele, toda estrutura institucional voltada para a solução de conflitos. É aqui que enxergamos a solução para a crise do Judiciário no Brasil, uma vez que as emendas procedimentais[480] até então verificadas só afastam o direito da *coisa mesma* e, consequentemente, estimulam o litígio como uma aposta no resultado favorável. No "jogo de azar" o Poder Judiciário é transformado em cassinos, as audiências, em mesas de *poker*, e os juízes, em *croupiers*.[481]

A abertura permitida pelo *jogo dialógico contratextual* amplia o horizonte de sentido, densifica as referências ontológicas que permitem consensos e, ao mesmo tempo, delimita a zona de conflito para a atuação pragmática do sistema jurídico. O momento de abertura retratado não garantirá, portanto, a realização do consenso, sendo justamente essa a razão pela qual necessitamos de um processo dialógico mediado por um sistema jurídico. Essa constatação poderia, entretanto, nos levar a pensar que os limites de uma razão moral-prática não especializada implicaria seu abandono e substituição por uma razão jurídica. Diante da insuficiência da razão

---
[480] Nesse contexto, estão, por exemplo, as súmulas vinculantes, as súmulas impeditivas de recurso e o "julgamento de balaio" ao qual foram submetidos os recursos especiais.
[481] CARNEIRO, Wálber Araujo. *O direito e o jogo*, 2007.

moral-prática, poderíamos também imaginar que a razão jurídica não apenas seria capaz de dar conta dos problemas ligados à correção de nossas ações, como também deveria se distanciar da moral, imunizando-se da indeterminação presente neste modelo regulatório. Mas, é um equívoco achar que a autonomia do direito pode ser garantida através da eliminação da moral, isto porque uma concepção que equipare direito à sua norma positiva não terá alternativa a não ser recair no decisionismo e na discricionariedade. Devemos lembrar que o veredito de Kelsen sobre a impossibilidade de um direito justo corresponde também à impossibilidade de um direito positivo seguro, na medida em que a produção autorreferencial do direito – normas que regulam e determinam a produção de outras normas – não pode abrir mão da discricionariedade e da criatividade política dos intérpretes autênticos. Abrir mão da moral na tentativa de encontrar, do outro lado, um direito positivo seguro é, portanto, uma ilusão. Por outro lado, poderíamos também acreditar que a inexorável insegurança de um modelo positivista puro poderia, em situações extremas, ser corrigida pela moral, assim como imaginou, por exemplo, Radbruch.[482] Essa percepção, entretanto, pressupõe a admissão de uma premissa tão equivocada quanto à solução pretendida. Acredita-se que o resultado injusto seja, de fato, um resultado exclusivamente jurídico-normativo, o que pressupõe diferenciar direito e moral a partir de um relacionamento de fronteira. As insuficiências do direito positivo não são insuficiências do seu "alcance", o que nos levaria a crer que, dentro do seu alcance, ele seria suficiente. Na verdade, não conhecemos os limites desse alcance, o que torna a insuficiência do direito positivo algo que está para além de seus limites estruturais, atingindo todo o *corpus* normativo. Neste ponto, retomamos o problema do necessário reconhecimento da co-originariedade hermenêutica entre direito e moral, o que significa dizer que o direito positivo sempre padecerá de uma insuficiência cognitiva. Com isso, a autonomia do direito em relação à moral não pode ser buscada na inexistente relação de fronteira entre ambos, mas através de uma filtragem jurídica da moral. Para tanto, é fundamental, antes mesmo de enfrentar o sentido do sistema, assumir o problema como um redutor de complexidade, delimitando o espaço dissensual deixado pela moral e, ao mesmo tempo, determinando o âmbito de incidência do direito. Essa é a forma adequada de entrar na circularidade entre o sentido do *problema* e o sentido do *sistema*, tornando-a virtuosa.

4.5.2.3.2. O jogo e o diálogo problemático em face do sistema

Cumprida a etapa *contratextual*, somente agora podemos iniciar o *segundo tempo* do nosso processo reflexivo, quando a dimensão apofântica poderá ser compreendida a partir de um horizonte hermenêutico amplificado e densificado. De modo semelhante à estratificação proposta por Castanheira Neves, enfrentaremos em um *primeiro nível* apofântico o conteúdo substancial dos *princípios jurídicos*; em um *segundo nível*, o conteúdo tecnológico das *regras jurídicas*, opções político-estratégicas do sistema; em um *terceiro nível* a *doutrina*, rede dialógica decorrente da produção acadêmica e, em um *quarto nível*, a *jurisprudência*, tradição institucionalizada derivada da concretização do direito pelos tribunais.

---

[482] Cf. RADBRUCH, Gustav. *Arbitrariedad legal y derecho supralegal*, 1962.

O modo como o pós-positivismo[483] vem tratando os *princípios* não representa a ruptura com o modelo de racionalidade estratégica que eles deveriam promover. Busca-se nos princípios um conteúdo semântico que eles não possuem e, com isso, quer-se que eles digam aquilo que não podem dizer. Os princípios não se comprometem com uma determinada solução político-tecnológica, a exemplo do que faz a regra. Assim, se os princípios dissessem algo para além de uma mínima e necessária entificação[484] voltada à institucionalização de *razões práticas* deixariam de cumprir o seu papel. Ao não dizerem nada sobre uma determinada solução tecnológica, os princípios podem, por outro lado, "ouvir" tudo sobre a institucionalização da razão moral-prática. Mas, a totalidade de seu conteúdo valorativo e substancial jamais será enxergada no texto, sendo ela ontológica,[485] o que coloca os princípios na condição de *existenciais*. O fundamento de sua juridicidade deriva, portanto, de um processo histórico de institucionalização da razão moral-prática que deve, como afirmamos acima, ser precedido de um desvelamento *dialógico* e *contratextual*, permitindo, nessa segunda etapa, a conexão do conteúdo axiológico sustentado existencialmente à carga deontológica de princípios enunciados no sistema. Boa parte das correntes pós-positivistas, entretanto, olha os princípios como tecnologias, pois buscam a partir de seu texto um sentido clarividente justificado a partir de modelos metodológicos inapropriados, como vimos na crítica à chamada "nova hermenêutica constitucional". Se a precariedade apofântica dos princípios for confundida com a sua totalidade existencial, acreditaremos que eles "dizem" aquilo que deveria ser por eles "escutado". Com a eliminação da necessária reflexão dialógica sobre a institucionalização da moral, não saberemos se aquilo que está sendo dito é, de fato, o que deveria ser "escutado" pelos princípios, o que camufla a discricionariedade do intérprete e marca essa aposta pós-positivista com ilusões metodológicas semelhantes àquelas que estavam presentes no positivismo primitivo do séc. XIX.

Se analisarmos o padrão de racionalidade presente em pretensões de correção fundamentadas em princípios, logo perceberemos que tem sido comum colocar "palavras na boca" desses princípios. Quando sustentamos, por exemplo, em nome do princípio da *dignidade da pessoa humana*, que o Estado forneça estimulantes sexuais a um idoso[486] ou que células tronco descartáveis não devem ser objeto de pesquisa científica, não estamos nos movimentando na integralidade daquilo que esse princípio ouviria na abertura cognitiva contratextual e, portanto, deontologizamos algo que, muito provavelmente, estaria fora do âmbito dissensual no qual o direito se movimenta. No fundo, a sensação de que a *dignidade da pessoa humana* nos

---

[483] "*Se podría afirmar que es postpositivista toda aquella teoría que ataca las dos tesis más importante del positivismo conceptual: la tesis de las fuentes sociales del derecho y la no conexión necesaria entre el derecho y la moral. En un cierto sentido la teoría jurídica actual se puede denominar postpositivista precisamente porque muchas de las enseñanzas del positivismo han sido aceptadas y hoy todos en un cierto sentido somos positivistas.*" CALSAMIGLIA, Alberto. *Postpositivismo*, 2008.

[484] STRECK, Lenio. Verdade e consenso, 2009, p. 321

[485] "Como no conceito de direito, o lógico se 'ontologiza' nas mãos de Cossio". MACHADO NETO, A. L. Compêndio de introdução à Ciência do Direito, 1988, p. 53.

[486] Tem sido comum no Brasil o uso do princípio da dignidade da pessoa humana para fundamentar qualquer tipo de decisão e, dentre elas, a concessão de *Viagra* para idosos. O fato de a impotência sexual *ser* uma desfunção humana não implica, em razão de uma suposta relação de causalidade, *dever ser* a prestação pelo Estado de um medicamento voltado para a correção dessa disfunção. Entre os planos do *ser* e do *dever ser* há muitas coisas que devem ser discutidas.

"diz" tudo decorre de sua totalidade existencial que, no fundo, representa a tentativa de retomada da tradição antropológica do direito moderno. Se a nossa pretensão é resgatar a razão moral-prática – e esse é o motivo pelo qual invocamos a normatividade dos princípios – falar em *dignidade da pessoa humana* nesse paradigma é uma tautologia, pois é o mesmo que dizer que direito é direito. A *dignidade da pessoa humana* representará aquilo que de mais geral pode ser dito sobre o direito e, em sendo assim, em nome dessa mesma dimensão antropológica, haverá inúmeras variáveis que deverão ser levadas em conta no *jogo dialógico* de abertura *contratextual*. Estaremos diante de uma totalidade existencial e, como dissemos, não podemos transportar essa característica para o plano apofântico e nele construir um raciocínio dedutivo de estilo pandectista. A *dignidade da pessoa humana* enquanto princípio jurídico "ouve" tudo que está relacionado a esse caráter antropológico, impede a sustentação de inúmeras possibilidades tecnológicas, mas, ao mesmo tempo, nos diz muito pouco sobre uma solução concreta.

Entretanto, ainda que princípios não possam ser aplicados em um sentido primitivo, são eles que possibilitam a aplicação verdadeiramente pós-positivista do direito, que, enquanto tal, se manifestará derradeira e impreterivelmente no nível das *regras*.[487] Não é possível pensar o modelo de regulação jurídica sem regras, pois algo terá que dizer, em algum momento, o que devemos ou não fazer. Princípios são conexões que sustentarão essas regras, bloqueando através de seu conteúdo deontológico – que é derivado do alinhamento compreensivo obtido no *jogo dialógico contratextual* – possibilidades aplicativas e, ao mesmo tempo, determinando a opção por outra. Com isso, não queremos dizer que a ausência de regras significará a impossibilidade de aplicação do direito em uma situação concreta, tampouco que essa ausência impediria a concretização imediata de direitos fundamentais. Em primeiro lugar, porque dificilmente não teremos regras que auxiliem a concretização do direito, uma vez que a ruptura com o modelo lógico-semântico permitirá (e exigirá) que a circularidade dialógica com o sistema leve em consideração esquemas deônticos que, *prima facie*, não estariam vinculados ao *problema*. Como a redução de complexidade se dá a partir do *problema*, ele poderá demandar aproximações inusitadas sem que nos percamos na complexidade do *sistema*. Em segundo lugar, porque a exigência de um diálogo com a totalidade do *sistema* – permitida pela redução de sua complexidade via a demanda do problema – impõe um novo desenho para o modelo de *check and balance*[488] e, com isso, permite compatibilizar a criatividade judicial com os parâmetros democráticos, desde que atravessado pela proposta *heterorreflexiva*.

O diálogo com a totalidade do sistema deve avançar para um segundo nível de sua estratificação, onde iremos encontrar as *regras*. Ao contrário dos princípios, as regras são, por sua vez, pura técnica, soluções *standards*. Desde que estejamos conscientes do que ela representa – ou seja, dos "perigos da técnica" – cumpre uma fun-

---

[487] Embora a visão de aplicação dos princípios se diferencie da que Robert Alexy propõe, concordamos que a normatividade dos princípios não prescinde das regras. Por isso Alexy irá chamar os princípios de "mandados de otimização". De fato, a aplicação do direito sempre resulta em uma regra, ainda que para a sua construção a intervenção judicial e a sustentação existencial-institucional dos princípios tenham sido decisivas. O dispositivo de uma sentença, o comando de um agente de trânsito ou a ordem de um gestor público têm de dizer o que temos de fazer. Essa instrumentalização marca o caráter de regra.
[488] Cf. CARNEIRO, Wálber Araujo. *O novo código civil e as políticas públicas*, 2008, p. 18-19.

ção determinante para o direito. Ao contrário dos princípios, "ouvem" muito pouco sobre os valores que atravessam a racionalidade moral prática, mas dizem muito sobre soluções específicas para determinados casos.[489] As regras são programas e protagonizam no sistema uma função de estabilização de expectativas congruentes, além de servirem de apoio para decisões em caso de conflito.[490] A contingência da conduta e complexidade social[491] demandam reduções de complexidade que são levadas a cabo através das regras. Entretanto, a estruturação dessa complexidade só traz resultados eficazes se as regras apontarem o problema para o qual ela é adequada, caso contrário, ela, ao reduzir a complexidade social, ampliará de tal modo a complexidade do sistema que nos perderemos em seu emaranhado de normativo. Por isso é que entendemos que as regras só cumprirão o seu papel se o pano de fundo hermenêutico que determinar a sua dimensão semântica tiver sido previamente ampliado e densificado. Caso contrário, estaremos sujeitos à dissimulação da técnica e à *disposição* do direito. O que observamos hoje no direito é que as expectativas não se tornam congruentes, uma vez que os sujeitos envolvidos em um dado conflito dão à regra sentidos divergentes. A convergência a ser garantida pela regra pressupõe uma redução de complexidade *contratextual* de expectativas congruentes através do problema, em contraposição à redução *contrafática* via sistema.

A colocação do *problema* como elemento redutor de complexidade contorna as dificuldades que demandaram a interpretação da regra tal qual a conhecemos hoje, identificada sob o influxo da *hermenêutica jurídica clássica*. A regra sempre foi vista como aquela norma jurídica que copia a conduta humana e que, portanto, poderia substituí-la no processo cognitivo. Seja no paradigma subjetivista (*vontade do legislador*), seja no objetivista (*vontade da lei*), a hermenêutica jurídica é marcada pela tentativa de ver na regra a própria conduta, pois aí estariam as condições de possibilidade para um modelo seguro e apto a estabelecer bases racionais para o desenvolvimento do capitalismo, bem como compatível com a divisão interna de poderes do Estado. Nesse ponto, justamente por ignorar a incontornável dimensão pragmática do fenômeno linguístico, a relação entre *regra* e *interpretação* sempre foi mitológica, conclusão que iria mais tarde desaguar na inexorável discricionariedade da interpretação da regra.[492] Nessa perspectiva, está correto afirmar que há sempre várias interpretações possíveis para uma mesma regra, mas isso não permite concluir a impossibilidade de respostas corretas em direito, tema que ainda iremos abordar ao final. Sendo o *problema* o redutor de complexidade, a pergunta não é sobre aquilo que a regra quer dizer, mas sobre aquilo que a regra diz acerca do nosso problema. Não nos perguntamos, por exemplo, sobre qual *filme* corresponderá à adaptação correta de um *romance literário*, mas se um *determinado filme* pode ser considerado uma adaptação autêntica de um *determinado romance*. Rompemos,

---

[489] Neste aspecto, concordamos com Humberto Ávila quando ele afirma que as regras são normas "imediatamente descritivas" e "abrangentes". ÁVILA, Humberto. *Teoria dos princípios*, 2006, p. 78.
[490] Cf. LUHMANN, Niklas. *Sociologia do direito I*, 1983, p. 57e 103.
[491] "Complexidade deve ser entendida [...] como a totalidade das possibilidades de experiências ou ações, cuja ativação permita o estabelecimento de uma relação de sentido – no caso do direito isso significa considerar não apenas o legalmente permitido, mas também as ações legalmente proibidas, sempre que relacionadas ao direito de forma sensível, como, por exemplo, ao se ocultarem." LUHMANN, Niklas. *Sociologia do direito I*, 1983, p. 12-13.
[492] Cf. KELSEN, Hans. *Teoria pura do direito*, 2000, p. 390-395.

desse modo, com a visão clássica sobre a regra e ampliamos as possibilidades de uso (consciente) dessa tecnologia. Uma regra que estabelece, por exemplo, o rol de doenças que autorizam o pagamento de um determinado seguro social pode, em um modelo problemático, ser determinante para responder a uma demanda que não envolve questões ligadas à previdência ou à saúde. No fundo, aquilo que a hermenêutica jurídica clássica queria resolver sob o manto mitológico da interpretação lógico-sistemática sempre foi, em verdade, uma imposição orgânico-problemática, o que nos leva novamente a afirmar que, ao falarmos de *sistema*, estamos distantes daquilo que sempre se entendeu como sendo *sistemático*.

O terceiro nível aqui trabalhado rompe com a ordem reflexiva proposta por Castanheira Neves, uma vez que no lugar da *Jurisprudência* propusemos a doutrina e suas estruturas analítico-conceituais. São dois os motivos que nos levam a essa inversão. O primeiro diz respeito à circularidade concêntrica que o segundo tempo reflexivo exige, isto é, um movimento que parte do mais abstrato para o mais concreto e que busca reencontrar o problema no fechamento do círculo.[493] O processo reflexivo deve promover a passagem da razão-moral prática ontologicamente densificada – *primeiro tempo* – para a carga deontológica construída institucionalmente em torno dos princípios; evoluir para as soluções tecnológicas propostas pelo sistema – legitimadas e concebidas como tal pelos princípios – e, logo em seguida, analisar os ajustes dogmáticos promovidos pela doutrina. A doutrina – especialmente na tradição romano-germânica – desenvolve seus postulados sem fazer referência aos problemas concretos que demandaram determinada classificação ou conceito, muito embora uma determinada situação concreta tenha que ter sido idealizada por imposição da *applicatio*. De qualquer sorte, terá um grau mais abstrato que a jurisprudência e mais concreto que o texto normativo, colocando-se entre eles.

O segundo motivo está ligado à legitimação do sistema, pois enxergamos a doutrina como o produto de pesquisas universitárias conectadas com a comunidade (extensão) e, consequentemente, mais próxima do corpo político. De fato, são poucos os doutrinadores que cumprem esse papel – sendo estes os únicos que consideramos doutrinadores. A maioria daqueles que poderiam cumprir esse papel dispensam o seu tempo na reprodução sistematizada de um suposto sentido das normas e jurisprudências dominantes, de modo a disponibilizar instrumentos para a preparação de candidatos aos concursos públicos. O modelo acéfalo dos concursos e, por conseguinte, da reprodução do "saber" que gira em torno da preparação estratégica para essas provas, necessária e legítima para aqueles lutam por sua dignidade, retira a doutrina da sua condição essencial: doutrinar.[494] A doutrina deve assumir a pretensão de ditar os rumos da jurisprudência, pois nela os erros históricos não provocam danos, já que estão diluídos em uma rede de conhecimento. Os acertos, entretanto, uma vez estabilizados nessa rede podem acenar para a quebra da coerência do sistema em nome da integridade do direito, garantindo a legitimidade dessa ruptura no diálogo que a doutrina exercita diuturnamente. Se a busca pela integridade do direito depende das decisões concretas que, reiteradas, formarão a jurisprudência, a colocação

---

[493] Dworkin, ao descrever a análise de Hércules em um *hard case*, também propõe círculos concêntricos na análise de casos paradigmáticos, que vão de similitudes mais genéricas a questões mais específicas. DWORKIN, Ronald. *O império do direito*, 1999, p. 300.

[494] "E a doutrina deve voltar a doutrinar e não se quedar submissa e caudatária da 'jurisprudência'". Súmulas, vaguezas e ambiguidades, 2009.

dessa prática acima da doutrina produz uma circularidade viciosa. O rompimento desse círculo, por sua vez, impede a estabilização do sistema, uma vez que na jurisprudência não é permitido "ensaiar" decisões. Se essas tentativas forem assumidas pela primeira instância sem a legitimação da doutrina – e hoje isso ocorre com frequência, seja pelo solipsismo do julgamento, seja pela omissão da doutrina – iremos sobrecarregar demasiadamente as instâncias superiores e "travar" o sistema.

A visão que temos da doutrina exige, portanto, uma *destruktion* da clássica *teoria das fontes*.[495] A doutrina não é a opinião de Orlando Gomes ou de Paulo Bonavides, embora sejam eles verdadeiros doutrinadores, pois sempre disseram o que o direito deveria ser e nunca estiveram submissos àquilo que diziam os tribunais. O fato de uma depuração analítica proposta por um determinado doutrinador não ter força cogente é, portanto, o motivo pelo qual se diz que doutrina não é fonte.[496] Mas isso não significa que a rede doutrinária possa ser ignorada e, considerando que o direito não é algo dado, que essa mesma rede não seja determinante para a construção daquilo que entendemos ser o direito. Atualmente, ou entendemos que a doutrina não é fonte e, em razão disso, acreditamos estar desonerados de seu enfrentamento, ou, em um posicionamento aparentemente oposto, sustentamos que a opinião de determinado doutrinador é fonte do direito e, com isso, acreditamos que a adesão ao seu modelo legitima nossa pretensão corretiva. Na verdade, nas duas situações não enfretamos a rede doutrinária, seja porque a ignoramos abertamente, seja porque fundamentos o nosso posicionamento em uma perspectiva isolada.

No quarto e último extrato encontramos a jurisprudência. Ela fica por último não apenas porque representa o resultado da reiteração de sentidos jurídicos conferidos ao *problema*, mas também porque estará sempre diante dele.[497] Embora o processo brasileiro veja os precedentes e o modelo de *stare decisis* do direito norte-americano[498] de modo incompatível com a perspectiva problemática, o nível reflexivo da jurisprudência é, sem dúvida, aquele em que – pelo menos potencialmente – podemos retornar à concretude do problema, fechando as duas pontas do círculo formado entre o *sentido do problema* e o *sentido do sistema*. Para que isso seja possível, devemos estar atentos ao modo como devemos utilizar a jurisprudência, inclusive aquelas que assumem uma força vinculante – a exemplo das súmulas

---

[495] "A doutrina é o pensamento dos estudiosos do Direito reduzido a escrito em tratados, compêndios, manuais, monografias, teses ou comentários à legislação. Já foi fonte fonte quando um imperador romano determinou que nos casos controvertidos devia prevalecer a opinião de Gaio, Papiniano, Ulpiano, Paulo e Modestino. Não pode mais ser considerada fonte formal do Direito. Nas obras que publicam, os escritores manifestam opiniões pessoais, que, por mais abalizadas, carecem de força vinculante." GOMES, Orlando. *Introdução ao direito civil*, 1996, p. 47-48.

[496] "Enquanto que as fontes revelam *modelos jurídicos* que vinculam os comportamentos, a doutrina produz *modelos dogmáticos*, isto é, *esquemas teóricos*, cuja finalidade é determinar: *a)* como as fontes podem produzir modelos jurídicos válidos; *b)* que é que estes modelos significam; e *c)* como eles se correlacionam entre si para compor figuras, institutos e sistemas, ou seja, modelos de mais amplo repertório". REALE, Miguel. *Lições preliminares de direito*, 2004, p. 176.

[497] Excetua-se aqui as ações de controle abstrato de constitucionalidade e, até mesmo, os incidentes abertos no controle difuso que, a rigor, não é feito à luz do caso concreto, embora receba esse nome. De todo modo, entendemos essas práticas como resquícios de uma visão estratificada de sistema que assume uma dinâmica de derivação e fundamentação puramente normativa. Temos que ultrapassar esse modelo de ordenamento jurídico em direção a uma concepção orgânica e circular que assuma sua unidade a partir do problema.

[498] CARNEIRO, Wálber Araujo. *Súmulas vinculantes*, 2006, p. 289-303.

e das decisões com efeito *erga omnes*. Jamais poderemos enxergar a jurisprudência como um ponto de partida, pois sua normatividade não pode estar dissociada do sistema no qual ela está inserida. Estamos diante de um debate semelhante àquele que envolve o caráter de fonte de direito da doutrina, embora no caso específico da jurisprudência sua vinculação estatal e as necessidades pragmáticas de segurança tenham construído a ideia de que ela é, de fato, uma fonte vinculante. No fundo, ela deve ser tão vinculante quanto à doutrina e se o modelo *heterorreflexivo* aqui proposto se mostrasse dominante, sequer precisaríamos hipertrofiar essa característica através da adoção de súmulas expressamente vinculantes. Como já dissemos em outra oportunidade,[499] a jurisprudência – seja ela expressamente vinculativa ou não – é um dizer sobre o modo como o direito *está sendo* concretizado e, em sendo assim, a reiteração desses pronunciamentos jamais poderá permitir que esse dizer seja considerado uma norma jurídica que se fundamenta em si mesma. Nem mesmo a lei ou a constituição – considerando a diferença ontológica e a necessária conexão com os princípios e, consequentemente, com a razão moral-prática densificada no *jogo dialógico contratextual* – poderão se fundamentar em si mesmos. A jurisprudência é o resultado de uma circularidade e, portanto, exige na sua utilização uma reconstrução dos elementos que sustentam o seu sentido, o que inclui o *problema* que demandou as decisões históricas; os *princípios*, que deontologizaram a razão moral-prática densificada contratextualmente; as *regras*, cuja tecnologia foi levada em conta mesmo que indiretamente e, mais ainda, a *rede doutrinária*, que legitima essa leitura jurisprudencial. Entretanto, o que vemos na prática jurisdicional, tanto na perspectiva do julgador, quanto na perspectiva do demandante, é que a jurisprudência – muitas vezes resumida a um acórdão ou, ainda pior, à sua ementa – constitui um ato *ex nihilo*, mesmo que não possuam expresso caráter vinculativo.

A dimensão sistêmica, portanto, uma vez ontologizada por sentidos desvelados no *jogo dialógico contratextual*, mostra o ente em novas perspectivas e pode, mesmo em face da zona dissensual na qual ela se movimenta, buscar soluções pragmáticas para a pacificação dos conflitos e assumir uma dinâmica de convergência, compatibilizando segurança e legitimidade. Ainda que os sujeitos envolvidos e a força da tradição não sejam suficientes para garantir o alinhamento de projetos compreensivos diante de questões novas – a exemplo do que acontece com a estética da arte contemporânea – a impossibilidade de manutenção do dissenso será ela mesma a força *catalizadora* de uma solução pragmática a partir do direito. Caberá ao sistema, entretanto, continuar aberto para a recepção de novos alinhamentos compreensivos obtidos no *jogo dialógico contratextual* e, em nome de sua integridade, promover a atualização. A complexidade do sistema, sua história institucional e, ao mesmo tempo, sua capacidade de atualização, serão, portanto, fatores determinantes para que seja possível pensar em *respostas corretas*, mesmo quando os problemas apontados acima a caracterizem como pragmática.

4.5.3. A argumentação jurídica como diálogo

Como vimos no capítulo anterior, o modelo dialógico que propomos não equivale à tentativa de construir, pragmaticamente, consensos sustentados em balisas

---

[499] CARNEIRO, Wálber Araujo. *Súmulas vinculantes*, 2006.

procedimentais, distanciando a fundamentação dos discursos de uma ontologia substancialista supostamente diluída na complexidade contemporânea e sem força integrativa. Vimos que esse modelo, não obstante levantar questões de fundamental importância na contemporaneidade – tais como o problema da democracia em sociedades complexas – opera no nível apofântico da linguagem e busca nos discursos de fundamentação uma validade *prima facie*, o que não os isenta da necessária adequação a situações concretas. O diálogo aqui proposto se sustenta e, ao mesmo tempo, é impulsionado por um pano de fundo de sentido que estabelece, necessariamente, uma zona consensual a partir da qual se é possível, através do constrangimento ontológico decorrente da imunidade metafísica, identificar a verdadeira causa do dissenso, permitindo a abertura ao *outro*. No diálogo estão as condições de possibilidade para o trato da alteridade em sociedades complexas e plurais. O conflito entre membros de uma comunidade ou até mesmo entre culturas trará consigo, necessariamente, uma zona consensual capaz de constranger os sujeitos envolvidos e impulsioná-los ao consenso, o que pressupõe a discussão em torno da *coisa mesma* e a eliminação dos artifícios metafísicos, tais como a imposição despótica de "naturezas" ou a identificação de sentidos por intermédio de *métodos constitutivos*, ambos ainda entranhados no discurso jurídico. A incapacidade para o diálogo denunciada por Gadamer e retratada no capítulo anterior é, antes de tudo, uma fuga, um "esconder-se" possibilitado por mecanismos derivados das diferentes formas de metafísica. Não viramos a cara para o *outro* sem antes dar uma "desculpa esfarrapada", ora possibilitada pela suposta clarividência da natureza de um determinado objeto ou instituto jurídico (metafísica objetificante); ora pautada em esquemas metodológicos solipsistas (metafísica subjetificante); ora pautada na impossibilidade técnica (assujeitamento do sujeito ao sistema) e ora pautada na imposição autoritária como única alternativa para o funcionamento do sistema (vontade de poder). Todas essas formas esvaziam as possibilidades dialógicas porque retiram do sujeito a responsabilidade de sua atuação. Trazendo esse debate para a nossa proposta hermenêutica *heterorreflexiva*, devemos, de antemão, ressaltar as funções que o diálogo assume nesse modelo, alinhadas imediatamente com a *vigilância* e com a *alteridade*.

É possível constatar que dialogar consigo mesmo é necessário, pois representa uma atitude reflexiva sobre nossas possibilidades compreensivas. Esse momento *autorreflexivo* exige a pressuposição de que há algo no *ente* que ainda não observamos; que há algo encoberto e que, por isso, devemos continuar procurando sem nos deixar levar pelas primeiras impressões. Significa que devemos girar o *ente* e deixar com que ele nos surpreenda, o que equivale dizer que devemos deixar que o *ente* "venha à fala". Não veremos o *ente* desvelado por aquilo que ainda não podemos desvelar, mas entre a antecipação de sentido que se dá diante de uma primeira perspectiva e a máxima ampliação decorrente de uma *vigilância* reflexiva há uma diferença significativa. Sabemos que o nosso *ente* é uma determinada situação concreta e, portanto, devemos estar *vigilantes* para a possibilidade – bastante provável – de que esse *ente* sempre tenha algo mais a nos dizer. Devemos buscar novas perspectivas aleatórias, primeiro em um movimento *contratextual* e, em seguida, na circularidade entre o sentido do *problema* e o sentido do *sistema*, como acabamos de ver. Trata-se, portanto, de deixar o caso concreto "vir à fala" na tentativa de esgotar as possibilidades de uma razão moral-prática e, em segundo momento, iluminar o *ente* com o sistema na tentativa de filtrar projetos inviáveis à luz dessa dimensão deontológica que construímos a partir das zonas consensuais.

O mesmo espaço reflexivo que viabiliza uma atitude vigilante do intérprete face à sua finitude, também permite a interceptação de um processo reflexivo aberto à alteridade. Deixamos a primeira dimensão (*autoreflexiva*) e assumimos uma segunda possibilidade, agora *heterorreflexiva*. Devemos partir do pressuposto que, por mais vigilantes que estejamos, a busca aleatória não cobrirá todas as perspectivas possíveis, razão pela qual a presença do *outro* se faz necessária. Assumir essa possibilidade não significa acreditar que a nossa compreensão – nos moldes delineados pela analítica existencial – é solipsista, uma vez que a condição de possibilidade para a compreensão é o estar com o *outro* nessa casa chamada linguagem. Aquilo que se projeta na compreensão já é um sentido construído intersubjetivamente, razão pela qual não podemos falar em compreensões arbitrárias, conforme já comentamos alhures. Mas, o fato de a compreensão se pautar em uma dimensão hermenêutica intersubjetiva não significa que não seja possível e, principalmente quanto ao direito, necessário quebrar o solipsismo também no plano apofântico, retroalimentando a dimensão hermenêutica. O diálogo faz com que aquele que compreende atinja projetos cada vez mais atualizados existencialmente e, por conseguinte, reduza ao máximo possível o encobrimento do sentido do *ente*. No acontecer fenomenológico de uma verdade que também é, essencialmente, não verdade, a "essência da verdade" historial exige um processo de abertura dialógico que amplie as nossas possibilidades desveladoras e, no que diz respeito ao direito, legitime o processo compreensivo.

A questão do diálogo no direito pode ainda ser analisada levando-se em conta o tipo de intérprete envolvido. Sendo a hermenêutica uma matriz que promove o giro linguístico sem abrir mão do sujeito,[500] por essa perspectiva podemos analisar o diálogo sob a ótica do aplicador institucionalizado ou sob a ótica das partes diretamente envolvidas. Em ambas, o que deve estar em jogo é o sentido comunitário-institucional construído nos "dois tempos" já descritos, o que nos remete a um diálogo com as instituições e com a sociedade, viabilizando aquilo que já fora proposto por Häberle.[501] Essa divisão não deve ser vista, portanto, nos moldes propostos por Kelsen, onde se atribui uma autenticidade à interpretação levada a cabo pela autoridade institucionalizada em detrimento das demais interpretações tidas como inautênticas. A distinção, portanto, não se justifica face à autenticidade

---

[500] Conforme aponta Lenio Streck, essa tem sido uma questão mal compreendida. Embora a matriz hermenêutica sustentada por Heidegger e Gadammer assuma uma perspectiva analítica que envolve diretamente o sujeito, isso não quer dizer que ela seja solipsista. O sujeito é seu ponto de partida, pois considera a pergunta pelo homem como sendo a mais originária, condição de possibilidade para pensar o conhecimento – afinal, somos nós, os homens, os sujeitos desse conhecimento. Mas, devemos sempre levar em conta que a analítica existencial denuncia a nossa temporalidade e, com ela, desvela um terceiro elemento decisivo para qualquer estudo gnosiológico ou epistemológico, isto é, a linguagem. É nela que está a transcendência, e nós é que pertencemos a ela. A compreensão que acontece do sujeito não é uma construção da sua subjetividade, no sentido de um arbítrio justificado falaciosamente. Ao contrário, é um projeto que não dominamos. É o acontecer do ser que fora construído na linguagem, com o *outro*. A hermenêutica filosófica parte do sujeito para desvelar a intersubjetividade. Cf. STRECK, Lenio. *Hermenêutica e(m) crise*, 2009, p. 367 (nota n. 594)

[501] HÄBERLE, Peter. *Hermenêutica constitucional*. A sociedade aberta dos Intérpretes da Constituição, 1997.

política do sujeito, mas aos diferentes níveis de imunização estratégica, fato que levou Habermas a admitir que a perspectiva do juiz buscada por Dworkin é, de fato, a mais adequada para discutir o problema da aplicação.[502] O comprometimento do juiz é com a democracia, enquanto que as partes são levadas a pautar o seu discurso de acordo com as ações estratégicas que os beneficiariam. Mas, não obstante os diferentes graus de dificuldade que enfrentamos, o que está em jogo no diálogo, seja ele analisado sob a perspectiva das partes ou do juiz, é uma única coisa: o sentido constitucionalmente adequado de um determinado problema. Não podemos assumir a argumentação jurídica como um mecanismo de convencimento voltado para a "solução" do conflito pura e simplesmente. A pacificação como finalidade social do processo só se concretiza se ela estiver associada à possibilidade de *respostas corretas*.

Feitas as devidas ressalvas, a ênfase que o diálogo na perspectiva dos intérpretes institucionalizados revela está no problema da legitimidade democrática de suas decisões, especialmente quando tratamos de *jurisdição* e, mais ainda, quando tratamos de *jurisdição constitucional*. Esse problema gera para os órgãos do Estado que aplicam o direito, especialmente para o Poder Judiciário, um ônus de legitimação historicamente aliviado por paradigmas epistemológicos inviáveis. A legitimação do Judiciário se edifica na modernidade burguesa sob o mito da aplicação mecânica do direito, embora desde o Code Civil de Napoleão, como bem lembra Lenio Streck,[503] a possibilidade de o juiz não encontrar respostas previamente concebidas no sistema não só era admitida como também solucionada com a discricionariedade política típica do positivismo jurídico.[504] O juiz – ou qualquer outra autoridade competente para aplicar o direito – deve estar aberto ao diálogo, sob pena de não se legitimar democraticamente, uma vez que o sentido a ser atribuído a um determinado caso concreto, embora não esteja encapsulado no texto normativo, tampouco poderá ser atribuído discricionariamente. O modelo de legitimação *a posteriori* viabilizado pela imposição de fundamentação das decisões deve ser colocado sob suspeita, seja pelo fato de a fundamentação ser posta como uma tentativa de escusa da responsabilidade de atribuir sentido – o que é facilmente percebido quando modelos constitutivos de sentido são utilizados –, seja porque a fundamentação não pode ser vista como um *grand finale*, mas como um processo dialógico de constituição de sentido que não está à disposição do juiz. Ouvir e dialogar com as partes não é sequer suficiente, já que a principal conexão entre o julgador e a comunidade de intérpretes é, no *jogo dialógico contratextual*, a filosofia, a literatura, as ciências afins, e, no momento em que a circularidade se dá com o sentido do *sistema*, a doutrina. Uma decisão não apenas deve analisar todos os argumentos das partes – ainda que muitos desses argumentos não se sustentem no paradigma aqui apresentado – como também deve iluminar a situação concreta com todas as posições doutrinárias possíveis no afã de sustentar a sua legitimidade. Dialogar com a comunidade acadêmica não é citar conceitos, mas enfrentar os elementos do caso concreto na perspectiva doutrinária.

---

[502] HABERMAS, Jürgen. *Facticidad y validez*, 2001, p. 303.
[503] STRECK, Lenio. *Verdade e consenso*, 2009, p. 5.
[504] Neste sentido, vide a leitura que Bobbio faz da do art. 4º do *Código de Napoleão*. BOBBIO, Norberto. *O positivismo jurídico*, 1995, p. 75-78.

Ao lado da abertura à comunidade de intérpretes, o fechamento institucional com a jurisprudência também deve ser levado em conta. O diálogo com a doutrina e o diálogo com a jurisprudência se entrelaçam em um movimento de abertura e fechamento que correspondem à tensão retratada por Dworkin entre integridade e coerência.[505] Em sendo assim, a coerência institucional de uma decisão não deve significar, necessariamente, submissão à jurisprudência dominante. Primeiro, porque é necessário se perguntar sobre as situações em torno das quais a jurisprudência se consolidou e a similitude destas com o caso analisado; segundo, porque a abertura dialógica à comunidade de intérpretes – que deve contar com especial mediação da comunidade acadêmica – pode legitimar a quebra da coerência mesmo naqueles casos em que se admitiria a aplicação da jurisprudência consolidada aos casos concretos. Um juiz não está obrigado a julgar conforme a jurisprudência, mas a ruptura na coerência do sistema só se legitima quando estiver respaldada em uma necessária adaptação do sistema já sustentada pela comunidade jurídica, razão pela qual colocamos a jurisprudência como o quarto nível reflexivo. Colocar a doutrina em um nível anterior à jurisprudência e considerá-la como fonte reflexiva na circularidade com o problema não torna, como vimos, uma posição doutrinária isolada fonte do direito, considerando aqui o seu sentido tradicional. O julgador não está obrigado a seguir um doutrinador determinado, mas está obrigado a enfrentar (dialogar) a doutrina, aqui entendida como uma rede que congrega diferentes correntes, ainda que não sejam dominantes. A doutrina enquanto mediadora do diálogo entre sociedade e Estado ocupará um lugar de destaque em uma teoria das fontes reformulada, pois passa a ser um dado necessário ao regime democrático.

Ainda sob a perspectiva do intérprete institucionalizado, o diálogo com as partes deve ser franco. Na atual estruturação dogmática do processo não há diálogo com as partes, mas uma inquisição. Além de o juiz não estar obrigado a enfrentar todas as questões levantadas pelas partes – embora a maioria dessas questões não passe de justificativas estratégicas amparadas em um discurso metafísico – a instrução processual, um momento central para o contato do juiz com as partes e com a situação concreta, acontece mediante um total distanciamento dos sujeitos processuais e, paradoxalmente, do próprio caso concreto. Em primeiro lugar, considera-se que o juiz não deve "pré-julgar" o caso, o que poderia acarretar inclusive a sua suspeição. Ocorre que é impossível que o julgador não seja levado a um pré-julgamento, pois ele não poderá suspender os seus projetos compreensivos e eliminar justamente aquilo que permite a ele conduzir uma instrução. Com isso, o que ocorre é a ruptura de um diálogo que poderia ser extremamente profícuo para a explicitação final da decisão, já que questões até então veladas para o juiz poderiam vir à tona.

A reserva no enfrentamento do problema faz com que a tentativa de acordo entre as partes acabe se resumindo a um verdadeiro leilão, transformando o juiz em um leiloeiro: "quem dá mais?". O que deve ser discutido neste momento é o sentido jurídico do caso apresentado, o que importa em expor os projetos compreensivos que ocorrem no julgador, tornando possível um constrangimento ontológico nas partes que sustentam suas pretensões em discursos metafísicos, não obstante diversas variáveis ficarem suspensas face à necessidade de instrução. As soluções que têm

---

[505] DWORKIN, Ronald. *O império do direito*, 1999, p. 287.

sido propostas para acelerar o tempo de tramitação dos processos seguem na direção contrária à discussão da "coisa mesma" (sentido do caso concreto), uma vez que o enfrentamento em um ambiente de constrangimento ontológico seria uma alternativa para obteremos resultados melhores e mais eficazes. Contudo, ainda se aposta na *tabula rasa* como um mecanismo de distanciamento e imparcialidade do juiz. Esse modelo, ao encobrir a impossibilidade de distanciamento, acaba legitimando uma coleta de provas tendenciosa a um determinado projeto compreensivo necessariamente existente, impondo às partes uma instrução às cegas e relativa a uma causa para a qual a sentença já foi "dada".

No mesmo sentido, deve haver diálogo na oitiva das partes e das testemunhas. Entretanto, o que há é inquirição.[506] Quando o juiz impede que a testemunha diga algo além do que lhe foi perguntado, impede-se, subliminarmente, que a testemunha diga algo que mude o projeto compreensivo da decisão já antecipada pelo julgador. O argumento de que essa manifestação poderia ser cerceada face aos "limites objetivos da lide" é, no fundo, a prova de que estamos diante não apenas de uma lide previamente dada, mas também de uma decisão previamente dada sobre a lide, isso porque tais limites não são objetivos – no sentido de dados em si mesmo – mas compreensivos. Não é possível traçar os "limites objetivos da lide" sem que um caso concreto seja compreendido. O problema é que esse caso concreto compreendido pode não corresponder ao caso concreto que está sendo julgado e, portanto, é necessário deixar que a prova testemunhal venha à fala. Em alguns procedimentos, como aqueles atinentes ao processo do trabalho, não se permite que o advogado formule perguntas para a parte por ele representada, impedindo-o de esclarecer através de uma eventual resposta da parte um fato crucial para a compreensão do caso em questão. É evidente que a proposta não é tumultuar a audiência, mas estabelecer possibilidades dialógicas para a discussão do caso concreto e, para tanto, é necessário ouvir, ser ouvido e discutir o *problema* em questão. Como já foi dito, o julgador deve enfrentar todos os aspectos levantados pelas partes, ao contrário do que se consolidou na dogmática processual.[507] A justificativa para essa escusa está pautada em um paradigma epistemológico inviável, que atribui a enlaces lógicos a construção da resposta. Se isso não corresponde à realidade, faz-se necessário que o debate se dê em outra perspectiva e que se considere a decisão como um projeto a ser fundamentado e não como um fundamento que constitui uma projeção.

Vale também dizer que a responsabilidade para a reformulação desse modelo não está restrito ao julgador – não obstante o papel central que conferimos ao juiz no processo de legitimação democrática de suas decisões – cabendo aos advogados e demais representantes que postulam no processo um papel decisivo. Cabe a eles – e somente a consolidação de um novo paradigma poderia impor um constrangimento

---

[506] ROHDEN, Luiz. *Hermenêutica filosófica*, 2003, p. 185.
[507] "SENTENÇA – NÃO APRECIAÇÃO DE TODOS OS FUNDAMENTOS EXPENDIDOS PELAS PARTES – POSSIBILIDADE. A sentença é um ato de vontade do juiz como órgão do Estado. Decorre de um prévio ato de inteligência com o objetivo de solucionar todos os pedidos, analisando as causas de pedir, se mais de uma houver. Existindo vários fundamentos (raciocínio lógico para chegar-se a uma conclusão), o juiz não esta obrigado a refutar todos eles. A sentença não é um diálogo entre o magistrado e as partes. Adotado um fundamento lógico que solucione o binômio 'causa de pedir/pedido', inexiste omissão." TST – 1ª Turma – EDRR 6443/89 – Ac. 2418/90 – Rel. Min. Fernando Damasceno – DJU 15.02.91

eficaz – postular a partir da situação concreta trazida aos autos, pois isso é que será julgado, e não um conceito doutrinário ou a inconstitucionalidade de uma lei. Se analisarmos como a argumentação se desenvolve no direito contemporâneo, perceberemos que a forma retórica de demonstrações lógico-dedutivas ainda é dominante. Nas petições iniciais, veremos que o fato é estabelecido de modo meramente descritivo, o que já permite constatar o primeiro desvio hermenêutico, na medida em que se delimita descritivamente um fenômeno que não subsiste e que tem sua delimitação a partir do seu sentido, ou seja, daquilo que nas petições iniciais será retratado como *questões de direito*. Nelas, a argumentação se dá como adaptação do sentido aos fatos a partir de justificações metódicas, como se esses métodos fossem constitutivos de algum sentido. Portanto, se tecemos críticas à concepção decisionista assumida por boa parte do Judiciário, não podemos esquecer de dizer que os advogados fazem o mesmo quando postulam, já que respaldados pelo inoperante impeditivo ético de advogar contra "literal dispositivo de lei". Se essa pretensão oitocentista de ver no texto um sentido previamente dado não existe, diante de quais limites se encontram os advogados? O problema dos limites para a postulação e, consequentemente, o espaço ético para o agir estratégico no processo deve ser revisto em um contexto pós-metafísico, onde, por um lado, não mais se reconhece a "textitude" do texto, mas, por outro, não se admite que se possa dizer qualquer coisa sobre qualquer coisa, tal qual afirma Lenio Streck.[508]

Sob a perspectiva das partes, mesmo diante da compreensível inclinação estratégica que volta suas ações (e discursos) para um resultado útil do processo, é também possível falar de diálogo. Seria muita ingenuidade, entretanto, acreditar que esse diálogo seria atingido através de um compromisso ético das partes. A difícil abertura dialógica das partes só é viável em um ambiente de imunização metafísica, uma vez que o constrangimento ontológico impediria a sustentação de determinados padrões discursivos – que sustentam dogmas a partir dos quais se constroem sistemas dedutivos que levam qualquer um a qualquer lugar – e daria azo à discussão em torno do *problema mesmo*. A mediação do juiz é fundamental para garantir a coerência epistemológica dos discursos e, consequentemente, deixar as partes nuas, uma diante da outra. É a nudez e a fragilidade diante dos sentidos que esgotam a interpretação os pressupostos necessários para que o agir estratégico seja isolado e para que a alternativa dialógica surja como a única possível, já que não seria razoável sair correndo, ficar calado ou partir para as "vias de fato", sem, ao menos, sofrer as consequências processuais que essas ações acarretariam.

Desse modo, substitui-se, na perspectiva das partes, o agir estratégico preconizado por teorias da argumentação focadas no convencimento do auditório (juiz e demais partes, por exemplo) por uma perspectiva dialógica, onde a abertura ao *outro* não é uma alternativa. Ainda não se trata de uma abertura ao *outro* na perspectiva da amizade aristotélica ou do *amor* waratiano, mas de uma abertura provocada pelo constrangimento decorrente do desvelamento do sentido do *ente*, acompanhado e potencializado pelo fechamento paulatino dos espaços dissensuais provocados pela ação *heterorreflexiva*.

---

[508] STRECK, Lenio. *Verdade e consenso*, 2009, p. 286.

4.6. DE HÉRCULES A *HERMES* NA BUSCA DE RESPOSTAS CORRETAS NO DIREITO

4.6.1. O problema da resposta correta nas trilhas e para além de Hart e Dworkin

A marca teórica mais expressiva sobre a passagem do (neo)positivismo jurídico para o pós-positivismo pode ser encontrada no debate travado entre Herbert Hart e Ronald Dworkin.[509] Assumindo essa trilha, estaremos no epicentro do confronto entre o decisionismo positivista – seja na versão primitiva, mascarada pelo mito semântico; seja na versão neo-positivista, que denuncia o arbítrio político e dele se afasta para não "sujar" o conhecimento – e a retomada da racionalidade moral-prática proposta pelo pós-positivismo, ainda que a maioria dos seus desdobramentos tenham se perdido ante a sedução da técnica.

Dworkin acusa o modelo positivista de Hart – crítica que pode ser estendida a Kelsen, embora este deixe mais evidente a discricionariedade judicial – de fazer uma falsa descrição do processo judicial e daquilo que os tribunais fazem quando estão diante de *hard cases*. Para Dworkin, embora os modelos teóricos (neo)positivistas assumam a discricionariedade no julgamento de casos que não recebem solução expressa no ordenamento, os juízes não deixam isso claro ao julgar, camuflando a criação judicial. Hart, por sua vez, afirma que os juízes fazem, justamente, aquilo que Dworkin preconiza, isto é, se valem de princípios e neles fundamentam suas decisões.[510] Para Dworkin, entretanto, "levar os direitos a sério" e julgar de modo não discricionário não se esgota na mera fundamentação da decisão neste ou naquele princípio, uma prática, aliás, muito comum no Brasil.[511] A fundamentação em princípios como uma possibilidade contra a discricionariedade do direito judicial deve ser vista em Dworkin no contexto de sua tese sobre a *integridade*, que demanda uma tarefa hercúlea do julgador na busca da *resposta correta*.[512]

A busca pela *integridade* do direito em Dworkin não representa um espaço discricionário em que o julgador deverá encontrar uma justificativa pessoal para decidir um caso que não possui resposta no sistema, uma vez que o princípio que deve ser buscado para fundamentar uma decisão não está, como pensou Hart, à disposição do intérprete.[513] A *integridade* também não está exclusivamente relacionada ao espaço de abertura deixado pelo sistema (lacunas, no sentido tradicional), sendo muitas vezes ela mesma responsável pelo rompimento com o modelo institucionalizado.[514] A *integridade*, portanto, também serve como um veículo para a "transformação orgânica" do conjunto de normas públicas presentes no sistema a partir do reconhecimento da importância dos princípios.[515] Segundo Dworkin, "uma sociedade política que aceita a integridade como

---

[509] Vide o apêndice de *Levando os direitos a sério*, de Ronald Dworkin, e o pós-escrito de O conceito de direito, de Hart. DWORKIN, Ronald. *Levando os direitos a sério*, 2002, p. 447. HART, Herbert. *O conceito de direito*, 2007, p. 335.
[510] HART, Herbert. *O conceito de direito*, 2007, p. 338.
[511] STRECK, Lenio. *Verdade e consenso*, 2009, p. 493.
[512] DWORKIN, Ronald. *O império do direito*, 1999, p. 271-331.
[513] Idem. Ibidem, p. 217.
[514] Idem. Ibidem, p. 213.
[515] Idem. Ibidem, p. 229.

uma virtude política se transforma em uma forma especial de comunidade", uma vez que "promove sua autoridade moral para assumir e mobilizar o monopólio da força coercitiva".[516] Essa comunidade, entretanto, não é incompatível com o pluralismo, nem pretende subjugar a moralidade defendida por grupos minoritários.

> A integridade, pelo contrário, insiste em que cada cidadão deve aceitar as exigências lhe são feitas e pode fazer exigências aos outros, que compartilham e ampliam a dimensão moral de quaisquer decisões políticas explícitas. A integridade, portanto, promove a união da vida moral e política dos cidadãos: pede ao bom cidadão, ao tratar seu vizinho quando os interesses de ambos entram em conflito, que interprete a organização comum da justiça à qual estão comprometidos em virtude da cidadania.[517]

Desse modo, a *integridade* exige que o conteúdo moral de um princípio não seja considerado a partir de uma concepção individualizada, mas considerada a partir do fato de vivermos com o *outro*. Neste sentido, Dworkin defende que a defesa da *integridade* deve ser buscada nas imediações de uma *fraternidade*. Rechaça as construções artificiais da filosofia política – a exemplo de teorias contratuais – buscando a legitimidade política no terreno fértil de uma formação comunitária orgânica, que constrói relações obrigacionais do mesmo modo que a família, a amizade e outras formas de manifestações locais e mais íntimas.[518] O direito como *integridade* não está focado nem exclusivamente no passado, nem exclusivamente no futuro, mas "insiste que as afirmações jurídicas são opiniões interpretativas que, por esse motivo, combinam elementos que se voltam tanto para o passado como para o futuro",[519] já que considera a prática jurídica contemporânea como uma política em constante processo de desenvolvimento.

A correta compreensão da força normativa dos princípios em Dworkin passa, portanto, pela compreensão do direito como *integridade*. A partir dela é que se pode falar em um modelo comunitário de princípios, que atende às nossas condições em uma sociedade plural e torna específicas as responsabilidades de cidadania, fazendo com que "cada cidadão respeite os princípios de equidade e de justiça da organização política vigentes em sua comunidade particular".[520] Uma comunidade de princípios, dirá Dworkin, aceita a *integridade* e "condena as leis conciliatórias e as violações menos clamorosas desse ideal como uma violação da natureza associativa de sua profunda organização".[521] Nisso reside o compromisso de que o direito será escolhido, alterado, desenvolvido e interpretado a partir de princípios,[522] algo muito diferente da leitura superficial de Hart, que descreve a atuação de juízes que fundamentam suas decisões em princípios como uma representação do modelo de Dworkin. Para Hart, decidir com base em princípios exige que o juiz não decida de forma arbitrária, já que ele deve "ter certas razões gerais para justificar a sua decisão e deve agir como um legislador consciencioso agiria, decidindo de acordo com as suas próprias crenças e valores".[523] É justamente por abominar a possibilidade de o juiz decidir com base em

---

[516] DWORKIN, Ronald. *O império do direito*, 1999, p. 228.
[517] Idem. Ibidem, p. 230.
[518] Idem. Ibidem, p. 250.
[519] Idem. Ibidem, p. 271.
[520] Idem. Ibidem, p. 257.
[521] Idem. Ibidem, p. 258.
[522] Idem. Ibidem, p. 258.
[523] HART, Herbert. *O conceito de direito*, 2007, p. 336.

"suas" próprias crenças e valores que Dworkin propõe, na tentativa de garantir a *integridade* do direito, um modelo de juiz retratado pela figura mitológica de Hércules.

Há muitas teses sobre a "natureza" de Hércules. Rodolfo Arango, a partir das críticas sobre Dworkin, aponta duas versões para essa alegoria. A primeira vê Hércules como a descrição feita por Dworkin da prática judicial anglo-americana,[524] enquanto outras acreditam que Dworkin propõe a partir de Hércules um modelo regulativo da atividade judicial.[525] Lenio Streck, por sua vez, importa para sua construção hermenêutica a figura de Hércules como uma *metáfora*, isto é, como um modelo necessário que, embora utópico, serve como um modelo regulativo para a prática judicial.[526] E, de fato, acreditamos ser esta a visão mais razoável dessa alegoria, uma vez que o próprio Dworkin afirma que "um juiz verdadeiro só pode imitar Hércules até certo ponto", chegando até "onde as perspectivas lhe pareçam mais promissoras".[527]

O que Dworkin propõe com a metáfora de Hércules corresponde a uma prática ideal que o julgador deve ao máximo se aproximar para que sua resposta seja a mais correta possível. Hércules é um "juiz imaginário de capacidade e paciência sobrehumanas, que aceita o direito como integridade".[528] Aceitar o direito como *integridade* exige, antes de tudo, uma abordagem questionadora mais focada em perguntas do que em respostas, questionamento que poderá colocar em xeque a resposta do próprio Hércules e, ao fazê-lo, não estará negando, mas reafirmando o direito como *integridade*.[529] Hércules é um juiz criterioso e metódico.[530] Em primeiro lugar, "começa por selecionar diversas hipóteses para corresponderem à melhor interpretação dos casos precedentes, mesmo antes de tê-los lido".[531] Conforme a aponta Arango, constrói um esquema de princípios abstratos e concretos que ofereça uma justificação coerente para todos os precedentes e estipulações constitucionais e legais, não levando em conta os limites explícitos do sistema, uma vez que estes já decorrem da história jurídica e tradição da comunidade.[532] Em seguida, "começa a verificar cada hipótese dessa breve lista perguntando-se se uma pessoa poderia ter dado os veredictos dos casos precedentes se estivesse, coerente e conscientemente, aplicando os princípios subjacentes a cada interpretação".[533] Em uma etapa seguinte, levando em consideração aquelas decisões que se mostram coerentes com os princípios subjacentes, deve se perguntar se alguma delas deveria "ser excluída por incompatibilidade com a totalidade da prática jurídica de um ponto de vista mais geral".[534] A partir de então, Hércules deve ir fechando sua análise, do ponto de vista mais geral ao mais específico, dando cada vez mais prioridade a aspectos peculiares do caso analisado, em círculos concêntricos.[535]

---

[524] ARANGO, Rodolfo. *¿Hay respuestas correctas en el derecho?*, 1999, p. 109.
[525] Idem. Ibidem, p. 114.
[526] STRECK, Lenio. *Verdade e consenso*, 2009, p. 341.
[527] DWORKIN, Ronald. *O império do direito*, 1999, p. 294.
[528] Idem. Ibidem, p. 287.
[529] Idem. Ibidem, p. 287.
[530] Idem. Ibidem, p. 288.
[531] Idem. Ibidem, p. 288.
[532] ARANGO, Rodolfo. *¿Hay respuestas correctas en el derecho?*, 1999, p. 61-63.
[533] DWORKIN, Ronald. *O império do direito*, 1999, p. 290.
[534] Idem. Ibidem, p. 293.
[535] Idem. Ibidem, p. 300.

A tarefa do juiz é hercúlea não apenas pela limitação temporal que a prática jurisdicional não idealizada lhe impõe, mas pelo fato de o juiz ter que colocar a sua "concepção funcional individualizada" em xeque. Para Dworkin, o juiz "deve considerar provisórios quaisquer princípios ou métodos empíricos gerais que tenha seguido no passado, mostrando-se disposto a abandoná-los em favor de uma análise mais sofisticada e profunda quando a ocasião assim exigir".[536] Neste sentido, para Lenio Streck, o juiz deve ser um Hércules não porque a ele tudo é possível – o que seria uma leitura decisionista incompatível com o pensamento de Dworkin – mas justamente pelo fato de, ao arrepio da sua posição pessoal, ter que decidir a partir de uma tradição institucional conectada e legitimada com a moral comunitária, garantindo a integridade do direito. Em Hércules reside o paradoxo de, ao mesmo tempo, conciliar o papel decisivo do sujeito no processo compreensivo com a tradição institucional.[537] É, portanto, a necessária conexão entre a tradição institucional com a moral comunitária, acompanhada do rechaço da moral pessoal, o ponto de maior aproximação entre os modelos hermenêuticos de Streck e de Dworkin.

> Los criterios de corrección señalados por Dworkin involucran juicios políticos y morales en el razonamiento judicial. Esto no supone, sin embargo, dejar el derecho "al garete" de las convicciones personales del juez. Con la distinción entre moralidad personal, comunitaria e institucional, Dworkin busca encauzar el raciocinio judicial según conceptos y juicios morales, de forma que las convicciones personales, lejos de introducir la arbitrariedad, se conviertan en la guía más confiable para acceder a la moralidad institucional.[538]

Rodolfo Arango também suscita a relação entre Dworkin e o modelo hermenêutico gadameriano, chamando atenção para a ausência de um procedimento científico que pudesse levar os juízes à verdade sobre as proposições normativas, eliminando a influência da situação hermenêutica do intérprete sobre sua compreensão.[539] Essa constatação não é afetada pelo fato de Dworkin considerar Hércules um juiz metódico – característica também admitida por Arango. Os "métodos" de Hércules não possuem as características dos modelos constitutivos de sentido rechaçados por Gadamer, representando preocupações cognitivas necessárias à revelação do direito como *integridade*. Tanto é que, de modo semelhante à Gadamer, o primado da pergunta no rompimento de velhas concepções de mundo – estudado no segundo capítulo – é também detectado por Arango[540] como um elemento comum a ambos. Podemos ainda acrescentar a preocupação de Dworkin com a *vigilância* do intérprete quanto às suas certezas.

Ainda que suscitado por Rodolfo Arango,[541] é Lenio Streck quem afirmará de modo categórico as possibilidades de respostas corretas em direito a partir da hermenêutica filosófica, fato até então rechaçado por aqueles que recepcionaram Gadamer na teoria do direito europeia, a exemplo de Joseph Esser.[542] Para Streck, a *resposta correta* não é "uma" resposta, mas "a" resposta constitucionalmente adequada para

---

[536] DWORKIN, Ronald. *O império do direito*, 1999, p.308.
[537] STRECK, Lenio. *Verdade e consenso*, 2009, p. 447.
[538] ARANGO, Rodolfo. *¿Hay respuestas correctas en el derecho?*, 1999, p. 97-98.
[539] Idem. Ibidem, p. 91.
[540] Idem. Ibidem, p. 96.
[541] Idem. Ibidem, p. 99.
[542] ESSER, Josef. *Precomprensione e scelta del metodo nel processo di individuazione del diritto*, 1983.

uma determinada situação concreta.[543] O ponto de partida para a possibilidade de pensar *respostas corretas* em uma matriz hermenêutico-filosófica está relacionado à leitura não relativista que Streck faz da hermenêutica e à concepção de verdade nela presente.[544]

> Daí a aproximação das teses aqui expostas com Dworkin, quando este diz que é possível distinguir boas e más decisões e que, quaisquer que sejam seus pontos de vista sobre a justiça e a equidade, os juízes também devem aceitar uma restrição independente e superior, que decorre da integridade, nas decisões que tomam. Importa acrescentar que Dworkin, ao combinar princípios jurídicos com objetivos políticos, coloca à disposição dos juristas/intérpretes um manancial de possibilidades para a construção/elaboração de respostas coerentes com o direito positivo – o que confere uma blindagem contra discricionariedades (se se quiser, pode-se chamar isso de "segurança jurídica") – e com a grande preocupação contemporânea do direito: a pretensão de legitimidade.[545]

Tanto para a leitura hermenêutica proposta por Lenio Streck, quanto para a de Dworkin, há algo para além do plano apofântico e das possibilidades semântico-sintáticas que esse nível pode proporcionar. Há um nível pré-reflexivo que pode ser encontrado em ambos, o que permite a Streck equiparar a *autenticidade da tradição* de Gadamer com a *integridade* da qual fala Dworkin.[546] Com isso, o direito como *integridade* é aquele que se dá na abertura de mundo, em um movimento que nos projeta existencialmente.[547]

De nossa parte, independente da existência ou não de uma influência gadameriana no pensamento de Dworkin, o que importa é, inspirado em tais aproximações, refletir sobre as possibilidades de *respostas corretas* no modelo aqui proposto. Neste sentido, a leitura não relativista da hermenêutica não poderia assumir no plano jurídico uma versão decisionista, o que implica, sob pena de uma contradição performática, defender a tese da possibilidade de *respostas corretas*. Essa possibilidade, contudo, deve ser vista nas trilhas do debate com o positivismo jurídico e dentro da proposta paradigmática defendida neste trabalho, o que impede a equiparação do problema da *resposta correta* com a existência de uma única interpretação possível para um determinado dispositivo jurídico.[548] Também não temos a pretensão de, ao falarmos em *respostas corretas*, supor que o uso de nosso modelo estrutural garanta a correção da resposta, afinal, não estamos falando nem de métodos no sentido cartesiano, nem de procedimentos discursivos que garantem a correção. Isso quer dizer que, ao fazermos tais exigências, não possuímos a ilusão de que diferentes utentes devem chegar, necessariamente, ao mesmo resultado no julgamento de um determinado caso. Juízes de um mesmo colegiado, por exemplo, ainda que assumissem a proposta que iremos apresentar – ou até mesmo a que Dworkin nos apresenta

---

[543] STRECK, Lenio. *Verdade e consenso*, 2009, p. 296.
[544] Idem. Ibidem, p. 302.
[545] Idem. Ibidem, p. 303.
[546] Idem. Ibidem, p. 304.
[547] Idem. Ibidem, p. 304.
[548] Neste sentido, temos que separar o debate ingênuo sobre a existência ou não de diversas interpretações corretas para um único texto jurídico, de outras reflexões que, embora assumam a plurivocidade da linguagem artificial do direito, nega seu caráter arbitrário e desloca a discussão para o plano da concretização do direito. Neste último sentido e defendendo a inexistência de uma única solução correta para cada caso determinado, vide NEVES, Marcelo. *Entre Têmis e Leviatã*, 2006, p. 206-207.

– podem e muito provavelmente chegarão, a depender da complexidade do caso, a respostas diferentes. Essa afirmação, contudo, não afeta a tese da *resposta correta* concebida nos contornos paradigmáticos da hermenêutica filosófica, a exemplo da proposta por Lenio Streck, tampouco aquela defendida por Dworkin. Afirmar que há uma *resposta correta* é, antes de tudo, dizer que, não obstante à ambiguidade das entificações que tentam delimitar o sistema (plurivocidade do texto), há uma dimensão moral-prática acessível a partir de uma imersão linguística que, uma vez considerada, deve servir de referencial para a legitimação das decisões. Não se está dizendo com isso que a complexidade da sociedade contemporânea não imponha obstáculos ao desvelamento do sentido moral-prático que determinados fatos promovem, nem muito menos que estamos exonerados de dialogar em torno dessas questões. Por isso, a *resposta correta* é uma metáfora, isto é, um motor imóvel que nos empurra para o acerto. Acertar é possível, embora jamais possamos garantir categoricamente que estejamos certos.

Desse modo, se levarmos em conta a existência de um pano de fundo que sustenta *como hermenêutico* a nossa compreensão de mundo e se essa linguagem é condição de possibilidade para o resgate da razão moral-prática, não podemos admitir que haja, independente das dificuldades que iremos enfrentar no desvelamento de sentido, mais de uma *resposta correta* para um mesmo *problema*. A divergência sobre a correta solução de um caso que, até certo ponto, torna-se insolúvel, não pode ser considerada a razão pela qual deveríamos abandonar a ideia de *resposta correta*. Primeiro, porque as impossibilidades de alinhamento de projetos compreensivos (consensos) não decorrem da condição ontológica de nossos sentidos, mas da ausência de distanciamento temporal quando, no *jogo dialógico contratextual*, exaurimos o constrangimento ontológico e, consequentemente, as possibilidades de se sustentar a (in)autenticidade de determinadas tradições. Segundo, porque tais impossibilidades não esgotam nossa tarefa diante do problema da correção das condutas, na medida em que será justamente neste momento em que o direito deve entrar em cena. A existência de um modelo regulatório institucionalizado e complexo faz com que o espaço dissensual insolúvel, que permitiria mais de uma resposta correta para um único caso, seja pragmaticamente atravessado pela dimensão deontológica do sistema. Portanto, as impossibilidades pragmáticas da moral são, ao mesmo tempo, o espaço da possibilidade pragmática do direito. Esse sistema, ontologicamente sustentado na zona consensual, permitirá ao intérprete camadas reflexivas que o conduzirá a *respostas corretas*. De fato, jamais se saberá se a resposta dada será, de fato, "a" *resposta correta*, tendo sido ela, entretanto, um fio condutor na circularidade. Diferentemente de Alexy, como o *acerto* não é confiado ao procedimento, o referencial que transforma a *resposta correta* em uma ideia regulativa não está à disposição dos sujeitos, o que impede que sustentemos a correção de duas respostas diametralmente opostas – ou em qualquer nível de diferença – como corretas para um único caso. Se o sistema convive com a possibilidade de que dois juízes dêem diferentes respostas a um caso analisado pela turma a qual pertencem, isso não significa que ambas possam estar corretas, muito pelo contrário. Em casos como este, pelo menos uma estará errada. O referencial externo ao sujeito – ainda que dependa dele para "acontecer" – impede que esse fato passe incólume, fazendo da *resposta correta* uma grandeza vetorial convergente que corrobora com a estabilização do sistema, mesmo quando a coerência é quebrada em nome da *integridade*.

4.6.2. A urbanização da província pela alegoria do juiz Hermes

O modelo proposto por Dworkin é fruto de sua experiência no *common law*, embora se discuta a possibilidade de universalização para todos os sistemas jurídicos complexos,[549] o que acreditamos ser, de fato, possível. Contudo, precisamos oferecer um modelo que esteja totalmente integrado aos sistemas de tradição romano-germânicos, comumente chamados de *civil law*, mas que atualmente possuem como marca a supremacia de uma Constituição que resgata através de princípios a razão moral-prática esquecida pela modernidade tecnológica. Além disso, embora *Hércules*, ao colocar em prática sua tarefa, esteja necessariamente dialogando com a tradição e com os precedentes institucionalizados, a atuação do nosso juiz não pode levantar dúvidas quanto à sua disposição dialógica.[550] Nessa busca por uma nova alegoria, encontramos a proposta de François Ost, que identifica o juiz *Hércules* de Dworkin com o paradigma do Estado social assistencialista[551] e amplia a abordagem lúdica a outros dois modelos de juiz. O juiz *Júpiter*, ligado ao paradigma liberal, e o juiz *Hermes*, que ele propõe como um modelo adequado ao direito pós-moderno que se constrói em rede.[552] Embora a nossa leitura sobre *Hércules* não esteja alinhada com a leitura de Ost[553] e o paradigma sobre o qual desenvolvemos o nosso trabalho não corresponde integralmente ao modelo de *redes sistêmicas*,[554] a inspiração mitológica veio a calhar, na medida em que *Hermes* talvez encontre aqui uma morada mais familiar. Será com ele, portanto, que desenvolveremos a nossa alegoria.

Hermes é um juiz que vive dois mundos.[555] O mundo do direito institucionalizado e o *mundo da vida*, onde ele experimenta a presença cotidiana do *outro*. Ele

---

[549] ARANGO, Rodolfo. ¿*Hay respuestas correctas en el derecho?*, 1999, p. 56-58.

[550] Tanto Arango como Streck concordam que Hércules não é um juiz solipsista. Contudo, Dworkin abusa da personalização de sua atuação ao descrever o modo como Hércules chega a suas conclusões, a exemplo de quando afirma que determinados precedentes podem ser ou não considerados a depender do que, "no exercício de sua capacidade de imaginação, Hércules considere pertinentes." DWORKIN, Ronald. O império do direito, 1999, p. 295.

[551] OST, François. *Júpiter, Hércules, Hermes: tres modelos de juez*, 2009, p. 176.

[552] Idem. Ibidem, p. 182.

[553] Ver a análise crítica que Lenio Streck faz da leitura que Ost propõe ao juiz Hércules de Dworkin. STRECK, Lenio. *Hermenêutica e(m) crise*, 2009, p. 369 (nota de rodapé n. 595)

[554] Cf. CAPRA, Fritjof. *As conexões ocultas*, 2009.

[555] Na mitologia grega, Hermes é filho de Zeus e da ninfa Maia. Divindade com múltiplas funções, Hermes foi considerado um deus agrário, protetor dos rebanhos e dos seus pastores. Deus da música e inventor da lira e da flauta. Em seguida, o mito passa a ter uma leitura mais abrangente, a exemplo do que é feito nos poemas de Homero, e Hermes passa a ser considerado o condutor das almas e protetor dos viajantes, já que conhecia os caminhos das estradas e era bastante veloz com suas sandálias aladas e por poder circular nos três níveis (Hades ou infernos, Terra ou telúrico e Paraíso ou Olimpo). Pela sua astúcia e inventividade, e por transitar entre os mundos, Hermes passou a ser o patrono das ciências ocultas. Sua destreza precoce e suas traquinagens (furto) com o rebanho de Apolo, fazem de Hermes o protetor dos ladrões e dos comerciantes. Mas é a sua função de deus mensageiro a mais representativa para a hermenêutica, já que sua habilidade em transitar entre o Olimpo e a Terra faz dele o tradutor desses mundos, aquele que transmite a mensagem dos deuses. Palmer nos conta que o próprio Heidegger associa explicitamente a "filosofia-como-hermenêutica" à figura mitológica de Hermes, já que é ele que "traz a mensagem do destino; *hermeneuein* é esse descobrir de qualquer coisa que traz a mensagem". "Assim, levada até à sua raiz grega mais antiga, a origem das actuais palavras 'hermenêutica' e 'hermenêutico' sugere o processo de 'tornar compreensível', especialmente quando tal processo envolve a linguagem, visto ser a linguagem o meio por excelência neste processo. [...] Este processo de 'tornar compreensível', associado a Hermes enquanto ele é mediador e portador

transita entre esses dois mundos e é responsável por traduzir juridicamente aquilo que compreende a partir do *mundo da vida*. A aceitação de *Hermes* no mundo institucionalizado do direito só foi possível porque ele passou por um período de preparação de vários anos, oportunidade em que foi possível aprender a língua que se fala no mundo do direito institucionalizado. Nessa "escola de línguas", a exemplo das escolas de línguas estrangeiras, simulavam-se situações reais na tentativa de que *Hermes* aprendesse a se comunicar corretamente nesse mundo. Professores ensinavam a *Hermes* como deveria agir a partir de problemas que iriam surgindo, conectando textos já traduzidos para essa língua com as situações que iam sendo apresentadas. Havia aulas de gramática, é verdade, mas *Hermes* sempre era levado na sua etapa preparatória a experimentar essas estruturas analíticas da língua jurídica em situações do cotidiano.

Após o longo período de preparação, *Hermes* se submeteu a uma rígida avaliação dos seus pares, em que foi exigido um vasto conhecimento interdisciplinar verificado *problematicamente*. O processo de seleção de *Hermes* não se resumiu a uma única prova (ou a uma pequena sequência de fases eliminatórias), mas contemplava acompanhamento e avaliação ao longo de estágios cumpridos ao lado daqueles que já integravam esse mundo, a exemplo de juízes e outros serventuários da Justiça. Somente depois desse período, após falar fluentemente a língua do mundo jurídico, *Hermes* foi finalmente aprovado para assumir a sua condição de juiz.

O fato de passar a transitar no mundo institucionalizado do direito não fez de *Hermes* um *estrangeiro*, muito pelo contrário. O seu cotidiano é vivido no seu mundo originário e a sua língua materna continua sendo aquela que se fala nesse mundo, aquela que ainda domina os seus pensamentos e os seus sonhos. *Hermes*, embora tenha estudado profundamente a evolução dos Direitos Humanos, a incorporação destes direitos nas cartas constitucionais do pós-guerra, continua sendo movido por paixões, como a raiva frente a indivíduos que praticaram determinados atos de brutalidade, especialmente quando ele se vê projetado na vítima. *Hermes* continua tendo reuniões com seus amigos e rindo com as anedotas que seus colegas do direito poderiam tomar por homofóbicas ou racistas. *Hermes* continua sendo um homem comum e tem consciência de que esse é o seu verdadeiro mundo.

O mundo institucionalizado do direito não possui soberania. Trata-se de uma comunidade que vive em meio ao mundo "natural", do qual depende toda sua estrutura. Poderíamos dizer que se trata de uma realidade virtual, onde homens de carne e osso transitam sem sair do seu mundo originário. A permanência de *Hermes* nesse mundo institucionalizado – virtual e digital – depende do modo como ele se comportará nele, uma vez que a *habilidade* da tradução não confere, por si só, o *poder* de levá-la a cabo, que continua pertencendo ao corpo político. Por essa razão, na tentativa de permanecer autorizado a promover as traduções entre os mundos, *Hermes* assume uma postura rigorosa na sua prática interpretativa. Portanto, também é um juiz "metódico", embora saiba que seus "métodos" não o retirarão de seu mundo vivido e que ele, no máximo, poderá traduzir, mas jamais *pensar* juridicamente. Sendo

---

de uma mensagem, está implícito nas três vertentes básicas patentes no significado de *hermeneuein* e *hermeneia*, no seu antigo uso. As três orientações, usando a forma verbal (*hermenêuein*) para fins exemplificativos, significam: 1) exprimir em voz alta, ou seja, "dizer"; 2) explicar, como quando se explica uma situação, e 3) traduzir, como na tradução de uma língua estrangeira". PALMER, Richard E. *Hermenêutica*, 2006, p. 24.

assim, deposita suas preocupações metódicas no espaço do *jogo reflexivo* consigo e com o outro, ou seja, no espaço da *heterorreflexividade*. Mas, quais as tarefas que *Hermes* deve levar em conta ao julgar?

(I) Abertura compreensiva no *jogo dialógico contratextual* – *Hermes* tem consciência de que seu papel é traduzir, e isso significa que ele deve se movimentar nos dois mundos. Mas ele precisa, primeiramente, compreender o sentido ou os sentidos possíveis que um determinado fato assume na sua comunidade, caso contrário, não terá o que traduzir. Por isso, sua primeira atitude é *contratextual*, no sentido já descrito alhures. Ele não conseguirá compreender o sentido jurídico de um determinado fato de modo imediato, pois *Hermes* continua pensando como um membro da comunidade e, por mais prática que tenha, se ele se deixar levar por esse sentido imediato, pode cometer um grande erro, dando a algo um significado que não corresponde ao sentido comunitário que deveria assumir. Aqui, há uma diferença significativa entre *Hermes* e *Hércules*, já que este último inicia suas atividades verificando as melhores interpretações para os precedentes que analisará.[556] Essa atitude, embora coloque *Hércules* em contato direto com os possíveis sentidos a serem atribuídos ao fato analisado, ainda que o faça antes de ler os precedentes na tentativa de não ser induzido, estará limitado pela precariedade das respostas do mundo institucionalizado. Isso poderá prejudicar *Hércules* na busca pela *integridade* do direito, enquanto que *Hermes* buscará o mapeamento imediato todos os possíveis sentidos que a razão moral-prática sugere.

Essa abertura visa à ampliação de seus horizontes para toda e qualquer possibilidade de sentido a ser atribuído ao fato. Qualquer resposta jurídica deverá caber dentro dessas possibilidades, caso contrário não estaríamos falando de uma tradução jurídica, mas de um sentido *ex nihilo*. O fato de o direito não ser a mesma coisa que a moral não significa que haja direito sem moral, pois eles são hermeneuticamente co-originários. Na proposta hermenêutica defendida neste trabalho, a diferenciação decorre de uma filtragem *heterorreflexiva*, exigindo-se, primeiramente, a demarcação do espaço moral-prático por onde devemos nos movimentar.

Hermes sabe que não há *ser* sem *ente* e que essa diferença ontológica se movimenta na circularidade hermenêutica. Considerando que nessa fase a análise é *contratextual*, o único *ente* que se encontra em sua frente é o problema concreto, que já se manifestou em algum sentido. Mas *Hermes* tem consciência dos limites do seu campo de visão e, por isso, deverá buscar novas perspectivas na tentativa de que o problema o surpreenda. Essa reflexão envolve, necessariamente, o diálogo com as partes e deve ser complementada com uma abertura dialógica comunitária, na tentativa de observar outros sentidos possíveis para as perspectivas já assumidas. Essa abertura exige de *Hermes* um diálogo constante com *textos* não normativos, a exemplo dos textos *filosóficos, literários, sociológicos e econômicos*. Os dois primeiros possuem uma primazia frente ao discurso das ciências empíricas, pois *Hermes* sabe que são os poetas e os filósofos os "porteiros dessa casa chamada linguagem". Feito isso, terá diante de si as diversas possibilidades de sentido moral-prático conferidas a partir do problema. Dentre os sentidos, terá uma opinião sobre o caso, embora esteja obrigado a perceber outras possibilidades e identificar os verdadeiros elementos que levam membros de uma mesma comunidade a pensar de modo diferente. O pluralismo de sociedades complexas encontra, necessariamente, um pano de fundo

---

[556] DWORKIN, Ronald. *O império do direito*, 1999, p. 288.

comum e *Hermes* deve identificar esse espaço consensual, bem como o verdadeiro motivo para as divergências.

A identificação de zonas consensuais e, ao mesmo tempo, das razões do dissenso, permitirá a *Hermes* mediar a ampliação do consenso e, através da imunização metafísica e do constrangimento ontológico, caminhar rumo ao alinhamento dos projetos compreensivos e, por conseguinte, à eliminação do conflito. Se a distância temporal esgotar a força desveladora do constrangimento ontológico, caberá a Hermes mostrar aos indivíduos ou grupos envolvidos que, não obstante o dissenso residual, a ausência de distanciamento temporal impede que as partes contraponham as suas razões umas as outras, não restando alternativa senão um consenso temporário e pragmático. As partes só refutarão essa possibilidade se a elas for dada a possibilidade do mascaramento metafísico ou, em uma atitude extremada, se assumirem o caráter autoritário e estratégico de suas pretensões. Se esta última alternativa for verificada ou se o próprio *jogo dialógico contratextual* revelar a impossibilidade de participação e consulta de todos os indivíduos ou grupos envolvidos sobre uma determinada solução pragmática, o direito terá que entrar em cena.

(II) *Diálogo com o sistema* – Depois de mapeado o espaço moral-prático que o problema revelou, *Hermes* deverá iniciar a sua tarefa de tradução a partir da filtragem sistêmica desses sentidos residuais e divergentes. Isso só é possível por que a primeira tarefa tradutora consiste em transportar as zonas consensuais obtidas no *jogo dialógico contratextual* para o conteúdo substancial dos princípios constitucionais. O conteúdo dos princípios não pode ser assumido a partir de uma suposta correlação semântica entre o seu texto e a suposta realidade por ele "copiada". O conteúdo de um princípio jurídico se sustenta existencialmente, embora necessite do *jogo dialógico contratextual* como um mecanismo desvelador. Esse conteúdo – legitimado existencialmente e auditado dialogicamente – permitirá a entrada correta na circularidade entre os sentidos do *problema* e do *sistema*, bem como permitirá a ligação entre a tradição comunitária e a tradição institucionalizada, ou seja, entre a moralidade axiológica e a institucionalização deontológica. Essa possibilidade constitui, também, um ponto positivo no quadro comparativo entre *Hermes* e o seu professor, o juiz *Hércules*. *Hermes* tem consciência de que os textos normativos presentes na Constituição e que enunciam princípios dizem muito pouco sobre o seu conteúdo axiológico-deontológico e de que é sua a responsabilidade de traduzir essa institucionalização de forma correta. A posição pessoal de *Hermes* pouco importa, embora ele saiba que dela não possa se despir e, justamente por isso, deva lutar *herculeamente* contra ela através da abertura dialógica já retratada.

A correta identificação do conteúdo deôntico dos princípios permitirá a *Hermes* compreender corretamente as opções tecnológicas do sistema (regras). O sistema se vale de tecnologias e *Hermes* tem total consciência de que a técnica, embora necessária, não pode nos colocar à sua disposição. Deve, portanto, perguntar se há uma tecnologia adequada para traduzir o sentido moral-prático institucionalizado nos princípios e, na medida do possível, valer-se desse mecanismo para dar sua decisão, em um movimento muito diferente daquilo que se chamava de *subsunção* e, até mesmo, daquilo que se chama de *ponderação*. *Hermes* deve estar atento ao sentido que a tradição institucional atribui ao uso dessas tecnologias (regras) e verificar a autenticidade dessa tradição em face do alinhamento compreensivo identificado no *jogo dialógico contratextual*. Ele, portanto, poderá afastar a tecnologia pela sua inautenticidade – o que implicará a sua inconstitucionalidade – mas também poderá afastá-la em razão de sua inaplicabilidade, a exemplo das hipóteses em que a técnica domesticar a razão prática e, consequentemente, colocar o sujeito à sua disposição.

(III) *Diálogo com a doutrina* – *Hermes* sabe que os possíveis sentidos jurídicos atribuídos ao problema após o diálogo com os princípios e com as regras podem estar limitados por sua finitude. *Hermes* é, antes de tudo, um juiz consciente de sua finitude existencial e, por conseguinte, de suas limitações intelectuais. Estudioso contumaz, vê a doutrina como um meio de dialogar com a sociedade, rechaçando aquelas obras que contemplam o "saber dos cursinhos" preparatórios para concursos públicos, já que estas reproduzem de forma acéfala as entificações do sistema. *Hermes* vê a doutrina como textos que iluminam aquilo que pode ser verdadeiro e não como repositórios de uma "verdade abstrata", razão pela qual se pergunta sobre o que a doutrina diria sobre o seu caso e não sobre conceitos deslocados do mundo. Percorre, necessariamente, as correntes doutrinárias dominantes, identificando os pontos de divergência entre os doutrinadores e os reflexos que essas divergências assumem no problema que está analisando. Recusa qualquer tipo de argumento doutrinário que esteja pautado em ilusões metafísicas, a exemplo de modelos silogísticos que partem da "natureza jurídica" de um instituto e propõem consequências dogmáticas decorrentes de uma cadeia dedutiva. Enxerga as classificações e as estruturas analíticas que a doutrina oferece como uma lente que permite analisar melhor o seu problema, jamais como pontos de partida para tomar qualquer decisão, pois está atento ao "enigma da pequena diferença" entre as estruturas de sentido e o sentido dessas estruturas. De fato, uma concepção doutrinária não vincula o posicionamento de *Hermes* sobre o caso, mas isso não retira a força normativa da *rede doutrinária*, uma vez que essa concepção deve ser enfrentada e o seu eventual afastamento justificado mediante a exposição da verdadeira razão do rechaço. *Hermes* jamais recusa uma concepção doutrinária por esta ser "contrária ao seu posicionamento", mas sempre por alguma razão de natureza substancial.

(IV) *Diálogo com a jurisprudência* – A decisão que *Hermes* irá tomar integrará o sistema e, por isso, deverá ser com ele coerente. Isso não significa que *Hermes* não possa romper com o sentido que outros juízes vêm atribuindo a problemas semelhantes ao que ele está analisando, mas que qualquer mudança deve estar legitimada, como diria Dworkin, em *razões de princípio*. *Hermes* – assim como *Hércules* – é o autor de um romance em cadeia e, como tal, não pode de uma hora para outra transformar um personagem tetraplégico em um recordista olímpico, ao menos que no capítulo anterior este tenha sido submetido a pesquisas revolucionárias no campo da reconstrução da medula óssea e voltado a praticar o seu esporte. Esse capítulo, entretanto, pode ser construído fora do sistema, desde que o alinhamento de projetos compreensivos decorrente da densificação ontológica proporcionada pelo *jogo dialógico contratextual* implique a revisão do conteúdo deontológico dos princípios, legitimando uma mutação constitucional. Sem uma razão de princípio desvelada dialogicamente, como iremos explicar a um cidadão que o seu vizinho recebeu a devolução da mesma taxa de esgoto que a ele fora negada? Como explicar a um diabético que ele não receberá os mesmos medicamentos que foram concedidos ao paciente que está ao seu lado na enfermaria de um hospital público? *Hermes* sabe que a sua permanência no mundo do direito institucionalizado depende dessa coerência e que todos na comunidade esperam isso dele, inclusive aqueles que muitas vezes clamam estrategicamente pela sua revolta.

Para ser coerente, *Hermes* deve compreender os precedentes como verdadeiros precedentes.[557] Neste ponto, sua tarefa se torna muito semelhante à de *Hércules*, uma vez que estamos nos movimentando diante de fontes jurisprudenciais típicas do *common law*. Analisar precedentes do modo correto é estar consciente de que por trás das súmulas, ementas e acórdãos, existem problemas, situações concretas cujos sinais característicos foram determinantes para a formação do julgado. Se *Hermes* quiser compreender o que o sistema diz através da jurisprudência, deve se perguntar pelo problema que as originou. De fato, *Hermes* estará diante de uma tarefa hercúlea, principalmente quando outros juízes não foram tão rigorosos, omitindo-se sobre o próprio caso que disseram ter julgado. De todo modo, ele terá que identificar os casos, estabelecer as presunções necessárias e analisar a "mesmidade" do problema. Com isso, duas possibilidades se abrem a partir das conclusões dessa etapa. *Hermes* poderá não encontrar casos semelhantes, o que não significa que ele esteja exonerado da coerência. Deverá identificar quais os elementos que diferenciam os casos paradigmáticos do seu problema atual e verificar quais os impactos que isso traria para o caso. Nesta hipótese, deixará evidente a diferença e, ao mesmo tempo, seu reflexo na decisão. Já na hipótese de "mesmidade" do problema, *Hermes* pode se deparar com a incompatibilidade que a leitura atualizada do sistema, somente possibilitada pelo *jogo dialógico contratextual,* apresenta em face do problema. Este é um caso mais delicado, pois *Hermes* terá que demonstrar que, não obstante os problemas serem os "mesmos", o sentido que o sistema atribui a ele é outro, seja pela institucionalização do erro, seja pela mutação do conteúdo deôntico dos princípios. Deve, neste caso, buscar o ponto em que o sentido se desloca, fundamentando esse deslocamento no novo conteúdo moral-prático, deixando evidentes as razões da ruptura, a fim de que a integridade de seu julgado possa ser reavaliada por instâncias superiores através da interposição de recursos, bem como pela sociedade e, especialmente, pela doutrina. Nas hipóteses em que *Hermes* mudar os rumos desse romance em cadeia, assumirá o ônus da argumentação quanto à legitimidade do giro, casos em que o diálogo com a doutrina se tornará ainda mais necessário.

Diálogo com as partes – *Hermes* entende que o *senso comum dogmático* do Direito Processual mostra-se inautêntico quando admite que um juiz está autorizado a ignorar determinados argumentos das partes, sob o pretexto de ter outro caminho "logicamente" (*sic*) aceitável para dar sua decisão. A sua condição de intérprete da sociedade exige não apenas a justificação de suas decisões junto à comunidade, mas também a resposta às partes diretamente interessadas na solução do litígio. *Hermes* está ciente de que as partes merecem uma resposta plena para as suas demandas e, considerando que tais razões levam em consideração todas as camadas de estratificação do sistema, esse diálogo deve ser visto como um atravessamento *heterorreflexivo* presente em todas essas fases.

No diálogo com as partes, *Hermes* deve rechaçar os argumentos despóticos, denunciando a inclinação metafísica dessas pretensões, a exemplo de interpretações clarividentes de textos normativos, "revelados" a partir de um suposto conteúdo se-

---

[557] Cf. STRECK, Lenio Luiz. *O efeito vinculante e a busca da efetividade da prestação jurisdicional*, 2005. CARNEIRO, Wálber Araujo. *Súmula vinculante e a Emenda n. 45*, 2006.

mântico *prima facie*; da consideração de "naturezas jurídicas" e, principalmente, das consequências lógico-dedutivas que são extraídas em cadeia a partir desses pontos de partida. *Hermes* deve reconduzir os argumentos das partes ao problema que está sendo discutido, denunciando as razões que efetivamente causam o litígio. Deve, portanto, revelar o sentido moral-prático das pretensões, o que reduzirá significativamente o espaço de jogo para as pretensões das partes. Deve, por exemplo, deixar claro que o que está em jogo em um determinado tipo de disputa de terra pode ser o embate entre uma concepção liberal de propriedade privada *versus* uma concepção social de propriedade, razões que levam a diferentes interpretações do sistema sobre aquilo que um determinado texto ilumina.

No atual contexto paradigmático, onde os pedidos são tão decisionistas quanto as decisões, dificilmente restará algo a ser rechaçado por *Hermes*. Ainda assim, caberá a ele enfrentar os argumentos que situam o litígio no âmbito do problema e que tentam demonstrar como o direito ilumina o sentido moral-prático pretendido. Neste momento, a discussão está situada na *coisa mesma* e o pano de fundo hermenêutico poderá exercer o constrangimento existencial, papel determinante para a legitimação "última", tanto dos pedidos, quanto da ulterior decisão. O objetivo de *Hermes* é despir as partes de tal modo que elas fiquem "nuas" e, ao final, expor o posicionamento do direito sobre o problema, despindo-se, também, quando fundamentá-lo. Antes, contudo, a partir do momento em que o constrangimento reduz o espaço de jogo estratégico, terá ampliado consideravelmente as possibilidades de um consenso entre as partes, uma vez que a atuação de *Hermes* não permite que elas vejam o Judiciário como um cassino, nem muito menos ele como um *croupier*.

Fundamentação de suas decisões – *Hermes* acredita que tanto ele quanto o Rei são mais bonitos "nus", exposição necessária para que a fundamentação de suas decisões cumpra o papel legitimador a ela atribuído. Isso não significa que *Hermes* não deva fazer referência a dispositivos legais, nem muito menos que os ignore. Tudo isso deve ser traduzido à luz do modelo dialógico que assumiu ao longo do processo. O fundamento de sua decisão deve corresponder, entretanto, àquilo que efetivamente ocorreu, isto é, que se inicie com a descrição do *jogo dialógico contratextual*, que alinhou projetos compreensivos e determinou o espaço dissensual no qual o direito atuaria, e passe, em seguida, para a análise reflexiva do sistema, conforme já descrito anteriormente.

Esse *munus* e todas as tarefas que *Hermes* deve assumir poderiam levantar a questão sobre a viabilidade prática do paradigma aqui proposto face aos inúmeros processos que atolam os tribunais. Em primeiro lugar, esclarecer que *Hermes* é uma metáfora e, em sendo assim, embora não seja possível a um juiz real esgotar integralmente as tarefas de *Hermes*, isso não significa que a *resposta correta* não exista. Todos sabem que as retas paralelas não se encontram no infinito, mas isso não significa que deixemos de pensar em retas paralelas quando pintamos faixas de trânsito ou construímos duas torres de um prédio. Se não é possível ser *Hermes* na sua integralidade, é possível se aproximar ao máximo dele. Em segundo lugar, se boa parte das limitações temporais de um juiz real decorre do excessivo número de processos em trâmite, antes de levantar essa questão como algo determinante para a inviabilidade de modelos metodológicos mais complexos, devemos nos perguntar pelas razões que levam a essa sobrecarga. O discurso tradicional que permeia a crise do Judiciário a relaciona ao problema da morosidade e esta, por sua vez, a um problema de gestão agravado pela inconveniência dos procedimentos, especialmente pelo número excessivo de recursos. Essa crítica é, no entanto, superficial, porque não leva em consideração uma crise mais uterina, relacionada ao paradigma positivista – ainda que disfarçado por um *pseudo* pós-positivismo – e, consequentemente, à discricionariedade admitida por esse modelo. Temos um excessivo número de processos tramitando nos diversos Tribunais brasileiros, antes de mais nada, porque o espaço do debate judicial foi transformado em um tabuleiro burocrático onde o único jogo que se joga é o de "azar".[558] A partir do momento em que o Estado pode dar qualquer resposta sobre um determinado problema, os sujeitos ali envolvidos são levados a apostar em alguma das possibilidades. Atualmente, essa contingência está mascarada por padrões de racionalidade que incorporam uma miscelânea de métodos que vão desde o modelo sistemático do jusnaturalismo moderno, passa pela fetichização semântica do positivismo primitivo, pela teleologia funcionalista da segunda metade do séc. XIX, e deságua no *panprincipiologismo*[559] e no arbítrio da ponderação. Esse modelo nos leva às mesmas consequências decisionistas que Kelsen anunciava no último capítulo de sua *Teoria pura do direito*, mas, ao contrário deste, encobre a discricionariedade política com uma falsa racionalidade. Se o positivismo for a única alternativa, sejamos, ao menos, kelsenianos.

Temos, portanto, um sistema que funciona sob o manto autorizado da discricionariedade e transporta para o sistema a complexidade que por ele deveria ter sido reduzida. Essa realidade deve ser enfrentada levando em conta um modelo que reduza complexidades a partir do problema. As soluções que se têm buscado não enfrentam o problema dos discursos de aplicação, mas transitam em um modelo de redução de complexidade *prima facie*. As súmulas vinculantes e impeditivas de recursos, bem como o julgamento de "balaio" de recursos especiais com "fundamento em idêntica questão de direito" são, por exemplo, mecanismos que, ao tentarem solucionar o sintoma, agravam a causa do problema. Ignoram que a resposta para a similitude de problemas não está no discurso apofântico do sistema, mas no sentido efetivo que o problema nos proporciona. Sendo assim, colonizam esse sentido em um modelo digitalizado onde serão enquadrados em um determinado conceito casos que não deveriam ser nele enquadrados e, ao mesmo tempo, não são enquadrados os casos que deveriam receber sua resposta *standard*. Essa contingência, analisada na perspectiva das partes, significa poder ter ou não ter a resposta pretendida e, em sendo assim, a análise de uma nova situação acarreta uma resposta contingente do sistema. Diante disso, seja pela necessidade de respostas burocráticas – o que se vê principalmente nas relações de particulares com o Estado, na medida em que o princípio da legalidade exige a segurança jurídica por parte do agente público –, seja por uma aposta nos ganhos econômicos decorrentes de uma possível reposta positiva, o resultado é o crescimento exponencial dos processos.

Desse modo, ao se propor um paradigma que exija uma *resposta correta* e ao concebê-la nos moldes da alegoria apresentada, está se propondo não apenas um modelo paradigmático adequado à contemporaneidade, mas um modelo que é também viável e que aponta para condições necessárias ao desenvolvimento social e econômico de sociedades periféricas como o Brasil.

---

[558] Cf. CARNEIRO, Wálber Araujo. *O direito e o jogo*, 2007.
[559] STRECK, Lenio. *Verdade e consenso*, 2009, p. 493.

Conclusão

As conclusões em torno das teses que acabamos de apresentar foram sendo expostas ao longo do texto. Este momento não é, portanto, aquele onde iremos expor o resultado de nossas investigações, mas o espaço onde será possível refletir sobre as questões já aventadas e, com isso, permitir novas circularidades. Para tanto, tentaremos acompanhar, na exposição que se segue, os mesmos passos que utilizamos no desenvolvimento do livro.

I – Iniciamos o nosso estudo com a busca de um sentido mais originário de filosofia. Com os gregos e, especialmente com Aristóteles, percebemos que a filosofia e a ciência não eram modelos contrapostos, perfazendo uma unidade harmônica que confere a cada uma delas funções relevantes. A *prudência* era uma forma de saber voltada para deliberações sobre o que é *vantajoso* ou *útil* para o bem-estar geral, enquanto a *episteme* estava associada à demonstração dos objetos naturais, tendo de levar em conta o caráter verdadeiro das premissas inferidas. A *técnica* era, ao contrário do que ocorre na modernidade, um saber artístico, que se colocava a serviço do artífice, cabendo a ele usá-la do modo que entendesse mais adequado para a manifestação de sua arte. O sentido de *práxis* em Aristóteles não estava associado à aplicação *prática* do saber *científico*, uma vez que a cisão entre *teoria* e *práxis* na antiguidade clássica não significou ausência de reflexão sobre as questões práticas. Em verdade, para os gregos – ao menos para Aristóteles – há uma teoria interna à *práxis* e uma *práxis* interna à *teoria*, o que implica uma sólida fusão orgânica, acompanhada da articulação externa que a *filosofia primeira* proporciona a todos os saberes (*theoria*, *phronêsis* e *poieses*). Esse "caminho" foi decisivo para que pudéssemos refletir sobre o sentido de *práxis* entre os gregos e compreender as razões que nos levaram a sustentar a necessidade de voltar a ver o direito a partir de uma *filosofia prática*.

II – A ciência moderna surge em um contexto onde o pensamento clássico estava associado ao renascimento e, indiretamente, à patrística e à escolástica. Nasce com a destruição da ideia de cosmos e universo finito profetizada por Bacon e levada a cabo por Galileu. Descartes será, entretanto, o grande tradutor filosófico da ciência moderna. Seu objetivo era fundar um modelo de conhecimento científico que partisse de abstrações, superando o que o *senso comum* construía na experiência imediata, razão pela qual transforma a filosofia em uma espécie de matemática universal, onde o conhecimento é obtido a partir dos princípios básicos e por meio de rígidas deduções. Da dúvida de tudo à única certeza em torno da própria existência, Descartes inventa o sujeito da modernidade no âmbito cognitivo e marca, desde então, uma duradoura tradição epistemológica.

A *ciência moderna* e seu método foram decisivos para a dominação do mundo natural e para a evolução tecnológica que testemunhamos na modernidade. Mas, se, por um lado, podemos perceber a aliança da ciência com a técnica como condição de possibilidade para que a primeira se transformasse em uma força produtiva e, com isso, se desenvolvesse, por outro, uma análise mais profunda denunciará um papel ainda mais decisivo para a técnica moderna. Com Heidegger, concluímos que a "essência da técnica" corresponde à *armação* que sustenta a própria ciência moderna. Quando Descartes vê na matemática o modelo a ser assumido pela filosofia e quando Kant também dela se vale para demonstrar a existência de juízos sintéticos *a priori*, a técnica já se fazia presente na sustentação desse modelo, impedindo que ele fosse criticado. Assim, deparamo-nos com os "perigos da técnica" e nos vemos à sua *disposição*. No seu domínio, marchamos para o precipício. Mas, perto do perigo também está a salvação, e as reflexões sobre os limites éticos das ciências naturais proporcionadas pela proximidade de uma hecatombe são um bom exemplo dessa reação. Poder conhecer não é sinônimo de dever conhecer.

III – No segundo capítulo, analisamos as bases paradigmáticas da *hermenêutica filosófica*, condição de possibilidade para o reencontro com as possibilidades emancipatórias do projeto de modernidade. Nas reflexões em torno do método fenomenológico, constatamos como Heidegger se distancia de Husserl e, consequentemente, da busca por uma redução transcendental. O projeto decorrente da intencionalidade do *eu* é substituído pela antecipação de sentido do *ser*. O *ser* que se manifesta no fenômeno deve, contudo, ser distinguido de outras formas dissimuladas de manifestação, bem como do fenômeno no sentido vulgar que se encontra no plano do *ente*. Esse método remete Heidegger à compreensão desse *ente* que todos nós somos e que, diferentemente dos outros, possui o primado de compreender todos os demais. A *fenomenologia hermenêutica* se assume enquanto uma analítica existencial do *Dasein* e, como resultado, revela sua temporalidade. A temporalidade é o sentido da tríplice estrutura denominada por Heidegger de *cuidado* (*Sorge*), o que nos torna uma síntese de *passado*, *presente* e *futuro*. No passado, somos a *faticidade* de um *ente* que está aí desde já e sempre *em um mundo* que nos abriga. No presente, somos a *decaída* em um *mundo dos entes*. Estamos em meio às coisas, aos utensílios que utilizamos cotidianamente e ao discurso. No futuro, somos *existência* e nos colocamos diante de nós mesmos, o que implica perceber também a *existência* do outro.

IV – Em seguida, passamos à análise dos dois teoremas fundamentais da fenomenologia hermenêutica: *diferença ontológica* e *círculo hermenêutico*. Falar da *diferença ontológica* é falar da diferença entre *ente* e *ser*, enquanto a circularidade entre o sentido projetado do *ente* e o sentido por ele refletido nos coloca diante da nossa finitude, pois só o compreendemos dentro dos limites do nosso projeto. A circularidade hermenêutica no sentido conferido por Heidegger não corresponde a uma relação entre o *ente* e o seu sentido, mas do sentido antecipado com um novo sentido revelado. Esse sentido revelado habita na linguagem. A linguagem é a casa do *ser* e o lugar da transcendência, um lugar inexistente no modelo cognitivo clássico que trabalhava apenas com as variáveis subjetiva e objetiva. Mas essa linguagem onde o *ser* habita é aquilo que Heidegger chamará de "como" hermnenêutico, em contraposição à sua dobra, o "como" apofântico. Essa visão sobre a linguagem, ainda que não fique semanticamente explícita em textos como *Ser e tempo*, revoluciona a forma de ver a linguagem, até então trabalhada como uma cópia da coisa ou da consciência e que, de uma forma ou de outra, se colocava como uma *terceira coisa* entre o sujeito e o objeto. A dimensão hermenêutica da linguagem sustenta a nossa compreensão e permite nossos projetos. A sua dobra apofântica aponta para o *ente* e cataliza as possibilidades de alinhamento de projetos compreensivos, ou seja, consensos. Nas sociedades complexas, a dobra apofântica da linguagem tem uma função decisiva, mas isso não significa que possamos nos movimentar nela. Movimentamo-nos na dimensão hermenêutica da linguagem, e nela estão as nossas possibilidades e os nossos limites.

V – A hermenêutica filosófica de Gadamer foi o nosso próximo passo no mapeamento do horizonte paradigmático que buscávamos. Vimos que a tradição não pode ser vista em Gadamer como aquilo que marca o ultrapassado. Ela é um horizonte de sentido que está relacionado à nossa temporalidade e, portanto, incontornável pelo fato de estarmos desde já e sempre jogados na faticidade, aos efeitos da historicidade. O problema não está, portanto, no fato de sempre compreendermos a partir de uma fusão de horizontes e nela a tradição estar necessariamente presente. A fusão de horizontes é uma unidade entre passado e presente que, com Heidegger, poderíamos dizer que se projeta enquanto futuro. O horizonte do presente está em constante movimento na medida em que estamos constantemente pondo-o à prova. A inexorável circularidade exige que, ao invés de tentar fugir da historicidade, devemos transformá-la em uma possibilidade produtiva e positiva do compreender. A questão da autenticidade dos preconceitos que nos condiciona e sua relação com a verdade seria, entretanto, uma questão mais problemática. Em verdade, trata-se de um problema único: o de como lidar com o "novo". Gadamer não ignora a questão do "novo", mas nos traz o exemplo da arte contemporânea para afirmar a incontrolabilidade dos preconceitos que condicionam o nosso julgamento da estética inovadora. De todo modo, antes de nos perguntarmos sobre o modo de lidar com o "novo", devemos nos perguntar sobre as possibilidades que temos frente a esse problema. Devemos desde já considerar que não será possível sair da tradição para olhar o "novo", na medida em que sempre estaremos de algum lugar falando do "novo" e, mais ainda, sequer teremos certeza de que o "novo" ainda é, de fato, o "mais novo". Assumir o paradigma hermenêutico implica conceber que o "novo" estará sempre em movimento e, enquanto tudo que está acelerado, somente será bem percebido quando nos distanciarmos. Isso não significa um apego à tradição, mas apenas a admissão de sua incontornabilidade. Por mais atual que seja o crítico, se de fato tem a pretensão de criticar, estará falando de algum lugar e sob os efeitos da história. Se queremos prestar atenção ao "novo" é porque a própria tradição exige que tomemos partido pelo desvelamento e, em sendo assim, devemos estar atentos ao modo mais originário de compreendermos. Retornamos, portanto, ao contexto do método fenomenológico, à necessária *vigilância* do intérprete e às possibilidades abertas por Gadamer com outros dois modelos estruturais de sua filosofia, o *jogo* e o *diálogo*.

A metáfora do *jogo*, do modo como Gadamer o vê, acentua a imersão no processo compreensivo e, com isso, a quebra de uma relação sujeito-objeto que pressupõe o distanciamento do sujeito de si mesmo e dos outros. No *jogo*, tudo se mistura, e o que nele acontece é um resultado inesperado e decorrente do simples fato de se estar jogando. O *jogo* não é um lugar para o qual se olha, mas o próprio movimento do "olhar". O acontecer da tradição, portanto, sempre estará em *jogo,* e a consciência da finitude põe o intérprete vigilante para permanecer no *jogo*. Nele, temos acesso ao que transcendeu porque estamos abertos à transcendência, ou seja, ao acontecer inesperado do sentido de um *ente* e, a partir dele, a exploração de nossa historicidade. Jogar com o *ente* é deixar que ele "venha à fala".

Mas, se o estar *em jogo* já seria viável mediante um esforço *autorreflexivo*, a vigilância que nos põe jogando também pode se voltar para a abertura do *jogo* com o *outro*, o que seria ainda mais produtivo e surpreendente. Essa possibilidade é viabilizada através de um outro modelo estrutural: o *diálogo*. Embora o *diálogo* não tenha sido trabalhado explicitamente em *Verdade e método*, Gadamer tangencia a questão quando trata da *primazia da pergunta*. Em textos subsequentes, falará do diálogo e denunciará a nossa resistência à abertura dialógica. Diferentemente do modelo habermasiano que o edifica sobre condições transcendentais, o *diálogo* gadameriano se desenvolve dentro das imposições da circularidade, isto é, de um sentido prévio que se antecipa estabelecendo nossas possibilidades internas à finitude. Mas, ao mesmo tempo, complementa o *jogo* quando amplia as possibilidades de desvelamento do *ser* de um *ente*, na medida em que o *diálogo* aponta para novas perspectivas. Se a *vigilância* nos abre para um movimento *autorreflexivo*, a abertura ao *diálogo* nos proporciona a *heterorreflexividade*.

VI – O *diálogo* nos remete ao "velho" e renovado debate entre Gadamer e Habermas. No que se refere ao problema da universalidade da hermenêutica, constatamos que essa é uma qualidade a ela atribuída por meio da linguagem. Neste sentido, percebemos que a raiz da controvérsia está no fato de Gadamer sustentar a universalidade da linguagem em um nível hermenêutico, enquanto Habermas nega a universalidade da dimensão apofântica. De fato, é possível construir artificialidades na *dobra*, a exemplo de neologismos científicos, mas essas construções não se movimentam isoladamente em um suposto *medium* apofântico. A linguagem artificial de uma ciência necessita da base hermenêutica para se movimentar, não sendo suficiente para derrubar a tese da universalidade, enunciada emblematicamente na frase de Gadamer "*ser* que pode ser compreendido é linguagem". Já quanto à crítica, cremos que os trabalhos de Habermas mais recentes já não levantem mais essa questão. De todo modo, naquele momento o que se discutia era o caráter crítico da hermenêutica, questão levantada tanto por Habermas, quanto por Appel. Considerando o caráter incontornável da linguagem, antes de se perguntar pela inclinação crítica da hermenêutica é necessário se perguntar pela crítica que seja possível. Uma crítica que pretenda assumir ares de isenção ante a tradição não é uma crítica possível, já que nunca poderemos fugir aos efeitos da história – e o próprio Habermas concordava com isso. A crítica a uma ideologia não pode, portanto, ser feita de fora da linguagem, sendo ilusórias as pretensões de fuga dessa articulação com a tradição. O caráter crítico da hermenêutica está na sua tradição fenomenológica, que nos volta para o *ser* sem dissimulações e faz com que o sentido mesmo se manifeste.

A projeção do debate para o contexto de *Verdade e justificação* nos mostra, por um lado, certa aproximação com a hermenêutica, seja pelo esfriamento das questões que giravam em torno do problema da crítica, seja pela tese transcendental sobre a verdade. Por outro lado, se distancia quando não assume para o mundo prático a existência de referências compartilhadas e aposta em um modelo puramente pragmático de correção. Habermas, contudo, insiste em uma concepção de verdade como correspondência e, com isso, incorre no equívoco de colocar no logos a verdade. Mais uma vez percebemos a ausência de acordo quanto à existência da *dupla estrutura da linguagem* e, com isso, a limitação de suas preocupações teóricas ao plano apofântico. Algumas vezes essa limitação implica ignorar possibilidades que o nível hermenêutico nos confere e, em outras, levar ao apofântico o que nele não cabe.

VII – A partir do mapeamento da zona dissensual entre Gadamer e Habermas, voltamo-nos para o problema da *verdade* na hermenêutica. O resultado da reflexão fenomenológica de Heidegger sobre a verdade é notável. Um estudo que surge no entorno de *Ser e tempo*, atravessa-o e promove a *viravolta*, permitiu-nos concluir pela "essência da verdade" e pela "verdade da essência" historial do homem. As três teses levantadas por Heidegger que servem de base para a reflexão sobre a "essência da verdade" nos mostram que ela não é uma propriedade do enunciado; que ela não reside na *correspondência* entre juízo proposicional e o seu objeto e que esses mitos não podem ser atribuídos a Aristóteles. Uma *Destruktion* da concepção clássica sobre *verdade* abre novos horizontes para ela ser pensada.

A *verdade* nos gregos é a ausência de algo, daí o sufixo negativo na expressão *aletheia*. A *verdade* é, portanto, aquilo que não está velado, ou seja, é o *des-velado*. O que se desvela é o *ser* de um *ente* e, em sendo assim, a *verdade* é uma qualidade deste *ente* que acontece enquanto fenômeno. A proposição aponta para aquilo que pode ser verdadeiro, auxiliando o desvelamento do *ente* em seu *ser*, logo, a *verdade* jamais poderia ser uma qualidade da proposição. Além disso, a proposição enquanto um dizer se sustenta no plano hermenêutico, que confere sentido ao *ente* que foi apontado pela proposição. Esse dito é precário e nele a *verdade* não cabe. A *verdade* é muito mais complexa e exige o acontecer do *fenômeno*. Por outro lado, se ao desvelar um determinado *ente*, velamos outros, a *verdade* assume a sua estrutura binária que integra a sua essência: ela é *desvelamento* e *velamento*, ou seja, é, ao mesmo tempo, *verdade* e *não verdade*. Poderíamos nos deixar levar por esse jogo de mostrar e esconder, mas a "verdade da essência" historial do homem se manifesta na *viravolta* do pensamento heideggeriano – que já integrava o movimento de seu método fenomenológico – e denuncia que o surgimento da filosofia na antiguidade clássica marca uma tomada de posição nesse jogo, selando o nosso destino como "desveladores". Portanto, se há na *verdade* uma luta interna entre o *velado* e o *desvelado*, encontramo-nos desde então na busca pelo desvelado, pelo aparecer do *ente* em seu *ser* mais completo e originário. Entretanto, perdemo-nos nessa busca quando entificamos o *ser*, ou seja, quando passamos a buscar no próprio *ente* o seu sentido. A *redução fenomenológica* de Heidegger denuncia justamente esse esquecimento.

VIII – Mas, qual a relação do diálogo com a verdade? Essa questão nos remeteu a três problemas cruciais à nossa tese. O primeiro, relacionado ao lugar (função) que o *diálogo* assumirá em uma matriz hermenêutica que denuncia nossas limitações diante de uma linguagem que já se deu. O segundo, relacionado ao fundamento filosófico da nossa aposta no *diálogo*. E o terceiro, relacionado às possibilidades concretas de abertura para o *diálogo*. O primeiro se encontra no plano descritivo-existencial, enquanto que o segundo já se encontra no plano normativo, decorrente da busca pelo desvelamento que se legitima na essência da nossa verdade historial. Uma e outra estão diretamente relacionadas à dupla dimensão de nossa finitude, pois a primeira diz respeito aos nossos limites cognitivos e a segunda aos limites históricos, o que, no fundo, nos permitiu ler a hermenêutica filosófica a partir de *Ser e tempo* e avançar com *Verdade e método*, sempre na tentativa de acompanhar o movimento da interrogação heideggeriana. A nossa faticidade nos coloca em um mundo que impõe a busca pelo develamento do *ser* na luta com o seu encobrimento. O presente nos alienou com a entificação do *ser* por estarmos muito próximos de sua manualidade, mas a angústia nos projeta para a sua retomada. Esse projeto nos levou à compreensão daquele *ente* que possui a primazia do desvelamento do *ser* e revela a sua condição histórica, ponto em que retornamos à faticidade e ao desejo de olhar para fora da "caverna". Possibilitada por aquilo que preconiza, a *fenomenologia hermenêutica* contempla, portanto, uma circularidade virtuosa. Com isso, podemos afirmar que a relação do *diálogo* (apofântico) com a *verdade* está no fato de o *outro* poder contribuir com esse desvelamento. Não apostamos no diálogo por razões transcendentais, mas por ele representar a busca pelo *ser*.

Mas a terceira questão permanecia em aberto: como pôr o diálogo em curso? Ainda que sustentemos a legitimidade de uma ética dialógica, isso não garante a adesão de sujeitos dominados pela individualidade estratégica. Esperamos um mundo onde estejamos voluntariamente abertos para o *diálogo* em razão da amizade e do amor, mas, enquanto esse "mundo" não vem, precisamos encontrar alternativas que garantam a abertura dialógica dos atores sociais. A resposta para essa questão não poderia ter sido buscada em modelos incompatíveis com a nossa forma de ser no mundo, sob pena de camuflar o agir estratégico que visa ao encobrimento do *ser*. Por isso, buscamos na imunização do *diálogo* frente aos discursos metafísicos e no *constrangimento ontológico* decorrente do acontecer do sentido do *ente* que essa imunidade viabiliza as condições necessárias para colocar o *diálogo* em curso. O acontecer da *verdade* é o elemento que põe o *diálogo* em curso, o que pode ser estimulado por uma proposta epistemológica viabilizada pelo espaço *reflexivo* da hermenêutica filosófica.

IX – Neste sentido, a questão fulcral que enfrentamos estava relacionada com a compatibilidade ou não do pensamento gadameriano com propostas epistemológicas. A compreensão em Gadamer não é sinônima de ausência de preocupações cognitivas nem, muito menos, de arbitrariedade hermenêutica. Também não é incompatível com metodologias científicas, embora, ao dizer aquilo que sempre acontece quando compreendemos, estabeleça limites e demarque possibilidades para a sua construção. Na busca pelas possibilidades, identificamos na interpretação um espaço para uma *epistemologia reflexiva* a partir da hermenêutica filosófica. Interpretar é se movimentar no âmbito do projeto que já antecipamos, na tentativa de que o *ente* projetado em seu *ser* nos surpreenda e viabilize novos projetos. Essa abertura para o *ente* pode ser potencializada com os modelos estruturais descritos por Rohden, especialmente pelo *jogo* e pelo *diálogo*, que foram retomados no último capítulo como bases de uma metodologia jurídica compatível com o paradigma hermenêutico. Mas antes, ainda iríamos à busca do elo perdido, das razões pelas quais perdemos o sentido autêntico e originário do direito.

X – O direito moderno também foi dominado pela técnica. A ciência moderna sustentada por essa armação ultrapassa as barreiras do conhecimento natural e se projeta no pensamento político da aurora da modernidade e, consequentemente, também no direito. Nesse ambiente, o direito moderno se mostra como um *jusnaturalismo racional* ou, no dizer de Wieacker, um *jusracionalismo*. O método silogístico se move a partir de princípios dogmáticos e edifica sistemas abstratos que oferecem o direito natural em diversas formas. Hobbes, Locke e Rousseau, por exemplo, chegam a resultados diferentes sustentando o mesmo padrão de racionalidade, gerando divergências e insegurança quanto à viabilidade desse modelo. De todo modo, podemos perceber que o direito que é conformado no período em que a modernidade é projetada (sec. XVI a XVII) é, necessariamente, jusnaturalista. Neste sentido, vimos que os autores mais representativos do período, inclusive Hobbes – tido por muitos como o pai do positivismo – vê o direito como algo *natural* e, a partir daí, propõe limites ao direito positivo. No jusnaturalismo da modernidade, encontramos o direito internacional de Grócio, os limites do direito positivo em Hobbes, a ética de Pufendorf, a abrangência e os limites do direito de propriedade em Locke, a semente da democracia em Rousseau e, encerrando a sequência dos autores analisados, o direito universal e a liberdade de Kant. Essas construções só foram possíveis, não obstante o equívoco metodológico que hoje podemos identificar, porque o direito moderno que coincide com o seu projeto é pensado em uma base antropológica. O homem era, portanto, o ponto de partida para que o direito fosse pensado. Isso, de alguma forma, resguardava um *ethos* fundamental para a modernidade, ainda vivo nos debates em torno dos *direitos humanos* e dos *direitos constitucionais fundamentais*.

XI – Mas a modernidade foi desvirtuada. Consideramos que o capitalismo se coloca como um agente externo ao projeto e assume a função de levar a cabo sua consecução. A estrutura analítica do projeto de modernidade sugere a existência um *cálculo de correspondência* entre os princípios regulatórios e as lógicas emancipatórias e, nesse quadro, uma acentuada relação entre o *princípio de mercado* e a *racionalidade cognitivo-instrumental* das ciências e das tecnologias. O direito que estava relacionado à razão moral-prática – não obstante, repito, os equívocos metodológicos – é colonizado pelo mercado e, a partir de então, passa a funcionar como uma *tecnologia* no sentido estrito. A ciência jusnaturalista já tinha pensado o direito e, em sendo assim, deveríamos transformá-lo em texto e colocá-lo disponível para uma aplicação meramente tecnológica. As codificações do séc. XIX são, portanto, o instrumento que estaria a serviço daquilo que Weber chamou de construção de bases racionais para o desenvolvimento do capitalismo a partir da dominação legal. Abria-se mão das bases antropológicas do direito, que teoricamente causavam insegurança, e apostava-se na aplicação de um direito transformado em texto mediante a importação do método sistemático já presente no jusnaturalismo. Na verdade, importava-se para o direito moderno burguês aquilo que, no fundo, era a verdadeira causa das divergências entre as diferentes posições sobre a racionalidade jurídica. A insegurança e o arbítrio do jusracionalismo moderno não derivavam do fato de ele ter sido pensado a partir do homem, mas sim dos padrões silogísticos que eram utilizados.

XII – Nesse contexto, surge o positivismo primitivo, emblematicamente representado pela Escola de Exegese, que se edifica em torno do Código Civil de Napoleão. O curto período de experiência legalista que o período revolucionário experimenta já denuncia a impossibilidade do modelo, basta atentar para o art. 4º e a proibição *non liquet*. Ali está a prova de que o código não abarca todas as possibilidades de sua aplicação e que, no final das contas, caberá ao juiz dar a resposta. Em seguida, os métodos de interpretação surgem como uma tentativa de dar clareza aos textos que, inexoravelmente, não poderiam ser claros. A partir de então, assistimos a uma sucessão de remendos metodológicos para se tornar viável um modelo que já nasceu morto. Do ambiente nebuloso que a ciência do direito enfrentará no início do séc. XX, onde, por um lado, verificamos modelos metodológicos que se sustentam em mitos e, por outro, influências sociológicas que retiram sua autonomia científica, surge um positivismo cético, que reduz suas pretensões na tentativa de manter a pureza cognitiva. Falamos do autor mais lido e menos entendido do séc. XX, Hans Kelsen. Não obstante o decisionismo que permeia a visão de Kelsen, há nele a vantagem de o arbítrio político não ser mascarado, diferentemente de todas as outras formas de positivismo – e, inclusive, muitas das formas pós-positivistas – onde o arbítrio é camuflado por metodologias inviáveis.

XIII – Não foram poucas as tentativas de contraposição ao pensamento kelseniano, que, a partir de então, polariza o debate em torno do direito. Mas, temos de ter consciência de que o debate metodológico no direito não se reflete na sua prática dogmática, marcada por um "senso comum teórico" alienado, especialmente em razão da má formação dos alunos, consequência da má formação de seus professores e dá má estruturação de seus cursos. A filosofia no período pós Kant caminha em direção à "humanização de mundo", e isso traz reflexos teóricos no séc. XX, a exemplo de um "eterno retorno" do direito natural e de propostas culturalistas. Mas estas, ou não eram compreendidas, ou tinham seus elementos incorporados de forma alegórica. De Cossio, nunca se compreendeu como o direito não poderia ser a norma, enquanto de Reale, o que deveria contemplar o *fato*, o *valor* e a *norma* em uma interação dialético-complementar, passava a ser *fato*, *valor* ou *norma* a critério dos interesses estratégicos de cada um. Desse modo, a resistência ao positivismo jurídico entre a primeira guerra e a formação do *pós-positivismo* que se constrói no entorno das Constituições democráticas padece frente ao decisionismo.

XIV – É necessário romper paradigmas e buscar um novo modo de ver o direito. Essa reconstrução paradigmática enfrenta, contudo, alguns desafios. Deverá, em síntese, estar atenta para a necessária recomposição do sujeito da modernidade em uma estrutura cognitiva não solipsista, rompendo com a estrutura cognitiva sujeito-objeto e assumindo o giro linguístico na relação sujeito-sujeito. Deverá, ainda, responder à complexidade da sociedade contemporânea, questão que ganha relevo quando essa resposta assume uma feição racionalista. Não será possível, de igual modo, ignorar a fragmentação de sentidos decorrente de uma diluição ontológica que atinge o direito por diversos ângulos, seja na domesticação que uma legislação centralizada pode provocar, seja nas dificuldades hermenêuticas geradas no momento da aplicação em situações concretas. Para estas, terá de responder à inexorável diferença ontológica entre *texto* e *norma*, bem como à caracterização da compreensão da norma como aplicação/concretização, sem ultrapassar os limites de legitimação democrática do Judiciário. Terá também de buscar a autonomia do direito em um mundo dominado por estruturas de mercado consolidadas em um capitalismo hegemônico e por um sistema político corrompido, o que implica fortalecer sua autonomia em face das tentativas de corrupção sistêmica. Esses desafios nos remetem à retomada do direito a partir de uma racionalidade moral-prática, o que se tornou possível porque assumimos os horizontes paradigmáticos da hermenêutica filosófica.

XV – Nos limites e possibilidades explicitados no segundo capítulo, propusemos uma hermenêutica jurídica heterorreflexiva apta a responder às demandas de nossa sociedade contemporânea, que explora o amálgama agregador da dimensão *hermenêutica* da linguagem, densificando-o através de consensos catalisados pela dimensão *apofântica*, respeitando e, ao mesmo tempo, protegendo o espaço público do debate político. Essa hermenêutica, como qualquer outra, não poderá deixar de ser filosófica, pois não podemos contornar o incontornável. Não será, entretanto, uma filosofia *do* direito, que pressupõe estarmos do lado de fora, como meros expectadores de um objeto previamente dado. Essa hermenêutica é, necessariamente, uma filosofia *no* direito que se apresenta sob a forma de uma *hermenêutica jurídica*. Esta, por sua vez, se movimenta no espaço *reflexivo* dessa filosofia e se vale desse mesmo espaço para *ouvir* e *jogar* com o *outro*. É, portanto, uma *hermenêutica jurídica heterorreflexiva* que encontra as possibilidades e os limites dessa filosofia *no* direito

XVI – A filosofia assumiu um papel paradigmático, embora essa condição não tenha bloqueado as possibilidades dialógicas com o universo empírico da ciência. Vimos que o problema não está no fato de a filosofia ser paradigmática, mas no tipo de fundamento sobre o qual ela se edifica. Entretanto, a relação circular entre *ciência* e *filosofia* a partir de uma concepção paradigmática pressupõe, de fato, um primado da filosofia. Para assumir essa função, a filosofia não pode ser científica, caso contrário já estaria previamente determinada por alguma visão metodológica reducionista. Esse modelo de *filosofia científica* que se coloca acima da ciência já está, no fundo, dominada pela armação da técnica moderna, sendo essa a *composição* que impede sua relação circular com o conhecimento empírico-científico. A filosofia não pode ter um fundamento último, sustentando-se no seu próprio *filosofar*. Ela é um movimento que deve ser colocado em curso, papel que é assumido pela *hermenêutica filosófica*.

Essa concepção de filosofia permite que a *ciência do direito* se relacione com ela no plano paradigmático e, ao mesmo tempo, possa manter uma relação circular. Sendo este um paradigma que põe o filosofar a partir de um fundamento "sem fundo", será neste "sem fundo" que as proposições científicas sobre o direito encontrarão fundamento, o que difere bastante da tentativa de uma autofundamentação dogmática, seja da *ciência* ou da própria *filosofia*.

XVII – Iniciando as nossas investigações no campo restrito da ontologia jurídica, perguntamos com Heidegger e Castanheira Neves por que temos o direito, e não antes o nada? E concluímos com o segundo que "o direito é só uma resposta possível, para um problema necessário". O direito se coloca como um sistema normativo produzido artificialmente, ainda que busque seu fundamento no plano existencial. Ele não se constitui, por si só, como uma resposta universal. A intersubjetividade é que é, de fato, universal, posto que produto necessário da co-habitação em um único mundo. O que se constrói existencialmente é, portanto, o sentido ético da conduta, que pode ser concebido como uma *moral* intersubjetiva. Necessitamos do direito como um subsistema social funcionalmente diferenciado porque em uma sociedade complexa essa diferenciação é necessária para assegurar que as decisões políticas sejam legitimadas pelo direito e, ao mesmo tempo, sirvam como proteção contramajoritária, impedindo que os processos democráticos se transformem na ditadura da maioria. Mas haverá sempre um *não dito* no direito. O desafio consiste, portanto, em diferenciar *direito* e *moral* ainda que não seja possível imunizar o sujeito de sua existencialidade e, ao mesmo tempo, explorar a *moral* para que ela garanta a unidade da dimensão apofântica e assegure o caráter democrático da carga criativa que se encontra para além das informações previamente dadas.

O direito como uma artificialidade política que seleciona condutas de significado intersubjetivo impede que a sua distinção com *moral* seja existencial. Direito e moral não são co-originários se pensarmos na perspectiva sistêmica, mas apenas sob a perspectiva do fenômeno compreensivo, quando ambos buscam respostas para o mesmo problema. Direito e moral são hermeneuticamente co-originários, cindindo-se artificialmente no plano apofântico. Se a legitimidade do direito depende de um pano de fundo moral-prático, a sua autonomia depende da especificidade jurídica do fenômeno compreensivo. Se eles são co-originários nesse fenômeno, sua distinção só é possível *reflexivamente*.

XVIII – Essa busca reflexiva está limitada paradigmaticamente. Observamos que boa parte das construções teóricas ultrapassa esse limite e se mostra inviável à luz do paradigma hermenêutico. Na metodologia clássica, vimos a cisão entre *questões de fato* e *de direito*; o *silogismo subsuntivo* e os *métodos de interpretação*. Na chamada hermenêutica constitucional, observamos a mixagem de alguns elementos centrais a diferentes metodologias transmutados em métodos de interpretação, bem como a colocação de *standards* de diversas concepções teóricas sobre a Constituição postas como um conjunto harmônico de princípios. Além da impossibilidade de edificarem sentidos, ambas receberiam a crítica que Kelsen já dirigia aos métodos clássicos.

XIX – As propostas discursivas de Habermas e Günther, entretanto, já enfrentam o problema da aplicação adequada do direito. Contudo, como elas depositam suas fichas na legitimidade dos discursos de fundamentação, já que estes são produzidos com aspirações universais e democráticas, encontram problemas quando vão aplicá-los. Por um lado, reconhecem que devem ser adequados às situações concretas, na medida em que defendem a existência de discursos de aplicação, mas, por outro, não podem – e não devem – abrir mão da legitimidade democrática assumida pelos discursos de fundamentação. Neste campo, Habermas e Günther são obrigados a apostar em um modelo deontológico estranho à sua concepção procedimental, identificando no jurisprudencialismo de Dworkin um caminho possível, desde que o solipsismo do juiz Hércules seja superado. Os problemas das teorias discursivas e os embates com a hermenêutica filosófica se devem, mais uma vez, à visão de linguagem que elas assumem e às suas consequências. O *medium* no qual nos movimentamos não é o apofântico e, portanto, não devemos pensar a legitimidade do direito a partir da validade de discursos universais, já que não é possível deixar de falar de aplicação, sendo o próprio trabalho de Günther uma boa prova de que isso é, de fato, inexorável.

XX – A *teoria dos princípios* e da *argumentação jurídica* de Alexy foi também analisada. A partir da experiência jurisprudencial alemã, Alexy descreve através de padrões da lógica formal um modelo de direito que envolve *princípios*, *regras* e *argumentos*. Sua base analítica tenta conferir racionalidade ao discurso jurídico, embora esbarre nos limites de seu próprio paradigma. As estruturas analíticas ligadas ao modelo de princípios e regras transferem para as *regras* e *formas* de argumentos a responsabilidade de reduzir ao máximo a discricionariedade na aplicação do direito, mas o próprio autor admite que a discricionariedade não será totalmente eliminada, sendo possível que duas decisões diametralmente opostas sejam consideradas válidas à luz de sua relativizada teoria procedimental. A não percepção do sentido de suas estruturas analíticas e a falta de reflexão sobre os fundamentos de seu procedimento fazem com que a teoria proposta por Alexy não obtenha o êxito por ele pretendido, mesmo se considerarmos adequada uma proposta teórica que tome a legitimidade do direito vigente como um dado presumido. Todas essas questões irão sobrecarregar o discurso jurídico e exigir que ele se abra para a moral na tentativa de corrigir injustiças evidentes, ampliando ainda mais a carga decisionista assumida por sua teoria, mesmo em se tratando de uma proposta procedimental racionalizadora.

XXI – A busca de parâmetros reflexivos para a juridicidade da compreensão foi, a partir do espaço de epistemológico da hermenêutica filosófica, auxiliada pelos modelos estruturais do *círculo*, do *jogo* e do *diálogo*. Esses modelos se intercruzam nos níveis reflexivos propostos, possibilitando a aceleração da reflexividade hermenêutica em cada um dos níveis.

A busca da compreensão mais desveladora possível nos levou ao *primado metodológico do problema*. Após analisar a retomada das propostas paradigmáticas a partir do trabalho de Viehweg, chegamos aos modelos de Castanheira Neves e Fernando Bronze, que se utilizam, respectivamente, dos aportes fenomenológicos de Husserl e da Hermenêutica Filosófica de Gadamer para sustentar seus modelos problemáticos. Concluímos que a proposição de Castanheira Neves, sob pena de se ver frustrada na intencionalidade viciada do sistema, só é possível mediante a construção analógica de Fernando Bronze. Inspirado nos modelos apresentados pelos professores de Coimbra, propusemos um modelo que não pode incorrer nem na alienação "intencional" do sistema, nem na perda de autonomia normativa da compreensão jurídica que a antecipação de sentido obtida a partir do problema poderia proporcionar. Para tanto, a circularidade hermenêutica não pode tomar como pólos dialéticos o *sistema* e o *problema*, uma vez que a diferença ontológica impede que haja a formação de um círculo entre *entes*. A circularidade deve ser concebida a partir de Heidegger como uma relação entre o *ser projetado* e o *ser interpretado*, o que nos leva a conceber a interação circular com um movimento entre o *sentido do problema* antecipadamente projetado e o *sentido do sistema* interpretado reflexivamente. Para tanto, o modelo reflexivo deve ser conduzido em "dois tempos". No primeiro, exige-se uma *abertura cognitiva* a partir do *problema*, na tentativa de ampliar o horizonte moral-prático que se desvela, razão pela qual a realidade complexa em que a conduta se dá deve ser enfrentada naquilo que chamamos de *jogo dialético contratextual*. No segundo, uma filtragem sistêmica que garanta a manutenção da autonomia normativa do direito em face da moral, garantindo juridicidade da compreensão.

XXII – No primeiro tempo, o *jogo dialógico contratextual* visa à identificação dos verdadeiros motivos do dissenso e, ainda que não nos leve ao alinhamento do projeto compreensivo dos sujeitos em conflito através de uma mediação comandada pelo constrangimento ontológico, ampliará o horizonte de sentido, densifica as referências ontológicas que permitem consensos e, ao mesmo tempo, delimita a zona de conflito. Essa é a forma adequada de entrar na circularidade entre o sentido do *problema* e o sentido do *sistema*, tornando-a virtuosa. Já o *segundo tempo* do processo reflexivo, quando a dimensão apofântica poderá ser compreendida a partir de um horizonte hermenêutico amplificado e densificado, deve ser estratificado em quatro níveis. No *primeiro nível*, o conteúdo substancial dos *princípios jurídicos* assume a base ontológica densificada no *jogo dialógico contratextual*; no *segundo nível*, busca-se as opções tecnológicas do sistema, *regras jurídicas* que poderão ser lidas corretamente em razão do conteúdo deôntico dos princípios; no *terceiro nível*, a *rede doutrinária* propõe leituras para o problema na tentativa de suprir as deficiências tecnógicas do sistema e, ao mesmo tempo, legitimar rupturas no quadro institucionalizado; no *quarto nível*, a *jurisprudência* fecha o círculo com um retorno ao problema a partir do necessário enfrentamento de precedentes. Esses níveis obedecem a duas escalas paralelas e inversamente proporcionais. No nível dos *princípios*, mais legitimidade e maior distanciamento do problema; no último nível, a situação é invertida com a redução da legitimidade, compensada pela concretude decorrente da redução de complexidade proporcionada pelo problema, o que garante a sustentação recíproca dos vetores *segurança* e *justiça* ao longo do processo reflexivo.

XXIII – Mas a compreensão jurídica do problema nos moldes propostos será uma *resposta correta*? Essa foi a última questão enfrentada. Primeiro, situamos a questão da *resposta correta* nas trilhas deixadas pelo debate entre Hart e Dworkin. Ali percebemos que a proposta de Dworkin sobre a *resposta correta* deve ser inserida no contexto de sua tese sobre a integridade do direito. Não estamos falando de *respostas corretas* para a interpretação de textos normativos, mas respostas adequadas a um problema jurídico. De nossa parte, se não assumimos uma leitura relativista da hermenêutica jurídica, não poderíamos fazê-lo agora. Deixamos claro que, quando falamos em *respostas corretas*, não cremos que o cumprimento dos parâmetros *heterorreflexivos* irá garantir a correção dessa resposta. Não estamos, afinal, falando de métodos no sentido cartesiano. Ao fazermos tais exigências, também não possuímos a ilusão de que diferentes julgadores que considerem o modelo *heterorreflexivo* irão chegar, necessariamente, ao mesmo resultado no julgamento de um determinado caso. Isso, contudo, não afeta a tese da *resposta correta* concebida nos contornos paradigmáticos da hermenêutica filosófica. Afirmar que há uma *resposta correta* é, antes de tudo, dizer que, não obstante a ambiguidade das entificações que tentam delimitar o sistema, há uma dimensão moral-prática acessível a partir da imersão linguística e que deve servir de referencial para legitimar as decisões. Não se está dizendo com isso que a complexidade da sociedade contemporânea não imponha obstáculos ao desvelamento do sentido moral-prático que determinados fatos promovem, nem muito menos que estamos exonerados de dialogar em torno dessas questões e, até mesmo, necessitar do sistema jurídico para obter respostas pragmáticas. Mas, até mesmo estas devem ser corretas. A *resposta correta* é, portanto, uma metáfora, um motor imóvel que nos empurra para o acerto, pois não podemos admitir que um mesmo caso possa ter duas respostas diferentes e, ao mesmo tempo, corretas. A legitimidade democrática do sistema e a segurança jurídica exigem esse compromisso com o acerto. Acertar é possível, embora jamais possamos garantir categoricamente que estaremos corretos. A alegoria do juiz *Hermes* proposta ao final do último capítulo representa esse modo de pensar o direito, um modo que busca um movimento convergente para o sistema, ao contrário do que percebemos hoje. Como metáfora, *Hermes* não exige a sua materialização, mas se coloca como um referencial que não apenas orienta, como também permite "julgar aqueles que nos julgam".

* * *

Ao final do terceiro capítulo, dizíamos que a proposta paradigmática que seria apresentada teria que recompor o sujeito da modernidade em uma estrutura cognitiva não solipsista e responder à complexidade da sociedade contemporânea sem ignorar a fragmentação de sentidos decorrente da diluição ontológica, tudo isso em um ambiente epistemológico limitado pela diferença e pela circularidade. Essa proposta teria, também, que buscar a autonomia do direito em um mundo dominado por estruturas de mercado consolidadas pela hegemonia capitalista e por um sistema político corrompido, o que exigia o fortalecimento da autonomia do jurídico face às tentativas de corrupção sistêmica. Mesmo que cientes do necessário aprimoramento da proposta apresentada – o que exigirá uma interferência *heterorreflexiva* – cremos que esses objetivos foram alcançados.

É necessário que encaremos o fato de a diferenciação entre direito e moral não poder ser vista como uma separação de fronteira, principalmente se buscada pela velha distinção kantiana entre as éticas subjetiva e intersubjetiva. Vimos que, sob uma perspectiva hermenêutica, direito e moral são co-originários e, portanto, a autonomia se dá em um âmbito sistêmico. Sendo assim, se ainda pretendemos apostar em um modelo aberto ao fluxo ontológico – que difere de modelos determinados metafisicamente – temos de preparar as *vias* de circulação para o *ser*, razão pela qual o *jogo dialógico contratextual* passa a ser decisivo tanto para a fundamentação ontológica do sistema, quanto para a demarcação de seu espaço de atuação. A abertura permite a conexão de diversas áreas e propostas teóricas, viabilizando a interdisciplinariedade e quebrando o solipsismo na edificação *crítica* dos "pontos de partida" dogmáticos que serão assumidos pelo sistema, enquanto que a consequente e constante refundação do sistema permite, através dos princípios, a sua reformulação interna e, com isso, a adequação reflexiva ao *mundo da vida*.

Tudo isso só é possível em um ambiente de alta complexidade porque adotamos o problema como o mecanismo redutor das diversas possibilidades de nossa experiência, evitando a redução via plano discursivo e a consequente cisão entre este e o discurso aplicativo. Com isso, a pluralidade de sentidos que um problema pode assumir não é apenas reduzida, pois a perspectiva fenomenológica adotada permite que o direcionamento à *coisa mesma* potencialize o alinhamento de projetos compreensivos através do constrangimento ontológico diante do desvelamento do *ser*, densificando o pano de fundo hermenêutico. Ainda que a ausência de distanciamento histórico e as limitações cronológicas impeçam a eliminação de dissensos, a comunicação entre o pano de fundo ontológico densificado e o sistema permitirá alternativas pragmáticas que *façam sentido*, impedindo que a técnica colonize o *mundo da vida*.

Com isso já seria possível perceber que a nossa proposta, ao tempo em que busca uma unidade dialética entre *problema* e *sistema*, o faz considerando que a circularidade não se dá entre pólos entificados, mas entre o sentido moral-prático atribuído ao problema e o sentido a este atribuído pelo sistema. O *jogo dialógico contratextual* amplia horizontes e estabelece as bases legitimadoras do sistema, permitindo a entrada correta em uma circularidade virtuosa. Nesses moldes, o sentido que o sistema atribui ao problema será, ao mesmo tempo, legítimo e autônomo. O resgate da razão prática não se dá, portanto, através da colocação da moral como um mecanismo corretivo do direito, ao contrário.

Assumir o problema e a moral como pontos de partida corresponde a uma dupla inversão de sentido que não apenas põe modelos clássicos – que partem do sistema e corrigem posteriormente com a moral – de cabeça para baixo e pelo avesso, mas também permite a dissolução do paradoxo entre a necessária legitimidade democrático-deliberativa do direito e a legitimação substancial contramajoritária.

Nesta encruzilhada encontra-se o embate entre concepções procedimentalistas e substancialistas sobre o modo de fundamentação do direito, bem como a disputa entre modelos reflexivos e dirigentes de constitucionalismo. A *hermenêutica jurídica heterorreflexiva* assume um modelo substancial que não ignora o necessário atravessamento dialógico no desvelamento do direito, ao tempo em que aposta em um núcleo deôntico constitucional dirigente que é, por sua vez, resultado de um processo reflexivo. Ao assumir a *heterorreflexividade*, resgata o papel da política e do espaço público na determinação daquilo que será o direito, ao mesmo tempo em que assegura uma crítica ontológica contra os desvios estratégicos desse modelo.

Acreditamos no potencial emancipatório da proposta teórica que apresentamos. O resgate da *práxis* no sentido grego permite uma unidade entre *teoria* e *ação* que, dentro dos moldes paradigmáticos apresentados, oferece ferramentas *críticas* relevantes. A transformação social não depende apenas de práticas políticas concretas, mas também do desmoronamento de discursos mascaradores, tarefa que não será viabilizada no plano estratégico da ação, pois esta acaba sempre se valendo de discursos estruturados sobre a mesma armação metafísica. Não será fugindo da linguagem – seja como *hermenêutica* ou como *apofântica* – que iremos transformar um mundo que é, antes de qualquer coisa, linguagem. Ao contrário, descortinando o sentido dessas estruturas já estamos agindo politicamente e dando o primeiro passo para futuras ações concretas. Por isso, é fundamental que acreditemos no direito, pois ele é também o protetor desse espaço. Se o agir estratégico transformar o direito em qualquer coisa, em sendo o direito tudo, nada será direito.

A *hermenêutica jurídica heterorreflexiva* que apresentamos é, portanto, uma proposta teórica que, para o bem da política, leva em conta os limites do direito. Também está comprometida com as demandas de uma sociedade complexa e plural, ao tempo em que permanece atenta aos défices de uma modernização tardia. É uma alternativa entre o positivismo e o jusnaturalismo, uma terceira via entre o ceticismo descomprometido da discricionariedade positivista e o compromisso irresponsável do decisionismo pós-positivista.

Referências

AARNIO, Aulis. *Lo racional como razonable*. Madrid: Centro de Estudos Constitucionales, 1991.

ADEODATO, João Maurício. *A retórica constitucional*: sobre tolerância, direitos humanos e outros fundamentos éticos do direito positivo. São Paulo: Saraiva, 2009.

——. *Ética e retórica*: para uma teoria da dogmática jurídica. 3. ed. São Paulo: Saraiva, 2007.

ALEXY, Robert. *Teoria da argumentação jurídica*: a teoria do discurso racional como teoria da justificação jurídica. Trad. Claudia Toledo. São Paulo: Landy, 2005.

——. *Teoria dos direitos fundamentais*. Trad. Virgílio Afonso da Silva. São Paulo: Malheiros, 2008.

——. *Constitucionalismo discursivo*. Porto Alegre: Livraria do Advogado, 2007.

——. *Una defensa de la fórmula de Radbruch*. In. VIGO, Rodolfo Luis. La injusticia extrema no es derecho. Buenos Aires: La Ley, 2004.

——. *La naturaleza del filosofía del derecho*. Doxa. Cuadernos de Filosofía del Derecho, Alicante, n. 26, p. 147-159, 2003.

——. *Justicia como corrección*. Doxa. Cuadernos de Filosfía del Derecho, Alicante, n. 26, p. 161-171, 2003.

——. *Sistema jurídico, principios jurídicos y razón práctica*, Doxa. Cuadernos de Filosfía del Derecho, Alicante, n. 5, p. 139-151, 1988.

AMADO, Juan Antonio Garcia. *Filosofía hermenéutica y derecho*, In: Azafea, Revista de Filosofía, n. 5, 2003.

——. *Del método jurídico a las teorias de la argumentación*. Anuario de Filosofia del Derecho. Madrid: Nueva Época, 1986.

——. *Teorias de la Tópica Jurídica*. Madrid: Civitas, *1988.*

ANDERSON, Perry. *As origens da pós-modernidade*. Tradução Marcos Penchel. Rio de Janeiro: Jorge Zahar, 1999.

APEL, Karl-Otto. *Fundamentação normativa da "Teoria Crítica"*: recorrendo à eticidade do mundo da vida? In. MOREIRA, Luiz (org.). Contra Habermas, com Habermas: direito, discurso e democracia. São Paulo: Landy, 2004.

——. *Transformação da filosofia*. O *a priori* da comunidade de comunicação. Trad. Paulo Astor Soethe. São Paulo: Loyola, 2000. v. 1 e v. 2.

AQUINO, Tomas de. *Suma teológica*. São Paulo: Loyola, 2001. v. 6.

ARAÚJO, Luiz Bernardo Leite. *Religião e modernidade em Habermas*, Loyola, 1996.

ARANGO, Rodolfo. *¿Hay respuestas correctas en el derecho?* Santafé de Bogotá: Siglo del Hombre, 1999.

ARISTÓTELES. *Ética a Nicômaco*. Trad. Edson Bini. Bauru: Edipro, 2007.

——. *Analíticos anteriores*. In. ——. Órganon. Trad. Edson Bini. Bauru: Edipro, 2005.

——. *Analíticos posteriores*. In. ——. Órganon. Trad. Edson Bini. Bauru: Edipro, 2005.

——. *Da interpretação*. In. ——. Órganon. Trad. Edson Bini. Bauru: Edipro, 2005.

——. *Tópicos*. In. ——. Órganon. Trad. Edson Bini. Bauru: Edipro, 2005.

ARROYO, Juan Carlos Velasco. *La teoría discursiva del derecho*: sistema jurídico y democracia en Habermas, 2000.

ATIENZA, Manuel. *El derecho como argumentación*. Barcelona: Ariel, 2007.

——. *As razões do direito*: teorias da argumentação jurídica. Trad. Maria Cristina Guimarães Cupertino. 3. ed. São Paulo: Landy, 2003.

ÁVILA, Humberto. *Teoria dos princípios*: da definição à aplicação dos princípios jurídicos. 5. ed. São Paulo: Malheiros, 2006.

AZÚA, Javier Bengoa Ruiz de. *De Heidegger a Habermas*: hermenêutica y fundamentación última en la filosofía contemporánea. Barcelona: Herder, 1997.

BACHELARD, Gaston. *A filosofia do não*. Trad. Joaquim José Moura Ramos. São Paulo: Victor Civita, 1974.

BARBEYRAC, Jean. *O julgamento de um autor anônimo sobre o Original desta Condensação*. In. PUFENDORF, Samuel. Os deveres do homem e do cidadão de acordo com o direito natural. Trad. Eduardo Francisco Alves. Rio de Janeiro: Topbooks, 2007.

BARROSO, Luis Roberto. *Fundamentos teóricos e filosóficos do novo direito constitucional brasileiro*: pós modernidade, teoria crítica e pós-positivismo. In. BARROSO, Roberto (org.). A nova interpretação constitucional: ponderação, direitos fundamentais e relações privadas. Rio de Janeiro: Renovar, 2003.

——. *Interpretação e aplicação da constituição*. 5. ed. São Paulo: Saraiva, 2003.

BERTI, Enrico. *As razões de Aristóteles*. Trad. Dion Davi Macedo. São Paulo: Loyola, 2002. (Coleção Leituras Filosóficas).

BETTI, Emilio. *Interpretação da lei e dos atos jurídicos:* teoria geral e dogmática. Trad. Karina Jannini. São Paulo: Martins Fontes, 2007.

BILLIER, Jean-Cassien. MARYOLI, Aglaé. *História da filosofia do direito*. Trad. Maurício Andrade. Barueri: Manole, 2005.

BITTAR, Eduardo C. B. *O Direito na pós-modernidade*. Rio de Janeiro: Forense Universitária, 2005.

BOBBIO, Norberto. *Locke e o direito natural*. Tradução Sérgio Bath. 2. ed. Brasília: Editora Universidade de Brasília, 1998.

——. *O positivismo jurídico*: lições de filosofia do direito. Trad. São Paulo: Ícone, 1995.

——. *A era dos direitos*. Tradução Carlos Nelson Coutinho. Rio de Janeiro: Elsevier, 1992.

BOLZAN DE MORAIS, José Luis. *As crises do Estado e da Constituição e a transformação espacial dos Direitos Humanos*. Porto Alegre: Livraria do Advogado, 2002. (Coleção Estado e Constituição).

BOLZANI FILHO, Roberto. *Introdução à República*. In. PLATÃO. A República. Trad. Anna Lia Amaral de Almeida Prado. São Paulo: Martins Fontes, 2006.

BRONZE, Fernando José. *A metodonomologia entre a semelhança e a diferença*: reflexão problematizante dos pólos da radical matriz analógica do discurso jurídico. Coimbra: Coimbra Editora, 1994.

CALSAMIGLIA, Alberto. *Postpositivismo*. Disponível em Doxa: http://www.cervantesvirtual.com/servlet/SirveObras/public/23582844322570740087891/cuaderno21/volI/Doxa21_12.pdf . Acesso em 11 de dezembro de 2008.

CANOTILHO, J. Gomes. *Direito Constitucional e Teoria da Constituição*. 3. ed. Coimbra: Almedina, 1999.

CAPRA, Fritjof. *As conexões ocultas*: ciência para uma vida sustentável. Trad. Marcelo Brandão Cipolla. São Paulo: Cultrix, 2009.

CARBONEL, Miguel. *Nuevos tiempos para el constitucionalismo*. In: ——. (org.). Neoconstitucionalismo(s). Madrid: Trotta, 2005.

CARNEIRO, Wálber Araujo. *Diálogo e compreensão no direito*: as possibilidades de uma epistemolgia hetero-reflexiva no paradigma hermenêutico-filosófico. VIRTÙ – Revista Virtual de Filosofia Jurídica e Teoria Constitucional, v. 2, p. 1, 2008.

——. *O novo Código Civil e as políticas públicas*: uma análise da desapropriação judicial. Revista do Curso de Direito da UNIFACS, v. 102, p. 1, 2008.

——. *O direito e o jogo*. Jornal A Tarde, Salvador, 25 de maio de 2007, Judiciárias, p. 6.

——. *Súmulas vinculantes*. In. DIDIER JR. Fredie, *et al*. (org.). Reforma do Judiciário. São Paulo: Saraiva, 2006.

――. *O desenvolvimento do constitucionalismo moderno e o novo horizonte hermenêutico*. Salvador: UFBA, 2005. Dissertação de Mestrado. Programa de Pós-Graduação em Direito da Universidade Federal da Bahia – UFBA, 2005.

――. *Hermenêutica e o fato compreendido como jurídico*. Revista do Curso de Direito da UNIFACS, v. 57, p.1, 2005.

CATTONI DE OLIVEIRA, Marcelo Andrade. *Direito, Política e Filosofia*. Rio de Janeiro: Lumen Juris, 2007.

――. *Jurisdição e hermenêutica constitucional no Estado democrático*: um ensaio de teoria da interpretação enquanto teoria discursiva da argumentação jurídica de aplicação. In. ―― (org.) Jurisdição e hermenêutica constitucional no Estado Democrático de Direito. Belohorizonte: Mandamentos, 2004.

――. *Direito Processual Constitucional*. Belo Horizonte: Mandamentos, 2001.

COELHO, Inocêncio Mártires. *Interpretação constitucional*. 3. ed. São Paulo: Saraiva, 2007.

COMANDUCCI, Paolo. *Formas de (neo)constitucionalismo*: un análisis metateórico. In. CARBONEL, Miguel. (org.). Neoconstitucionalismo(s). Madrid: Trotta, 2005.

COMPARATO, Fábio Konder. *A afirmação histórica dos direitos humanos*. 3. ed. São Paulo: Saraiva, 2004.

COSTA, Alexandre Araújo. *Introdução à hermenêutica filosófica*. Disponível em http://www.arcos.org.br/livros/hermeneutica-filosofica/. Acesso em 22 de maio de 2010.

COSSIO, Carlos. *El derecho en el derecho judicial*. Buenos Aires: Librería El Foro, 2002.

――. *La teoría egologica del derecho e el concepto jurídico de libertad*. 2 ed. Buenos Aires: Abeledo-Perrot, 1964.

CRISAFULLI, Vezio. *Stato, popolo, governo*: ilusioni e delusioni costituzionali. Milão: Dott. A . Giuffrè, 1985.

――. *La Costituzione e le sue disposizioni di principio*. Milão: Dott. A . Giuffrè, 1952.

D'AGOSTINI, Franca. *Analíticos e continentais: guia à filosofia dos últimos 30 anos*. Trad. Benno Dischinger. São Leopoldo: Unisinos, 2002. (Coleção Ideias)

DESCARTES, René. *Regras para a orientação do espírito*. Trad. Maria Ermantina de Almeida Prado Galvão. São Paulo: Martins Fontes, 2007.

――. *Meditações metafísicas*. Trad. Maria Ermantina Galvão. São Paulo: Martins Fontes, 2005.

――.*O discurso do método*. Trad. Maria Ermantina Galvão. São Paulo: Martins Fontes, 2003.

DILTHEY, Wilhelm. *Introducción a las Ciencias del Espíritu*. Trad. Eugenio Imaz. Cidade do México: Fondo de Cultura Económica, 1949.

DUARTE, Écio Oto Ramos. *Teoria do discurso e correção normativa do direito*. 2. ed. São Paulo: Landy, 2004.

DWORKIN, Ronald. *Uma questão de princípios*. 2. ed. São Paulo: Martins Fontes, 2005.

――. *Levando os direitos a sério*. Trad. Nelson Borba. São Paulo: Martins Fontes, 2002.

――. *O império do direito*. Trad. Jefferson Luiz Camargo. São Paulo: Martins Fontes, 1999.

ENGLEMANN, Wilson. *Direito natural, ética e hermenêutica*. Porto Alegre: Livraria do Advogado, 2007.

ESSER, Josef. *Precomprensione e scelta del metodo nel processo di individuazione del diritto*. Milano: Giuffrè, 1983.

――. *Principio y norma en la elaboración jurisprudencial del derecho privado*. Barcelona: Bosch, 1961.

FERRAZ JÚNIOR, Tércio Sampaio. *Introdução ao estudo do direito*. 4. ed. São Paulo: Atlas, 2003.

――. *Direito, retórica e comunicação*. São Paulo: Saraiva, 1997.

――. *A ciência do direito*. São Paulo: Atlas, 1980.

GADAMER, Hans-Georg. *Cidadãos de dois mundos*. In. ――. Hermenêutica em retrospectiva: hermenêutica e filosofia prática. Trad. Marco Antônio Casanova. Petrópolis: Vozes, 2007. v. 3

――. *Los caminos de Heidegger*. Trad. de A.A. Pilári. 2. ed. Barcelona: Herder, 2003.

――. *Razão e filosofia prática*. In. ――. Hermenêutica em retrospectiva: hermenêutica e filosofia prática. Trad. Marco Antônio Casanova. Petrópolis: Vozes, 2007. v. 3.

―――. *Sobre a originalidade da ciência*. In. ―――. Hermenêutica em retrospectiva: a posição da filosofia na sociedade. Trad. Marco Antônio Casanova. Petrópolis: Vozes, 2007. v.4.

―――. *Hermenêutica em retrospectiva*: Heidegger em retrospectiva. Trad. Marco Antônio Casanova. Petrópolis: Vozes, 2007. v. 1.

―――. *Hermenêutica em retrospectiva*: a virada hermenêutica. Trad. Marco Antônio Casanova. Petrópolis: Vozes, 2007. v. 2.

―――. *Esboço dos fundamentos de uma hermenêutica*. In: FRUCHON, Pierre (org.). O problema da consciência histórica. Tradução Paulo César Duque Estrada. 2. ed. Rio de Janeiro: FGV, 2003.

―――. *Verdade e método I*. 5 ed. Petrópolis: Vozes, 2003.

―――. *Verdade e método II*. Petrópolis: Vozes, 2002.

―――. *Réplica à Hermenêutica e crítica da ideologia*. In. GADAMER, Hans-Georg. Verdade e Método II. Petrópolis: Vozes, 2002.

―――. *Retórica, hermenêutica e crítica à ideologia* – comentários metacríticos a Verdade e método I. In. GADAMER, Hans-Georg. Verdade e Método II. Petrópolis: Vozes, 2002.

―――. *Retrospectiva dialógica à obra reunida e sua história de efetuação*. Entrevista de Jean Grondin com H. – G. Gadamer. In: ALMEIDA *et al*. Hermenêutica Filosófica: nas trilhas de Hans-Georg Gadamer. Porto Alegre: EDIPUCRS, 2000.

―――. *A razão na época da ciência*. Trad. Ângela Dias. Rio de Janeiro: Tempo Brasileiro, 1983.

GESTA LEAL, Rogério. *O Estado-Juiz na democracia contemporânea*. Porto Alegre: Livraria do Advogado, 2007.

GLEICK, James. *Isaac Newton*: uma biografia. São Paulo: Companhia das Letras, 2004.

GOUGH, J. W. *Introdução ao segundo tratado sobre o governo civil*. In. LOCKE, John. Segundo tratado sobre o governo civil: ensaio sobre a origem, os limites e os fins verdadeiros do governo civil. Trad. Magda Lopes e Marisa Lobo da Costa. 4. ed. Petrópolis: Vozes, 2006. (Coleção Pensamento Humano)

GOMES, Orlando. *Introdução ao direito civil*. 12. ed. Rio de Janeiro: Forense, 1996.

GRAU, Eros. *O direito posto e o direito pressuposto*. 7. ed. São Paulo: Malheiros, 2008.

GROCIO, Hugo. *O direito da guerra e da paz*. Ijuí: Unijuí, 2004. (Coleção Clássicos do Direito Internacional)

GRONDIN, Jean. *Introducción a Gadamer*. Trad. Constantino Ruiz-Garrido. Barcelona: Herder, 2003.

―――. *Introdução à hermenêutica filosófica*. São Leopoldo: Unisinos, 1999.

GÜNTHER, Figal. *Martin Heidegger*: fenomenologia da liberdade. Trad. Marco Antônio Casanova. Rio de Janeiro: Forense Universitária, 2005.

GÜNTHER, Klaus. *Teoria da Argumentação no direito e na moral:* justificação e aplicação. Trad. Cláudio Molz. São Paulo: Landy, 2004.

HÄBERLE, Peter. Hermenêutica Constitucional. *A sociedade aberta dos Intérpretes da Constituição*: contribuição para a interpretação pluralista e "procedimental" da Constituição. Trad. Gilmar Ferreira Mendes. Porto Alegre: Safe, 1997.

HABERMAS, Jürgen. *La lógica de las ciencias sociales*. In. La lógica de las ciencias sociales. Madrid: Tecnos, 2007.

―――. *La pretensión de universalidad de la hermenéutica*. In. La lógica de las ciencias sociales, 2007.

―――. *Verdade e justificação*: ensaios filosóficos. Tradução Milton Camargo Mota. São Paulo: Loyola, 2004.

―――. *A inclusão do outro*: estudos de teoria política. 2. ed. Trad. Paulo Asthor Soethe e George Sperber. São Paulo: Loyola, 2004.

―――. *Consciência moral e agir comunicativo*. Tradução Guido A. de Almeida. Rio de Janeiro: Tempo Brasileiro, 2003.

―――. *O discurso filosófico da modernidade*. São Paulo: Martins Fontes, 2002.

―――. *Facticidad y validez*: sobre el derecho y el Estado democrático de derecho em términos de teoria del discurso. Tradução Manuel Jiménez Redondo. 3. ed. Madri: Trotta, 2001 (Coleção Estructuras y Procesos).

―――. *Teoría y práxis*: estudios de filosfía social. Tradução Salvador Mas Torres e Carlos Moya Espí. 4. ed. Madrid: Tecnos, 2000.

―――. *Ciência y técnica como "ideología"*. Tradução Manuel Jimenez Redondo e Manuel Garrido. 4. ed. Madrid: Tecnos, 1999.

―――. *Racionalidade e comunicação*. Tradução Paulo Rodrigues. Lisboa: Edições 70, 1996.

―――. *Modernity – An incomplete project*. In. FOSTER HAL (org). Post-modern culture. Port Townsend: Pluto Press, 1983.

―――. *Teoria de la acción comunicativa*: racionalidad de la acción y racionalización social. Tradução Manuel Jiménez Redondo. Madrid: Taurus, 1987. v. 1.

―――. *Teoria de la acción comunicativa*: crítica de la razón funcionalista. Tradução Manuel Jiménez Redondo. Madrid: Taurus, 1987. v. 2.

HART, Herbert. *O conceito de direito*. Trad. A. Ribeiro Mendes. 5. ed. Lisboa: Fundação Calouste Gulbenkian, 2007.

HARVEY, David. *Condição pós-moderna*: uma pesquisa sobre as origens da mudança cultural. Tradução Adail Ubirajara Sobral e Maria Stela Gonçalves. 13. ed. São Paulo: Loyola, 2004.

HEGEL, G. W. F. *Fenomenologia do espírito*. Trad. Paulo Mendes. 4. ed. Petrópolis: Vozes, 2007.

―――. *Princípios da filosofia do direito*. 2. ed. São Paulo: Martins Fontes, 2003.

HEIDEGGER, Martin. *Introdução à filosofia*. Trad. Marco Antônio Casanova. São Paulo: Martins Fontes, 2008.

―――. *A questão da técnica*. In. ―――. Ensaios e conferências. Trad. Emmanuel Carneiro Leão. Petrópolis: Vozes, 2007. (Coleção Pensamento Humano)

―――. *Da essência da verdade*. In. ―――. Ser e verdade. Trad. Emmanuel Carneiro Leão. Petrópolis: Vozes, 2007. (Coleção Pensamento Humano)

―――. *A coisa*. In. ―――. Ensaios e conferências. Trad. Emmanuel Carneiro Leão. Petrópolis: Vozes, 2007. (Coleção Pensamento Humano)

―――. *Ser e tempo*. Márcia Sá Cavalcante Schuback. 14 ed. Petrópolis: Vozes, 2005. Parte I. (Coleção Pensamento Humano)

―――. *Que é metafísica?* Trad Ernildo Stein. In. Conferências e escritos filosóficos. São Paulo: Nova Cultural, 2005 (coleção Os pensadores).

―――. *Sobre a essência da verdade*. Trad Ernildo Stein. In. Conferências e escritos filosóficos. São Paulo: Nova Cultural, 2005 (coleção Os pensadores).

―――. *Lógica*: la pregunta por la verdad. Trad. J. Alberto Ciria. Madrid: Alianza, 2004.

―――. *Ser e tempo*. Tradução Márcia de Sá Cavalcante. 9. ed. Petrópolis: Vozes, 2002. Parte II. (Coleção Pensamento Humano)

―――. *Los problemas fundamentales de la fenomenología*. Trad. Juan José García Norro. Madrid: Trotta, 2000.

―――. *A origem da obra de arte*. Lisboa: Biblioteca de Filosofia Contemporânea, Edições 70, 1992.

HESSE, Konrad. Elementos de direito constitucional da República Federal da Alemanha. Trad. Luis Afonso Heck. Porto Alegre: Safe, 1998.

―――. *A força normativa da constituição*. Tradução Gilmar Ferreira Mendes. Porto Alegre: Sergio Antonio Fabris, 1991.

HOBBES, Thomas. *Leviatã*: ou matéria, forma e poder de um estado eclesiástico e civil. Trad. Rosina D´Angina. 3. ed. São Paulo: Ícone, 2008.

―――. *Os elementos da lei natural e política*: tratado da natureza humana: tratado do corpo político. Trad. Fernando Dias Andrade. São Paulo: Ícone, 2002.

HOBSBAWM, Eric. A era dos extremos: o breve século XX. Trad. Marcos Santarrita. 2 ed. São Paulo: Companhia das Letras, 1995.

HÖFFE, Otfried. *Aristóteles*. Trad. Roberto Hofmeister Pich. Porto Alegre: Artmed, 2008. (Coleção Filosofia)

―――. *Immanuel Kant*. Trad. Christian Viktor Hamm. São Paulo: Martins Fontes, 2005.

HUSSERL, Edmund. *Idéias para uma fenomenologia pura*. São Paulo: Ideias e Letras, 2006.

―――. *Meditações Cartesianas*: introdução à fenomenologia. Trad. Frank de Oliveira. São Paulo: Madras, 2001.

―――. *Crisis de las ciencias europeas y la fenomenología transcendental*. México: Folio, 1984.

JAMESON, Fredric. *Pós-modernismo*: a lógica cultural do capitalismo tardio. Tradução Maria Elisa Cevasco. 2. ed. São Paulo: Ática, 2004.

JAPIASSU, Hilton. *Como nasceu a ciência moderna*: e as razões da filosofia. Rio de Janeiro: Imago, 2007.

——. *Introdução ao pensamento epistemológico*. 7. ed. Rio de Janeiro: Francisco Alves, 1992.

KANT, Imanuel. *A metafísica dos costumes*. Trad. Edson Bini. 2. ed. Bauru: Edipro, 2008.

——. *Crítica da faculdade do juízo*. Trad. Valério Rohden e Antônio Marques. 2. ed. Rio de Janeiro: Forense Universitária, 2008.

——. *Crítica da razão pura*. Trad. Alex Marins. São Paulo: Martin Claret, 2006.

——. *Crítica da razão prática*. Trad. Valério Rohden. São Paulo: Martins Fontes, 2002.

——. *Crítica da razão pura*. Trad. Manuela Pinto dos Santos e Alexandre Fradique Morujão. 5. ed. Lisboa: Calouste Gulbenkian, 2001.

KAUFFMANN, Arthur. *Hermenêutica y derecho*. Trad Andrés Ollero e José Antonio Santos. Granada: Comares, 2007.

KELSEN, Hans. *Teoria pura do direito*. 6. ed. São Paulo: Martins Fontes, 2000.

KIRKHAM, Richard L. *Teorias da verdade*: uma introdução crítica. Trad. Alessandro Zir. São Leopoldo: Unisonos, 2003. (Coleção ao Idéias)

KUSCH, Martin. *Linguagem como cálculo versus linguagem como meio universal*: um estudo sobre Husserl, Heidegger e Gadamer. Tradução Dankwart Bernsmüller. São Leopoldo: UNISINOS, 2003. (Coleção Ideias)

LARENZ, Karl. *Metodologia da ciência do direito*. 3 ed. Lisboa: Fundação Calouste Gulbenkian, 1997.

LAWN, Chris. *Compreender Gadamer*. Trad. Hélio Magri Filho. Petrópolis: Rio de Janeiro, 2006.

LINHARES, José Manuel Aroso. *Jus cosmopoliticum e civilização de direito*: as alternativas da tolerância procedimental e da hospitalidade ética, 2006.

——. *Habermas e a universalidade do direito:* a reconstrução de um modelo estrutural. Coimbra: Almedina, 1989.

LIPOVETSKY, Gilles. *Os tempos hipermodernos*. Tradução Mário Vilela. São Paulo: Barcarolla, 2004.

LOCKE, John. *Segundo tratado sobre o governo civil:* ensaio sobre a origem, os limites e os fins verdadeiros do governo civil. Trad. Magda Lopes e Marisa Lobo da Costa. 4. ed. Petrópolis: Vozes, 2006. (Coleção Pensamento Humano)

LÔBO, Paulo Luiz Netto. *Constitucionalização do Direito Civil* . Jus Navigandi, Teresina, ano 3, n. 33, jul. 1999. Disponível em: <http://jus2.uol.com.br/doutrina/texto.asp?id=507>. Acesso em 28 de junho de 2009.

LOSANO, Mario G. *Sistema e estrutura no direito*: das origens à escola histórica. Trad. Carlos Alberto Dastoli. São Paulo: Martins Fontes, 2008. v. 1.

LUHMANN, Niklas. *El derecho de la sociedad*. México: Universidad Iberoamericana, 2002.

——. *Sociologia do direito I*. Rio de Janeiro: Tempo Brasileiro, 1983. (Coleção Biblioteca Tempo Universitário)

LYOTARD, Jean-François. *A condição pós-moderna*. Tradução Ricardo Corrêa Barbosa. 8. ed. Rio de Janeiro: José Olímpio, 2004.

MAcCORMICK, Neil. *Retórica e o Estado de Direito*: uma teoria da argumentação jurídica. Trad. Conrado Hübner Mendes e Marcos Paulo Veríssimo. Rio de Janeiro: Campus-Elsevier, 2008.

MACHADO NETO, A. L. *Compêndio de introdução à Ciência do Direito*. 6. ed. São Paulo: Saraiva, 1988.

——. *O eterno retorno do direito natural*. In. ——. *Sociologia Jurídica*. 6. ed. São Paulo: Saraiva, 1987.

——. *Teoria da ciência jurídica*. São Paulo: Saraiva, 1975.

——. *Filosofia da filosofia*: introdução problemática à filosofia. Salvador: Progresso, 1958.

MÁRQUEZ, Gabriel García. *Cem anos de solidão*. Trad. Eliane Zagury. 70. ed. São Paulo: Record, 2009.

MELLO, Marcos Bernardes de. *Teoria do fato jurídico*: plano da existência. 12. ed. São Paulo: Saraiva, 2003.

MILOVIC, Miroslav. *Emmanuel Kant*. In: Vicente de Paulo Barretto. (org.). Dicionário de filosofia do direito. São Leopoldo: Editora Unisinos, 2006.

MONTESQUIEU, Charles-Louis de Secondat. *Do espírito das leis*. Trad. Edson Bini. São Paulo: Edipro, 2004.

MORUJÃO, Alexandre Fradique. *Prefácio da tradução portuguesa da Crítica da Razão Pura*. In. KANT, Imanuel. Crítica da razão pura. Trad. Manuela Pinto dos Santos e Alexandre Fradique Morujão. 5. ed. Lisboa: Calouste Gulbenkian, 2001.

MÜLLER, Friedrich. *Teoria estruturante do direito I*. Trad. Peter Naumann, Eurides Avance de Souza. São Paulo: Revista dos Tribunais, 2008.

——. *Métodos de trabalho do direito constitucional*. Tradução Peter Naumann. 3. ed. Rio de Janeiro: Renovar, 2005.

NASCIMENTO, Milton Meira do. *Samuel Pufendorf*. In: Vincente de Paulo Barretto. (org.). Dicionário de filosofia do direito. São Leopoldo: Editora Unisinos, 2006.

NAVARRO, Evaristo Prieto. *Jürgen Habermas*: acción comunicativa e identidad política, 2003.

NEDEL, Antonio. *Uma tópica jurídica*: clareira para a emergência do direito. Porto Alegre: Livraria do Advogado, 2006.

NEVES, A. Castanheira. *A crise actual da filosofia do direito no contexto da crise global da filosofia*: tópicos para a possibilidade de uma reflexiva reabilitação. Coimbra: Coimbra Editora, 2003.

——. *Coordenadas de uma reflexão sobre o problema universal do direito* – ou as condições da emergência do direito como direito. In: Estudos em homenagem à Professora Doutora Isabel de Magalhães Colaço. Coimbra: Almedina, 2002.

——. *A unidade do pensamento jurídico*. In. ——. Digesta: escritos acerca do direito, pensamento jurídico, da sua metodologia e outros. Coimbra: Coimbra, 1995. v. 2.

——. *A distinção entre a questão-de-facto e a questão-de-direito e a competência do Supremo Tribunal de Justiça como Tribunal de "Revista"*. In. ——. Digesta: escritos acerca do direito, pensamento jurídico, da sua metodologia e outros. Coimbra: Coimbra, 1995. v. 2.

——. *Metodologia jurídica*: problemas fundamentais. Coimbra: Coimbra Editora, 1993.

OLIVEIRA, Manfredo Araújo de. *Reviravolta lingüístico-pragmática na filosofia contemporânea*. 2. ed. São Paulo: Loyola, 2001.

OLIVEIRA, Rafael Thomaz de. *Decisão judicial e o conceito de princípio*: a hermenêutica e a (in)determinação do Direito. Porto Alegre: Livraria do Advogado, 2008.

OST, François. *Júpter, Hércules, Hermes*: tres modelos de juez. In. Revista Doxa. http://www.cervantesvirtual.com/servlet/SirveObras/01360629872570728587891/cuaderno14/doxa14_11.pdf. Último acesso em: 10/10/2009.

PALMER, Richard. *Hermenêutica*. Lisboa: Edições 70, 2006.

PASSOS, J. J. Calmon de. *Direito, poder, justiça e processo*: julgando os que nos julgam. Rio de Janeiro: Forense, 2003.

PEDRÃO, Fernando. *Raízes do capitalismo contemporâneo*. Coleção Economia & Planejamento. Salvador: EDUFBA, 1996.

PÊPE, Albano Marcos Bastos. *A epistemologia de Gastón Bachelard: a filosofia e o conhecimento científico*. In. ROCHA, Leonel Severo. PÊPE, Albano Marcos Bastos Genealogia da crítica jurídica: de Bachelard a Foucault. Porto Alegre: Verbo Jurídico, 2007.

——. *O jusnaturalismo e o juspositivismo modernos*. In: SANTOS, André Leonardo Copetti; STRECK, Lenio Luiz; ROCHA, Leonel Severo (org.). *Constituição, sistemas sociais e hermenêutica*. Porto Alegre: Livraria do Advogado/UNISINOS: 2007, especialmente p. 15 e seq.

PEREIRA, Oswaldo Porchat. *Ciência e dialética em Aristóteles*. São Paulo: UNESP, 2001.

PERELMAN, Chaim. *Lógica Jurídica: nova retórica*. Trad. Vergínia K. Pupi. 2. ed. São Paulo: Martins Fontes, 2004.

——. OLBRECHTS-TYTECA, Lucie. *Tratado da argumentação: a nova retórica*. Tradução Maria Ermantina de Almeida Prado Galvão. 2. ed. São Paulo: Martins Fontes, 2005. (Coleção Justiça e Direito)

PIMENTA, Paulo Roberto Lyrio. *Eficácia e aplicabilidade das normas constitucionais programáticas.* São Paulo: Max Limonad, 1999.

PINTO, Marília Muricy Machado. *O pensamento filosófico de A. L. Machado Neto e a nova hermenêutica jurídica.* Revista da Faculdade de Direito da UFBA, Salvador, v. XXXVII, 1999.

PLATÃO. *A República.* Trad. Anna Lia Amaral de Almeida Prado. São Paulo: Martins Fontes, 2006.

——. *Crátilo.* In. PLATÃO. Obras completas de Platão. Trad. Carlos Alberto Nunes. Belém: Universidade Federal do Pará, 1980.

——. *Fédon.* In. PLATÃO. Obras completas de Platão. Trad. Carlos Alberto Nunes. Belém: Universidade Federal do Pará, 1980.

PONTES DE MIRANDA, Francisco Cavalcanti. *Tratado de direito privado.* Campinas: Bookseller, 2000. (Tomo I)

PUFENDORF, Samuel. *Deveres do Homem e do Cidadão de Acordo com as Leis do Direito Natural.* Trad. Eduardo Francisco Alves. Rio de Janeiro: Topbooks, 2007.

——. *Le droit de la nature et des gens, ou système général des princpes les plus importants de la morale, de la jurisprudence et de la politique.* Trad. Barbeyrac. Caen: Université de Caen, 1987.

RADBRUCH, Gustav. *Arbitrariedad legal y derecho supralegal.* Buenos Aires: Abeledo – Perrot, 1962.

REALE, Miguel. *Lições preliminares de direito.* 27. ed. São Paulo: Saraiva, 2004.

——. *Filosofia do direito.* 16. ed. São Paulo: Saraiva, 1994.

——. *Teoria tridimensional do direito.* 5. ed. São Paulo: Saraiva. 1994.

RICOEUR, Paul. *Ideologia e utopia.* Lisboa: Edições 70, 1991.

ROCHA, Leonel Severo. *Da soberania da ciência as formações discursivas da soberania*: uma introdução transdisciplinar ao problema do poder jurídico. In. ROCHA, Leonel Severo. PÊPE, Albano Marcos Bastos. Genealogia da crítica jurídica: de Bachelard a Foucault. Porto Alegre: Verbo Jurídico, 2007.

ROHDEN, Luiz. *Interfaces da hermenêutica.* Caxias do Sul: EDUCS, 2008.

——. *Hermenêutica filosófica* – uma configuração entre a amizade aristotélica e a dialética dialógica. In. Interfaces da hermenêutica. Caxias do Sul: EDUCS, 2008.

——. *Hermenêutica filosófica*: entre a linguagem da experiência e a experiência da linguagem. São Leopoldo: UNISINOS, 2003. (Coleção Ideias)

ROUSSEAU, J.-J. *O contrato social*: princípios do direito político. Trad. Edison Darci Heldt. 4. ed. São Paulo: Martins Fontes, 2006.

——. *Discurso sobre a origem e os fundamentos da desigualdade entre os homens.* Trad. Maria Ermantina Galvão. São Paulo: Martins Fontes, 2005.

RÜDIGER, Franciso. *Martin Heidegger e a questão da técnica*: prospectos acerca do futuro do homem. Porto Alegre: Sulina, 2006.

SALDANHA, Jania Maria Lopes. *A Mentalidade Alargada' da Justiça (Têmis) para Compreender a Transnacionalização do Direito (Marco Pólo) no Esforço de Construir o Cosmopolitismo (Barão nas Árvores).* In: João Carlos Loureiro. (org.). Boletim da Faculdade de Direito da Universidade de Coimbra. Coimbra: Coimbra Editora, 2008.

SANTIAGO, Homero. *Introdução às Meditações metafísicas.* In. DESCARTES, René. Meditações metafísicas. Trad. Maria Ermantina Galvão. São Paulo: Martins Fontes, 2005.

SANTOS, Boaventura de Sousa. *O social e o político na transição pós-moderna.* In. ——. Pela mão de Alice. 9. ed. São Paulo: Cortez, 2003.

——. *Tudo o que é sólido se desfaz no ar*: o marxismo também? In. ——. *Pela mão de Alice.* 9 ed. São Paulo: Cortez, 2003.

——. *Um discurso sobre as ciências.* 12 ed. Porto: Afrontamento, 2002.

——. *A crítica da razão indolente*: contra o desperdício da experiência – Para um novo senso comum: a ciência, o direito e a política na transição paradigmática. Porto: Afrontamento, 2002.

SARMENTO, Daniel. *Os direitos fundamentais nos paradigmas liberal, social e pós-social*: pós-modernidade constitucional? In: SAMPAIO, José Adércio Leite (coord.). Crise e desafios da constituição: perspectivas críticas da teoria e das práticas constitucionais brasileiras. Belo Horizonte: Del Rey, 2003.

SAUSSURE, F. de. *Curso de lingüística geral*. Tradução de Antônio Chelini *et al*. 22. ed. São Paulo: Cultrix, 2000.

SAVIGNY, Friedrich Karl von. *Metodologia jurídica*. Trad. Hebe A. M. Caletti Marenco. Campinas: Edicamp, 2001.

——. *De la vocación de nuestro siglo para la legislación y la ciencia del derecho*. Buenos Aires: Arengreen, 1946.

SCHWARTZ, Germano. CLAM, Jean. ROCHA, Leonel Severo. *Introdução à teoria do sistema autopoiético do Direito*. Porto Alegre: Livraria do Advogado, 2005.

——. *A Constituição numa visão autopoiética*. In. ——. (org.) Autopoiese e Constituição: os limites da hierarquia e as possibilidades da circularidade. Passo Fundo: Upf, 2005.

SICHES, Luis Recasens. *Direcciones contemporáneas del pensamiento jurídico:* La Filosofia del Derecho en el Siglo XX. Cidade do México: Editora Nacional, 1974.

——. *Vida humana, sociedad y derecho*: fundamentación de la Filosofia del Derecho. 3. ed. Cidade do México: Porrua, 1952.

SILVA NETO, Manoel Jorge e. *O Princípio da máxima efetividade e a interpretação constitucional*. São Paulo: LTr, 1999.

SILVA, José Afonso. *Aplicabilidade das normas constitucionais programáticas*. 6. ed. São Paulo: Malheiros, 2003.

SILVA, Virgílio Afonso da. *Direitos fundamentais*: conteúdo essencial, restrições e eficácia. São Paulo: Malheiros, 2009.

——. *Interpretação constitucional e sincretismo metodológico*. In. ——. (org.) Interpretação Constitucional. São Paulo: Malheiros, 2005.

SILVA, Maurício. *O novo acordo ortográfico da língua portuguesa*: o que muda, o que não muda. São Paulo: Contexto, 2008.

SOUZA CRUZ, Álvaro. *Habermas e o direito brasileiro*. 2. ed. Rio de Janeiro: Lumen Júris, 2008.

STAMMLER, Rudolf. *Tratado de Filosofía del Derecho*. Madrid: Academia Editorial Plus, 1930.

STEIN, Ernildo. *Nas raízes da controvérsia*. In. STRECK, Lenio Luiz. Verdade e consenso: constituição, hermenêutica e teorias discursivas. Rio de Janeiro: Lumen Júris, 2009.

——. *Antropologia Filosófica*: questões epistemológicas. Ijuí: UNIJUI, 2009

——. *Sobre a verdade*: lições preliminares ao parágrafo 44 de Ser e Tempo. Ijuí: UNIJUI, 2006.

——. *Seis estudos sobre "Ser e tempo"*. 3. ed. Petrópolis: Vozes, 2005.

——. *Aproximações sobre hermenêutica*. 2. ed. Porto Alegre: EDIPUCRS, 2004.

——. *Mundo vivido*: das vicissitudes e dos usos de um conceito da fenomenologia. Coleção Filosofia. Porto Alegre: EDPUCRS, 2004.

——. *Exercícios de fenomenologia*: limites de um paradigma. Ijuí: UNIJUÍ, 2004.

——. *Uma breve introdução à filosofia*. Ijuí: UNIJUÍ, 2002.

——. *Pensar é pensar a diferença*: filosofia e conhecimento empírico. Coleção Filosofia. Ijuí: UNIJUÍ, 2002.

——. *Introdução ao pensamento de Martin Heidegger*. Ijuí: UNIJUÍ, 2002. (Coleção Filosofia).

——. *Epistemologia e crítica da modernidade*. 2. ed. Ijuí: UNIJUÍ, 2001 .

——. *Compreensão e finitude*: estrutura e movimento da interrogação heideggeriana. Ijuí: UNIJUI, 2001.

——. *Diferença e metafísica*: ensaios sobre a desconstrução. Porto Alegre: EDIPUCRS, 2000.

——. *A caminho de uma fundamentação pós-metafísica*. Porto Alegre: EDIPUCRS, 1997.

——. *Racionalidade e existência*: uma introdução à filosofia. Porto Alegre: L&PM, 1988.

——. *Dialética e hermenêutica:* uma controvérsia sobre método em filosofia. In. HABERMAS, Jürgen. Dialética e Hermenêutica. Porto Alegre: L&PM, 1987

——. *Crítica da ideologia e racionalidade*. Porto Alegre: Movimento, 1986.

——. *A questão do método na filosofia*: um estudo do modelo heideggeriano. 3. ed. Porto Alegre: Movimento, 1983.

STRECK, Lenio Luiz. *Verdade e consenso*: constituição, hermenêutica e teorias discursivas. 3. ed. Rio de Janeiro: Lumen Juris, 2009.

——. *Súmulas vinculantes em terrae brasilis*: necessitamos de uma teoria para elaboração de precedentes. Revista Brasileira de Ciências Criminais, v. 78, p. 284-319, 2009.

——. *Hermenêutica, Constituição e Autonomia do Direito*. Revista de Estudos Contitucionais, Hermenêutica e Teoria do Direito – RECHTD, v. 1, p. 65-77, 2009.

——. *Hermenêutica jurídica e(m) crise*. 8. ed. Porto Alegre: Livraria do Advogado, 2009.

——. *Hermenêutica e princípios da interpretação constitucional no estado democrático de direito*, 2008.

——. *Jurisdição constitucional e hermenêutica*: uma nova crítica do direito. 2. ed. Rio de Janeiro: 2004.

——. *Hermenêutica jurídica e(m) crise*. 5. ed. Porto Alegre: Livraria do Advogado, 2004.

——. *Hermenêutica (jurídica)*: compreendemos porque interpretamos ou interpretamos porque compreendemos? Uma resposta a partir do *Ontological Turn*. Anuário do programa de pós-graduação em direito da Unisinos, São Leopoldo, jan/dez 2003.

STÖRIG, Hans Joachim. *História geral da filosofia*. Petrópolis: Vozes, 2008.

TEUBNER, Günter. *O direito como sistema autopoiético*. Trad. José Engrácia Antunes. Lisboa: Calouste Gulbenkian, 1989.

THIBAUT, A. F. *La codificación*: Una controversia programática basada en sus obras "Sobre la necesidad de un derecho civil general para Alemania" y "De la vocación de nuestra época para la legislación y la ciencia del derecho". Con adiciones de los autores y juicios de sus contemporáneos. Madrid: Aguilar, 1970.

TOURAINE, Alain. *Crítica da modernidade*. Tradução Elia Ferreira Edel. 7. ed. Petrópolis: Vozes, 2002.

TUGENDHAT, Ernst. *Lições introdutórias à filosofia analítica da linguagem*. Ijuí: Unijuí, 2006.

——. *Lições sobre Ética*. Trad. Róbson Ramos dos Reis *et al*. Petrópolis: Vozes, 2003.

VALLS, Álvaro L. M. *Jürgen Habermas – dialética e hermenêutica*: para a crítica da hermenêutica de Gadamer, 1987.

VIEHWEG, Theodor. *Tópica e jurisprudência*. Tradução Tércio Sampaio Ferraz Júnior. Brasília: Departamento de Imprensa Nacional, 1979. (Coleção Pensamento jurídico contemporâneo)

VILLEY, Michel. *A formação do pensamento jurídico moderno*. Trad. Claudia Berliner. São Paulo: Martins Fontes, 2005.

VITA, Caio Druso de Castro Penalva. *Hugo Grócio*. In: Vicente de Paulo Barretto. (org.). Dicionário de filosofia do direito. São Leopoldo: Editora Unisinos, 2006.

WARAT, Luis Alberto. *Mediación, derecho, ciudadanía, ética y autonomía en el humanismo de la alteridad*: notas algo dispersas y varias veces modificadas para provocar el dialogo en una clase. Novos Estudos Jurídicos, v. 9, p. 85-127, 2004.

WEBER, Max. *Os três tipos puros de dominação legítima*. In: COHM, Gabriel (org.). FERNANDES, Florestan (coord.). Sociologia. 6. ed. São Paulo: Ática, 1997. v. 13 (Coleção Grandes cientistas)

——. *A ética protestante e o espírito do capitalismo*. Tradução de M. Irene de Q. F. Szmrecsányi. 11. ed. Col. Biblioteca Pioneira de Ciências Sociais. São Paulo: Pioneira, 1996.

——. *Economia e sociedade*: fundamentos da sociologia compreensiva. Tradução de Régis Barbosa e Karen Elsabe Barbo. 3. ed. Brasília: Universidade de Brasília, 1994. v. 1.

——. *Conceitos básicos de sociologia*. São Paulo: Editora Moraes, 1987.

WIEACKER, Franz. *História do Direito Privado moderno*. Trad. A. M. Botelho Hespanha. 3. ed. Lisboa: Fundação Calouste Gulbenkian, 2004.

WITTGENSTEIN, Ludwig. *Investigações Filosóficas*. Trad. de Marcos G. Montagnoli. Petrópolis: Vozes, 1994.